指南针
——助学丛书——

人文社科交叉研究
论文写作与发表

钱家骏

著

Critical Thinking and Empirical Studies

An Interdisciplinary Approach to
Academic Writing and Publishing in
Humanities and Social Sciences

思辨与实证

U0367262

上海交通大学出版社
SHANGHAI JIAO TONG UNIVERSITY PRESS

内容提要

　　本书为"指南针"丛书之一。全书从青年学者的视角，以问题和案例为导向，结合作者攻读博士学位期间的论文写作与发表，以及为 ESCI 期刊论文审稿的案例，从选题的确定到研究问题的提出，到论文写作与投稿心得，再到 DeepSeek 推理模型在论文写作中的应用，为人文社科领域的硕士和博士研究生提供了论文写作的案例与指南。全书共分 5 章，第 1 章介绍研究生需要具备的基本学术素养，第 2 章介绍信息素养、文献管理与思辨性阅读，第 3 章为理论框架、研究问题与研究设计，第 4 章为实证研究论文的写作、投稿与修改，第 5 章为 DeepSeek 推理模型在人文社科研究中的应用。

　　本书适用于人文社科领域硕士、博士研究生及相关专业青年学者参考使用。

图书在版编目（ＣＩＰ）数据

　　思辨与实证：人文社科交叉研究论文写作与发表 /
钱家骏著. — 上海：上海交通大学出版社，2025.4.
　　ISBN 978-7-313-32533-4

　　Ⅰ. C；H152.2

　　中国国家版本馆 CIP 数据核字第 2025SM3906 号

思辨与实证：人文社科交叉研究论文写作与发表
SIBIAN YU SHIZHENG：RENWEN SHEKE JIAOCHA YANJIU LUNWEN XIEZUO YU FABIAO

著　　　者：钱家骏				
出版发行：上海交通大学出版社		地　　址：上海市番禺路 951 号
邮政编码：200030		电　　话：021 - 64071208
印　　刷：常熟市文化印刷有限公司		经　　销：全国新华书店
开　　本：787mm×1092mm　1/16		印　　张：21.5
字　　数：390 千字		
版　　次：2025 年 4 月第 1 版		印　　次：2025 年 4 月第 1 次印刷
书　　号：ISBN 978 - 7 - 313 - 32533 - 4		
定　　价：79.00 元		

序 言

在博士毕业入职教职的短短三年内,本书作者便完成了一部30多万字聚焦人文社科交叉研究论文写作与发表的书稿。这一成果本身就深刻体现了如书名《思辨与实证:人文社科交叉研究论文写作与发表》所倡导的精神,即通过深入思辨和扎实实证完成学术创作,彰显了作者作为青年学者在学术道路上的进取之心和扎实功底。

我认识本书作者已经有八九年之久,因为他就是我的博士生钱家骏。我亲眼见证了他从一名青涩懵懂的学子,一步一个脚印地成长为一位坚定且富有创见的青年学者。阅读他的书稿,仿佛穿越时光,与一位一心向学的年轻人促膝长谈。那些共同度过的学术时光里的点点滴滴,如电影蒙太奇般在脑海中一一浮现,还有更多我不曾了解的经历和体认,他都在书稿中为我娓娓道来。

应该说,这本书最大的特点便是真实。这种真实,贯穿于书稿的每一个章节,每一个字里行间,犹如一条无形的丝线,将作者的学术成长、思考洞察以及对后辈的期许紧密地串联在一起。

第一,真实地记录了家骏自己的学术成长历程。

其中的一段经历让我不禁唏嘘不已:

> 一开始,我发现华东师范大学心理与认知科学学院有 Tobii 眼动仪可以借给外校师生使用,于是我就孤身一人"登门拜访",走各种程序(比如,伦理审查考试),但最后院领导没有审批通过。当时给我的打击很大,因为我整整花了两个月时间联系,却颗粒无收;如果借不到眼动设备,我的博士课题可能会"夭折",或者要做重大调整。但我还是不轻易放弃,我"另辟蹊径",去知乎上寻找答案。好在幸运的是,我最终与 EyeLink 的经理取得了联系,他们愿意借给我眼动仪,最后我也顺利做完了眼动实验。

家骏是上海外国语大学外国语言文学学科第一位以眼动实证研究作为翻译学博士

论文数据来源的博士生,因为是第一位,也就意味着困难重重。华师大借眼动仪未果,后来又直接找眼动仪公司的产品经理联系,后来我厚着脸皮做了担保,才把价值不菲的眼动仪借到虹口校区。随后的两个月,家骏就像看守宝藏的守门人一样,日夜与眼动仪厮守,在辅导员宋亮老师的帮助下,在虹口校区3号楼一间借来的教室里,以一人之力完成了几十个被试的实验。正是博士论文撰写期间的这些困难,使家骏修炼了难得的定力、习得了可贵的逆商,所以他在书稿中很多的感悟不是空穴来风,而是亲身经历——痛并快乐着。

第二,真实地记录了作者对于他人研究的深刻观察和思辨。

他的每一个章节都精心安排了案例分析,这些案例或大或小,或近或远,有的来自他自己的研究,而大部分则源自他人的研究。他对待这些研究案例,始终秉持客观公正的态度。他会不吝溢美之词地称赞某个有价值的发现,也会直言不讳地批评某个存在缺陷的设计,但清一色都是对事不对人,真实地呈现自己的思考和分析。例如,在"3.2.5 研究问题的分类与好的研究问题"这一部分中,有关于博硕士论文与期刊论文中研究问题发掘的对比内容。他不仅深入剖析了自己的硕士论文和硕士期间发表的两篇论文在研究问题上的异同,同时,还细致分析了乔克·戴姆斯(Joke Daems)和卢卡斯·维尔拉(Lucas Vieira)博士论文与博士期间发表的期刊论文、论文集论文在研究问题上的异同。通过这些真实的案例,他生动地呈现了如何"边研究边发表"的策略,为读者提供了宝贵的参考和借鉴。这种对他人研究的深入思考和客观评价,体现了家骏严谨的学术态度和敏锐的学术洞察力。

第三,真实地表达了家骏对更年轻一代学子的要求和期待。

在书稿的写作中,家骏有着非常明确的读者定位,在"1.3 博士研究生的思维模式与硕士研究生的有何不同?"一节中,他明确写道"本书的目标读者主要是有志于攻读博士学位的硕士生和低年级博士生"。他甚至书稿中承认,即使之后不再从事专门的学术研究,这些在学术工作中习得的硬技能和软技能也可以很好地迁移到非学术的工作环境,本人深以为然。因此虽然书稿的第三、四章非常专业,但是前两章却深入浅出,从研究生需要具备的学术素养,到文献的检索、管理和阅读,事无巨细,实实在在地为研究新手树立正确的科研关,激发更年轻一代学子的科学精神、思辨能力和创新能力,让他们在学术的道路上少走一些弯路,多一些坚定和自信。

值得一提的是,作者还在书稿中增加了"第 5 章 DeepSeek 推理模型在人文社科研究中的应用",真实地反映了 AI 时代人文社科研究面临的挑战和机遇。在这一章里,作者详细阐述了 DeepSeek 推理模型在人文社科研究多个关键环节的应用方法。比如在科研选题方面,该模型能凭借其强大的数据分析和信息整合能力,为研究者提供新颖且具有前瞻性的选题思路;在文献阅读环节,介绍了如何用 DeepSeek 批量总结研究设计、解读论文中的数据分析结果以及找到论文写作的不足,极大地提高了文献阅读的效率和深度;在编程领域,DeepSeek 推理模型可辅助完成代码编写与调试;在论文修辞结构润色上,以引言为例展示了其如何优化论文的表达结构和语言逻辑。这一章的加入,充分体现了作者对学术研究前沿技术的敏锐捕捉和积极应用,也为人文社科领域的研究者利用新兴技术提升研究水平提供了宝贵的实践指南。

《思辨与实证:人文社科交叉研究论文写作与发表》这本书,不仅是作者个人学术成长的记录,更是他对人文社科交叉研究领域论文写作与发表的深入探索和总结。它为广大人文社科研究生提供了一本具有实践指导意义的参考书,也为推动人文社科交叉研究的发展贡献了一份力量。以上便是我阅读这本书稿最深刻的感受,权当序言。

肖维青

乙巳季春于上海虹口

来自研究者们的鼎力推荐

本书是一部深入浅出、实用性极强的人文社科领域的学术写作指南。作者以自身丰富的学术经历为依托，全面而细致地剖析了在论文写作中可能遇到的各类问题，并提供了针对性的解决策略。书中涵盖了从文献管理、研究设计到论文写作等各个环节的详细指导，还特别强调了思辨性阅读和科学精神的重要性。本书引证丰富，写作简洁清晰、逻辑严谨，使得复杂的学术写作易于理解和操作，不仅可用作研究生论文写作的指南针，也可成为青年学者学术成长的引路人。

云南师范大学外国语学院　翻译学教授　李彦

这是一本既系统又实用的科研入门书，语言平实、行文严谨、内容丰富。作者不仅严格引用了前人研究，还通过实际案例和成功科研人员的经验分享增强了内容的说服力。作者分享了自己读博期间遇到的挫折及解决方法，能够让读者产生共鸣。书中提供了清晰的文献分类和思辨性阅读方法，还注重论文写作的语步和语阶框架，为高质量学术写作和发表提供了实用指南。推荐给所有希望在学术道路上稳步前行的硕博研究生及广大青年学者。

上海外国语大学英语学院　翻译学博士生　熊凌崧

这是一本洋溢着拳拳赤诚之心的书作，作者钱家骏老师以一位青年学者的视角，用真挚而务实的笔触，为人文社科领域的研究生们提供了一本兼具理论深度和详细实践指导的宝贵著作。特别是在第 2 章中，作者以细致入微的方式呈现了文献检索与管理的关键技巧，并进行理论构建，辅以大量实例分析，使复杂的学术概念和操作步骤变得直观易懂。书中对文献管理工具的使用及如何进行思辨性阅读提供了详尽而贴心的指导，十分贴合研究生的实际需求和学术能力的培养需要。此外，在第 3 章这一核心章节中，作者将复杂的理论知识条理化、系统化，从理论框架的定义、理论模型的选择到应用方法，再到研究话题的确定、研究设计中创新性的切入点等，层层递进、环环相扣。

更难能可贵的是,全书融入了作者自身的博士学习经历和作为国际期刊审稿人的经验,通过鲜活的案例和深刻的反思,为我们提供了解决各类学术问题的实用工具与方法,传递了笔者严谨而辩证的思考方式,让我们深切感受到他作为良师益友的殷切关怀。感谢钱老师将这本书分享给我。能够一睹为快,我深感幸运。这本书不仅是学术写作与研究的实用指南,更是一种精神鼓舞。钱老师的笔触中充满了温度,让我深刻感受到他对广大研究生和青年学者的期待与鼓励,也坚定了我在学术道路上勇毅前行的决心。这本著作是翻译研究初学者不可多得的启蒙良伴,也是学术新手的一盏指路明灯!

香港理工大学中文及双语学系　研究助理　刘倩男

本书从理论框架到实证研究,手把手提供全面写作指导,例如"文献管理""文献笔记"部分,每个步骤都清晰列出,辅以实例操作,并阐释背后原因和益处,让人信服;同时总结成图表,使读者能快速把握要点,可读性和易理解性极高。此外,面对自然科学研究与人文社科的交叉融合,很多人感到迷茫与困惑,而本书所讨论的实际问题、提及的常见误区,正使人深有共鸣、深受启发。在研究生涯的起步阶段,遇见本书无疑是一种幸运。

华东师范大学心理与认知科学学院　硕士生　夏乐乐

就表层而言,钱老师在这本书中向广大人文社科研究生乃至青年学者介绍了"思辨性阅读"与"实证研究论文写作";就深层而言,我更愿意将这本书视为钱老师精心编撰的"学术故事集"。正是因为钱老师在科研道路上勤于积累、善于思考、精于写作,这本涵盖了人文社科交叉研究全过程的专著才得以问世。当然,钱老师并非自言自语地"讲故事",而是与众多专业领域(尤其是翻译过程领域)的巨擘展开积极对话,也与每一位阅读该书的读者对话,真诚、无私地分享自己对学术前沿的思考。

上海外国语大学英语学院　翻译学硕士生　林一舟

作为一名人文社科领域的研究生,我在阅读本书后深感受益匪浅。这本书不仅聚焦于学术研究的基本素养与写作技巧,还提供了切实可行的策略和理论支持,为我们在论文写作和研究过程中提供了全面的指导。让我特别受益的是对研究生与本科生思维

思辨与实证：人文社科交叉研究论文写作与发表

模式的比较。书中提到，研究生需要具备独立思考和解决问题的能力，这一点让我明白了自己在研究生学习阶段必须更加主动和独立，这种意识的转变促使我在今后的学习中更加注重自主探索和创新。

英国布里斯托大学现代语言学院　英汉翻译硕士生　张熳琦

作为一名研究翻译认知过程的硕士生，钱老师书里所提到的部分著名学者的文献我也有阅读过，但是因为本身缺乏思辨性，阅读完只剩对著名学者的崇拜，而无法认真去思考其研究的瑕疵之处。钱老师在此书中的思辨部分很好地呈现了他对这些文献的思考，让我意识到，再权威的专家也是人，总会有顾及不到的瑕疵。而这正是硕士研究生做学问的突破口，"站在巨人的肩膀上看世界"。钱老师的书为我打开了新世界的大门，让我意识到原来研究是这么做的，同时通过老师的书我也发现了自己论文中的许多问题。十分感谢钱老师愿意毫无保留地分享知识。

北京第二外国语学院　语言学硕士生　刘智

本书初看之下是笔者为研究生编写的一本学术写作指南，书中结合了丰富的理论与实用的案例，探索了学术写作的方方面面，不仅仅局限于写作技巧，还涉及思维方式和创新方法的培养。但实际上，个人认为是培养一种思辨的能力。本书不仅仅是在传授写作技巧，而是更深入地关注如何培养研究生的思辨能力。书中强调的思辨性阅读、批判性思维和跨学科的创新方法，实际上是引导读者从更高层次上思考问题，探索如何在学术研究中主动发现问题和提出新的观点，而不是仅仅遵循已有的框架和模式。

上海海事大学外国语学院　英语笔译硕士生　杨君杰

前　言

习近平总书记在哲学社会科学工作座谈会上指出："一个没有发达的自然科学的国家不可能走在世界前列，一个没有繁荣的哲学社会科学的国家也不可能走在世界前列。"由此可见，人文社会科学与自然科学一样对提升我国的学术影响力至关重要。而且，中央党校的徐浩然、张冠玉提出将人文社会科学与自然科学交叉融合[①]，一方面是将自然科学的研究方法融入人文社会科学的研究中，另一方面是将人文社科的理论融入自然科学的研究中，而交叉融合则是指人文社会科学与自然科学相辅相成、相互交融。北京语言大学信息科学院于2019年成立语言智能研究院，旨在培养语言智能领域的人才，这也是将人文社会科学（语言学理论）与自然科学（自然语言处理研究）交叉融合、推动基础研究的典范。

同时，习近平总书记在2023年8月1日出版的第15期《求是》杂志上发表了关于"加强基础研究，实现高水平科技自立自强"的文章，该文强调"加强基础研究，归根结底要靠高水平人才"。然而，如何培养基础研究的人才，则是我国研究生各培养单位所面临的问题。近年来，随着研究生招生规模的不断扩大，部分培养单位存在学位论文质量把关不严、导师未能践行"导师是培养质量第一责任人"理念等问题。目前《关于加强学位与研究生教育质量保证和监督体系建设的意见》《关于进一步规范和加强研究生培养管理的通知》等一系列文件发布，也说明研究生教育质量得到了国务院学位委员会和教育部办公厅的重视。

本书也是在此背景下应运而生。我在上海外国语大学英语学院攻读博士学位期间，在文献阅读、研究选题、论文写作与投稿方面走过很多弯路，也得到过多位贵人的指点，形成了一点思考，例如，如何基于理论框架来选题？选题的切入点都有哪些？人文社科研究生如何做好数据分析？如何思辨性地阅读文献？这些问题都会在本书中以案例的形式逐一给出解答。[②] 在此特别感谢上海交通大学出版社信艳编辑的邀请，让我有

---

① 参见 https://www.xuexi.cn/lgpage/detail/index.html?id=2403165680261091369。

② 除非另有说明，本书中的下画线均为笔者所加，以示强调。

机会把自己的写作心得与各位读者分享。

当然,本书探讨的"写作"不仅仅是"写作过程"本身。目前市面上大多数的论文写作书都是聚焦论文写作技巧,但较少涉及对论文选题本身的探讨。而本书基于已有文献,构建人文社科研究能力框架,既关注微观的认知过程(如利用认知和元认知策略进行思辨性阅读和时间管理,利用语篇策略来组织行文布局、凸显作者自己的"声音"),也关注宏观的社会互动过程(如利用情感策略和社会策略解决研究过程中实际遇到的问题),旨在全面、立体地展现真实的论文写作过程。

本书从青年学者的视角出发,以罗纳德·凯洛格(Ronald Kellogg)的写作过程模型、文秋芳等的思辨倾向性框架、约翰·斯韦尔斯(John Swales)的学术语篇体裁分析理论模型,以及马丁(J. R. Martin)和怀特(P. R. R. White)的评价系统为理论基础,从研究生需要具备的学术素养到文献的检索、管理与阅读,再到理论框架、研究问题与研究设计,到最后的论文写作、修改与投稿,我都会结合我在攻读博士学位期间的论文写作与发表,以及担任国际 ESCI 期刊审稿的经历进行详细介绍,为人文社科领域的硕士研究生和博士研究生提供一些论文写作方面的建议。本书旨在激发研究生的科学精神、思辨能力和创新能力,同时也希望在如今浮躁的时代,能为研究新手树立正确的科学研究观,鼓励青年学者做"有温度、有深度"的科学研究。

除了上述内容外,笔者还尝试探讨 DeepSeek 为代表的推理模型在人文社科研究中的应用。复旦大学于 2025 年 3 月 1 日在以"AI 驱动的人文社会科学理论创新与范式变革"为主题的大会上发布了《未来已来:人文社会科学智能发展蓝皮书》(简称《蓝皮书》),深入梳理了人工智能技术在政治学、经济学、地理学、考古学、语言学和艺术学等领域的应用。同时,《蓝皮书》还指出,人工智能对人文社科研究的科研范式也带来诸多变革,即提出新问题、挖掘新素材、开发新方法、揭示新规律和赋能新治理。随着以DeepSeek-R1 为代表的国产推理模型在 2025 年 1 月席卷全球以来,进一步推动了人工智能领域的发展。各行各业人士也纷纷探讨其在各领域的应用。《自然》杂志专门发文,对比了不同大语言模型在科学研究中的表现,发现 DeepSeek-R1 推理模型是全能型的(the all-rounder)。那么,如何将推理模型的潜能发挥到最大,更好地辅助人文社科研究者呢?

笔者认为,鉴于目前人工智能背后的数据质量参差不齐,人文社科研究者将人工智能(尤其是以 DeepSeek-R1 为代表的推理模型)融入自己的研究过程中时,需要时刻运用自己的思辨意识,这样才可能将人工智能或推理模型为自己的研究所用。本书的最后一章以思辨能力和思辨倾向性为核心，结合《蓝皮书》所提及的人工智能对人文社科研究的科研范式变革，以及 DeepSeek-R1 推理模型的核心能力，重点探讨 DeepSeek-R1 推理模型在科研选题、文献阅读、编程、引言写作中的应用①，相信会给广大人文社会科学研究者带来一定的启示。

在本书的撰写过程中，我得到了国际口译研究知名学者丹尼尔·吉尔(Daniel Gile)教授、上海外国语大学英语学院博士生刘馨媛、香港理工大学中文及双语学系博士生刘思圻、对外经济贸易大学博士生胡萍萍的宝贵建议和相关资料；我每个月都会给我的师门博士生召开一次"上外博士生小组会"，每次小组会都会围绕认知心理学的理论、翻译认知过程研究和高级统计方法等主题展开文献研读，通过与我的师弟、师妹交流文献阅读体会，为本书的写作也提供了很多灵感，特此致谢。

特别感谢上海海事大学外国语学院院长张滟教授、宋志平教授等为我营造了宽松的教学科研氛围，使我可以有较为充裕的时间沉下心来写作。也感谢我的"中国好同事"——徐千惠、徐李荣经常和我交流青年教师的"酸甜苦辣"，为我排忧解难。感谢我的同事、毕业于上海交通大学外国语学院的张宏雨博士，是她给予我本书写作的动力。最后，感谢父母和弟弟钱家骅，没有他们的支持，我不可能有时间和精力"专注"写作，并完成书稿。

谨以此书献给我的硕导穆从军教授，是他为我开启了学术的大门，以及我的博导肖维青教授和母校上海外国语大学；也献给我的研究生和我在上海海事大学"翻译学研究前沿"和在上海外国语大学"计量方法在翻译研究中的应用"课上的研究生，这本书也是为你们而写。本书是笔者在学术英语写作、翻译认知心理过程、语料库语言学等领域的总结，由于时间、精力和能力有限，不足之处在所难免，请读者不吝批评指正。

本书的出版也得到了上海市哲学社会科学规划青年课题（项目编号：2023EYY005）的支持，特此致谢。

钱家骏

上海海事大学

2025 年 2 月

---

① 为优化服务稳定性并保障用户隐私安全，DeepSeek 团队推荐用户通过配置 API 密钥使用第三方客户端（集成方案清单详见：https://github.com/deepseek-ai/awesome-deepseek-integration），以获得更优质的使用体验，本章也会重点介绍其中的部分第三方客户端。

目　录

思辨与实证：人文社科交叉研究论文写作与发表

扫码下载：

1. 参考文献著录规则（GB/T 7714—2015）

2. 学术论文编写规则（GB/T 7713.2—2022）

扫码观看视频：

1. 利用 DeepSeek-R1 制作文献矩阵

2. 利用 DeepSeek-R1 辅助 Python 编程

第1章　研究生需要具备的基本学术素养

1.1　学术研究的本质

研究活动既可以发生在学术界(academy),也可以发生在业界(industry)。前者侧重解决在某一学科领域的理论问题,或是探寻事物发展的规律,而后者侧重解决某一行业领域的实际问题,但前者讨论的问题也可以是基于后者,并为解决后者的问题服务。本书要探讨的是"学术研究"。传统意义上的"学术研究"是指系统化的探索过程,其目的是贡献一系列知识,从而影响、指导相关学科发展和/或实践领域(Powers & Knapp,1995:148)。这种对于学术研究本质的解读是以兴趣和探索事物发展规律为基础,也属于基础研究的范畴。

从上述定义可以看出,学术研究的关键是贡献"知识"。在笔者看来,确切地说这里有两层含义,一层是"创造"知识,另一层是"发现"知识。在自然学科,比如物理学领域,更多的是"发现"知识,而非"创造"。杨振宁先生 2015 年在台湾大学科学教育发展中心的一次讲座[①]中被问到一个问题,即"数学的本质是发现还是创造?"下面是杨先生的回复:

> 对于人类讲起来,数学的一个真正新发展是一个创造,可是对于逻辑的结构讲起来,它是一个发现。换一句话来说,数学中所创造的东西,你如果事后一想,从逻辑结构讲起来,它已经在那里。可是,在人类的认知里,本来没有认识,那么你忽然把这个认知扩充了一下子,那么这个当然是一种创见,是一种创造。可是从整个逻辑的结构讲起来,它根本就已经在那里。
>
> ——摘自杨振宁 2015 年在台湾大学的讲座

笔者认为,在人文社科研究领域,"发现"和"创造"知识兼有。"创造"知识可以指在教学活动中基于自己的思考和文献积累,创造性地提出新的教学方法,并通过教学实验

---

① 参见:https://www.youtube.com/watch?v=IVxAUlaasd4。

来验证教学方法的有效性,这类知识是以前人类从未发现过,而且从未有过的;而"发现"知识可以指通过观察、访谈等方法,考查语言规律、认知规律以及人类对某件事物的看法,这类知识是以前就有,但人类因为认知的局限并没有发现,或者发现了,但尚未利用科学的方法进行证实的。

然而,在21世纪初,这种"纯粹"的学术研究遭到了学界的质疑。Brew(2001)早在《研究的本质:学术语境中的探究》(*The Nature of Research*:*Inquiry in Academic Contexts*)一书中提出,要理解学术研究的本质,则需要把学术研究置于社会语境中。因此,学术研究需要对接国家、地方战略,而非在"真空中"进行,而传统意义上不受项目和时间限制的研究一去不复返了,这在科技和医学领域尤为如此(Brew,2001:5)。近年来,关于学术研究的本质,我国也有类似的声音,但与Brew(2001)的观点略有不同。全国政协委员、中国工程院院士、华东理工大学教授钱锋在接受《中国科学报》的采访①时,将高校的基础研究大致分为两类:

> 第一类是自由探索和纯兴趣导向类,即科研人员完全根据自身兴趣、在好奇心驱使下进行的研究,其目的在于揭示现象、规律和事物的本质。
>
> 第二类则是以热点问题和国家重大需求为目标导向的科研,是在解决国家社会发展、国民经济和国防建设重大需求时必需的基础研究。最直观的例子便是在……面对光刻机这样的"卡脖子"问题时,我国科研人员的协同攻关。
>
> ——摘自钱锋2023年接受《中国科学报》的采访

钱锋表示,对于这两类基础研究,我们都应该重视,不能顾此失彼。但他同时强调,面对我国一些科技"卡脖子"的问题,我们更要强调第二类研究,即我们的研究要以国家战略需求为导向。在笔者看来,无论是Brew(2001)的还是钱锋院士的观点,以国家战略需求为导向的研究更适用于自然学科,而对于人文社会科学研究而言,则要根据具体的研究领域适当地贴合国家战略,而不能为了国家战略而国家战略。

对于人文社会科学而言,比较重要的基金项目是"国家社会科学基金项目"和"教育部人文社会科学研究规划基金项目"。虽然前者每年都会公布课题指南,但也允许自选课题,而且根据"2023年度国家社会科学基金项目申报公告",自选课题在"评审程序、评审标准、立项指标、资助强度等方面同等对待",这足以说明在国家层面,第一类基础研究和第二类基础研究同等重要。对于一些基础学科,如哲学、历史学、语言学、心理学则应该侧重第一类基础研究,即探寻事物发展的规律;而对于一些偏应用的基础学科,如

---

① 参见 https://news.ifeng.com/c/8OBGWA9Up3o。

翻译学、语言政策和国际中文教育,则应侧重第二类基础研究,即迎合国家战略需求。

1.2 研究生的思维模式与本科生的有何区别?

在讨论本科生和研究生[①]的思维模式差异前,我们分别看一下我们国家对于学士、硕士和博士阶段的毕业论文或学位授予条件的基本介绍:

第十九条 接受本科教育,通过规定的课程考核或者修满相应学分,通过毕业论文或者毕业设计等毕业环节审查,表明学位申请人达到下列水平的,授予学士学位:

(一)在本学科或者专业领域较好地掌握基础理论、专门知识和基本技能;

(二)具有从事学术研究或者承担专业实践工作的初步能力。

第二十条 接受硕士研究生教育,通过规定的课程考核或者修满相应学分,完成学术研究训练或者专业实践训练,通过学位论文答辩或者规定的实践成果答辩,表明学位申请人达到下列水平的,授予硕士学位:

(一)在本学科或者专业领域掌握坚实的基础理论和系统的专门知识;

(二)学术学位申请人应当具有从事学术研究工作的能力,专业学位申请人应当具有承担专业实践工作的能力。

第二十一条 接受博士研究生教育,通过规定的课程考核或者修满相应学分,完成学术研究训练或者专业实践训练,通过学位论文答辩或者规定的实践成果答辩,表明学位申请人达到下列水平的,授予博士学位:

(一)在本学科或者专业领域掌握坚实全面的基础理论和系统深入的专门知识;

(二)学术学位申请人应当具有独立从事学术研究工作的能力,专业学位申请人应当具有独立承担专业实践工作的能力;

(三)学术学位申请人应当在学术研究领域做出创新性成果,专业学位申请人应当在专业实践领域做出创新性成果。

——摘自《中华人民共和国学位法》

---

① 本书所提的"研究生",如无特殊说明,均包括硕士研究生和博士研究生。

从上述表述中，我们可以看出，本科阶段注重培养学生掌握"基本理论""专门知识"和"基本技能"，同时具有初步的从事科学研究或承担相关技术工作的能力。而学术型硕士研究生则需要具备一定的研究能力，且学术型博士研究生比硕士研究生在毕业时在"独立"从事科学研究方面的能力要更强。下面以《人民日报》关于本科、硕士和博士的对比介绍为例，以便让研究初学者更好地认识这三种学位之间的区别。[①]

《人民日报》把圆圈比作人类的所有知识（见图 1-1），其中提到本科毕业时，我们有了自己的专业；硕士毕业后，我们对自己的专业有了更深的钻研，也就是说自己的研究领域比本科阶段学的知识更加"细分"，但此时我们的认知还没到达人类在此专业知识领域的边界。在博士阶段，我们继续大量阅读学术论文，这时候逐渐抵达了人类在自己研究领域知识的边界。在抵达自己研究领域的知识边界后，人们又花了几年的努力进行探索，最终突破了边界，而这时候则是获得博士学位的那一天（见图 1-2）。但放眼望去，其实博士知识拓展了人类知识边界的"很小"一块，与其说是"博士"，不如说是"专士"，也就是在某一特定领域的研究非常精通，因此我们要以谦卑的心态来面对人类知识。而之所以是"博士"，是因为我们广泛阅读了自己的本领域或者与本领域相关的文献。

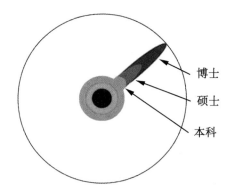

图 1-1　本科、硕士和博士阶段与人类知识边界

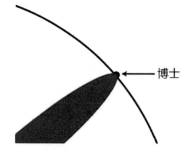

图 1-2　博士学位与人类知识边界

---

① 参见 http://news.sina.com.cn/s/2018-06-05/doc-ihcqccin8040342.shtml。

以外国语言文学专业为例，虽然在大学三年级会学习一些理论课程，比如英美文学、翻译理论与实践、语言学概论，但由于大学四年级还有英语专业八级考试，因此大多数时间本科生并没有进行所谓的"学术训练"，本科四年主要还是"语言基本功"的训练，真正到了研究生阶段才开始做点研究。也就是说，刚进入硕士研究生阶段学习的同学一定要有"人类知识边界"的概念，而不能再像本科阶段还是一味地操练语言基本功，虽然也很重要，并且要主动去阅读国内外文献，特别是研究方法和相关原创研究的文献，因为本科阶段学的一些理论只能告诉我们已有哪些知识，但具体如何"贡献"新的知识，则需要学习研究方法，毕竟"工欲善其事，必先利其器"。这可能是研究生阶段和本科阶段最大的不同之处。

1.3 博士研究生的思维模式与硕士研究生的有何区别？

笔者特别认同《人民日报》对于硕士毕业时的状态描述，即虽然有了一定的学术积累，也有了一些新的看法，但文献阅读量还不够大。例如，硕士研究生在导师的指导下，开展一些复制性研究（replication studies），可以夯实学术基础，因为复制性研究总体来说是针对已有的某一项特定研究进行审视，培养思辨性思维（详见 2.4 思辨性阅读与实证研究），比如研究生可以关注某一特定非常有影响力的研究，但可能在变量控制、统计方法、数据呈现和报道方面存在问题。虽然复制性研究的可行性、可接受度和必要性在人文社科研究领域引起了广泛的争议，因为人文社科研究是与"人"打交道的研究，这会增加复制性研究的难度，反对复制性研究的学者认为不如为某一领域提供新的知识。但在 Porte & McManus（2019：4 - 5）看来，不断增加新的知识可能会导致不同研究之间的结果产生矛盾，因此还是要回归复制性研究，通过验证已有研究假设是否成立，也可以贡献新的"知识"，或者在笔者看来是"更新"已有知识。但这类研究的总体创新层次较低，而博士阶段的核心任务之一就是大量阅读文献。

简而言之，硕士阶段的思维模式还是侧重研究方法的训练，先从"模仿"开始，进行复制性研究，培养思辨性思维，毕竟思辨性思维是创新思维的基础（Paul & Elder，2006）；而在博士阶段，则要更加注重文献的阅读，培养创新思维（详见：3.2.4 研究性论文的创新切入点）。

然而，笔者认为，在培养创新思维之前，还有一个思维模式需要转变，即要培养"独立"开展科学研究的能力。这也是《中华人民共和国学位条例暂行实施办法》中明确指出的，博士学位论文"应当表明作者具有独立从事科学研究工作的能力"。这一点往往被很多博士新生忽略。

1.3.1　案例分析：由硕士生向博士生的转变

《自然》(*Nature*)杂志于 2022 年在其职业专栏发表了一篇题为《从亦步亦趋到独立研究，我从硕士生到博士生的转变》("Owning, not doing: my transition from master's to PhD student")的文章[①]，该文作者是毕业于加拿大西安大略大学(University of Western Ontario in London，Canada)的博士王玉凝。她在攻读硕士学位期间，比较"依赖"导师，导师会给她提出现成的研究想法，甚至一系列的实验方案，她只要按部就班地推进研究即可。在阅读文献方面，只阅读与自己的研究最相关的文献或核心文献(详见 2.1 文献的分类)。这样培养硕士生的优势在于，可以让研究生快速了解一个领域，毕竟刚从本科到研究生，如果完全靠自己摸索，则会耗费大量的时间，而且容易走很多弯路。而劣势也比较明显，即可能是"知其然，但不知其所以然"，不懂得为什么要做这个课题，"文献阅读能力"和"选题能力"也没有得到提升(详见：2.4 思辨性阅读与实证研究)。Porte & McManus(2019)将研究周期分为五个阶段(见图 1 - 3)，分别是找到研究领域、进行研究设计、开展研究、分析研究结果、撰写研究论文和发表研究结果。换言之，王玉凝在硕士期间得到锻炼的主要是研究的后半阶段，即开展研究、分析结果和发表成果(或论文写作并投稿)，而前半段的找到研究领域和研究设计能力并没有得到系统的训练。

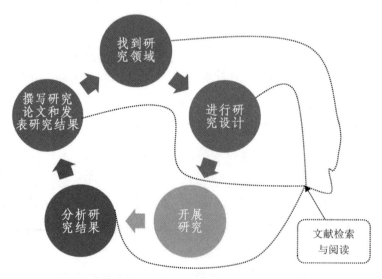

图 1 - 3　研究周期(改编自：Porte & McManus，2019)

———————
[①]　参见 https://www.nature.com/articles/d41586-022-00135-1。

笔者认为，Porte & McManus（2019）仅展示了研究周期的主要阶段，但没有考虑隐藏在其中的阶段，即文献检索与阅读。可以说，文献检索与阅读贯穿了除"开展研究"以外的各个环节：首先，在选题和研究设计阶段，通过检索文献、阅读文献可以让自己找到核心的文献，并深入阅读。其次，在分析、解读结果时可能需要与前人研究的结果进行对比，这时候仍然需要去阅读以前阅读过或者没有阅读过的最新文献。最后，在发表研究结果阶段，审稿专家可能会提出一些问题，这时候也可能需要作者通过检索、阅读相关文献来回应审稿人的疑问。而如果依赖导师，则在研究生期间可能就不会有主动去做文献检索与阅读的习惯。也就是说，文献检索与阅读的思维习惯是独立开展科学研究的具体表征。

> You should own your research project instead of just doing it. By the time you graduate, your goal is to be the most knowledgeable person about your research in the whole world.

——摘自王玉凝的博士阶段导师对她的寄语

1.3.2 在读博士生给在读硕士生的学术建议

王玉凝的博士导师在她读博期间鼓励她要"拥有"（own）自己的研究，而不是纯粹"做"一项研究，或者不要成为简单的"数据搜集员"（data-gather），也就是要学会提出问题，并解决问题。在这个过程中，如果遇到问题，要想办法自己作决策，从而成为自己研究领域的专家。王玉凝在文章中总结了一些给硕士生的建议，简而言之，就是做一名主动的研究生，而不是纯粹地"被动"执行导师的任务：

（1）**思考超越日常工作的问题**。如果在硕士期间帮导师做实验，则要思考一些问题，比如这项研究开展的理论依据是什么？这项研究的目的是什么？这项实验考查的指标有何意义？在笔者看来，也就是要明白研究目标或动机，不能迷失在细节中。例如，Nahatame（2021）的具体研究问题是考查文本可读性（text readability）与加工努力（processing effort）之间的关系，而作为研究生，在阅读文献的过程中，则需要更关注该研究的真正目的，即验证可读性公式的效度，即读者的心理现实性。

（2）**制订长期和短期目标**。硕士期间导师可能会给学生制订计划，但这样不利于学生自主规划未来。硕士研究生可以借鉴导师制订计划的思路，适当给自己的研究进度制订短期和长期计划，这样有利于博士或未来工作后的时间管理（详见：1.4.3 优秀思辨者的修炼）。

（3）**利用一切可用的资源**。在笔者看来，虽然读博的目标是培养"独立"的科学研究能力，但这不代表就要自己单打独斗，而且每个人的认知水平和能力都是有限的，在自己无法解决问题时，就要勇于寻求外部援助。在王玉凝看来，我们可以利用身边的各种资源，如导师、实验室同事和其他实验室同事，以及各种网络资源来为自己的研究奠定基础。这也与二语学习策略中的"社会策略"（social strategies）不谋而合。在笔者看来，在采取"社会策略"的过程中，也要采取一定的策略，比如考虑在何时发邮件、用什么语气和专家沟通、邮件的长短和内容的注意事项。笔者的建议是，应该考虑在非假期时间给专家发邮件，在发邮件的时候，要表明自己对于对方的研究特别感兴趣，这样对方才会比较高兴，才会有意愿回复我们的邮件，但我们的邮件不要太长，内容方面要提供一些重要的参考文献，这样一方面可以让对方认为我们确实有所思考才提问，另一方面也可以让对方通过阅读邮件有所收获。以上是笔者与一些国内外知名学者，如郑冰寒、李向东、丹尼尔·吉尔、里卡多·穆尼兹·马丁（Ricardo Muñoz Martín）、名畑目真吾（Shingo Nahatame）、莫里茨·谢弗（Moritz Schaeffer）等邮件沟通，寻求帮助时所总结的一些经验。

（4）**传播你的研究**。通过参加学术会议或沙龙，以口头的形式传递自己研究的思想也很重要。和书面写作不一样，口头表达时要特别注重对方能否听懂，这时候就需要对自己在 PPT 上所呈现的所有内容了如指掌。因此在王玉凝看来，通过把自己的研究讲出来可以让自己意识到自己哪里还不理解，也就是促使自己对研究领域有一个更深入的理解。

该篇文章在《自然》的职业专栏发表，可见"独立"进行科学研究的能力关乎博士毕业后的学术职业生涯，同时也是需要广大在读博士生重视的能力。

1.3.3　大众对读博的误解

《自然》杂志在 2019 年发表了一篇题为《我多么希望我的朋友和家人明白博士做什么》（"What I wish my friends and family knew about my PhD"）的文章，讲述了凯特·萨马德齐克（Kate Samardzic）博士在读博期间被家人和朋友误解的心路历程。总结来说，外人对读博有两个误解：

（1）**认为读博和硕士阶段一样，过的是"学生"生活**。其实，读博阶段更像是一份全职工作经历，需要解决之前从未有人解决过的问题，而非简单地像硕士阶段一样选修课程、完成考试。笔者在读博期间，工作量相对较大，但不理解的朋友总会问"你什么时候毕业？""考试考完了吗？""论文怎么还没写完？"正是因为读博期间是探索未知的过程，且缺乏经验,因此其实连自己都不知道什么时候可以完成。

(2)认为读博很光鲜,探索科学的奥秘,且时间自由。博士生在家人眼里的形象可能就是穿着白大褂、拿着试剂瓶做实验、搞研究,而且有很多自由时间。其实,他们仅看到了读博风光的一面,但读博更多的是处在迷茫、低谷和失败的状态中。在笔者看来,读博期间由于缺乏一定的科研经验,所以很多时候就像在大雾中前行,根本看不清前方的路。例如,选题没有方向,找不到前人研究的空白点;即便找到了空白点,但不知道如何开展研究,或者如何进行数据分析,因为读博期间的课题可能是最前沿的,而了解所研究内容的人可能全世界都没多少个,真正能针对自己研究课题深入交流的人更是少之又少。例如,凯特·萨马德齐克在撰写博士论文的过程中,需要用到一款新的数据可视化软件 Cytoscape,但她学习软件操作的过程十分艰辛。这对于人文社科研究领域的博士生特别常见,因为现在很多研究都需要跨学科思维,其中就很有可能涉及运用其他学科的工具或研究方法,而这些内容都需要靠自学,毕竟导师也不是"哆啦 A 梦"。

综上所述,博士生和硕士生思维模式的区别主要有三个方面:

(1)硕士阶段可能比较"依赖"导师,基本按照导师的计划按部就班即可毕业,而博士阶段主要是要努力提出属于自己的研究问题,培养"独立"的科研能力。

(2)硕士阶段更多的是"学生思维",而读博阶段更多的是"职场思维",并不是简单地修课程,更多的是探索未知,把学术研究当成一份工作。

(3)博士阶段需要在很多方面进行创新,但又是研究新手,因此可能会遇到各种困难,而且会遇到家人和朋友的不理解,这时候就要有坚韧不拔的品质和自学能力。

1.4　研究生所需具备的硬技能和软技能

本书的目标读者主要是有志于攻读博士学位的硕士生和低年级博士生,但尽管目前越来越多的博士生毕业后并没有从事科研工作,但这并不意味着研究生阶段所掌握的技能在非学术岗位上就用不到。《自然》杂志在 2021 年发表的一篇题为《即使离开学术界,但博士学位带给我们的"硬核"技能依然很重要》("Hard skills from our PhDs remain relevant beyond academia")的文章中,就指出了在读博期间习得的技能也可以为今后的非学术工作奠定基础。该文作者乔纳森·麦圭尔(Jonathan McGuire)和萨曼莎·巴戈特(Samantha Baggott)将学术研究能力分成两类,即硬技能(hard skill)和软技能(soft skill)。其中,软技能是指心理能力,如坚韧性、思辨性思维、沟通与合作能力,这也是笔者在探讨博士生和研究生思维模式时所提及的能力。而在笔者看来,在读博期间习得的硬技能,如基金申请能力、数据分析能力、文献综述能力和论文写作能力这四项技能与学术研究最为相关,而且也可以很好地迁移至非学术的工作环境。

就基金申请而言,虽然在读博士生在大多数情况下不能以申请人身份申请基金项目,但或多或少会帮助导师一起撰写基金申请书,这类申请书需要使用独特的修辞手段,如体裁或语步结构和引用行为,以让自己的研究具有科学性且具有说服力。在非学术工作环境中,如果要启动一个项目或采购软件,则需要陈述项目或软件的意义所在,以及相应的预算也需要论证。就数据分析能力而言,无论是产品经理岗,还是文秘岗,都需要良好的数据分析能力。例如,腾讯公司于 2023 年 8 月 14 日发布的机器翻译产品经理岗招聘需求中,就要求"有良好的逻辑表达和数据分析能力";复旦大学附属眼耳鼻喉科医院于 2023 年 6 月 27 日发布的科室文秘岗的招聘需求中,就提出"能熟练运用 R 语言、SAS、Python 进行统计分析工作优先"的条件。就文献综述能力和论文写作能力而言,在麦圭尔和巴戈特看来,很多企业招聘时,都会有一个筛选标准,即"优秀的书面和言语沟通技能",经过严格学术训练的博士可以将不同渠道的资料进行整合、凝练,然后再撰写有理有据的商业报告。

1.4.1　人文社科研究能力框架

从上述《自然》刊登的几篇读博经验文,我们可以发现研究生需要具备很多技能,既包括文献综述能力、数据分析能力、论文写作能力和基金项目申请能力这些硬技能,也包括元认知能力(如反思研究目的)、时间管理能力、情绪管理能力和思辨性思维能力这些软技能。但这些经验文总结的学术能力比较零散,不是特别成体系或具有理论依据。接下来,笔者基于已有文献中提及的学术能力,并结合自身的经验,提出适用于我国人文社科研究领域青年学者的学术能力框架,阐释各学术子能力如何在学术写作各阶段得以体现。

Kwan(2009)基于已有文献提出基于非英语国家的青年学者,尤其是博士研究生的能力框架,包括语篇能力、策略性研究设想能力、策略性研究和发表管理能力和发表进行中的博士论文的能力。

语篇能力是指研究者在学术论文写作时需要熟悉实证研究论文的体裁结构,如引言部分需要遵循创建研究空间 CARS 模型(Swales,1990),以及表达作者态度和立场的修辞手段,如元话语(Hyland,2005)。值得注意的是,不同语言、不同学科的论文不同部分的修辞手法,以及在不同修辞语步(rhetorical moves)下的语言特征(如时态和句法复杂度)和理论运用都存在个体差异,例如英、汉学术论文摘要的修辞关系也存在差异

（穆从军，2016a）；不同学科的实证研究论文在引言和讨论部分等修辞语步上存在差异；不同学科实证研究论文引言各部分修辞语步的句法复杂度都存在差异；质性研究和量化研究的引言各部分修辞语步的理论运用情况也存在差异。这一能力也比其他通用写作能力（如论证能力、连贯性构建能力）都要重要（Kwan，2009：57-58）。此外，语篇能力不仅仅包括这些体裁结构的修辞手段，还应包括解读和回应审稿专家意见的能力（Kwan，2009：58），因为研究初学者有时候会误读审稿专家的意见。本书会在第4章实证研究论文的写作、投稿与修改中针对语篇能力进行重点介绍。

Kwan（2009）提出的研究设想能力强调，一项优秀的研究既要包括理论和方法论层面的严谨，也要考虑研究的创新性和受众群体。就研究创新性而言，笔者认为，首先得思辨性地阅读文献（详见：2.4 思辨性阅读与实证研究），然后再学习已发表文献的创新切入点（详见：3.2.4 研究性论文的创新切入点）。此外，在进行研究设计时，要着重考虑受众群体，比如自己的研究是要解决国际学术领域都关心的问题，还是旨在解决我国学术界关心的问题。以翻译过程研究为例，如果自己的某一个研究问题重在考虑英汉语言的特殊性，则需要考虑在国内期刊发表，而如果是考虑翻译认知过程的普遍规律，则应在国际期刊发表。这需要研究者在写作前就对国内外相关领域的期刊特色有所了解（详见：2.1 文献的分类）。

关于策略性的管理能力，研究生需要了解何时开题答辩、预答辩和最终答辩，以及何时进行先导研究，其中最关键的因素在于如何订制科学的研究计划，比如，每天制订多少任务量？是每天严格规定写作字数，还是等有灵感了才写？如何保持每天都有良好的状态？这些问题详见 1.4.3.3 坚韧性与科学研究。

由于国内大多数博士学位点都要求学生毕业时完成毕业论文，同时完成一定数量的期刊论文发表，这就要求研究生在博士论文写作的过程中培养发表论文的能力，Kwan（2009）强调博士论文和期刊论文有很大的不同，需要重组、重构、削减。笔者认为，要做到这一点的核心，则需要明确博士论文和期刊论文在"研究问题"上有何差异（详见：3.2 研究问题与创新性研究），接下来是内容详略上的差异，即论文的哪些部分应该着重展开，哪些部分应该略写从而节约版面（详见：第4章 实证研究论文写作、投稿与修改）。

总体来说，Kwan（2009）的学术研究能力模型比较全面，既涵盖了微观的话语能力和研究设想层面，也顾及了宏观的管理层面，但没有考虑到社会和情感层面，因为学术研究并非在真空中展开，需要与国际、国内同行进行交流；同时，对于博士生而言，会遇到各种压力，比如选题没思路、实验失败，或者数据分析没头绪。

而 Mu(2020)基于认知过程理论和社会建构理论,提出的面向多语学者英文论文发表的社会—认知框架(social-cognitive framework)则将学术研究置于更大的社会文化语境。该框架主要有三个核心观点。首先,该框架将多语学者置于三个团体中:①学科团体;②国内团体;③国际团体。不同团体所对应的修辞手段也不一样。例如,Hyland(1999)发现人文社科领域的研究者在论文写作过程中引用的频率显著高于理工科,而且也更倾向使用报道动词来表达自己的立场(详见:2.4.5 思辨性阅读与文献引用)。其次,论文写作与发表的过程并非线性过程,而是螺旋式、循环式的过程。在笔者看来,这种情况在实证研究中特别常见,例如,实验研究需要做先导研究,而如果在先导研究过程中发现实验设计存在问题,则可能还需要重新调整实验设计。最后,论文写作与发表过程涉及五大策略:①元认知策略,即规划、监控和调节研究和写作过程;②认知策略(如阅读已有文献);③社会策略(如与学术同行或期刊主编建立学术联系);④情感策略(如调节焦虑、绝望和抑郁的情绪);⑤语篇策略(如修辞规范)。

需要注意的是,Mu(2020)的面向多语学者英文论文发表的社会—认知框架并没有考虑工作记忆(working memory)对于写作过程的影响。根据 Baddeley & Hitch(1974)的定义,工作记忆是指"为短暂存储和为理解、学习和推理等复杂任务而进行信息加工/操纵的有限容量系统"。[①] 与短时记忆不同的是,工作记忆不仅负责信息的存储,还负责信息的加工。如果工作记忆容量不足,则势必会影响写作的效率和质量。

虽然 Mu(2020)关注到了比较经典的 Flower & Hayes(1981)的写作过程模型,但仅关注到该模型强调写作过程的循环性,而忽视了工作记忆在写作过程中所发挥的作用。值得注意的是,Hayes(1996)在 Flower & Hayes(1981)的写作过程模型基础上做了完善,即加入了工作记忆的模块,且将其放置在写作活动的核心位置。加入了工作记忆模块的其中一个原因是:科学期刊的文章经常会出现数据图表,而工作记忆中的视觉—空间模板(visual-spatial sketchpad)则负责这种视觉、空间信息的认知加工。Hayes(1996)将写作过程中涉及的元素分为两类:①任务环境;②个体差异因素。其中,任务环境因素分为社会环境(如受众、合作者等)和物理环境(如写作文本、写作媒介等);而个体差异因素则包括写作者的认知能力(如工作记忆)、意愿(如动机)和情感因素(如焦虑、自我效能感),以及长时记忆(如话题知识、语言知识和体裁知识)。该模型与 Mu(2020)的框架类似,都关注了社会环境和体裁知识对写作过程的影响,但 Hayes(1996)的模型重点在于强调了工作记忆在写作各阶段的重要作用,如计划、转换、转录和修改。

---

① "a limited-capacity system for temporary storage and manipulation of information for complex tasks such as comprehension, learning, and reasoning."(Baddeley & Hitch,1974)

然而，对写作过程研究更为知名的是罗纳德·凯洛格（Ronald Kellogg）的写作过程模型。与 Hayes（1996）模型相似的是，凯洛格的写作过程模型也强调工作记忆容量的重要性。具体来说，在凯洛格看来，很多写作教学研究可能关注语言知识、体裁知识，但在这些知识都具备的情况下，如果由于工作记忆容量不足，也会对写作过程造成影响。因为写作是一个有意识的信息加工行为，而信息加工需要认知资源，认知资源则由工作记忆提供（Li，2023）。如果能快速调用长时记忆中的相关知识，进入工作记忆，写作过程则会高效很多。反之，如果写作过程的各个阶段，如计划、语言产出和审校工作同时进行，且工作记忆容量缺乏，则会导致认知超载（Kellogg et al.，2013）。

但与 Hayes（1996）模型不同的是，凯洛格的模型认为，不同工作记忆在写作的不同阶段发挥的具体作用不同。笔者结合已有文献，探讨工作记忆如何影响写作的各阶段，并为人文社科研究生克服工作记忆不足，减少影响学术论文写作质量或效率的负面影响提供一些启示。

（1）在写作的计划过程中，主要是言语工作记忆和视觉—空间模板发挥作用。言语工作记忆主要负责文字信息的存储和加工，而视觉—空间模板主要负责将写作的想法和结构在脑海中可视化。在人文社科研究中，我们经常会考查很多理论构念，而这些构念又相对抽象，关系也比较复杂。如果视觉—空间层面的工作记忆容量不大，则可以尝试在写作前用笔记的形式记录在电子文档或纸上，并形成有逻辑性的框架，为自己的写作作好规划（如宏观结构，但非微观句子结构），这在一定程度上可以减少写作过程中工作记忆的负荷。而且，在二语写作过程中，有可能因为在转换过程中消耗了很多工作记忆资源，从而减少了分配给写作计划的认知资源，因此研究初学者要格外注重计划过程。

（2）在写作的执行过程中，涉及将计划过程中的想法转换为内容，并使其具有逻辑性，这个过程被称为"转换"（translating）。该过程包含语法编码、语音编码和正字法，这些过程在一语写作中可以实现自动化加工，但在二语写作中则需要消耗写作者许多认知努力（Li，2023）。在产出句子前，整个从句，甚至复杂句都会通过工作记忆的语音回路，在大脑中检查一下是否可行，然后再真正落笔（Kellogg et al.，2013）。

笔者建议，可以在写作过程中，拿目标期刊的一篇或多篇模板文章作为参照，模仿其中的句式结构和行文逻辑，从而产生"启动效应"（priming effect），避免给工作记忆造成太大的负担。此外，应避免在写作过程中"听歌"，因为这些与学术写作无关的语音信息可能会给语音回路造成干扰，从而影响写作者将想法转换成有逻辑的文字（Kellogg et al.，2013：164）。

（3）在写作的修订环节，写作者主要会关注语言、内容、组织结构、打字和连贯性问题。Kellogg et al.(2013)认为,在修订环节,言语工作记忆和语音工作记忆都会发挥作用。但在 Li(2023)看来,视觉—空间工作记忆对写作的修订环节同样发挥作用,即在微观层面可以确保正字法形式和句子的视觉呈现符合目的语规范;同时,在宏观层面,也可以对文章的总体结构进行修正。

因此,对于研究初学者来说,在写完稿件的时候,尝试将稿件大声朗读出来,可以有助于检查文章的可读性,同时,也可以尝试绘制一下各段落,以及整篇文章的结构,以检查文章的宏观结构,避免因为工作记忆超载,从而忽略宏观层面仅关注语言层面的问题,这一情况在二语写作中尤为常见(Li,2023)。

综上所述,虽然 Kwan(2009)强调了策略性的研究设想能力,但并没有明确指出思辨性阅读能力对于实证研究的重要性(Gile,2001),也没指出搜索能力的重要性,由于思辨性阅读的基础是找到核心的文献,因此文献搜索能力也是非常重要的基础能力。而 Mu(2020)虽然强调了学术写作过程中的情感和社会属性,但并没有深入考查工作记忆对于写作过程的影响。基于上述文献,笔者提出人文社科研究的能力框架,以及将不同能力在研究不同周期的作用进行了可视化。

由图 1-4 可知,笔者将人文社科研究能力置于整个学科共同体中,而在这一学科共同体的核心是国内学术共同体,而在国内学术共同体的外围则是国际学术共同体。我们参照了 Kellogg et al.(2013)和 Hayes(1996)的写作过程模型,将工作记忆置于研究能力的核心,同时受多方面能力的制约,即文献检索能力、思辨性阅读能力、数据分析能力、话语能力和沟通能力。研究管理能力主要是指研究者在研究的各个阶段采取元认知策略(metacognitive strategies),如计划(如选择目标期刊,详见:4.3.1 如何选择目标期刊?)、监控和评价,不断调整写作策略,以便写作的顺利开展。话语能力和数据分析能力是指基于话语知识和数据分析知识的应用能力,而这些知识则存储在长期记忆中,在写作的恰当时候调用。而上述这些能力如何策略性地使用,则取决于思辨倾向性(详见:1.4.3 优秀思辨者的修炼)。

由图 1-5 可知,笔者将人文社科研究流程分为六个流程:①研究选题;②研究设计;③数据收集;④数据整理;⑤论文写作;⑥论文投稿、修改与发表。

我们可以发现研究管理能力和思辨倾向性贯穿整个人文社科研究流程的始终,而且研究选题与研究设计之间的距离较长,这表示需要花一定的时间进行规划,这也体现 Kellogg et al.(2013)和 Hayes(1996)的写作过程模型中计划的重要性。

如图 1-5 所示,文献检索能力不仅体现在研究选题阶段,还体现在论文写作阶段。在论文写作阶段检索文献,主要是为了解释自己的研究发现,若本领域并没有同类研

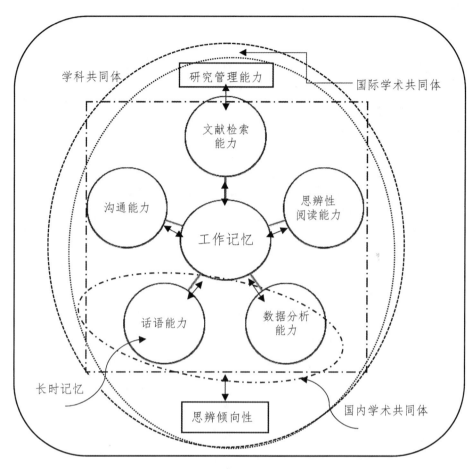

图 1 - 4　人文社科研究能力框架

究,而只能借助其他相近学科的研究发现进行佐证或对比。

　　沟通能力几乎在每个环节都有所体现,足以见得该能力的重要性:对于研究初学者来说,在研究选题和研究设计上难免会遇到一些困难,这时候就需要学术同行的帮助。特别是在研究设计过程中,如果要涉及实验材料的选取或先导实验,则需要与相关专家和被试进行沟通。在正式收集数据的过程中,沟通能力的地位依旧不减。在论文投稿与修改的过程中,则需要与编辑部和外审专家沟通,因此这时候也需要巧妙的沟通技巧(详见:第 4 章 实证研究论文写作、投稿与修改)。

　　数据分析能力不仅体现在论文写作过程中,还体现在研究设计过程中,这是因为在先导研究过程中,研究者可以根据数据的描述性统计信息来判断数据质量(详见:2.4.4 思辨性阅读与汇报的信息),也就是说,虽然没有正式开始论文写作,但依旧需要具备数据分析能力。同时,如果要判断两篇材料在某一特征上有没有显著性差异,这时候也需

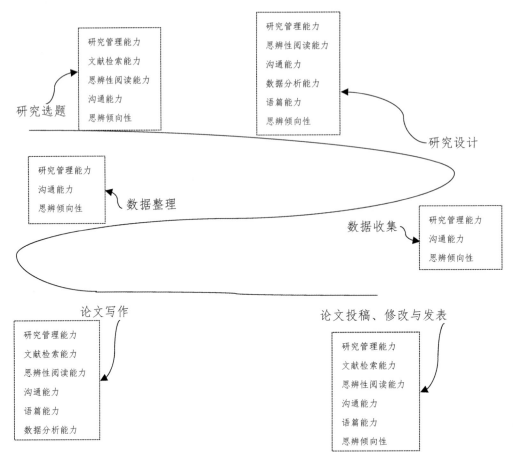

图 1-5　人文社科研究流程和能力类型

要数据分析能力。

　　需要注意的是,语篇能力不仅体现在研究流程的后期,如论文写作、投稿、修改与发表,还体现在研究设计过程中,这是因为研究设计阶段,通常需要论证自己研究的意义、可行性和具体方法,这时候就要具备一定的语篇能力(详见:2.4.6 思辨性阅读与逻辑推论),以说服开题答辩专家。

　　思辨性阅读能力不仅体现在研究选题阶段,还体现在研究设计和论文投稿、修改与发表阶段。在研究选题阶段,思辨性阅读能力重在找到自己研究创新切入点;在研究设计阶段,思辨性阅读能力重在找出前人研究设计的不足,以避免自己"重蹈覆辙";在论文投稿、修改与发表阶段,则需要思辨性地阅读编辑部和审稿专家的意见,以巧妙地回复审稿意见。由于思辨倾向性贯穿整个研究始终,也决定其他学术能力的使用,因此,笔者将在本章剩余部分重点介绍思辨的定义与分类,同时以笔者的亲身研究经历为例,探讨如何将思辨倾向性融入科学研究过程中。

需要注意的是，图 1-5 展示的是较为顺利的研究流程，而真实的写作过程可能更加复杂，是非线性、螺旋式、循环往复的过程（Mu，2020：35）。

1.4.2　思辨的定义与分类

研究生导师经常会和自己的研究生说，读研、做学术研究要有 critical thinking。那到底什么是 critical thinking？根据笔者的观察，很多人对 critical thinking 有误解，认为做研究就是要用"批判的"、挑刺的眼光来看待前人研究的不足。也就是说，在很多人心中，critical thinking 是带有负面、贬义的感情色彩。而 Paul & Elder（2006）则认为，critical thinking 是为了决定某东西的真实价值，运用恰当的评价标准，进行有意识的思考，最终作出有理据的判断。[①] critical thinking 包含三个维度：分析、评价和创造。从上述 critical thinking 的内涵和外延可以看出，真正意义上的 critical thinking 其实更加"理性""客观"，而且 critical thinking 的最终目的是"创造"，这也是学术研究的目标。

文秋芳等（2009）指出，如将 critical thinking 翻译为"批判性思维"则容易曲解这个概念，不能准确传递该词的原本含义，故而将 critical thinking 翻译为"思辨"。笔者也沿用这一译法。目前，思辨能力模型主要有 Facione（1990）的双维结构模型，即思辨技能和思辨倾向性，以及 Paul & Elder（2006）的三元结构模型，即思辨元素、思辨标准和智力特征。上述两个模型的核心是思辨的认知能力和情感特质。其中，思辨的认知能力主要包括：阐释（interpretation）、分析（analysis）、推理（inference）、解释（explanation）、评价（evaluation）和自我调控（self-regulation）。而思辨的情感特质包括寻真性（truth-seeking）、开放性（open-mindedness）、分析性（analyticity）、坚韧性（systematicity）[②]、自信度（self-confidence）、好奇心（inquisitiveness）和认知成熟度（cognitive maturity）。德尔斐项目组（Delphi panel）将理想的思辨者的特质归纳如下：

> The ideal critical thinker is habitually inquisitive, well-informed, trustful of
> reason, open-minded, flexible, fair-minded in evaluation, honest in facing personal
> biases, prudent in making judgments, willing to reconsider, clear about issues,
> orderly in complex matters, diligent in seeking relevant information, reasonable in

---

① thinking explicitly aimed at well-founded judgment, utilizing appropriate evaluative standards in an attempt to determine the true worth, merit, or value of something.

② 文秋芳等（2011）认为，英语中的 systematicity 如果翻译成"系统性"，则不能体现"毅力与恒心"。因此，建议翻译成"坚韧性"。本书沿用该翻译。

the selection of criteria, focused in inquiry, and persistent in seeking results which are as precise as the subject and the circumstances of inquiry permit.

——摘自 Facione(1990)

可以看出,优秀的思辨者不仅需要很好的思辨认知能力,更需要正向的思辨人格倾向促使其思辨的认知能力朝着正向的方向发展。下面,笔者将结合自己的文献阅读和博士论文撰写经历,谈一谈在学术研究的过程中,如何成为一名优秀的思辨者。

1.4.3 优秀思辨者的修炼

1.4.3.1 求真性与科学研究

就求真性而言,一名优秀的思辨者应该渴望寻求特定领域的最佳知识、勇于提出问题,以实事求是、客观的态度进行调研,即便最终的研究发现与自己个人的利益或既有观点并不相符(Facione et al.,1995:4)。这一性格特质在很多领域(比如,翻译实践)都适用,在学术研究领域更应该如此。对于实证研究而言,我们的发现要尊重事实,而不能带有主观色彩,这在我看来是求真性的本质。但有意思的是,John et al.(2012)曾对美国 2155 名心理学家展开了调研,发现大多数被试都认为一些"有问题的研究"行为是理所应当的,而且最常出现在他们的研究中,如并不汇报所有因变量、根据研究结果是否显著决定是否收集更多的数据、选择性报告能作出效应来的研究、删除数据、修改已有假设来呼应意外的研究发现。

笔者认为,我们做学术研究还是要实事求是,得出什么样的数据,就应该呈现数据的全貌,而不应该有所隐瞒,这样才有可能接近事物的真相。对于人文社科领域的研究而言,本身就会存在很多混淆变量,要得到显著性的结果并不容易,我看到美国肯特州立大学的德温·吉尔伯特(Devin Gilbert)博士的论文(Gilbert,2022)最终得出的研究发现就是混合性结果,既有正常结论,也有负面结论,但他都进行了如实汇报,我觉得这才是做科研应有的态度。

当然,我们不能人云亦云,不能为了新而新,而是要解决真问题。束定芳(2021)指出,我们的中国外语教育教学要研究"真问题",但国内外每年发表的大量外语教学方面的研究论文并没有直接针对外语教学实践中的现实问题,也没有提供解决这些问题的解决方案。安东尼·皮姆(Anthony Pym)教授 2022 年 2 月在新加坡国立大学的一场题为《以解决问题作为翻译方法及人文学科的其他问题》("Problem-solving as an approach to translation and anything else in the humanities")讲座中曾对翻译研究、翻译认知研究进行了批判,认为翻译研究并没有解决重要的问题,而翻译认知研究领域得出的结论都是显而易见的。这些问题都应该值得深思。

1.4.3.2 开放性与科学研究

就开放性而言,一名优秀的思辨者应该客观、理性地对待与自己看法相悖的"不同观点",体现出更加包容的心态,反思自己在看待问题方面是否存在偏见。这一点对于文献阅读和应对审稿专家的意见时,都非常关键。例如,就文献阅读而言,对于研究新手或者刚进入一个全新领域的研究者而言,尤其要有"开放""包容"的心态,而不是一遇到与自己观点相悖的论点或做法就开始"批判",而是应该先以学习的心态看待这些论点或做法,然后再去查阅更多的文献或与同行交流,以进一步证实或证伪自己的观点。

以笔者的亲身经历为例,翻译过程研究,尤其是口译过程研究,经常会借用认知心理学领域的构念,比如工作记忆,来考查工作记忆容量对翻译认知加工行为的影响。笔者最近关注工作记忆容量在翻译过程研究中的测量方式,发现一些英汉口译(含视译)加工的研究给被试测了英语(L2)阅读广度(Ma,2021)和听力广度(Kuang & Zheng,2022),但并没有测量被试的 L2 水平,而 Vieira(2014)则是为数不多的使用 L1 stimuli进行工作记忆测试的研究者。笔者当时在想,到底是用 L2 stimuli,还是 L1 stimuli 好呢?于是笔者自己找了相关的文献,自己测了一下英语的阅读广度,发现很难达到实验要求的"句子判断问题要 85% 以上的准确率",因为英语并不是我们的母语(L1),而是二语(L2)。因此,笔者就开始"质疑"前人研究使用英语阅读广度测试的可靠性。但笔者并没有"完全"推翻这些做法的可行性,而是尝试阅读、搜集更多的文献,并与国际学者进行沟通。笔者发现,Li(2022)和笔者有类似的观点,即如果用了英语的工作记忆测试(L2 stimuli),那么很有可能英语(L2)水平高的被试,工作记忆测试得分也高。也就是说,最终测得的工作记忆得分很有可能会受到英语水平的影响。笔者同时也咨询了英国布里斯托大学(University of Bristol)的讲师卢卡斯·努涅斯·维尔拉(Lucas Nunes Vieira)博士,他也同意笔者的看法,即 L1 stimuli 和 L2 stimuli 都可以用,但如果用 L2 stimuli 测工作记忆,需要同时测量被试的 L2 水平:

> I agree with the quote by Li you provide below. If you measure WMC in participants' L2 you'll be conflating WMC and L2 language proficiency. This doesn't necessarily strike me as an issue. For the other studies you mention interested in L2 reading span for instance, I think using L2 makes sense. The question for you is whether you want to disentangle WMC from L2 proficiency. If you do, I would go with L1. Using L2 for the WMC test would at a minimum require discussing the

possibility that the test results encompass both WMC and participants' L2 proficiency.

——摘自笔者在 2022 年与 Vieira 的邮件沟通记录

1.4.3.3　坚韧性与科学研究

就坚韧性而言，一名优秀的思辨者应该做事有规划、井井有条，且在研究过程中特别专注、勤奋。这一点对于硕士研究生顺利完成学业至关重要，对于博士研究生尤其如此。具体来说，硕士研究生可能需要平衡就业和科研的关系，因为绝大多数硕士生毕业后志向并不在科研，因此需要合理规划好时间，比如研一就开始跟着导师读文献、做课题，研二完成毕业论文，研三可以安心找工作。而与硕士课题不一样的是，博士研究的课题往往是研究生自主选定，而且具有较高的原创性，难度和工作量往往比较大，可能在这一领域很少有同行完全懂自己的研究领域，很有可能只有自己最了解自己的研究；此外，如果自己的研究涉及比较高级的统计方法（如混合效应模型、结构方程模型等）、心理语言学实验设计（比如，眼动实验数据整理、E-prime 程序编程），这些"技术门槛"往往会令人文社科领域的研究生望而却步。但是，在遇到"困难"时，研究新手应以冷静的头脑思考问题。如果每天、每周、每月制订好切实可行的研究计划，稳步推进，这样日积月累肯定会有收获。

笔者记录了自己从 2023 年 8 月至 10 月下旬期间每日撰写本书稿的字数①。笔者在 8 月初的几天尝试不给自己限定字数目标，但每天在写作前给自己定一个小主题或子标题的内容，以便可以清晰地知道每天的目标。随着写作的推进，笔者给自己定的目标是：在假期期间，每天至少要完成 2000 字的工作量；而开学后，则每天保证至少 1000 字的工作量。如果实在完不成，则记录原因。这样记录自己工作进度的好处在于：①可以明确自己每天的小目标；②可以观察自己每天的写作工作量，反思自己哪里存在不足，并督促自己每天保持写作的习惯（是否没有合理安排时间、哪块内容比较难写等）。描述性统计分析表明，笔者在假期中的写作字数平均为 2491 字/天；而工作日的写作字数平均为 1122 字/天（见图 1-6）。可以说，笔者基本完成了每日的写作目标，同时单样本 t 检验显示，笔者在假期的写作字数显著高于工作日（$t(39)=7.35$，$p<0.0001$）。这给青年学者的启示是，要充分利用假期时间搞科研。大家平时可能无法有完整时间写作，但每天也要保持一定的工作量，这样才能稳步推进自己的写作。

---

① 　原始数据详见：https://docs.qq.com/sheet/DVGRTdGpNYmhhSkZy? u=aed46efab0b5497ea94eb2b78e08c7b9&tab=BB08J2。

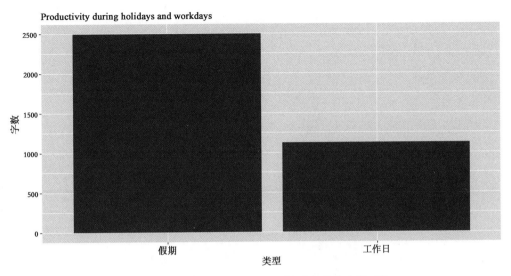

图 1-6 笔者在假期和工作日撰写本书稿字数对比

以我自己的亲身经历为例,我在读博期间遇到的两大技术难题是:①数据分析方法;②眼动技术。就数据分析方法而言,我们翻译过程研究领域目前的主流方法是混合效应模型(mixed-effects model)(详见:Balling,2008),但我当时在看一些发表在国际核心期刊上的文献时(例如,Daems et al.,2017b;Vieira,2017a),发现根本看不懂他们的统计分析方法,例如,什么是随机效应(random effect)?什么是随机截距(random intercept)?什么是随机斜率(random slope)?什么是 AIC?我当时(2018年)心里非常忐忑,一方面,如果看不懂数据分析方法,那我很有可能没法深入理解这些数据背后反映的问题,也就没法找到"研究空白"(research gaps)。另一方面,我周围的上外师生几乎没有一位懂这块,而且国内外网络上也很少有关于混合效应模型的视频教程。但我一直没有放弃学习混合效应模型,也没有惧怕数据分析本身,我认为只要找到好的资源,肯定可以攻克这一难题。比较幸运的是,有一天我无意中看到一则关于吴诗玉教授的 R 语言和混合效应模型的培训课程,于是我便与混合效应模型有了不解之缘。然后,我就一直跟着吴老师学习混合效应模型至今。当然,我并不满足于他的课程内容本身,我还基于他后续出版的教材,更加深入地学习他那本教材里所提及的参考文献,将翻译过程研究中异常值的处理问题进行了梳理,以通讯作者的身份在《外国语》上发表了自己的观点。

就眼动技术而言,由于上外在2020年之前一直没有比较完善的眼动实验室,语言研究院的眼动仪在2020年前的型号是EyeLink-II,数据容易丢失,而且不能与Translog-II连接,所以我当时只能自己寻求"外援"。一开始我发现华东师范大学心理与认知科学学院有Tobii眼动仪可以借给外校师生使用,于是我就孤身一人"登门拜访",通过多种程序(比如,伦理审查考试),但最后审批没有通过。当时给我的打击很大,因为我整整花了两个月时间联系却无果,如果借不到眼动设备,我的博士课题可能会"夭折",或者要做重大调整。但我没有轻易放弃,而是"另辟蹊径",去知乎上寻找答案。幸运的是,我最终与EyeLink公司的经理取得了联系,他们愿意借给我眼动仪,最后我也顺利做完了眼动实验。

但事情远没有想象得那么顺利,我在收集完眼动数据后,发现由于我的实验刺激材料是整个语篇,我的兴趣区是实验原文中的每个句段,而用Translog-II收集到的眼动数据噪音(noise)非常大,例如图1-6中的眼动数据按理说应该与原文区的第一行相匹配,但由于Translog-II的注视点和注视词匹配的算法(gaze-to-word mapping,GWM)存在一定的局限性,因此这些注视点与原文的第二行进行了匹配,这就是所谓的"噪音"。当时看到数据噪音很大,我心里十分焦虑,于是赶紧咨询了EyeLink公司的宋昌霖工程师,他给我提供了原文区眼动数据修正(fixmap)的方法,但译文区的眼动数据他当时没有想到很好的解决方法。我当时并没有放弃,我依旧记得2019年10月底的某一个晚上,独自一人在实验室的电脑前摸索,当时,我的信念很简单,就是肯定能摸索出解决方案。最后我终于找到了解决方法,当时真的很开心!不过,眼动数据的降噪是一件费时费力的大工程,我花了一整年的时间在家里对眼动数据进行修正,每天对一个眼动数据文件进行降噪。经过这一年的"修炼",我不再惧怕任何研究上的"困难",可能这就是读博赐予我的无价"财富"。

当然,我也是在数据搜集完之后,与迈克尔·卡尔(Michael Carl)教授沟通,才发现他已发表过相关论文。这件事给我一个很大的触动就是,在做数据搜集前,最好把搜集数据工具的功能彻底搞懂,这一点Vieira(2013)就做得很好,他在做译后编辑实验前,把PET、Translog-II、TransCenter和Tobii这些数据搜集工具的功能都做了对比,这是我今后研究工作中需要特别注意的地方。

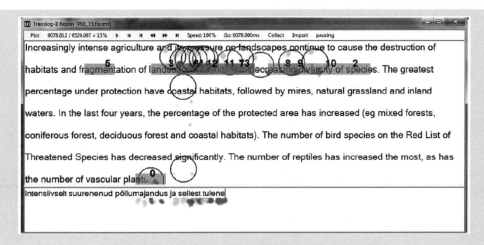

图 1-7 Translog-II 中眼动数据的噪音（Carl，2013）

除了上述两大困难，我在读博期间还面临的问题，就是研究选题遭到专家的"质疑"。我的研究课题就曾被认为"研究没有意义"。"机器翻译质量很差，怎么可以做译后编辑？""你研究的自变量是什么？因变量是什么？"其间，我也曾怀疑过自己是否可以做下去。不过，冷静过后，我还是没有轻言放弃。我觉得有两点特别需要注意：①要甄别他人观点背后的潜台词；②要理性看待大同行的建议。大同行专家对我的研究产生质疑，可能是因为他们并没有完全深入地理解我的研究领域。但是，大同行专家的意见也很重要，因为他们的质疑恰恰反映了我研究的问题还不够清晰，文献阅读还不够深刻。我现在越来越觉得，真正扎实的研究无论是对于大同行，还是小同行，都是可以站得住脚的。

1.4.3.4 分析性与科学研究

就分析性而言，一名优秀的思辨者应该注重推理（reasoning），并运用证据来支撑自己的观点，同时能够预想到可能的理论或现实方面的困难，且时刻保持警惕之心。这对论文写作本身特别有帮助。就个人经历而言，在写博士论文的后期，笔者一直在反问自己：我的研究问题是什么？我的研究意义是什么？我的创新点在哪里？我论文标题中的每一个关键词是否都在文献综述中进行了梳理或予以体现？我每提出一个观点，是否都有依据？笔者依然记得当初在写《外语教学与研究》上发表的那篇文章的初稿时，提出了一个新指标，即可接受度阈值，笔者把该阈值定为 60%。由于前人并没有提出这一指标，笔者就花了很多笔墨论证，也就是说笔者作为作者提前预判了审稿专家的提

问,把一些潜在的质疑在稿件中直接进行交代,这样就不会遭到审稿专家的质疑:

> 对于一些机器翻译译文,两位评分员在可接受度上无法达成一致,即一位评分员认为某一个译文存在可接受度的问题,而另外一位评分员认为不存在可接受度的问题。为此,借鉴了 Carl & Báez(2019)的做法,邀请了 36 位翻译专业本科生(母语为汉语)对评分员难以达成一致的译文进行了可接受度评判,评定时间为 2021 年 10 月。他们在评判过程中只能看到有语境的译文,但看不到英语原文,而且对机器翻译译文进行了随机乱序处理。在本研究中,设定的可接受度错误阈值为 60%,即如果 60% 的学生认为某一译文存在可接受度的问题,则本研究就认定此问题存在可接受度层面的错误。若句段中没有可接受度层面的错误,而被试进行了修改,则将此类修改认定为偏好性修改。将可接受度错误的阈值设定为 60% 的理由是,根据 kappa 值的分级标准(Landis & Koch, 1977:165),若 kappa 值处于 0.6~0.8,则评分员间的信度为"相当高"(substantial),而 kappa 值与 Carl & Báez(2019)的翻译错误显著程度(translation error evidence, TEE)具有很高的相关性($r=0.94$)。本研究的可接受度错误阈值即为 TEE。

> ——摘自钱家骏等(2022)的初稿

就一篇优秀的期刊论文而言,严谨的论证必不可少。Lei et al.(2023)主要考查中国英语学习者句法复杂度的历时演变过程。他们选用的句法复杂度指标是陆小飞的基于短语的、较为传统的句法复杂度指标。该文并没有片面地宣传这种指标,而是很客观地阐述这类传统指标的局限性,即:

> It should be noted that the use of these traditional complexity indices in L2 writing research are not without criticism[①](Biber et al., 2011; Kyle & Crossley, 2018; Pallotti, 2015). For example, while Norris and Ortega (2009) argued that some of these complexity measures are conceptually similar and thus are redundant when used together, Lu (2011) demonstrated that indices such as MLS and MLT, DC/C and DC/T, and CP/T and CP/C are highly correlated. Nonetheless, for research purposes similar to those of N. Polat et al. (2020), all of the 14 indices were considered in the present study in order to paint a fuller picture of the developmental trajectories of syntactic complexity in EFL writing across the four examined semesters.

---

① 引文中画线部分均为笔者所加,全书以下情况均同此,特此说明,以下不再一一注解。

——摘自 Lei et al.(2023)

同时,该文还列举了使用所有 L2 SCA 的句法复杂度指标的原因,其中一点特别重要,即:

> More importantly, as a large-scale longitudinal investigation of syntactic complexity in EFL writing is scarce, the use of a complete set of indices may help compare our findings with previous small-scale studies in this line of research.

——摘自 Lei et al.(2023)

该文强调之所以采用这些指标,更重要的是为了和前人小规模的同类研究发现进行对比,这一考量非常明智,因为一旦用了和前人研究不相关的指标,那在讨论部分就无法和别的研究结果进行"对话",也很难提升讨论部分的深度。因此,可以看出,该文作者在写作的全过程中都有深思熟虑。

1.4.3.5 好奇心与科学研究

就好奇心而言,一名优秀的思辨者对未知领域的知识充满好奇,并有强烈的学习欲望,即便这些知识短期内并不会对自身的发展有立竿见影的效果(Facione et al.,1994)。笔者个人的经验是,好奇心对于研究选题至关重要,但需要把握一个度。具体来说,我们在选题①时,不仅要关注自己领域的研究论文和理论,还要关注其他相邻领域(adjacent field)的相关研究成果(详见:3.2 研究问题与创新性研究)。就拿笔者的博士论文的选题为例,笔者的重心或研究话题一直是笔译过程研究,但由于在选题时,上外没有适合笔者研究所用的眼动仪,因此笔者一开始阅读文献的范围仅局限于基于有声思维报告法(think-aloud protocols,TAPs)和击键记录法(key-logging)的翻译过程研究,并没有关注基于眼动追踪的翻译过程研究。笔者当时的视野就非常狭窄,研究选题就一直围绕"翻译策略"展开(如文军、殷玲,2010),旨在对比不同翻译水平的被试在人工翻译和译后编辑过程中翻译策略使用的差异,以及翻译策略对翻译和译后编辑质量的影响。而且,由于当时较少关注眼动方面的文章,笔者对眼动范式也持有一定的偏见,认为这种范式并不能深入考查译者在翻译过程中的思维过程。但后来越发感觉如果仅仅从有声思维的角度考查人工翻译或译后编辑策略可能并没有太多的研究空间。于是,在得知可以借助其他机构的眼动仪开展实验后,笔者大胆尝试关注眼动追踪领域的文献,主要从 Carl et al.(2016)的论文集入手,逐渐有了变量的意识,笔者的思维不仅

---

① 本书的"选题"不仅仅是确定研究话题(research topic),还包括具体的研究问题(research questions)。

仅停留在对比不同翻译水平被试的翻译策略上，而是更关注哪些原文特征、机器翻译错误类型和被试个体特征因素会影响机器翻译译后编辑的认知加工过程。

在业余时间，笔者也会抓住一切机会，去听与笔者研究不直接相关，但有间接启示意义的线上讲座，如天津师范大学心理学部组织的眼动系列讲座，以及口译认知领域的讲座。通过关注这些相近、相邻领域的讲座，一方面拓宽了笔者的研究视野，比如，口译研究（Chen，2017）中较多借助认知心理学中的心理负荷模型和教育心理学中的认知负荷理论来考查口译的认知心理加工过程，这些理论已逐渐在笔译过程研究中得以应用（Jia & Zheng，2022）。通过对认知负荷（cognitive load）进行细致分类，其实就可以勾勒出研究框架，从而有利于具体研究问题的确定（Chen，2017）。另一方面，通过聆听心理学领域关于眼动追踪的讲座，笔者对眼动实验的具体实验材料的操纵（比如，要用数据证明自变量不同水平的两个实验材料在难度上具有显著差异），以及实验流程（比如，给被试要采用标准化的指导语、尽量采取单盲实验）等研究方法的细节问题都有了更加深刻的认识，这也对笔者之后的研究设计或数据分析都产生了很重要的影响。但需要注意的是，在充满好奇心的同时，也要考虑研究的可行性和时间成本，毕竟我们的时间、精力和实验设备都有一定的局限性，在力所能及的范围内尽可能多关注与我们研究较为相关的资讯，或许会对我们的研究（选题）有一定的促进作用。

1.4.3.6 认知成熟度与科学研究

就认知成熟度而言，一名优秀的思辨者在作出决策时往往非常谨慎，不会仓促作出决定（Facione et al.，1994：5）。在学术研究的过程中，尤其是在数据分析的过程中，由于人文社科研究生对统计分析方法不是很熟悉，我们往往会"照搬"前人的做法，自己论文中选择的统计方法并非经过深思熟虑后所作的决定。然而，即便是发表在核心期刊上的论文，其统计方法也有可能存在诸多问题。鲍贵（2012）曾调查了2000—2009年我国8种外语类期刊外语教学类论文中的统计分析方法，结果发现许多研究者对统计方法的概念存在误解、误用或简化的倾向。例如，很多研究在对多个组别进行比较的时候，用了独立样本 t 检验，但其实应该用单因素方差分析，因为前者会增加统计学上犯一类错误（Type Ⅰ error）的概率。笔者的体会是，在写论文的数据分析过程中，尤其要做到"言必有出处"。请注意，这里的"出处"至少要包括以下任一种"出处"：一种是最原始的理论文献（即某一指标或做法的理论依据）；另一种是实证研究文献（即已有实证研究采用了某一指标或做法）。也就是说，我们研究者既要搞清楚某一指标或做法的原理，也要找出采用同样指标或做法的同类研究，这样才能说服审稿专家。

在眼动研究中有很多眼动指标，比如总注视时长（total fixation duration）、总注视次数(total fixation count)、平均注视时长(average fixation duration)等,初学者往往不清楚具体该选用哪些眼动指标,而且没有充分论证使用具体眼动指标的原因,这就反映出很多研究者在认知成熟度上做得并不好。有些研究者做得不错,可供借鉴,请看下面的例子:

> Fixation duration has been found to be a strong indicator of cognitive effort in cognitive information processing tasks (e.g., Just & Carpenter, 1980) such as translation (e.g., Jakobsen & Jensen, 2008; Sharmin, Špakov, Räihä, & Jakobsen, 2008). Focusing on translation using digital resources, the second research question R2 asked: How does cognitive effort vary during translation involving digital resource consultation?

> ——摘自 Hvelplund(2019)

上述这段话主要介绍了(平均)注视时长在认知信息加工过程中(例如,翻译过程)是认知努力的强有力表征。因此,Hvelplund(2019)旨在考察译者在可以使用电子资源查证的情况下,其翻译过程中的认知努力如何变化。很显然,这一例子同时包括上述两种出处,第一种是最原始的理论文献(Just & Carpenter,1980),该文献指出平均注视时长是认知努力的表征;而第二种是实证研究文献(如 Jakobsen & Jensen,2008),研究者就是用了平均注视时长来表征翻译过程中的认知努力。

而 Kuang & Zheng(2022)论文中的表 3 则列举了每一种眼动指标的操作性定义、相应的认知活动和在已有文献中的使用情况。我们可以发现,表 3 仅包含了第二种出处,即实证研究文献,而并没有包括最原始的理论文献。这在一定程度上反映出 Hvelplund(2019)比 Kuang & Zheng(2022)在论证上更加严谨。不过,笔者认为这两种做法应该都是可以接受的,至少没有遭到同行评审的质疑。

以个人研究经历为例,笔者在撰写博士论文的过程中,遇到的一个问题就是混合效应模型拟合过程中的模型选择问题,即到底是采用前进法,还是后退法,还是不剔除任何变量? 另外,在模型选择过程中,到底采用哪个标准,到底是看 p 值,还是看信息值,如 AIC、BIC 等? 是否可以用 step 函数进行自动模型筛选? 上述问题在 Gries(2021b:365)看来都是非常具有争议的。笔者在读博期间,遇到类似这种不确定的问题,会请教一些同行朋友,他们给笔者的反馈无一例外是:"你的研究设计/问题是什么?"这一问题看似在推辞,但恰恰点醒了笔者:一方面,笔者会去查阅相关统计学的文献(如 Gries,2021b),另一方面笔者会看已有实证研究都采用了什么模型选择方法,已有研究的设计和笔者的研究设计/问题是否类似?

就模型选择而言，Gries(2021b：365)的论证非常精彩，如下所示：

Some authors make it very clear they are against model selection：Thompson (1995，2001，and the references cited therein)，Harrell (2015：67-69)，Heinze, Wallisch，& Dunkler (2017：435)，references cited in Heinze, Wallisch，& Dunkler (2017：432) are just a few and many of their reasons are compelling (in particular the risk of biased results and the fact that the order in which model selection happens can have a big impact on the final result).

Yet again，many research papers are using and，thus apparently more accepting of (different kinds of) model selection，there are textbooks that use/teach it (e.g.，Zuur et al. 2009：Section 5.7，Crawley 2013：390'.，Faraway 2016：131)，and there are packages/functions with associated reviewed publications for it in general and for mixed-effects modeling in particular such as FWD select：selection by Sestelo et al. (2016)，lmerTest：：step by Kuznetsova et al. (2017)，cAIC4：：step by Safken et al. (2018)，orbuildmer：：buildlmer by Voeten (2020). In addition，we find quotes in the relevant literature that indicate that in related areas that also deal with predictive modeling，e.g.，"in machine learning，variable (or feature) selection seems to be the standard" (Heinze, Wallisch，& Dunkler 2017：432)，...

——摘自 Gries(2021b)

从上述论证可以看出，模型选择遭到了一些学者的批判，但同时也受到一些领域（如机器学习）学者的欢迎。Gries(2021b)的论述告诉我们，模型选择需要根据具体的研究设计/问题来进行。笔者在撰写博士论文的过程中，还就后退法以及模型选择标准的问题询问了维尔拉博士：

Regarding backward elimination，the standard is to remove the most insignificant predictor at each step (see p. 79 in *An Introduction to Statistical Learning*：*With Applications in R* by Gareth James et al. 2013). The method you mentioned is potentially more precise，but it should be equivalent—going with AIC seems fine to me. Note though that I actually stopped using backward stepwise elimination in my work. I think this only makes sense in exploratory studies，which was the case in my thesis where I wanted to examine what could possibly predict cog. effort. Choosing a smaller set of predictors beforehand and sticking to those without any elimination may be a better approach if the overall method is less exploratory.

——摘自笔者与 Vieira 在 2021 年的邮件沟通记录

上述回复给了我两点启示：①后退法适合探索性研究，而如果是严格的实验研究，则不需要剔除任何变量。②p 值和 AIC 是具有同等效力的。正是在经过反复查阅文献，并与国际同行交流后，我才最终确定我自己博士论文中的模型选择的方法和标准。虽然在论文中就是简单的几行字，阐明了我为什么这么做，但背后却会付出很多艰辛。

还有一点特别值得强调，一名优秀的思辨者在论文写作过程中，除了要"言必有出处"，还要避免强势语（booster），即"极大""显然"等绝对化的表达（详见：4.2.1 如何在论文中恰当表达自己的立场？）。2022 年上半年我在博士论文答辩的时候，提到了 Cui & Zheng（2022）发表在《视角》（*Perspectives*）上的文章，我指出他们的文章在数据分析时，仅用了相关分析，考查了被试在外部资源中的认知努力对翻译质量的影响，但却忽视了被试在翻译区的认知努力，而且没有考虑被试的个体差异因素，因此认为他们的结果是不可靠的。当时郑冰寒教授就质疑我的说法，认为我的判断"太绝对了"，我觉得有一定道理。除非在证据非常充分的情况下，否则不能轻易说某人的观点是完全错误的，只能说有待商榷。

1.4.3.7　自信度与科学研究

与认知成熟度高度相关的是自信度，一名优秀的思辨者应该充分相信自己所作出的推理过程或判断（Facione et al.，1994：5）。在学术研究领域，适当的自信度是非常有必要的，因为特别是对于博士研究生而言，自己所探索的领域可能只有自己最清楚，而且只有自己最了解的研究设计、研究问题和数据的基本特征，要指望导师或者其他老师、朋友完全了解自己的研究是很困难的，因为绝大多数人并没有耐心、时间和精力深入我们自己的研究问题。这时候，只要我们作出的判断或推理是有理有据的，那我们就应该相信自己，而不能一味依赖外部力量。我自己攻读硕士学位期间比较依赖导师的指导，遇到问题就会找导师，后来在读博期间发现，虽然有时候也会请教国内外专家，但我越来越能感受到，其实很多时候还是要相信自己的判断。

以笔者的博士论文写作为例，我在数据分析过程中遇到过另一个比较纠结的问题是，统计模型的自变量是否要满足正态分布的假设前提？因为我在写博士论文的时候，读到了 Gries（2021a：11）的文章，他建议对进入模型的所有固定效应、随机效应和因变量都进行数据探索，并使用对数、平方根或 PowerTransform 转换，使得这些变量的分布尽可能变为正态分布。

但笔者同时也读到了 Vieira(2016)的博士论文,他并没有对被试的个体特征因素(如被试的翻译经验、外语水平和工作记忆容量)进行任何的数据转换。面对如此不一样的做法,我当时比较迷茫,不知道该相信谁的做法,也就无法做出自己的判断。于是,笔者当时还是选择了请教 Vieira 博士,他给笔者的回复是:

> Transforming predictors is not necessary, but may occasionally help. If you're not running into any fitting problems, I would just rescale them using the scale function and otherwise leave them untouched. The range of participant variables will in most cases be quite narrow, so I can't see why transformation might be necessary. For another example of predictor transformations see the chapter by Elming et al. in *Post-Editing of Machine Translation：Processes and Applications*.
>
> ——摘自笔者与 Vieira 在 2021 年的邮件沟通记录

可以看出,维尔拉博士给出的回复是充满辩证色彩的,他并没有完全否定给自变量或预测变量进行数据转换,而是说只要模型不存在无法拟合的问题时,就可以不对自变量进行任何的转换,而只需要用 scale()函数对数据进行标准化趋中处理即可。此外,他还给笔者推荐了一篇 Elming et al.(2014：157)的文章,笔者随后仔细查阅了这篇文章,发现这篇文章之所以对自变量进行相应的转换,是因为他们的自变量大多都是行为数据,如译后编辑击键比率,而这些行为数据往往跨距比较大,呈明显的正偏斜,这其实和Gries(2021a)的观点一致。结合笔者自己的数据特征,其实被试的个体特征因素的数据特征与 Elming et al.(2014：157)的行为数据和 Gries(2021a)的学习者语料库数据相差较大,即便不符合正态,也不对这些自变量进行转换。

此外,笔者在博士论文写作中还遇到一个纠结的问题,即在拟合混合效应模型时,是一开始就把所有可能的交互效应全部放进模型中,还是先通过模型选择,挑选出显著的预测变量,将其与被试的个体特征因素分别进行交互效应的考查。其中,前者主要在Gries(2021a)的数据分析中体现,而后者的做法在 Vieira(2016)、Daems et al.(2017a)中均有体现,而且和笔者的数据特征很接近,但当时的我还是不够"自信",于是请教了上海交通大学外国语学院的吴诗玉教授和英国布里斯托大学的维尔拉博士,其中吴诗玉教授给笔者的回复是,这两种方法都可以,能回答自己的研究问题就行;而维尔拉给笔者的回复是:

> This is mostly a matter of how much data you have and the extent to which

you can fit the model without any convergence issues. ... Similarly, you can certainly test all possible interactions. I focused on Meteor in a subsequent step, which was the strongest textual predictor of interest in my initial models. But testing all interactions is in fact preferable if you have enough data to do it.

——摘自笔者与 Vieira 在 2021 年的邮件沟通记录

也就是说，其实还是要看实验数据的观测值数量，笔者又回顾了一下 Daems et al. (2017a) 和 Vieira (2016) 的译后编辑数据的观测值数量，发现分别有 721 和 708 行观测值，而 Gries (2021a) 的学习者语料库则有 6383 行观测值，远远高于 Daems et al. (2017a) 和 Vieira (2016) 的观测值数量。于是笔者恍然大悟，决定分步进行交互效应的检验，而非在同一个模型中考查全部的交互效应。

上述两个案例给笔者的启发是：当自己发现有两种不同的解决方案并摇摆不定时，需要结合自己的研究数据特征综合判断，这时候只有自己最了解自己的研究。遇到问题可以求助外力，但最主要的还是要自己寻找解决方案。当然，还需要查阅相关文献[例如维尔拉推荐给笔者的 Elming et al. (2014) 的文章]，只要做到有理有据，一般就可以说服审稿专家，而不必"过度"小心谨慎。

请注意，笔者在讨论"自信度"的时候，加了一个前置修饰语，即"适当的"自信度。根据笔者自己的观察和切身体会，研究新手很容易过于自信，或者盲目自信，主要原因可能是缺乏研究经验和对研究可行性的判断。就以个人研究经历为例，笔者读博初期的研究计划是关于思辨能力与翻译过程研究，其中就想考查不同水平的译者在翻译过程中具体使用了哪些思辨技能、表现出哪些思辨倾向性。当时的笔者想法很简单，就是用有声思维法来提取被试的思辨技能和思辨倾向性，虽然当时也有一些专家质疑过笔者的想法，但笔者还是坚信可以这么做，但后来笔者通过预实验发现，由于很多翻译行为是自动化的行为，被试并不会有意识地汇报自己每一步的推理过程，思辨技能和思辨倾向性很难通过有声思维报告的形式提取。因此，研究生对自己的推理、判断有自信是好事，但切忌盲目自信，要积极动手实践、尊重事实。

第 2 章　文献检索、管理与阅读

2.1　文献的分类

我们在参加学术论文写作讲座时经常可以听到一个观点，即要从自己的实践中找研究灵感。例如，作为翻译学研究者，我们可以尝试从自己的翻译（教学）实践中找到研究选题。也有学者建议与行业从业者交流或从参加学术会议中获得灵感（杨峥，2022：94–95）。通过这些做法，研究者确实可以找到一些现实社会、生活中可能存在的问题。例如，最近 ChatGPT 风靡全世界，对各个领域都造成了冲击，有些导师可能就建议自己的研究生结合自己所在学科去研究一下 ChatGPT。笔者认为，从现实问题中寻找选题灵感是可取的，特别是人文社会科学研究，我们研究的对象要有一定的社会意义。此外，通过参加学术会议也可以帮助某领域的研究新手快速了解一个学科最新的研究进展。但如果要找到真正的研究问题，则还是要回归到文献。因为学术论文的本质是一场对话：论文的作者、被引作者和潜在受众之间存在"互文性"（详见：2.4.5 思辨性阅读与文献引用）。而且，每一项研究都是要基于已有文献提出研究问题，而不是简单地从现实社会中提出研究问题。况且，现实中的问题可能在文献中已经解决，只是由于研究者的认知局限，之前并不了解而已。而学术研究的本质是创造或发现新的知识（详见：1.1 学术研究的本质）。因此，笔者认为，所谓自己的实践、与行业从业者交流可以帮助我们了解可能存在的"问题"，但这些"问题"是否真的尚未解决，是否是学界目前在探讨的问题，则需要回归文献本身。

例如，近年来，机器翻译（特别是神经网络机器翻译）在翻译行业产生了很大的影响，一方面，机器翻译提升了翻译速度，同时也没对翻译质量造成负面影响；另一方面，很多职业译者强烈反对在工作中使用机器翻译来辅助翻译。目前，已有越来越多的研究者关注到了机器翻译的发展，尤其是第二个方面的问题，从社会学视角，如主体性理论和布迪厄的资本、场域和惯习理论考查译者与翻译技术（如机器翻译、翻译记忆）的互动关系，或译者抵制、接受机器翻译的原因。比如，Cadwell et al.(2018)借鉴了 Olohan

（2011）的理论工具，利用 Pickering（1995）的"实践冲撞"理论模型对译者发布在翻译技术论坛上的帖子进行分析，但与 Olohan（2011）不同的是，他们用的是焦点小组的方式采集数据，这样可以与 Pickering（1995）的理念保持一致，即将人类主体去中心化（decentering），从人类主体的视角凸显物质主体的中心地位，即让职业译者从各个角度讨论对待机器翻译的态度。

从上述案例中，我们可以发现，现实中的问题看起来很简单，但真正研究起来，则要与前人研究进行"对话"。上述研究都从社会学视角，成功地与 Pickering（1995）的研究进行了对话，因为 Pickering（1995）最早用"实践冲撞"理论模型来分析社会中的科技发现和技术创新现象，而在考查译者与技术的互动关系时用了这一理论，则可以让研究本身更加有"抓手"。此外，Cadwell et al.（2018）还专门用了焦点小组的方式采集数据，这也是将"现象"转变为"研究问题"必要的一环。

因此，对于人文社会科学研究而言，从现象到研究问题，需要在文献中找答案，同时也需要找到恰当的理论分析工具和研究方法，将研究问题落到实处，这些都需要文献的支撑。这时候就需要文献检索能力。文献检索能力在研究流程的多个环节都有所体现，特别是在研究选题阶段，优秀的文献检索能力可以让研究者快速找到核心文献，而不是淹没在文献的海洋中。在讨论如何提高文献检索能力前，笔者先介绍一下文献的分类，这是开展文献检索的基础。

根据 Gile（2001：23）的分类，文献阅读主要有以下几点益处：①获取信息（这里的"信息"既可以是研究内容层面，也可以是形式层面，如语言表达、数据呈现方式等）；②利用已发表文献作为自己研究选题的方向；③对于已有研究的优势和潜在不足作出分析和评价，对于优势则可以获得灵感，而对于不足则可以吸取教训，避免自己未来犯同样的错误；④以文献综述的形式汇报已有研究成果；⑤作为导师，阅读研究生论文，帮助学生提升论文质量；⑥作为审稿专家，通过阅读稿件提出相关建议，帮助责任编辑对论文的"命运"作出决策，同时也帮助作者提升稿件质量。从上述几点益处可以看出，第二条益处是与研究选题直接相关的。那么作为研究生，在研究选题查找文献进行阅读之前，首先得明确文献的类型，以及适合阅读哪些文献。

通常来说，在实证研究领域，对于研究生来说，文献主要可以分为四类：①综述层面的文献；②理论层面的文献；③方法论层面的文献；④实证研究论文。

由图 2-1 可知，笔者将人文社科实证研究中的常见文献分为四大类，即综述性文献、理论性文献、方法论文献和实证研究文献；其中，综述性文献包括系统性综述（systematic review）和准系统性综述（semi-systematic review）。系统性综述是通过系

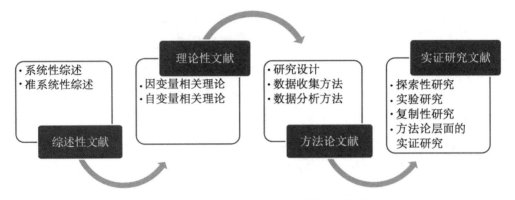

图 2‑1 人文社科实证研究领域的文献分类

统、透明、可复制的方式整合研究发现,以回答具体的研究问题,这类综述可以是与研究话题相关的系统性综述(如 Ragni & Vieira,2022),也可以是研究方法的系统性综述(如 Li,2023;Hu & Gao,2017),或兼而有之;而准系统性综述则是描述研究现状,并对已有研究进行评估,并指出未来研究方向(如 Lei & Qin,2022)。理论层面包括了因变量和自变量相关的文献,就以翻译过程研究为例,我们通常考查的是翻译专长、翻译方向性、工效学、语言学、情感因素和外部资源使用对翻译过程中的认知努力、翻译时长和注意资源分配的影响(Carl,2023)。从这句话就可以看出,翻译专长(Ericsson et al.,2006)是自变量相关的理论,而认知努力、注意资源分配(Sweller et al.,2011)等则是因变量层面的文献。方法论层面主要关注的是研究设计(比如,变量的操纵与控制,参考:Balling & Hvelplund,2015)、数据收集(比如,有声思维等,参考:Sun,2011)和数据分析方法方面的文献(如 t 检验、方差分析、混合效应模型等,参考:Gries,2021a/b)。研究性论文既包括原创性论文的不同范式,如基于语料库范式的探索性研究论文(参考:Daems et al.,2017a;Vieira,2014)和基于严格实验的研究论文(Läubli et al.,2022),也包括复制性研究(Yang et al.,2023)和方法论的实证研究论文(Sun et al.,2020)。其中,理论层面是方法论层面的基础,而方法论层面是实证研究论文的基础,综述性文章则可以让刚入门的研究生对某一话题有一个全面的了解。也就是说,对于研究生而言,尤其是博士研究生来说,在研究初期应当从(准)系统性综述文章入手,进而关注理论和方法论层面的文献,因为如果这两块基础不夯实,很难深入去阅读实证研究论文,更别提思辨性阅读了(详见:2.4 思辨性阅读与实证研究)。

表 2‑1 列举了实证研究领域文献分类框架和相关例子。

表 2 - 1　实证研究领域文献分类框架与文献举例

文献类型	文献重点	文献名称	研究话题
综述性文献	系统性综述	Li（2023）；Ragni & Vieira（2022）	工作记忆与二语写作过程研究、神经网络机器翻译研究中的人为因素
	准系统性综述	Olalla-Soler et al.(2020)	认知翻译研究进展
理论性文献	因变量层面	Sweller et al.（2011）	认知负荷理论
	自变量层面	Ericsson et al.（2006）	专长理论
方法论文献	研究设计	Balling & Hvelplund（2015）	翻译过程实证研究设计
	数据收集方法	Sun（2011）	有声思维数据收集方法
	数据分析方法	Gries（2021a/b）	统计学基础概念、混合效应模型的构建
实证研究论文	探索性研究	Daems et al.（2017a）；Vieira（2014）	机器翻译错误类型、原文语言特征对译后编辑努力的影响
	实验研究	Läubli et al.(2022)	计算机辅助翻译软件界面呈现方式对翻译表现的影响
	方法论研究	Sun et al.(2020)	有声思维报告在翻译过程中的效度研究
	复制性研究	Yang et al.（2023）	机器翻译对中国英语写作的有效性研究

　　值得注意的是，上述文献分类是基于研究类型所得，而文献类型还可以基于出版形式进行分类，如期刊论文、专著、书章节（book chapter）、会议论文、博士论文等。不同学科的研究者对于不同出版类型的文献的重视程度也不同。在自然学科领域，研究者除了注重期刊论文外，还注重国际顶级会议论文，特别是在计算机科学、工程学、材料科学、物理学、天文学和数学领域，国际顶级会议论文的含金量相当于一区或二区的期刊论文（Kochetkov et al.，2020）。而在人文社会科学领域，研究者对于期刊论文的重视程度则最高，会议论文反而不那么被重视。但人文社科的细分领域对于书章节的重视程度也不尽相同。以翻译过程或认知翻译研究为例，Olalla-Soler et al.(2020)利用文献计量的方法，考查了1976—2015年认知翻译研究和整个翻译学研究文献的出版形式

（详见表 2－2）。研究发现，虽然期刊论文的数量在认知翻译研究和整个翻译学研究文献中的占比最大，分别为 42.5% 和 43.2%，但书章节的比例在这两个领域的比例也不低，与期刊论文的占比相当，而且值得注意的是，认知翻译研究中书章节的比例（42.3%）比整个翻译学研究的（38.8%）更高。这给我们的启示是，不仅要关注期刊论文，还要关注书章节。此外，博士论文在认知翻译研究的占比虽然不高，仅占 6.7%，但总文献数量为 1 838 条，也就是说，与认知翻译研究有关的博士论文有 124 篇，这一数量也不容小觑。因此，笔者认为，至少在认知翻译研究领域，研究者除了要关注期刊论文、书章节，还应关注博士论文，尤其是博士论文中的文献综述，因为后者没有篇幅限制，梳理可能更加全面。对于人文社科研究生而言，具体该关注哪种出版类型的文献，可以向导师、学术同行请教，这样可以少走很多弯路。

表 2－2　认知翻译研究和翻译学研究文献的出版形式（1976—2015 年）（Olalla-Soler et al. 2020）

文献类型	认知翻译研究	翻译学研究	差异比
期刊论文	42.5%	43.2%	−1.6
书章节	42.3%	38.8%	+9.0
书	7.7%	12.3%	−37.4
博士论文	6.7%	4.4%	+52.3
专刊	0.8%	1.0%	−20.0

注：认知翻译研究文献 1 838 条；翻译学研究文献 68 364 条。

2.2　信息素养与文献检索

在信息学领域，信息素养（information literacy）是高等教育比较关心的、广泛且多维度概念，是指"运用不同知识、技能和实际行为来对检索到的信息进行本地化、评价与合理使用"（Timmers & Glas，2010：47）。目前，关于信息素养能力框架有很多，基本涵盖三个元素：①识别信息需求；②获取、评价和使用信息；③信息使用的伦理层面。信息检索行为是信息素养的一个层面，因为"成为一名有信息素养的人之前，首先得习得恰当的信息检索行为"①（Boon et al.，2007：207）。Timmers & Glas（2010）基于美国大学

―――――――――

① One step towards becoming information literate is to acquire an appropriate information-seeking behaviour.

与研究型图书馆协会（Association of College and Research Libraries，ACRL）的信息素养能力框架，研制了针对大学生的信息检索行为量表。该量表旨在从信息检索源头、搜索策略的应用、信息评价、引用信息和调控活动来衡量大学生的信息检索素养能力。其中，引用信息是指在查询完信息后，对信息来源进行引用，以遵循学术规范。可见，信息检索素养也与文献检索能力息息相关。对于研究新手来说，通过哪些渠道检索文献，运用什么关键词进行检索，如何评价文献的质量，如何及时调整文献检索策略都是非常关键的。接下来，笔者将从实际案例出发，探讨文献检索过程中的注意事项。

2.2.1　文献检索平台

在介绍文献检索平台前，我们首先来看一个翻译信息检索行为的研究发现。Shih（2017）利用有声思维报告和屏幕录制法考查了翻译学员在翻译过程中的信息检索行为。研究发现，有一类被试在翻译过程中采取的是"单一网络资源模式"，而这种信息检索模式往往会导致找不到满意的答案，从而让译者产生挫败感。而另外一类被试则在翻译过程中使用了不同类型的网络资源，这样往往会事半功倍。

上述案例告诉我们，在信息检索的过程中，尝试使用不同的检索平台，可能会提高工作效率。文献检索也不例外，因为根据 Olalla-Soler et al.（2020）的研究发现，如果仅关注期刊论文本身，那么可能会忽视其他类型的文献。

笔者根据文献的出版类型，将文献检索平台分为以下三类：①以期刊论文为主型；②以博士论文为主型；③文献综合型。

2.2.1.1　以期刊论文为主型

通常来说，我们会通过 Web of Science 平台①来检索期刊论文，且以社会科学引文索引（Social Sciences Citation Index，SSCI）、艺术与人文引文索引（Arts Humanities Citation Index，A & HCI）和新兴资源引文索引（Emerging Sources Citation Index，ESCI）的数据库为主。这三类索引数据库都收录于 Web of Science 核心合集中（见图 2-2），前两类层次相对较高，而 ESCI 数据库层次相对较低，科睿唯安（Clarivate）于 2015 年推出的一个新的期刊引文索引数据库。但如果要"晋升"SSCI 或 A & HCI，被 ESCI 索引收录是必经之路。而且，ESCI 期刊的一些文章质量还是不错的，例如，Teixeira & O'Brien（2017）在《翻译空间》（*Translation Spaces*）上发表的关于在翻译工作

---

① 网址为 https：//www.webofscience.com/wos/woscc/basic-search，通常需要通过所在高校图书馆资源平台进入。

场所的翻译工具认知工效研究就被引了 23 次（截至 2023 年 8 月 23 日，见图 2-3）。因此，评判一个期刊论文质量如何，不能仅凭期刊论文是否收录于 SSCI 或 A＆HCI，而应该多维度评价，其中一个标准就是看该论文的被引次数（详见 2.2.3 文献评价标准）。

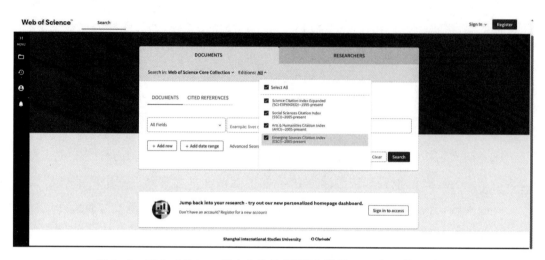

图 2-2　Web of Science 核心合集检索页面（截至 2023 年 8 月 23 日）

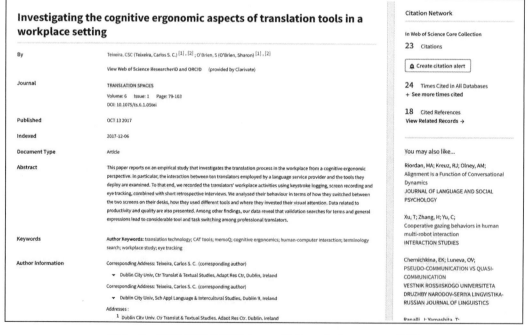

图 2-3　ESCI 期刊的影响力——以 *Translation Spaces* 为例

2.2.1.2 以博士论文为主型

目前，ProQuest Dissertations & Theses™（PDQT）数据库①是国际上比较流行的博士、硕士学位论文数据库。如图 2-4 所示，如果以翻译过程研究为例，则可以检索到最新的与译后编辑过程有关的美国肯特州立大学的博士论文（Gilbert，2022）。值得注意的是，从 2023 年 7 月 13 日起，科睿唯安已将 Web of Science 与 ProQuest 平台进行了整合，也就是说，目前研究人员从 Web of Science 平台就可以快速访问 ProQuest 数据库了（见图 2-5）。

图 2-4　基于 ProQuest 的博士论文查询——以翻译过程研究为例

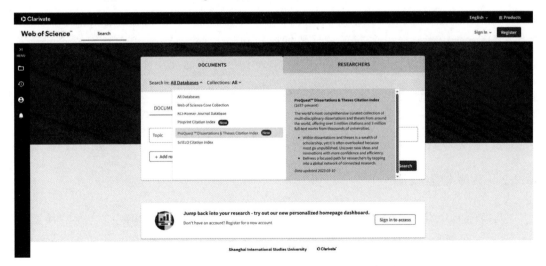

图 2-5　基于 Web of Science 访问 ProQuest 数据库

---

① 通常需要通过所在高校图书馆资源平台进入：https://www.pqdtcn.com/。

2.2.1.3 文献综合型

所谓文献综合型平台，就是指集成了多种文献出版类型的文献资源检索平台。这种平台大多由高校研究人员自主研发，定期更新，且具有一定的学科属性。也就是说，不同学科领域都会有相关的文献检索平台。研究初学者刚入门时一般不会知道这类平台，这时候则需要导师推荐，或阅读相关准系统性综述文章（如 Olalla-Soler et al.，2020）。这类文献相比 Web of Science 或 ProQuest 的优势在于，可以快速了解某一领域以书章节形式出版的文献，同时也可以更加全面了解某一领域的最新博士论文。

例如，在翻译研究领域，比较有名的数据库包括口笔译文献目录（Bibliography of Interpreting and Translation，BITRA）和翻译研究文献目录（Translation Studies Bibliography，TSB）。其中，BITRA 收录了超过 10 000 本书、32 000 篇书章节、44 000 篇期刊论文、3 000 篇博士论文。而 TSB 数据库由 EST、CETRA、比利时鲁汶大学和约翰·本杰明（John Benjamins）出版公司联合创建，由伊夫·甘比尔（Yves Gambier）和卢克·范杜斯勒（Luc van Doorslaer）编辑，自 2004 年发布以来，每年定期更新，与 BITRA 类似，该数据库除了包括期刊论文，还包括博士论文，甚至是一些未发表的手稿。[①]

在翻译过程研究领域，由美国肯特州立大学翻译与翻译技术研究与创新中心（Center for Research and Innovation in Translation and Translation Technology，CRITT）创建的 CRITT/TPR-DB-Publications[②] 平台则收录了与翻译过程研究有关的最新研究成果。

上述文献检索平台大多基于文献数据库，质量相对较高。而我们常用的谷歌学术（Google Scholar）[③]也是一款不错的文献检索平台。其主要的优势在于可以跟踪特定领域的研究者在谷歌学术主页上所有的文献，以及某篇文章的被引情况。关注某一研究者在谷歌学术上的学术主页和被引情况，一方面可以衡量某一研究者或某篇文献的学术影响力，另一方面可以关注某一话题的最新进展。

2.2.2　文献检索策略

与市面上介绍信息检索策略的方法不同，笔者并不打算介绍通配符之类的检索策略，因为这些内容很容易习得，无须赘述。笔者认为，决定文献检索质量最关键的因素

---

① 网址为 https://www.benjamins.com/online/etsb/introduction。

② 网址为 https://sites.google.com/site/centretranslationinnovation/tpr-db-publications?authuser=0。

③ 网址为 https://scholar.google.com/。

是文献信息需求。也就是说，在文献检索前，我们首先得明确信息需求。根据2.1文献的分类，我们可以把文献信息需求分为：①了解研究进展的需求；②了解（相近学科）理论背景的需求；③了解（相近学科）方法论具体细节的需求；④找到核心文献的需求；⑤找到同类研究方法发现的需求。其中，前四个文献信息需求主要是为了确定研究选题，而最后一个"找到同类研究发现的需求"主要是为了在讨论部分写作过程中，将自己的发现与相邻学科的前人研究对比，这也是笔者将"文献检索能力"纳入研究流程的重要原因。

如果文献信息需求是了解研究进展，那这时候可以通过 Web of Science 的核心合集检索 review 类型的文献。如图2-6所示，笔者查找的是以 post-editing 为话题，且文献类型是综述的文献。

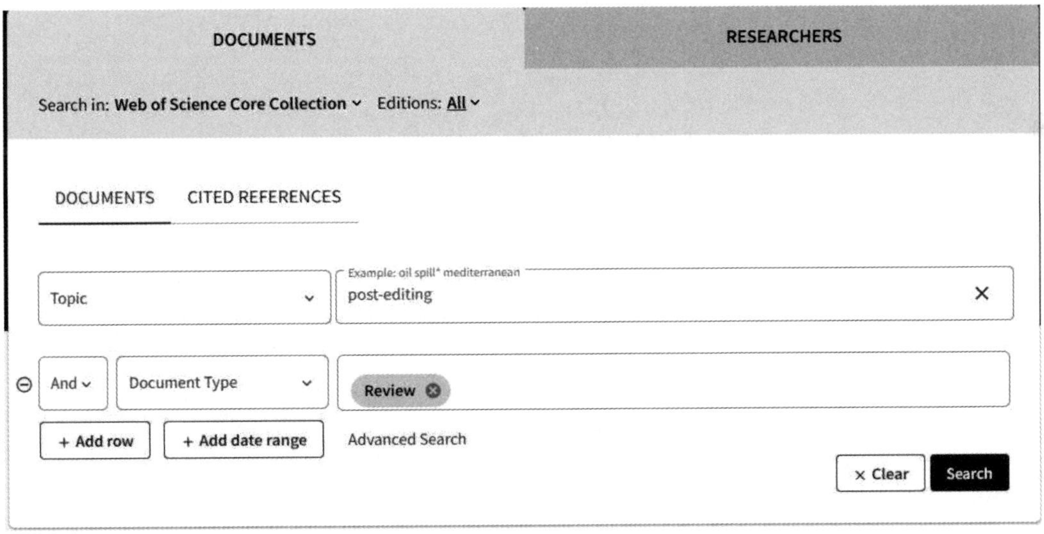

图 2-6　基于 Web of Science 查找综述文献——以译后编辑研究为例

随后，笔者尝试缩小研究领域的范围，将文献集中至 Language Linguistics、Linguistics 和 Computer Science Artificial Intelligence 领域。但需要注意的是，通过检索仅得到两篇文献（见图2-7），而且并非笔者真正想要的译后编辑综述文献（如Koponen，2016）。

如图2-8所示，Koponen（2016）的这篇文章目前已被引用过39次，具有一定的影响力，而且确实属于综述文章。该文章首先介绍了译后编辑的历史和现状，随后从不同角度梳理了译后编辑研究的概况，如译后编辑的产率、质量、单语译后编辑和译后编辑努力。但其文献类型并非综述文献（review），而是属于原创文章（article）。这可能是

Web of Science 在文献分类上的局限。因此,研究者在检索文献时,务必要调用元认知策略,不断调整自己的检索策略(如更换"文献类型"),不然可能会遗漏重要文献。

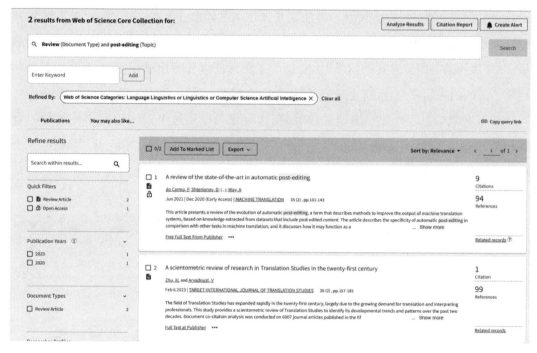

图 2‐7　基于 Web of Science 查找综述文献并缩小研究领域后的结果

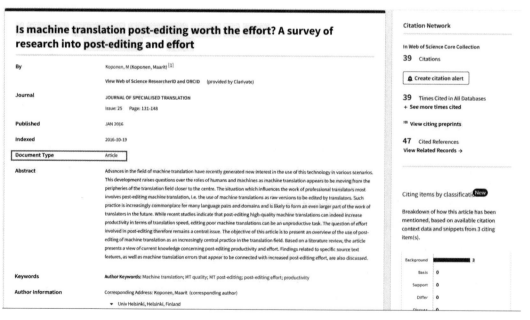

图 2‐8　基于 Web of Science 综述文献的文献类型

需要注意的是,这些文献信息需求并非线性过程,但基本上研究者先从自己的兴趣出发,找到与自己兴趣相关的综述文献,以了解最新研究进展,然后根据综述文献中所提到的参考文献再进行"滚雪球"式的文献检索。检索的时候要特别关注"经典文献"和"前沿文献",这里的"经典文献"一般是指被引次数相对较高,且年代较为久远的文献(如 Krings,2001)。通常来说,"经典文献"是很多研究的起点,也是必读文献。我们从最新的文献中,都可以找到经典文献的影子。如图 2-9 所示,根据谷歌学术的数据,Krings(2001)的《文本修复:机器翻译译后编辑过程的实证研究》(*Repairing Texts：Empirical Investigations of Machine Translation Post-Editing Processes*)这本书已经被引用过 581 次(截至 2023 年 8 月 24 日)。

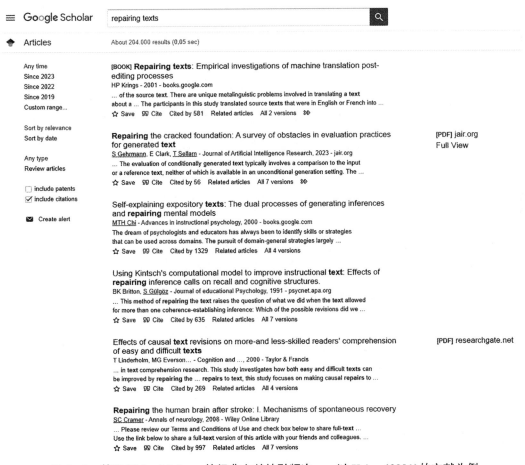

图 2-9　基于 Web of Science 的经典文献被引频次——以 Krings(2001)的文献为例

2.2.2.1 前沿文献与核心文献的确定

在文献检索的过程中，我们会发现在某一个领域可能有海量文献，如果每一篇都进行精读或思辨性阅读是不可能的，这时候就要通过缩小"前沿文献"的范围，来确定 10 篇左右的"核心文献"。而这些"核心文献"是可以被用来"模仿"的，模仿的内容主要是研究设计思路，因为根据笔者经验，这是研究初学者"最头疼"的地方。所谓"前沿文献"，笔者认为，既可以包括最新的期刊论文、书章节，也可以包括最新的博士论文。笔者对于"核心文献"的界定是，既包括"经典文献"，也包括小范围的"前沿文献"。

缩小"前沿文献"范围的标准是：观察这些"前沿文献"是否出自同一作者之手，而且这些前沿文献大多是基于该作者自己的博士论文。如果某一作者基于自己的博士论文发表了多篇前沿的高质量期刊论文或知名出版社的书章节，且该作者的研究方向与研究初学者的高度一致，那这些文献（包括博士论文本身），连同上述的"经典文献"，则可以一同被视为"核心文献"。因为如果一名研究者能基于自己的博士论文产出多篇高质量论文，那至少说明两点：①该博士论文具有创新性和严谨性，因为这些已经发表的高质量论文代表了该博士论文的成果得到了学术同行的认可；②该博士论文具有一定的复杂度。如果一篇博士论文的研究设计相对简单，则不可能发出多篇高质量论文。而对于博士研究生而言，则需要学习"有一定复杂度"的博士论文，这样可以在博士毕业后的几年内，基于博士论文发表出一系列高质量的论文，以完成所在单位的科研考核任务，也为博士毕业后申请基金项目奠定基础，因为经过严格学术训练的博士生可以发现，博士论文的研究设计其实和比较重要的基金项目（如国家社科和教育部人文社科项目）类似，都需要体现研究的复杂度。

在缩小前沿文献范围的时候，还可以作者名字为关键词在谷歌学术中进行检索。笔者在攻读博士学位期间，就发现了基于两位研究者的核心文献，一名是任职于英国布里斯托大学的卢卡斯·努涅斯·维尔拉博士；另一名是任职于比利时根特大学的乔克·德姆斯(Joke Daems)博士。他们都是 2016 年毕业，其博士论文至今分别被引用了 30 次和 41 次。他们基于博士论文在 SSCI、A & HCI、ESCI 期刊或书章节上发表论文多篇，而且在最近几年也有多篇文章发表在高质量期刊上（见图 2 - 10 和 2 - 11），这足以说明他们的博士论文和学术能力得到了学术界的广泛认可。因此基于他们的博士论文、基于博士论文发表的论文，以及经典文献，可以作为译后编辑过程研究者的核心文献。

图 2-10　Lucas Nunes Vieira 的谷歌学术个人主页

图 2-11　Joke Daems 的谷歌学术个人主页

2.2.2.2　理论和方法论的"核心文献"

如前所述,文献信息需求还包括了解理论和方法论细节。这时候需要找到理论和方法论方面的"核心文献",主要分为两类:①基于理论和方法的前沿实证研究论文;②基于理论和方法的经典专著或综述文章。但有些理论或方法在自己学科用的不够成熟,而在其他相邻学科却比较成熟,而且有些理论或方法可能在多个领域中使用,因此文献数量相对比较大。这时候就要灵活运用检索词,来找到满足自己研究需求的文献。例如,如果想考查工作记忆这一理论构念对翻译过程的影响,但工作记忆在翻译过程中的文献还不够多,而且工作记忆本身是认知心理学的一个构念,应用面很广,因此有必要考查一下工作记忆在与翻译过程相关的领域,如二语写作领域的应用情况。通过在谷歌学术上检索"working memory in L2 writing",并将文献时间定在 2023 年以后,我们就可以发现 Li(2023)这篇关于工作记忆与二语写作的系统性综述,同时也可以发现 Torres(2023)的这篇关于工作记忆对于祖承语双语者(heritage bilinguals)的写作过程影响的实证研究论文(见图 2 - 12)。

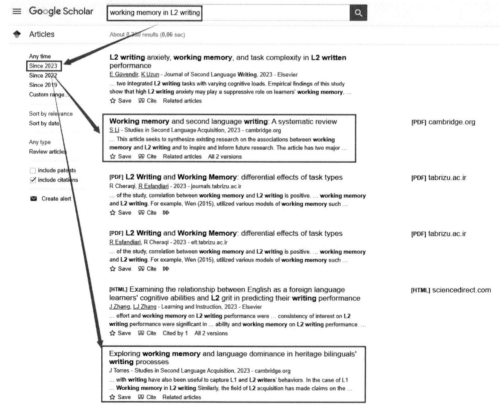

图 2 - 12　基于谷歌学术查找理论核心文献——以"工作记忆"为例

在方法论层面的核心文献,如果想利用有声思维报告和键盘记录法考查翻译过程研究,但又想借鉴一下其他学科最新的研究是如何科学使用这两个研究方法,这时候则可以尝试把研究方法或数据搜集工具输入谷歌学术,即"TAPs and Inputlog in writing processes",这时候就可以找到 2023 年的最新文献(Torres,2023),然后深入阅读 Torres(2023)的这篇文章,我们可以发现该文章引用了 Bowles(2010)这一有声思维在二语研究中的方法论经典专著(见图 2-13)。

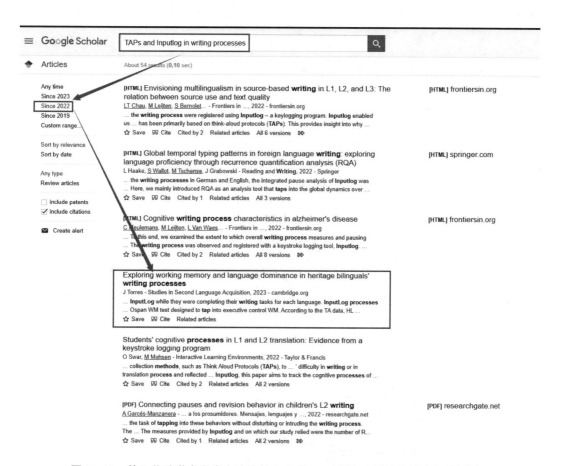

图 2-13　基于谷歌学术查找方法论核心文献——以"有声思维和键盘记录"为例

通过上述案例我们可以得到以下启示:①如果要找理论或方法论层面的核心文献,最好基于实证研究论文或系统性综述,这样可以避免淹没在"海量"的文献中;②有些理论或方法在自己的研究领域还不够成熟,这时候就需要有跨学科的思维,从其他相邻学科中找到文献的"灵感"。

同时,如上文所述,文献信息需求还包括在论文讨论部分撰写时找到同类研究发现,来为自己的研究发现佐证或与自己的研究发现进行对比。例如,笔者在博士论文撰写过程中,发现实义词的具体程度越高,被试在人工翻译或译后编辑过程中会分配更多的认知资源至外部资料的查询。这似乎与我们的直觉相反,因为直觉是词汇的具体程度越高,翻译难度越低。为了解释这一反直觉的研究发现,笔者尝试在谷歌学术中输入自己的研究发现"reversed word concreteness in translation",结果找到 van Hell & de Groot(1998)的这篇心理语言学领域的文献(见图 2-14),借鉴了该文献中提到的语境可及性假说,从而较好地解决了笔者的疑问,也为自己的研究发现进行了合理的解释。

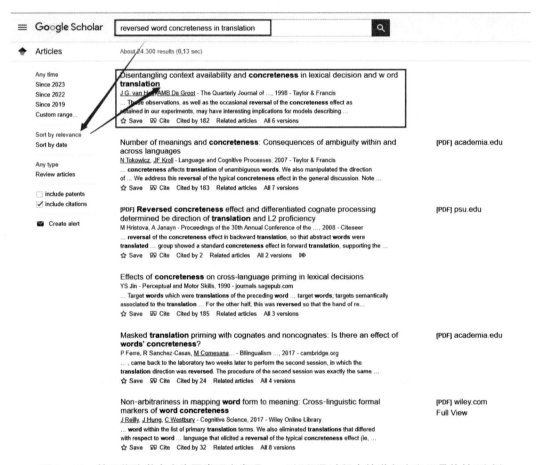

图 2-14 基于谷歌学术查找同类研究发现——以"翻译过程中的逆向实义词具体性"为例

2.2.2.3 文献可靠性评价指标

在翻译过程研究领域,Enríquez-Raído(2014:62)制订了一套网站信息可靠性评价指标,包括作者的权威性、网页的呈现方式、元信息(如评论和评分)、内容的准确性、内容的时效性、内容的覆盖范围、信息的一致性、信息的客观性和潜在受众。笔者认为,这一评估指标同样适合文献质量的评价,但细分指标需要调整,例如元信息中的网站评分则不属于文献质量评价的标准。笔者结合文献的特殊性,对 Enríquez-Rado(2014)的网站信息可靠性评价指标进行改编(见表 2 - 3)。

表 2 - 3 文献可靠性评价指标

评价指标(一级编码)	评价指标(二级编码)
作者的权威性	作者的学术背景信息
	作者的单位信息
	作者在研究领域的口碑
	基金项目的权威性和相关性
出版的方式	出版社的类型(高校出版社、商业出版社)
	文献获取的方式(开放获取、非开放获取)
元信息	索引数据库(SSCI、A & HCI、ESCI)
	被引频次
	读者评价
	同行评审名单
	编委会名单
	发表周期
期刊定位/受众	目标读者(特定领域读者、较广范围读者)
内容的准确性	附录链接
	事实性信息、语法、拼写和引用问题
立场的客观性	元话语的使用
内容的时效性	出版时间
	数据采集时间
文献综述的全面性	经典文献、重要文献的引用情况
信息的一致性	表述、数据的一致性

由表 2 - 3 可知,评价文献可靠性的指标既包括文本外因素(如作者的权威性、出版的方式、元信息和期刊定位/受众),还包括文本内因素(如内容的准确性、立场的客观性、内容的时效性、文献综述的全面性和信息的一致性)。文本外与文本内因素相互制约、相互影响,比如某一作者在学界的口碑很好,其学术背景、所在单位都很有名,而且

发表的论文也有基金项目支持,这在很大程度上能说明其论文的文本内因素也是可靠的,但也不是绝对的。在评价一篇文献的可靠性时,不能仅看作者的权威性,更要结合其他因素综合考量。

在文本外因素中,出版的方式、元信息和期刊定位/受众则是研究初学者容易忽视的评价指标。一些初学者可能会认为,SSCI、A & HCI 期刊都是好的,SSCI 一区的文章就一定好。但实则不然,因为有一些期刊虽然被 SSCI 索引数据库收录,但有些期刊属于掠夺性期刊(predatory journals)。这类期刊利用"作者付费"的模式,或称"期刊论文的开放获取(open access)",来从中牟利,让论文能够快速发表,但忽视了论文本身质量,对学术出版行业产生了负面影响。杰弗里·比尔(Jeffrey Beall)在《自然》杂志上曾公开谴责这一行为,这类通过付费方式直接发表的论文在学术道德和研究方法上都存在问题,违背了"开放获取"的初衷,即让全世界的科研工作者能够以较低成本快速获取最新的研究成果(Beall,2012)。但需要注意的是,并非所有开放获取的期刊都是掠夺性期刊。研究初学者在文献检索时,可以通过查阅期刊论文的被引频次、发表周期、同行评审名单、编委会名单和期刊定位/受众,并结合由中国科学院文献情报中心科学计量中心发布的《中科院文献情报中心期刊分区表》[①]进行综合判断。如果一篇期刊论文从收稿到上线不到 3 个月,那么这类期刊是"掠夺性"期刊的可能性比较大。同时,一般开放获取的期刊在每篇论文上都会公布同行评审的名单(一些非开放获取期刊,如国内的《外语教学与研究》和国际期刊《视角》(Perspectives)也会公布同行评审名单,但不会公布在每篇期刊论文上,仅公布在期刊主页上),如果同行评审确实是论文所在领域的专家,那么可以从一定程度上说明这篇期刊论文的质量是可靠的。同理,期刊编委会名单也很关键,一般期刊的编委会也是期刊的外审专家,因此通过编委会也可以考查外审的可靠性。在评判论文可靠性时,还需要关注期刊的定位或受众,例如有一些期刊是综合型期刊,如世哲开放获取期刊(Sage Open)则会刊登社会、行为和人文科学领域的所有文章,而如果在这类期刊上发表的文章,其论文的可靠性则可能会遭到一定质疑。一般来说,高水平论文是发表在专业性较强,研究领域非常小的期刊上,而综合型期刊的论文质量可能相对较低,但也非绝对,需要综合其他可靠性指标考量。

需要注意的是,一般来说,学界有不成文的规定,即高校出版社出版的期刊,比如剑桥大学出版社的《双语:语言认知》(Bilingualism:Language and Cognition)论文质量要比商业出版社的期刊论文质量高。但也有例外,比如在语言学领域,约翰·本杰明斯

① 可参阅 https://www.fenqubiao.com/。

出版公司的期刊,如《口译》(*Interpreting*)、《目标》(*Target*)或论文集的质量都很高。

就文本内因素而言,首先,要关注文献综述的全面性,也就是说如果一篇论文在文献综述部分遗漏了重要文献,那么可以断定这篇文章的研究问题可能不是那么具有原创性。其次,内容准确性、信息一致性都可以看出作者、编辑和外审专家的细致程度。如果期刊论文的附录部分公开了数据或统计代码,那么可以判断这篇文章的质量相对可靠。而如果期刊论文的文内引用和文末参考文献对应不起来、引用的文献不够权威或具有争议性(比如引用掠夺性期刊论文),或者图表中的数据与正文中的数据不一致、正文中存在较多的拼写和语法错误等,那么基本可以判定这篇期刊论文质量不高。相应的,这本期刊的质量也值得商榷。再次,我们还可以通过期刊论文的摘要或引言部分,观察元话语的使用情况来判断论文的客观性,如果论文中出现了"极大""迅猛"这些程度很高的词,但没有客观数据支撑,那么也从一定程度上反映这篇期刊论文在立场表达上并不严谨。最后,如果研究内容对时效性要求较高,我们可以通过数据采集时间或论文出版时间来判断研究结论的可靠性。例如,Daems et al.(2017a)考查了机器翻译错误类型对于译后编辑努力的影响,他们收集数据的时间在 2017 年之前,用的是统计机器翻译。而目前比较流行的是神经网络机器翻译,因此该研究的结论在今天就不一定可靠,但这并不能说明该研究本身的质量不行,而是说读者不能盲目相信这篇文章的结论。

需要注意的是,本节提及的文本内因素仅涉及文献的可靠性评价,而研究的具体质量需要进行思辨性阅读后才能客观评估(详见:2.4 思辨性阅读与实证研究)。

2.3 文献管理工具

目前,市面上的文献管理工具有很多,比如 EndNote、Mendeley、Zotero,但功能大同小异。而如果我们学会互联网搜索技巧,提升信息素养,就可以实现自主学习和终身学习。同理,关于选用哪款文献管理工具,可以由读者自行检索网上信息,最终确定一款适合自己的。但笔者的建议是尽量在研究生的早期阶段就摸索出适合自己的文献管理工具,不然到后期文献越来越多,管理起来就非常麻烦。接下来,笔者重点介绍一下自己常用的 EndNote 20 的重要功能,即文献归类与检索、文献同步、文献更新和文献引用功能。最后,介绍一下文献笔记的管理工具。

2.3.1 文献归类与检索

文献归类的方式有很多,可以按照研究主题分类,也可以按照研究方法分类。如图

2-15 所示,笔者的文献分类既包括研究主题(如学术写作、翻译过程和翻译技术等),也包括研究方法(如眼动追踪、问卷调查等)。具体采用何种分类方法,取决于研究者的研究目的。如果想做一个关于翻译技术教学的研究综述,则可以专门建一个大组,然后根据自己的编码框架(参照:肖维青、钱家骏,2021)对这类文献进行进一步分类(如能力模型构建与验证研究、测评研究、教学实践研究等)。这样大家在写文献综述的时候可以快速检索这方面的文献进行阅读,如按作者、年份、标题和期刊名称进行检索。

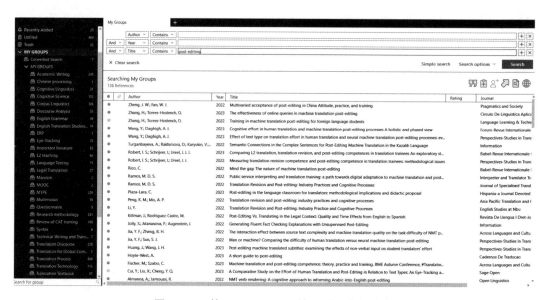

图 2-15　基于 EndNote 20 的文献分类与检索

2.3.2　文献同步

文献同步功能非常适合用多台电脑进行文献阅读的研究者。这也是笔者非常喜欢、最常用的功能之一。研究者可以在 EndNote 20 中注册一个账号,这样就可以在多个客户端同步阅读文献(见图 2-16)。这样做的好处在于,可以同步研究者在不同电脑上对文献做的笔记;而且如果在一台电脑上导入了最新文献,则不必用移动硬盘或 U 盘把 EndNote 文件夹复制到另外一台电脑上,从而省时又省力。

2.3.3　文献更新

目前,研究者可以基于 EndNote 20 直接按特定要求在某一数据库查找相关文献,而且 EndNote 可以整理期刊论文的信息(如作者、年份、标题和期刊名称信息等),这对

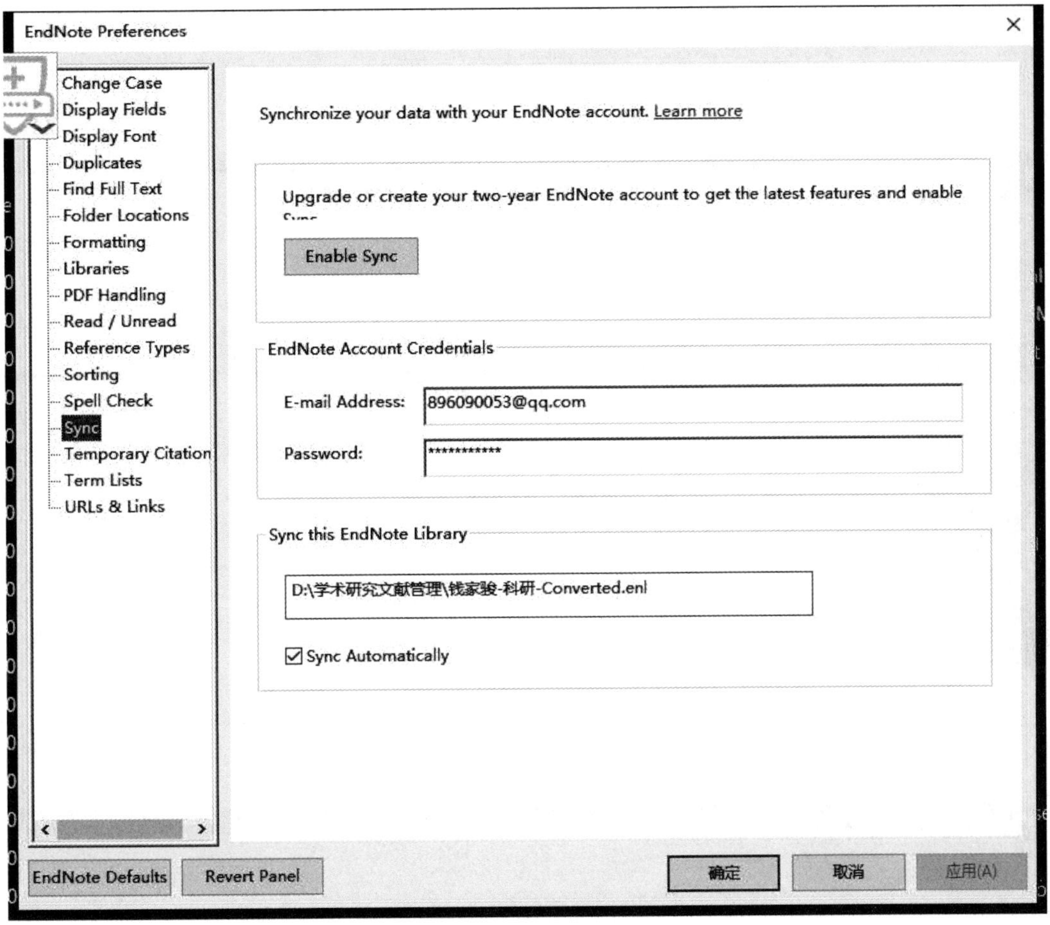

图 2‑16 基于 EndNote 20 的文献同步功能

研究者在研究中后期更新文献十分方便。如图 2‑17 所示，我们以 post-editing 为关键词，在 Web of Science 核心合集中查找相关文献，同时选择性地将检索到的文献归到已有的分组中。这个功能有利有弊，有利的一面是可以快速进行检索，并整理相关文献信息，研究者在 EndNote 中无法对学科领域进行细分，可能会导致数据的"噪音"较大。

2.3.4 文献引用

在学术写作的后期，我们需要在文末列出文章中所提到的参考文献。而如果前期没有管理文献的习惯，那么这一环节会非常痛苦，因为手动输入参考文献格式费时费力，而且容易出错，特别是对于博士论文，参考文献通常都要 200 多条，如果是纯手动输入，可能会花费很多时间。EndNote 可以根据参考文献的格式，比如 APA、MLA、芝加

哥格式,对引用格式进行设置,然后根据检索词(可以是作者姓名,也可以是论文标题),
快速定位所要引用的文献,从而插入文献的引用(见图2-18)。

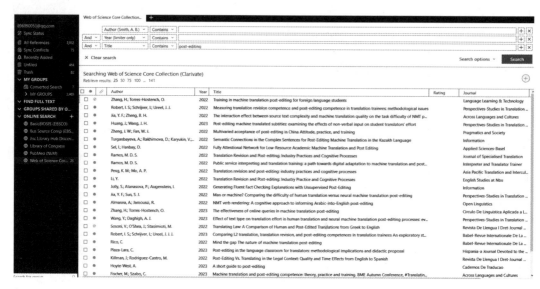

图2-17 基于EndNote 20 的文献更新功能

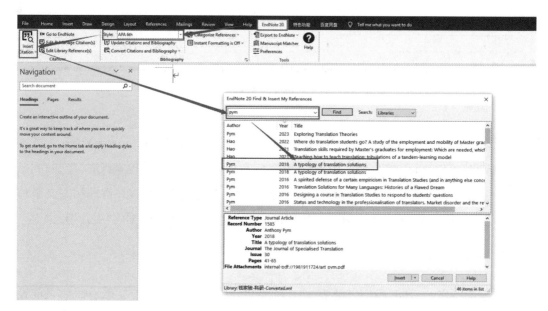

图2-18 基于EndNote 20 的文献引用功能

2.3.5　文献笔记

　　做文献笔记的好处在于"温故而知新"。笔者倾向将文献 PDF 版本导入 EndNote 20 后,用福昕阅读器打开文献,然后用其中的"注释"→"注释框"的功能,直接在 PDF 中进行标注,标注的内容既包括自己的心得体会,也包括自己的疑惑或者文章中有问题的地方(见图 2‑19)。这样做的好处在于相比单独列一个文献笔记的文档,此举可以让自己的笔记更加有"语境"感。如果孤立地在文献笔记中罗列了不同研究的观点或发现,则有可能在研究后期引用时"断章取义",而且笔者倾向用中文做笔记,这样也是强迫自己用通俗易懂的语言归纳、总结自己的心得或疑惑。如果不能用自己的母语进行归纳总结,那么说明自己没有看懂。

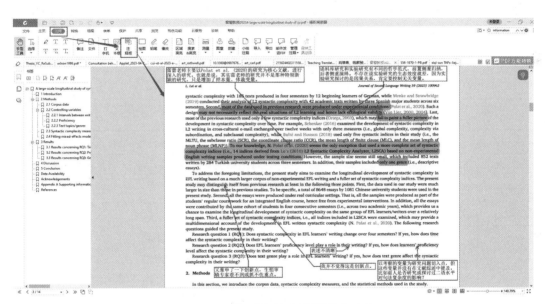

图 2‑19　基于福昕阅读器的注释功能

2.4　思辨性阅读与实证研究

　　在上一章,我们已经着重探讨了思辨的定义与分类,以及结合了笔者读博的亲身经历,阐述了开展科学研究所应必备的思辨倾向性。接下来,我们将重点探讨一下思辨性阅读(critical reading)。我们先介绍一下思辨性阅读与普通阅读的区别;然后,笔者会以自读博以来阅读文献的经历,以及作为 ESCI 期刊审稿人的经验,以案例形式探讨一下如何思辨性地阅读实证研究文献，及其研究目的、研究设计、汇报的信息、文献引用与逻辑推论等问题。

2.4.1 思辨性阅读与普通阅读的区别

在开展思辨性阅读之前，有必要先明确思辨性阅读与普通阅读的区别。美国斯坦森大学(Stetson University)的写作课程明确指出了普通阅读与思辨性阅读的区别(详见表2-4)。简言之，思辨性阅读是一种积极、复杂的阅读行为，是在理解文献的基础上，对文献进行分析、阐释和评价；而普通阅读更多的是对原文信息的吸收和理解，更多的是顺从文章的脉络，对文章的信息进行重述和总结，而非"反对"文章的假设、逻辑、论点和意义阐释。思辨性阅读过程中强调的"分析"关注的是支持作者的论点方式，既可以包括作者使用的理论框架，也可以包括论据和修辞策略；"阐释"则关注文章的历史和文化语境，比如文章争论的焦点是什么，背景是什么等；而"评价"则是思辨性阅读的关键。

表2-4　普通阅读和思辨性阅读的区别[①]

区别	普通阅读	思辨性阅读
目的	了解文章的大意	对文章如何传播新知识形成自己的判断
活动	吸收、理解	分析、阐释和评价
焦点	文章传递的信息	文章的目的和意义
问题	这篇文章说了什么？ 我从中可以获得什么信息？	这篇文章是如何论证的？ 作者做出了哪些选择？ 作者用了何种推理方式，以及什么论据？ 潜在的假设是什么？
方向	顺从文章的脉络(默认文章的信息都是对的)	反对文章(质疑文章的假设、论点和意义阐释)
反馈	重述、总结	描述、阐释和评价

Gile(2001)是较早强调思辨性阅读在研究过程中的作用的学者，他认为研究者往往关注实验的实施、数据的分析、汇报与论文撰写，却忽视了思辨性阅读的重要性。他提出思辨性阅读的三个规范：①思辨性阅读也是一种研究行为，要确保该行为的系统

---

① 参阅 https://www.stetson.edu/other/writing-program/media/CRITICAL%20READING.pdf。

思辨与实证：人文社科交叉研究论文写作与发表

56

性、严谨性与客观性;②先理解再进行批判或评价;③对自己的批判意见要持怀疑的态度,避免矫枉过正。也就是说,文献阅读,尤其是思辨性阅读是一个研究的起点,如果起点环节做得不够科学,势必会影响后续的研究设计,但在思辨性阅读的过程中,要保持理性,即要有认知成熟度(详见 1.4.3.6 认知成熟度与科学研究),不断章取义,需要在普通阅读的基础上进行深入的分析、阐释与评价,而且要反复确认后再提出批评意见。同时,Gile(2001:23)还认为思辨性阅读者应该细心、有耐心,且具有恒心和毅力,这一点与 1.4.3.3 坚韧性与科学研究相呼应。但具体该如何进行思辨性阅读,初学者则可以参考有经验的研究者进行思辨性阅读的方式(Gile,2001:38)。

笔者结合美国心理协会(American Psychological Association,APA)发布的期刊论文汇报标准(Journal Article Reporting Standards,JARS)①、泰勒&弗朗西斯出版公司(Taylor & Francis)针对艺术与人文学科同行评审清单②和杨峥(2022:35-37)的建议,以及自己做研究与审稿的经历,总结出优秀的思辨性阅读者会关注的问题(详见表2-5)。

表 2-5 思辨性阅读与问题列表

阅读项目	思辨性问题
标题	是否表述清晰?是否包含冗余表述?
摘要	是否包括了研究目标、研究方法、研究发现和结论?
引言	该研究主要解决哪些研究问题?这些研究问题之间的逻辑关系是什么?这些问题重要吗? 该研究创新之处体现在哪里? 作者引出自己研究问题时的逻辑是否自洽?从研究背景到自己的研究问题之间的过渡是否流畅? 研究目标与下文中的内容是否匹配?
理论基础	作者用什么理论框架来提出研究问题?为什么不选取其他的理论框架?该理论框架的优势体现在哪里?
文献综述	文献综述所涵盖的文献是否与研究问题息息相关?哪些是冗余的文献?

---

① https://apastyle.apa.org/jars。需要注意的是,不同研究类型(量化、质化和混合研究)所对应的标准不尽相同,此处仅列出一些通用的标准,感兴趣的读者可以根据自己的研究类型选取最恰当的标准。

② 参见 https://editorresources.taylorandfrancis.com/reviewer-guidelines/review-checklist/arts-and-humanities-reviewer-checklist/。

阅读项目	思辨性问题
研究设计	作者的研究设计有何巧妙和不足之处？如果是我自己做实验，我会怎么做？研究步骤是否清晰透明？ 作者用哪些数据收集方法来解决研究问题？这些数据收集方法有何优势和不足？ 被试的招募和实验材料的选取是否有文献依据？ 自变量的操纵和控制是否科学？ 因变量的测量是否具有信度和效度？ 该研究的数据分析方法有何不足之处（例如，建模步骤是否清晰）？ 该研究是否存在伦理问题？
研究结果	研究结果汇报的方式是否清晰、符合规范？
讨论部分	解释研究发现时，是否逻辑自洽？是否与文献综述部分相呼应或与已有研究发现作对比？讨论部分还有哪些悬而未决的问题？
结论	是否交代了研究启示和未来研究展望？是否交代了研究的不足之处？
事实性信息	该研究的术语、数据是否符合学术和行业实情？
文献引用	是否引用经典、前沿、权威文献？是否引用恰当？是否有文献遗漏？
图表	图表能说明什么问题？这些图表是否有必要？是否容易理解？如果不能很好理解，我自己会如何绘制图表？

接下来，我们将基于表 2-5 的问题列表，并结合笔者的文献阅读经历和丹尼尔·贾尔（Daniel Gile）在其创办的口译研究信息网络（Conference Interpreting Research Information Network，CIRIN）①上的思辨性阅读案例，阐述如何将思辨性阅读思维融入对论文的研究目的、研究设计、事实性信息、文献引用和逻辑推论的思辨性思考中，一方面找到已有研究的不足，另一方面为自己的研究找到灵感。

2.4.2　思辨性阅读与研究目的

在阅读文献的过程中，研究初学者通常会比较关注研究方法，比如会关注一篇研究论文的研究方法是否恰当、变量测量的信效度是否有保障，以及数据分析方法运用是否准确等。也就是说，初学者往往"只见树木，不见森林"，忽视了研究的真正目的。这里需要明确"研究目的"和"研究问题"之间的区别：前者是比较宏观、抽象的目标（一般在引言部分提出），而后者是具体的、可操作的研究问题（一般在文献综述后提出）。根据 Gile（2001：28）和笔者的经验，通常来说，一项研究可能存在两个问题：①解决研究问题

---

① 参见 https://www.cirin-gile.fr/。

并没有完全达成研究目标;②研究问题与研究目标错位。

针对第一个问题,我们以 Sun et al.(2020)这篇文章为例。从这篇文章的引言部分,我们可以得知,该研究的目的是考查有声思维法(thinking aloud,TA)在翻译过程研究中的效度问题(validity)。

> In recent years, TA has been adopted by some translation researchers (e.g., Angelone, 2010; Vieira, 2017). And yet, for various reasons, TAP-based translation studies have dwindled noticeably. One reason is the emerging and increasing use of keystroke logging, eye-tracking and other methods (see Jakobsen, 2017). Another reason is concerns and doubts about TA's validity and comprehensiveness (Hansen, 2005; Jääskeläinen, 2011). To date, few studies (e.g., Jakobsen, 2003) have empirically tested TA's validity, despite calls for more research into this method (Jääskeläinen, 2017).
>
> ——摘自 Sun et al.(2020)的引言部分

在文献综述部分,我们可以发现,有声思维法的效度主要围绕两个问题:①反应性(reactivity),即有声思维是否会影响思维过程;②真实性(veridicality),即有声思维能否反映真实的思维过程。然而,该研究关注的问题是有声思维法对翻译过程中认知努力的影响,其认知努力的指标有:①任务完成时长;②熟悉阶段的时长;③草拟阶段的时长;④审校阶段的时长;⑤注视时长;⑥注视次数;⑦翻译难度主观评估。

我们可以发现,这些认知努力指标并不能很好地回应有声思维的效度问题。一方面,有声思维的反应性不仅体现在延迟性(latency)上,还体现在任务完成的准确率上(Bowles & Leow,2005),但 Sun et al.(2020)仅关注了反应性的一个层面,并没有关注有声思维法对翻译质量的影响,而且没有说明原因。另一方面,该研究虽然在文献综述过程中引用了 Yang(2019)的文献,但并没有参考其做法,也没有对比共时有声思维和回溯性有声思维报告以考查有声思维法的真实性问题:

> Compared with the issue of reactivity of TA, veridicality has been a minor concern for research across all fields, that is, whether TAPs reflect thoughts accurately (Bowles, 2018). In a study among 43 Chinese sophomores, Yang (2019) compared TAPs with retrospective verbal reports in an English-as-a-Foreign-Language (EFL) writing task and reported that TAPs were largely

accurate, although there were various insignificant omissions in them.

——摘自 Sun et al.(2020)的文献综述

从上述案例我们可以发现,关注有声思维法在翻译过程中的效度问题是一个很有趣的研究目标,但该研究的研究问题并没有完全达成研究目标,也就是说 Sun et al.(2020)仅达成了部分研究目标(即仅关注有声思维的反应性,没有考查真实性;而且,反应性的指标也不够全面)。要找到该研究不足,初学者需要做到以下两点:①阅读更多相关领域文献(如 Bowles & Leow, 2005),以确定核心概念的操作化定义;②关注文献综述中所提及的核心概念是否与研究问题相匹配(如文献综述中提到了有声思维的真实性问题,是否在研究问题中也相应体现)。

针对第一个问题,我们还可以 Lin & Liang(2023)和 Liang et al.(2017)的文章为例。这两篇文章都尝试通过译文产出的计量语言学指标来考查交传和同传的认知加工机制。具体来说,从 Lin & Liang(2023)的引言部分,我们可以得知,该研究旨在对比同传和交传的信息加工机制。

Given that the nature of interpreting lies in the faithful transmission of information from the source language to the target language, the coping mechanisms in CI and SI promote our interest in further investigating the relationship between information content and interpreting types. According to Shannon, any channel giving access to transmit information has a finite transmission capacity, beyond which information loss occurs. As is postulated in the Tightrope Hypothesis, interpreting requires types of attention-sharing and overloading of working memory, which can be close to the limits of cognitive processing capabilities. When the total cognitive load exceeds the interpreter's available processing capacity, information overflow occurs. Due to varied cognitive pressures in CI and SI, it is highly probable that the information processing mechanisms of CI and SI differ, and the information content or the distribution of language units in their output texts may show distinct patterns.

——摘自 Lin & Liang(2023)的引言部分

但该研究所采用的考查指标是公式 1 中的熵值指标(entropic measures),而从公式 2 可以看出,熵值的核心是计算出平均每词的相对频率。

$$H_i = -\sum p_i log_2 p_i \tag{1}$$

$$p(w_i) = \frac{f_i}{\sum_{j-1}^{V} f'_j} \tag{2}$$

$$H(T) = -\sum_{i=1}^{W} p(w_i) log_2 p(w_i) \tag{3}$$

公式 3 旨在计算以语篇为单位的同传和交传译文的信息内容总和,但需要注意的是,该熵值不仅包括实词的信息熵,还包括虚词(如连词、介词)的信息熵,但无论是笔译还是口译加工,更多的是关注语义信息(参考:Gilbert,2022:49),如果将虚词也考虑在内,则无法很好地表征同传和交传的信息加工机制。此外,基于离线的译文产品数据来推测交传和同传的认知机制本身也缺乏说服力和理据,因此无法达成研究目标。

Liang et al.(2017)的这篇文章的研究目标是考查不同口译类型(尤其是交传和同传)对译者的认知要求或认知负荷的差异。但这篇文章采用的是依存距离(dependency distance,DD)这个指标来测量不同口译类型对译者的认知要求。依存距离是指两个具有句法关系的词之间的线性距离,而一句话的平均依存距离可以测量语言加工过程中的工作记忆负担,反映认知负荷。也就是说,如果正在加工的词(被支配词)与其具有语法关系的词(支配词)之间的线性距离越大,则工作记忆的负担越大,认知负荷也就越大。例如,图 2-20 中 The 的支配词是 girl,The 和 girl 之间的依存距离就是 1。该研究认为,依存距离不仅可以反映句法复杂度,还可以反映不同任务对被试的认知限制。

图 2-20　"The girl ate an apple."的依存结构

根据齐普夫的省力原则(principle of least effort),以及依存距离最小化原则,即在自然语言中,人类倾向于将整体的依存距离最小化,他们提出的假设是,认知要求越大,则译文产出的平均依存距离就越小。但该研究的理据存在比较严重的局限性,就是该研究认为认知要求越高,就必然导致译文产出的平均依存距离就越小。而导致平均依存距离大或小的因素可能还有其他。例如,在同传中,由于时间压力,译者不得不根据原文的句式结构进行翻译,而汉语的平均依存距离普遍高于英语。因此,如果是汉英同传,那么同传的英语译文由于参照了汉语原文的句式结构,其平均依存距离就普遍偏高,但这并不能说明同传对译者的认知要求就低。

针对第二个问题,我们援引 Gile(2001:28-29)提到的例子:一项研究旨在考查口译员是"天生的",还是"后天习得的",如果研究设计为考查口译培训对于口译表现的影响,那么这种研究设计就与研究目标错位,因为它只能证实或证伪口译教学本身的有效性,但并不能真正实现研究目标。

要找出这类研究的不足,初学者需要注意以下几点:①做实践性较强的学科研究(比如口笔译认知加工研究),则研究者本身需要有一定的口笔译实践经验,对口笔译过程有理性的认知,不然研究设计会贻笑大方;②可以深入挖掘研究所考查指标的技术细节或计算方式,从而更好地评判研究是否符合理据。

2.4.3 思辨性阅读与研究设计

就研究方法而言,本小节主要根据研究设计中常涉及的模块,即被试选择、实验材料或变量操纵与控制、数据收集与实验流程及数据分析方法展开(详见图 2 - 21)。这些层面的思辨性阅读一方面有利于研究者今后避免犯类似的错误,另一方面可以为研究者今后的选题开辟新的方向。

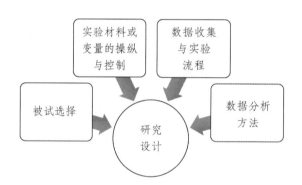

图 2 - 21 研究设计部分通常涉及的模块

2.4.3.1 被试选择

关于被试选择,我们以 Chou et al.(2021)的文章为例。这篇文章主要考查的是方向性对交传表现的影响。我们从该研究的文献综述部分可以看出,学界关于译者的个体差异因素(包括语言水平、工作记忆、翻译专长)如何与方向性交互尚不明确。

In summary, regarding the impact of the individual-level factors on directionality, the studies have reported conflicting results. It remains unclear whether interpreters perform differently in different interpreting directions and to what extent directionality interacts with other factors including language proficiency, working memory, and translation expertise to make an impact on the interpreting performance.

——摘自 Chou et al.(2021)的文献综述

但通过阅读该研究的"研究方法"部分,我们发现该研究的被试招募了"66 名翻译专业的本科生和研究生"。这一表述就不禁让读者提出以下质疑:①文献综述部分提到的译者个体差异因素,如语言水平、工作记忆、翻译专长这些变量为何没有在他们自己的研究设计中体现?②该研究一共招募了 66 名被试,那翻译专业本科生和研究生各占多少?在呈现被试的人口学特征的时候,为什么将本科生和研究生的数据合并在一起?③为什么仅招募学生译者被试?

The participants are 66 undergraduate and postgraduate students from translation and interpreting programs of various universities in Southwest China (note that these participants are attending a regional interpreting competition). All participants were native Chinese speakers who learned English through formal education. Their ages ranged from 20 to 26 years. Notably, they were right-handed and none of them had neurological or psychiatric antecedents. Table 5 shows the demographic and language profile of the participants based on Schaeffer et al (2019).

——摘自 Chou et al.(2021)的研究设计部分

从上述案例我们可以吸取以下教训:①文献综述部分提到的不足要在自己的研究设计部分相应地解决(详见:4.1.1 引言:最重要且最难写的部分);②筛选被试的标准要有文献依据,且为研究问题和研究目标服务;③数据汇报要清晰、完整,不能含混不清。

在被试选择方面,研究者可参考 Zheng(2014)的研究设计,该研究从翻译能力的视角出发,考查不同层次的译者在英汉翻译查证过程上的差异。他基于已有研究对被试的分类,结合自己研究的实际情况,将被试分为职业译者、准职业译者和翻译初学者。

Undifferentiated subjects were initially used in Think-aloud studies on translation (Krings, 1986; Séguinot, 1989). These studies were later followed by comparative studies of professional and novice translators (Jonasson, 1998; Kiraly, 1995). This two-category division of subjects has, however, been considered too limited to produce valid data: 'There are many more categories to study than just novice and expert or student and professional'(Shreve, 2002, p. 160). In his theoretical analysis of the acquisition of translation competence, Chesterman (1997, pp. 147 - 167) applied Dreyfus and Dreyfus's (1986) five-stage skill acquisition model, in which skills are developed through 'novice', 'advanced beginners', 'competent', and 'proficient', to 'expert' level. Nevertheless, with the development of empirical translation studies, a longitudinal study 'involving the analysis of translation products and processes of the same individuals at regular intervals during training and later professional career' (Göpferich et al., 2011, p. 58) would ideally be the method of choice for investigating translation competence.

In the present study, a three-category division of subjects was adopted based on following considerations: practical time restrictions made a longitudinal study impossible in this research project; and the in-depth nature of this study and the need for a representative sample in each category made it difficult to expand the categories to five. Thus, 18 out of 20 volunteer subjects, for whom Chinese was their L1 and English their L2 languages, were divided into three groups: professional, semiprofessional and novice translators. This categorisation was based on information provided in a questionnaire used for selection purpose.

——摘自 Zheng(2014)的研究设计部分

2.4.3.2 实验材料或变量操纵与控制

杨峥(2022:30-38)提出了挑战式阅读法,其中一条是"文章把研究假设描述清楚了吗?"是否明确阐述出了核心变量及他们之间的关系。可以说,这个主要是针对研究假设中变量之间关系的"挑战",但没有指出实证研究论文在变量操纵与控制方面可能会存在的问题,而这恰恰是实证研究设计的核心所在,也是未来研究选题视角之一。接下来,我们以翻译认知心理过程研究和计量语言学研究为例,探讨一下实验材料或变量操纵与控制,以及我们在阅读实证研究文章中应该注意的事项。

Chou et al.(2021)考查的是方向性对于翻译专业学生交传表现的影响,即考查英汉和汉英口译表现的差异。此类研究最关键的是要控制原稿复杂度保持可比性,但该研究并没有交代交传实验材料的筛选标准:

The materials are eight recordings (three from L1-L2 and five from L2-L1) in the second round of the nationwide interpreting competition. Each participant was required to perform CI in two directions. The first task is from L2 to L1 and participants were randomly assigned a passage, then followed by a L1 to L2 task with a passage which is also randomly assigned from the database.

——摘自 Chou et al.(2021)的研究设计部分

从上述描述可以得知,该研究仅汇报他们选取的 8 个录音,其中 3 个来自汉译英,而 5 个来自英译汉。这很明显是没有对原稿的复杂度进行操纵。[①] 但 Chen(2020)在考查方向性对交传笔记努力研究的实验中则做了比较细致的文本难度控制。

A series of procedures were carried out to create two stimulus tasks:one English speech and one Chinese speech. First,two English scripts (1 and 2)on similar topics were created by the researcher,and then edited by an Australian university lecturer with respect to length,complexity,and style of language. The resulting scripts were put into a programme called CPIDR 5 for analysis,and results showed that they were comparable in word count,proposition count,and idea density (Table 1).

Second,Script 2 was translated into Chinese by the researcher,and then refined stylistically (to make it more colloquial and suitable for reading out loud and for speech recording)by two Chinese editors working at a local Chinese radio station. Third,an English speech was recorded using Script 1 by a native English speaker in Australia (the same person who edited the original English scripts). A Chinese speech was recorded by a native Chinese speaker (a radio personality from the radio station mentioned above)using the Chinese version of Script 2. Both recordings were created in professional sound-proof studios. Fourth,the recordings were edited using the software Audacity. False starts (the speakers were allowed to restart any sentence whenever they needed during the recording)and background noise (such as turning the page)were removed. Each speech was then divided into three segments (see Table 1) and controlled for variables such as pauses,duration,and speed.

——摘自 Chen(2020)的研究设计部分

从上述研究设计可以看出,Chen(2020)在实验材料的制作方面花了很大的功夫,她首先选择两篇话题接近、长度、复杂度和风格相当的英语演讲稿,然后利用 CPIDR 5 来

---

① 不可否认,为了确保公平性,全国口译大赛的材料难度应该控制在一定范围内,具有较好的可比性,但这里作者应该明确指出口译材料的参数问题。

计算文本的词数、命题数和信息密度，确保这两篇演讲稿在上述指标方面具有可比性。其次，研究者将其中一篇演讲稿翻译成汉语，随后进行风格润色。最后，请英汉母语者对两篇演讲稿进行录音，同时控制停顿、时长和语速这些变量。

需要特别注意的是，很多实证研究的初学者，尤其是实验研究领域，往往过于重视所谓的"生态效度"，而忽视了"变量操纵"，从而不会像 Chen（2020）那样对无关变量进行控制。但在 Mellinger & Hanson（2022：7）看来，过于注重实验材料的真实性和表面效度反而不利于考查自变量与因变量之间的关系。也就是说，一个好的实验研究首先要做到的是对于无关变量的控制，然后再尽可能提升实验材料的自然性。

在这方面，Ma（2021）的研究设计值得借鉴。该研究考查了两种复杂句法结构（即关系从句和被动结构）对英汉视译认知加工的影响。

A total of 16 experimental sentences were employed for the single sentence condition：8 were complex sentences（4 containing RC and 4 containing PC）and 8 were non-complex sentences. All the sentences were adapted from English speeches at authentic interpreting settings and related to topics the students were familiar with. For the discourse condition，two source texts of similar length were constructed to obtain an equal number of appropriate experimental sentences. Each text contained 2 RC sentences and 2 PC sentences，respectively. Ideally，these texts should have been extracted from an existing corpus of real interpreting settings. However，applying fully authentic materials was impracticable since the original sentences needed to be manipulated to comply with the research purpose and the principles for the experimental design. Therefore，certain measures were taken to offset the artificiality. Both texts were initially selected from authentic speeches written for oral presentation at international conferences. To meet the stimuli criteria，we reformulated some sentences to change their syntactic structure while retaining the original meaning. Every two experimental sentences in the texts were separated by one filler to avoid a spill-over effect. Four teachers who taught interpreting and STR assessed the coherence of the two adapted source texts on a five-point scale（1：very low coherence；5：very high coherence）. The average level of coherence was 4.7 for Text A and 5 for Text B，with an inter-rater agreement of 68％，which indicated that the adaptation did not affect textual coherence.

——摘自 Ma（2021）的研究设计部分

她并没有简单地从国际会议口译语料库中选取两篇真实英语演讲稿,而不做任何改编。相反,她根据关系从句和被动结构的特征,对演讲稿的部分句子结构进行调整,但不改变语义。此外,为了兼顾实验材料的自然性,她还邀请 4 位视译教师对改编过的两篇英语演讲稿在 1—5 级量表上针对连贯性进行评分,并计算了评分员间的一致性。从该研究设计可以看出,研究者兼顾了实验材料的自然性和变量的操纵,确保了实验的生态效度,即研究结论具有外部推广性。

前面我们"批判"的研究设计是混淆了生态效度和实验控制,从而导致压根就没有根据研究问题对实验材料进行操纵。接下来,我们列举卢植、孙娟(2018)、Jia & Zheng (2022)和 Liang et al.(2017)的案例,探讨一下他们的研究中自变量是否得到了操纵和控制,以及对于人文社科研究初学者有哪些启示。

卢植、孙娟(2018)考查了任务类型(人工翻译 vs. 译后编辑)、文本类型(经济 vs. 政治 vs. 文学)和被试水平(高水平组 vs. 低水平组)对翻译过程中认知努力的影响。从这一研究设计可以看出,该研究重点需要操纵和控制的变量是文本类型,需要操纵的是文本类型本身,而需要控制的无关变量则应是文本复杂度本身。但该研究在控制无关变量问题上花的力度还不够大。

> 选取英语专业学生日常翻译中最常见的三种类型的文本,即经济、政治和文学文本,经济文本(A1 和 A2)摘编自《第一财经日报》同一篇文本的两段,政治文本(B1 和 B2)改编自 2016 年政府工作报告,文学文本(C1 和 C2)选自梁实秋的散文《时间即生命》。每个受试需完成六段(三段人工翻译,三段译后编辑)翻译或编辑任务,每段任务平均包含 75 个汉字。
>
> ——摘自卢植、孙娟(2018)的研究设计部分

从上述表述中,我们可以发现,该研究尽可能保证同一类型的两篇文本具有同等难度,但并没有用数据说话,也没确保这 3 种类型的 6 篇文本都具有相同的难度。而且根据 Vieira(2014)的研究发现,机器翻译的质量本身也会影响认知努力。可见,该研究也没有关注这 6 篇文本机器翻译质量是否具有可比性。但在无关变量控制方面,Wang & Jalalian(2023)做得不错:

> To further ensure the representativeness of the texts for each type, we conducted an online survey on the dominant functions of the selected texts via WJX1 and forwarded the link to nine university professors in the field of Chinese Languages and Literature via email and WeChat. They were asked to answer six

multiple choice questions to identify the text types. For each text, they were required to select the dominant function from three choices: 'A. to express the writer's feeling'; 'B. to inform the readers of some information'; 'C. to call on readers/listeners to act'. These three choices are in line with the threefold division of the text types. In total, six professors responded to the survey. The inter-rater agreement was calculated using Fleiss' kappa (Fleiss, 1971), showing completely identical agreement among the respondents (k = 1). This result confirmed the clear division as well as the representativeness of the selected texts. Among the six texts, H1, H2, and H3 were used for the HT task; P1, P2, and P3 were three Google translated raw texts (output obtained in May 2021) for PE with a BLEU value (Papineni et al., 2002) of 0.14, 0.10, and 0.16 respectively. 2 Texts for these two tasks were also manipulated according to the readability level via a Chinese text readability tool, CRIE (Sung et al., 2016). Three indicators, namely the Difficult Word Ratio and Low-Stroke Characters at the lexical level, the Average Sentence Length at the syntactical level, and Noun Word Density at the semantic level, were analyzed and calculated, showing that the texts had similar readability levels (Table 2).

——摘自 Wang & Jalalian(2023)的研究设计部分

我们发现,Wang & Jalalian(2023)在选择实验材料的过程中,既考查了文本类型分类的有效度(即邀请9名语言类领域的教授对文本功能进行判定),同时利用汉语可读性工具控制了原文在词汇、句法和语义层面的复杂度,以及利用 BLEU 值控制了3篇译后编辑文本的机器翻译质量。① 需要注意的是,该研究的无关变量控制也不是完美无缺,比如他们并没有控制这六篇文章在语篇复杂度上的可比性。

Jia & Zheng(2022)考查了原文复杂度和机器翻译质量对译后编辑努力的影响,该研究选取了2篇原文复杂度低和2篇原文复杂度高的文章作为实验材料的原文:

Four sets of measurements, comprising readability level, word frequency, syntactic complexity, and subjective evaluation, were adopted to measure the ST complexity. As can be seen from Fig. 1, in terms of readability indexes, ST1 and ST2 are appropriate for 7 and 8 years of schooling respectively, while ST3 and ST4 are appropriate for 18 and 16 years of schooling for successful comprehension

---

① 关于用 BLEU 值来控制机器翻译质量这一点,是笔者与作者本人沟通后,建议他们加上的。

respectively. Flesch Reading Ease scores show that ST1 and ST2 are much easier to read than ST3 and ST4. Word frequency tests indicate that ST1 and ST2 contain a smaller proportion of low frequency words than ST3 and ST4. Sentence syntax similarity values as measured by the Coh-Metrix automatic text analysis tool (version 3.0) indicate that ST1 (0.165/0.239) and ST2 (0.168/0.144) present lower complexity than ST3 (0.057/0.044) and ST4 (0.022/0.015).

——摘自 Jia & Zheng(2022)的研究设计部分

通过上述描述可以发现,该研究通过可读性指标、词频、句法复杂度和主观评估来衡量原文的复杂度,但我们通过回溯该研究的文献综述部分,发现并没有系统梳理原文复杂度的测量方法,也没说明句法相似度值可作为句法复杂度表征的具体理由,毕竟 Coh-Metrix 工具中有不止一个句法复杂度表征指标:

Previous research on the association between ST and PE effort for Rule-based MT (RBMT) and Example-based MT (EBMT) systems shows that a ST with more Negative Translation Indicators (NTIs) (e.g., ambiguity, coordination, ellipsis and gerunds) will result in more cognitive effort, a higher number of edits (Aikawa, Schwartz, King, Corston-Oliver, & Carmen, 2007), and longer time on the task (O'Brien, 2004, 2006). However, these studies have not controlled for the corresponding MT quality for the ST used. As a ST with more NTIs can easily lead to lower MT quality, what those studies examined was actually the difference in cognitive effort when postediting a ST with more NTIs paired with a lower-quality MT, versus a ST with fewer NTIs coupled with a higher-quality MT.

——摘自 Jia & Zheng(2022)的文献综述部分

通过上述表述,我们可以发现,该研究仅指出原文如果有更多的消极翻译指征(negative translation indicators,NTIs),则在对基于规则和基于实例的机器翻译产出进行译后编辑过程中的译者付出的认知努力就会越多。但他们并没有梳理研究设计中提及的相关指标,如可读性指标、词频、句法复杂度和主观评估。这种做法就会让读者产生困惑,即为什么综述中梳理的是 A 指标,但在研究设计中运用的是 B 指标,似乎存在文献综述与研究设计不匹配的情况,这应是研究初学者应该避免的情况。

关于变量的操纵与控制,我们最后介绍一下基于语料库的观测研究。Liang et al. (2017)主要考查的是口译类型(即交传、同传和口头笔译)对口译产出的依存距离的影响。在选择材料时,他们并没有做太多的操纵:

The materials selected in our study are of similar formality in political and economic fields. Texts of SI were selected from keynote speeches presented by China's government leaders, including speeches on the UN General Debate, the Summer Davos Forum and the Boao Forum for Asia. In total, 10 speeches consisting of 32,100 word tokens comprise the SI sub-treebank. Texts of CI are from the annual press conference of two sessions (the National People's Congress and the Chinese Political Consultative Conference). During the press conference, considering the nature of the questions and answers, CI was adopted. A total of 10 texts from 2007 to 2016 are selected, with 71,327 word tokens. The sub-treebank of TR is composed of Chinese government work reports, containing 174,527 word tokens. All three types of materials are from similar time span, from 2007 to 2016. An overview of the treebanks is displayed in Table 1.

——摘自 Liang et al.(2017)的研究设计部分

通过上述表述,我们可以发现,该研究仅控制了语料的时间跨度(2007—2016)和题材(政治、经济领域),但并没有控制语料的长度(比如,口头笔译的语料长度就明显多于交传和同传的语料长度)、原文本身的复杂度和语速等问题(Chen,2020)。有读者可能会说,这不算实验研究,但目前越来越多的研究者在非严格控制的观测研究中也对一些无关变量进行控制(Lin et al.,2023;Gries,2021a;钱家骏等,2022)。2022 年 3 月 21日,天津师范大学心理学部的杨海波教授在"眼动研究设计、指标选择与论文写作中应注意的问题"的讲座中明确指出,"对于无法恒定的无关变量,可以允许其变化,但必须是可控的"。

有意思的是,Liang et al.(2017)做完该项研究后,又带领她的博士生开展了相关研究(Lin & Liang,2023)。在该研究中,她们主要考查口译类型对口译产出的信息量的影响。该研究相比 Liang et al.(2017)在原文的选择上更加考究:

The selected source speeches of CI and SI are comparable for several reasons. First, the source speeches of CI and SI were all public speeches addressed on internationally high-level conferences during the same time span. All of the materials selected in our study were of similar formality, language register and delivery rate in the political and economic fields. Second, all of the speeches were delivered by the Chinese government heads and interpreted by expert interpreters from the Department of Translation and Interpretation of China's Ministry of

Foreign Affairs. Third，the source speech of CI and SI are comparable in terms of syntactic complexity. Dependency distance is a well-established measure of syntactic complexity and comprehension difficulty. It is defined as "the number of words intervening between two syntactically related words，or their linear position difference in sentence". We calculated mean dependency distance of SI and CI source texts respectively，and the results showed that there was no significant difference between mean dependency distance of SI source texts（$M = 3.67$，$SD = 0.17$）and CI source texts（$M = 3.76$，$SD = 0.18$），$t(32) = -1.409$，$p = 0.17$，$d = 0.51$.

——摘自 Lin & Liang(2023)的研究设计部分

通过上述描述,我们可以发现,Lin & Liang(2023)的研究不仅控制了交传和同传的时间跨度、题材、语域、语速、演讲者身份,还控制了原文的句法复杂度。她们利用独立样本 t 检验对比了两篇文章在平均依存距离上的差异。从这些细节就可以看出她们在变量控制方面比 Liang et al.(2017)的文章要严谨许多。

值得注意的是,她们在这项研究中还比较好地通过数据本身的特征来对无关变量进行了统计控制:

The SI inputs yielded a higher word entropy（$M = 9.040$，$SD = 0.164$）than CI inputs（$M = 8.813$，$SD = 0.155$）. Given that interpreting is a process mediating between source language and target language，the difference of output entropy and RR between CI and SI might be caused by the variance of input texts. To figure out the difference of output word entropy between SI and CI，the data was analyzed using linear mixedeffects regressions based on the lme4 package in R，with input word entropy，interpreting types（CI/SI）and their interaction as fixed effects，and interpreters were treated as random effects.

——摘自 Lin & Liang(2023)的数据分析部分

通过上述描述可以看出,该研究通过描述性统计,发现同传的原文词汇信息熵要高于交传,由此推测可能存在原文词汇信息熵与口译类型之间的交互作用。于是在数据分析过程中,她们将原文词汇信息熵这一变量作为协变量纳入统计模型中。

类似地,笔者本人和同事(钱家骏等,2022)的研究考查的是机器翻译错误类型对人工翻译和机器翻译译后编辑过程中注意资源分配的影响,我们在分析数据前,细致观察了被试在译后编辑过程中的眼动和击键数据,发现被试在有些机器翻译没有问题的地方依旧作了修改,即偏好性修改。同时,我们也查阅了相关文献,发现即便在告知被试

"尽可能多地采用机器翻译原始产出"的情况下,被试依旧会认为机器翻译的质量与自己的心理预期存在一定的差距,从而会不由自主地作出偏好性修改。于是,我们创新性地将偏好性修改作为协变量纳入统计模型中。

> 已有研究表明,译者往往很难遵照译后编辑指南中"尽可能多地使用机器翻译的初始译文"这一原则(Koponen et al. 2019:82),而是对已达到出版标准的机器译文进行修改,此类修改被称为"偏好性修改"(de Almeida 2013:100)。因此,有必要将该变量进行统计控制。
>
> ——摘自钱家骏等(2022)的研究设计部分

通过学习上述案例,研究初学者可以吸取以下教训:

(1)文献综述与研究设计中关于变量操纵和控制的内容要保持一致,避免内容错位、逻辑跳跃的情况。

(2)可以通过直觉、描述性统计和观测原始数据、已有文献中提及的现象,来挖掘潜在的无关变量,从而对这些无关变量进行统计控制,增加研究结果的可信度。

(3)无关变量的控制是一个无底洞,没有一项研究是完美的,但要有控制无关变量的意识,控制最重要的几个无关变量,说不定今后的学术标准会越来越高,这也是好事情,因为这样的研究得出的结果会更加可靠。

(4)在实验材料的选择或变量的操纵和控制方面,最好用数据说话。

2.4.3.3 数据收集与实验流程

关于数据收集与实验流程,我们以工作记忆容量测试、有声思维报告和主观评测数据的信效度为例。

(1)工作记忆容量测试。

关于工作记忆容量,Lin et al.(2018)考查的是语言水平、工作记忆容量和方向性对同传流利度的影响。她们在综述中提到,已有口译研究中关注工作记忆容量的研究主要关心两个问题:①口译训练是否会提升学生的工作记忆容量? ②工作记忆容量是否与口译表现有关? 针对第二个问题,该研究发现了一致的结论,即工作记忆容量越大,同传表现越好。

> As for the second question, a significant difference in SI performance between different WM groups has been reported several times, with higher WM contributing to better SI performance (e.g., Padilla Benitez et al., 1995; Tzou et al., 2012;

Zhang，2012；Injoque-Ricle et al.，2015；Macnamara and Conway，2016).

——摘自 Lin et al.(2018)的文献综述

为了探究这篇文章所提及的"工作记忆容量"到底指的是哪方面的能力，我们从上述综述中随机挑选了一篇题为《工作记忆作为同步语言口译表现的预测指标》("Working Memory Capacity as a Predictor of Simultaneous Language Interpreting Performance")(Macnamara & Conway，2016)的文章。我们发现，该研究主要关注中央执行能力，进而采用了两套工作记忆测试，分别关注"保持专注和抗干扰能力"，以及"协调和转换能力"，但 Lin et al.(2018)用的工作记忆测试与 Macnamara & Conway(2016)的部分一致，即都关注了"保持专注和抗干扰能力"或"存储和加工能力"。

笔者认为，Lin et al.(2018)的工作记忆测试有两个问题：①该研究主要关注的是工作记忆容量对同传表现的影响，因此工作记忆容量测试最好用听力广度测试(参考：Kuang & Zheng，2022)，而不是阅读广度测试，虽然 Macnamara & Conway(2016)用的也是阅读广度测试；②该研究并没有汇报工作记忆测试的信度，而 Torres(2023)为了保证被试在测试过程中的专注度，将练习阶段平均反应时 2.5 倍标准差以外的时间设为最长答题时间，且剔除了正确率 85% 以下的数据。

(2)有声思维报告法。

接下来，我们探讨一下人文社会科学领域常用的一个研究方法，即有声思维法。自 Ericsson & Simon(1984/1993)在麻省理工学院出版社出版了《心理认知研究口头报告法》(*Protocol Analysis：Verbal Reports as Data*)这本书以来，有声思维报告法(或称"口头报告法")在心理学、教育学、语言学、认知科学等诸多领域都得以运用，如元认知策略、网络搜索、写作过程(Torres，2023)、翻译过程和译后编辑过程等。有声思维法是指被试在完成一个任务的过程中，口头汇报自己的所思所想，而将口头汇报转写成的书面文字则称为有声思维报告(Ericsson & Simon，1993)。由于被试在日常完成任务的过程中，并不会进行口头报告；而且，根据 Ericsson & Simon(1993)的有声思维报告效度模型，一类和二类口头报告(Type 1 和 Type 2)并不会对认知加工产生影响，但加入元认知行为的口头报告，即三类口头报告(Type 3)则会影响认知加工速度和过程，即产生反应性问题，影响有声思维报告的有效性，因此被试参加这种实验前就需要对其进行有声思维实验设计问题(包括演示、练习和提示)，确保有声思维报告的效度(参考：Hu & Gao，2017)。因此，相比于工作记忆的测量，有声思维报告的收集，虽然看似简单，但实际上相对烦琐。

为了找出此类数据收集过程中的问题，初学者需要注意以下问题：①明确待测量的构念都有哪些测量方式,每种测量方式都关注了具体哪个概念(比如,工作记忆的测量方式);②关注文献综述与研究设计的匹配程度,即文献综述提及的测量方式是否在自己的研究设计中得以体现,如果没有体现,具体要关注是什么原因;③可关注同类研究在确保数据信效度方面的具体做法。

接下来,我们将列举一些采用有声思维法来考查被试在完成特定任务过程的研究,看一下这些研究是否确保了有声思维报告的效度,为今后开展类似研究的初学者提供参考。

首先,我们谈一下有声思维报告的效度检验问题。Zheng(2014)和文军、殷玲(2010)可以说是我们国内早期将有声思维法融入翻译认知过程研究的学者。但这些研究并没有很好地验证有声思维报告的效度问题,即有声思维是否会造成反应性问题。例如,文军、殷玲(2010)考查了英语专业大学生在英汉和汉英翻译过程中翻译策略的使用差异。虽然该研究也意识到要验证数据的有效性,例如剔除停顿时长超过总翻译时长10%的数据,并通过实验后的问卷调查考查有声思维法是否完整、是否影响翻译效果。

> 因为本项研究是建立在有声思维数据的基础之上的,因此有声思维数据的可靠性及有效性是首先应该讨论的问题。从实验后对受试进行的问卷调查情况来看,有声思维的方法对翻译任务的影响并不是很大,所有受试都完成了实验任务。大多数受试停顿时间的总长度小于整个翻译时长的10%。
>
> 按照郭纯洁的"累计的沉默时间不超过总测试时间的10%"的标准来看(2007:9),上表中P3、P10、P14和P19的数据不合格,因此分析时这4个人的数据不予考虑。
>
> 所有受试在每篇翻译结束后都被要求立刻完成一份调查问卷,其中的两道题如下:
>
> (1)在本次翻译中我记录下了_____的关于翻译文本的思维过程。
>
>   A. 90%以上　　B. 70%以上　　C. 50%　　D. 30%　　E. 30%以下
>
> (2)我认为在翻译过程中把你的思维记录下来的方法_____妨碍翻译效果。
>
>   A. 非常　　　　B. 比较　　　C. 不太　　D. 有点　　E. 毫不
>
> ——摘自文军、殷玲(2010)的数据可靠性和有效性分析部分

从上述描述可以得知,该研究确实考虑到了有声思维报告的反应性(即是否影响翻译质量)和真实性问题(有声思维报告是否完整)。但该研究仅通过被试自我汇报的方法来检验有声思维是否具有反应性,并没有用客观数据进行验证。由于被试的自我汇

报经常会具有主观性,而且可能也会迎合研究者,故意说有声思维没有影响翻译质量。另外,需要注意的是,文军、殷玲(2010)的研究给被试的问卷中提到的"翻译效果"是一个比较模糊的词,可能会引起歧义:一方面,可以指翻译过程的效果,另一方面,也可以指翻译质量的效果。这也是问卷调查设计必须关注的问题,我们作为读者可以从博士论文或期刊论文附录中的问卷中题项的设计,推测出该研究设计是否严谨。

类似地,Zheng(2014)利用有声思维法考查了不同翻译经验的被试在英汉翻译过程中的词典查询行为。虽然该研究通过翻译质量这一指标来检验被试分组的有效性,但并没有深入验证有声思维报告的有效性。笔者在读研期间一开始阅读这两篇文献时,并没有发现这两个研究在有声思维报告有效性方面的问题,直到最近阅读了二语习得方面的两篇文献,即 Bowles(2010)的有声思维方法论专著和 Torres(2023)的双语写作过程实证研究论文,才发现了这个问题。

在 Bowles(2010:121)的专著中,专门有一个章节是介绍有声思维报告的有效性问题,其中引用了在二语习得领域最早关注有声思维反应性问题的研究(Leow & Morgan-Short,2004:50)中的一个观点:

Given the many variables that potentially impact the issue of reactivity in SLA research methodology, it is suggested that studies employing concurrent data-elicitation procedures include a control group that does not perform verbal reports as one way of addressing this issue. (Leow & Morgan-Short,2004:50)

——摘自 Bowles(2010)的第四章

从上述观点可知,研究者可以设计被试内的重复测量实验,即增加一个控制条件:同一被试既做有声思维任务,又做无声思维任务,然后检验这两组实验条件的任务表现得分有无显著差异。如果没有显著差异,那说明有声思维报告的效度不存在问题。值得注意的是,Leow & Morgan-Short(2004)的研究早于 Zheng(2014)和文军、殷玲(2010)的成果。但很可惜,这些研究并没有关注到有声思维报告效度的问题。而 Torres(2023)的文章就注意到 Leow & Morgan-Short(2004)的建议,加入了控制组,检验了有声思维报告的有效性。

Therefore, given the potential issue of reactivity when employing TA methodology, and in line with recommendations from previous studies (e.g., Leow & Morgan-Short, 2004), a comparison between participants who engaged in TAs and participants who did not (see Appendix Supporting Information 2 online for a table with the descriptive statistics for each group by language) was run on the different pausing and revision scores (dependent measures). Two separate multivariate analyses of variance for Spanish and English writing behaviors were run, with pausing and revision scores as within-subject variables and TA or non-TA groups as between-subject factors. No significant differences emerged between the TA and non-TA groups for writing behaviors for the Spanish writing task, $F(5, 62) = 1.53$, $p = 0.19$, partial $\eta^2 = 0.04$, or the English writing task, $F(5, 62) = 2.02$, $p = 0.09$, partial $\eta^2 = 0.07$). The nonsignificant findings and modest effect sizes indicate that in the current study thinking aloud during task completion did not induce reactivity; therefore, the results of the TA group were also included in the current study's analysis.

——摘自 Torres(2023)的研究方法部分

虽然 Torres(2023)的研究仅关注了有声思维反应性的一个方面,即延时性,并没有考虑任务的准确率(参考:Bowles,2010:16),但我们可以明显地发现,随着时间的推进,高质量期刊对于研究方法的严谨性要求越来越高,因此初学者不仅要关注高质量期刊论文,而且要关注期刊论文的时效性。同时,初学者还要关注相邻学科的方法论综述或专著,尽可能确保数据的效度。

其次,我们谈一下有声思维实验设计问题。主试在实验开始前,通常会给被试进行有声思维的培训,包括给出明确的指导语、练习实践和演示录像,以让被试熟悉有声思维任务;也包括在实验前的培训或正式实验时,给被试口头或在实验界面进行书面提示。前者可以尽量避免有声思维的反应性,后者可以尽量确保有声思维报告的完整性或真实性。作为思辨性阅读者,我们应该关注的是科学的指导语如何撰写、练习材料如何选择,以及演示录像如何设计;同时,也要关注如何在被试保持沉默时科学地给出提示。

再次,我们先看一下 Torres(2023)的有声思维实验设计,然后指出其优势和不足。

Participants watched a video with instructions to think aloud while writing, and they were allowed to think aloud in the language of their choice including code switching. To ensure that participants were clear on thinking aloud, the researcher modeled thinking aloud while composing an essay with a format similar to the one in the video. The researcher answered any questions the participant had about thinking aloud while completing their writing tasks. The participants practiced thinking aloud during their 3-min brainstorming session. During the writing session, if participants stopped thinking aloud at any point, a research assistant showed them a sign to remind them to think aloud.

——摘自 Torres(2023)的研究方法部分

通过阅读上述研究设计,我们可以发现 Torres(2023)的主试在给被试进行有声思维培训时,做到了以下工作来确保有声思维报告的信度和效度:①给被试观看带指导语的写作过程有声思维的演示视频;②有声思维的语言可以根据自己的实际情况选择;③研究者用相似的形式给被试模拟了在写作过程中的有声思维样式;④给被试 3 分钟的练习时间,并允许其在有疑问时向主试询问;⑤在实验过程中,如果被试停止口头汇报,主试会出示标记物,提示被试进行口头汇报。

上述做法中的②、③和④没有什么问题,但①中的"指导语"具体是什么,作者并没有交代。而 Gerjets et al.(2011)则根据 Ericsson & Simon(1993)的标准撰写指导语,其中一条是"口头汇报出你大脑中的任何所思所想"。

In the Spontaneous Evaluation condition instructions to think aloud were worded in line with the standards described by Ericsson and Simon (1993). The instructions were:

Please think aloud during your Web search, that is, *verbalize everything that comes to your mind*.

Please keep constantly talking from beginning till the end of the task.

Act as if you were alone, with no one listening, and just keep talking.

——摘自 Gerjets et al.(2011)的研究方法部分

但 Gerjets et al.(2011)的指导语并没有区分口头报告的类型,即是否带元认知活动的口头报告,这是该研究设计的不足之处。虽然 Hu & Gao(2017)发现,1980—2016年关于自我调控阅读的文献中,大部分并没有禁止被试对思维过程作解释,但 Hu & Gao(2017)依然建议研究者在涉及阅读的有声思维实验的指导语中明确口头报告的类型,以避免有声思维的反应性。而 Gerjets et al.(2011)主要考查的是被试在网络搜索过程中的决策行为,也会涉及网络信息的阅读和甄别,因此有必要区分口头报告类型。例如,Sanz et al.(2009:53)则明确要求被试"不要尝试解释思维过程"(Don't try to explain your thoughts)。

The instructions indicated "we ask you to TALK ALOUD as you go through the program. What we mean by 'talk aloud' is that we want you to say out loud everything that you would say to yourself silently while you think. Just act as if you were alone in the room speaking to yourself. Don't try to explain your thoughts."

——摘自 Sanz et al.(2009)的研究方法部分

而具体选择哪种口头报告类型,也取决于研究目的,如研究旨在考查被试的论证过程,即作出决定前所考虑的所有因素,那就需要关注涉及元认知活动的口头报告(Bowles,2010:119)。

除了有声思维实验的指导语值得在思辨性阅读过程中关注,还需要关注有声思维培训过程中所使用的练习或演示材料。我们通过阅读 Torres(2023)的有声思维实验设计,发现该研究用的演示材料和正式实验的材料都是议论文,这就有可能产生"启动效应"(Bowles,2010:117),而且被试可能也会学习到演示过程中作者所采用的认知策略。通常,认知心理学领域会采用算数问题作为热身任务的材料,但这么做也有其弊端,即被试很难将算数问题的有声思维状态迁移至正式任务的有声思维活动中(Bowles,2010:117)。Sun et al.(2020)在这点上做得比较好。他们根据 Ericsson & Simon(1993:376)的建议,首先要求被试将两数乘法的过程用有声思维的方式汇报出来,然后再用有声思维的方式翻译一些句子,以适应他们自己的实验。

Before the TAPs session, the participants received some training on TA: based on Ericsson and Simon's (1993, p. 376) recommendations, they were asked to multiply two numbers in their head and say out loud everything that they would say to themselves silently; they were then requested to translate a few sentences from English into Chinese on paper while thinking aloud so that they would grow accustomed to the experiment.

——摘自 Sun et al.(2020)的研究方法部分

对比 Torres(2023)和 Sun et al.(2020)的有声思维实验设计,我们可以发现,Sun et al.(2020)的有声思维培训步骤更加有理有据,没有盲目照搬认知心理学实验的常规做法,而是取百家之所长,灵活制订研究步骤;在实验流程方面,也更为透明,可供今后的研究者参考。这也是审稿人非常看重的一点。如果实验流程本身不清晰透明,不能让审稿人在脑海中清晰地呈现研究者开展实验的过程,那么审稿人就可能会对实验本身的结果产生怀疑。

最后,我们谈一下有声思维实验过程中的提示机制。在 Torres(2023)的实验中,只要被试停止有声思维汇报,主试就会提醒被试继续进行口头报告。但这种做法并没有考虑被试的自动化加工行为,即被试仅汇报显性加工行为,而不会选择汇报隐性加工行为。例如,被试在写作过程中遇到一个比较熟悉的搭配,从而不假思索地用键盘记录下来,此时主试不能因为被试没有进行口头报告而提醒被试进行口头报告,这样不仅会影响有声思维报告的真实性,反而会对被试的认知加工造成一定的干扰。Scott(2008)尝试在阅读实验的文本中放入标记物,以减少主试对被试的干扰,同时也可以提醒被试记得进行有声思维。至于在翻译过程研究中,主试需采用何种提示方式,可能还得进行实证研究。

从上述有声思维实验设计的案例可以看出,有声思维实验看似简单,但涉及很多实验细节,诸如有声思维的指导语、有声思维培训材料的选取、有声思维过程中提示机制等问题都有可能影响被试的行为,以及最后的实验结果。研究初学者今后遇到类似的实验设计,需要注意以下问题:①可参考相邻学科的方法论综述(如 Bowles,2010)和最经典的文献(Ericsson & Simon,1984/1993),但不同学科得出的结论适用性有待商榷(参考:Sanz et al.,2009),因此需要思辨性看待,不能盲目照搬;②对于一些有争议的实验设计细节,比如有声思维培训时长、提示机制、口头报告类型对反应性的影响,可在某一领域开展系统综述(如 Hu & Gao,2017),也可进行相关实证研究(如 Sun et al.,2020;Fonseca,2019),这也是一种选题思路,虽然是方法论层面的实证研究,但也很有意义。

(3)量表的信效度。

除了工作记忆容量测试、有声思维法,Likert 量表也是人文社科研究领域经常用到的数据收集工具。但在特定领域,如翻译认知过程研究中,量表的信度和效度问题则有所忽视(Mellinger & Hanson,2020:174)。例如,Jia & Zheng(2022)主要考查了原文复杂度和机器翻译质量对于译后编辑难度的影响。在操纵原文复杂度这一变量时,该研究除了利用客观的文本复杂度指标来看文本 1 和文本 2 是否比文本 3 和文本 4 简单,同时还招募了 9 名自由职业译者对 4 篇文本的翻译难度进行打分。

> Nine freelance translators were recruited to rate the levels of translation difficulty on a nine-point Likert-type scale,with 1 being "extremely easy" and 9 "extremely difficult". The results show that ST1 and ST2 were rated to be easier for translation than ST3 and ST4. In summary,ST1 and ST2 are tested as less complex and less difficult texts for translation than ST3 and ST4.
>
> ——摘自 Jia & Zheng(2022)的研究设计部分

从上述表述可以看出,该研究仅汇报文本 1 和文本 2 比文本 3 和文本 4 更容易翻译,但这种做法存在以下问题:①没有汇报这种翻译难度上的差异是否显著,如果显著,那效应量是多少。如果显著，但效应量不大，那说明变量操纵得并不好，也就是没有拉开自变量不同水平之间的差距，影响最终的实验结果；②该研究并没有对这 9 名自由职业译者的评分进行信度和效度检验。这里的"信度"是指评分员间和评分员内的一致性；而效度则是关注量表是否测量了它预期测量的构念；③该研究仅邀请职业译者在宏观层面评定翻译难度。但根据 Fulcher（1997：503）的观点，专家评估并不可信，因为一些专家可能侧重翻译难度的某些方面，而另外一些专家则可能侧重翻译难度的另一些方面，因此有必要由专家共同商定细颗粒标准，以提高评分信度。

而 Liu & Chiu（2009）则从细颗粒角度，邀请两名专家对交传材料难度在词汇难度、句法难度、信息密度、连贯性、逻辑性、清晰度、抽象度和知识难度层面进行打分，并计算了内在一致性（即 Cronbach's alpha）：

> Cronbach's alpha was calculated to measure the internal consistency reliability of expert judgment. The results showed that the experts were very consistent at judging Computex and Eula with the Cronbach's α at 0.87 and 0.82 respectively. However, internal consistency was much lower for the judgment of PPP, α = 0.45, indicating much greater disagreement among experts in judging this text.
>
> ——摘自 Liu & Chiu（2009）的结果与讨论部分

虽然 Cronbach's alpha 这个指标还存在明显的统计局限性（详见：Mellinger & Hanson，2020），但至少 Liu & Chiu（2009）有这个意识来验证评分的信度，而且还考虑到了专家评估应该侧重细颗粒层面的评估，尽可能提高评分的效度。而笔者发现，似乎很多研究者忽视了评分的效度验证。而蔡建永、江新在 2023 年由北京师范大学国际中文教育学院联合中国语文现代化学会联合举办的"数字人文与阅读分级学术研讨会"上做了题为"面向可读性自动测评的汉语二语文本难度人工标注数据集构建"的汇报，他们用了汉语学习者的阅读理解成绩、难度评定结果和文本所在教材的册序作为效标，来计算效标关联效度，从而验证文本难度级别专家评定的有效性。

> 为了检验文本难度级别的专家评定是否有效，也就是人工标注结果能否真实反映不同难度级别文本之间的难度差异，本文以汉语学习者阅读理解成绩、难度评定结果和文本所在教材的册序为效标计算专家难度评定的效标关联效度，对文本难度级别的有效性进行多维度检验。
>
> ——摘自蔡建永、江新的 2023 年小组报告

2.4.3.4 数据分析方法

我们谈一下研究设计最后但也非常关键的一环,即数据分析方法。杨峥(2022:36)提出的挑战式阅读法中,有一条是"文章对数据的分析方法合理吗?",比如,该研究的数据是否符合所用数据分析方法的统计假设条件? 例如,线性回归模型的统计假设前提包括:①线性关系,即自变量与因变量之间的关系是线性,而不是非线性关系;②没有共线性问题,即自变量之间不存在显著相关性;③方差齐性,即对于不同的拟合值,其残差应该大致相同;④残差符合正态;⑤没有强影响点;⑥数据点独立,即每一个被试仅贡献一行观测值。我们认为,数据分析方法是否合理,除了要关注统计假设条件,还要关注自变量的水平、因变量指标的选取、建模步骤和异常值的处理等。接下来,我们以毛文伟(2018)、Jia et al.(2019)的数据分析方法为例,最后为初学者总结一些对数据分析方法部分进行思辨性阅读的建议。

(1) t 检验的误用。

毛文伟(2018)尝试用独立样本 t 检验,对比了日本著名作家夏目漱石在前期、过渡期和后期的总计 14 篇中长篇小说的文本特征(比如,名词比、动词比、修饰词比等)。该统计方法存在 2 个问题:①夏目漱石在不同阶段发表的小说数量不仅仅只有 1 部,因此,数据点之间不独立,不能用"独立"样本 t 检验;②该研究者没有明确的"变量意识",应把作品的时间阶段视作一个变量,其中包含 3 个水平,即前期、过渡期和后期,这时候自变量的水平超过 2 个,就不能用 t 检验进行两两比较,而应该用方差分析,以避免犯统计的一类错误。

(2)高级统计方法步骤不清晰——以混合效应模型为例。

Jia et al.(2019)考查的是翻译模式(人工翻译 vs. 译后编辑)和文本类型(通用文本 vs. 专业文本)对认知努力与翻译质量的影响。他们用的数据分析方法是线性混合效应模型(linear mixed effects models)(Balling,2008),但在具体建模步骤方面不是很清晰:

> For all five models, the random effects were always the participant and the source-text sentence, as differences associated with these factors may have a systematic impact on the data. The dependent variables of the five models were 1) processing time per word, 2) pause density, 3) pause duration per word, 4) average fluency score and 5) average accuracy score. For models 1) and 2), the fixed effects were task (from-scratch translation and postediting) and text type (domain-specific texts and general language texts). For models 4) and 5), the fixed

effects were output type (GNMT output, post-editing, and from-scratch translation) and text type. <u>We first checked whether there was a significant main effect and then assessed the interaction of the fixed effects.</u> The fixed factors each had at least two levels, but a significant main, or interaction effect of the LMER model, would not specify whether all or only some of the possible comparisons between factor levels were significant. <u>Post-hoc follow-up comparisons</u> were, therefore, employed by constructing additional LMER models, through redefining the reference level against which the other factor levels are compared, to check the relevant comparisons between factor levels in detail. The results of the five LMER models will be discussed in the following sections.

——摘自 Jia et al.(2019)的数据分析方法部分

从上述表述中可以看出,该研究交代了在各线性混合效应模型中的固定效应、随机效应和因变量,但存在以下问题:①并没有对因变量进行正态性检验,以避免数据异常偏大,造成右偏斜数据对统计结果造成影响(Baayen,2008:31);②该研究仅考虑了随机截距,并没有考虑被试和实验材料的随机斜率,这往往会犯一类统计错误;③在模型选择方面,该研究也没汇报模型选择标准是基于 p 值,还是基于 AIC 值,因此不利于复现该研究的数据分析过程;④在事后检验方面,该研究则用了调整参照水平的方法,进行多次 t 检验比较,而没有进行 Bonferroni 或 Tukey 校正,这也往往会犯一类统计错误;⑤没有进行模型诊断,即检验方差齐性和模型残差的正态性。

通过上述案例可以得知,虽然线性混合效应模型在心理学、心理语言学、语言学、认知科学等领域比较流行,但毕竟相比传统的 t 检验和方差分析,属于高级统计方法,很多研究者对具体如何恰当使用该统计方法并不是特别自信。Meteyard & Davies(2020)对 163 名心理语言学、语言学、心理学、认知科学、语言习得和神经科学的研究者展开了关于线性混合效应模型使用情况的调查,其中 26% 的受访者表示缺乏标准化的建模步骤,23% 的受访者表示在使用线性混合效应模型的时候没有很好地理解其原理。

对于初学者来说,在思辨性阅读数据分析方法时,需要做到以下几点:①掌握一些基础的统计学原理(比如,置信区间、效应量、 p 值的含义等),知道什么时候该用什么统计方法(比如,什么时候用 t 检验,什么时候用方差分析等);②对于高级统计方法,可查阅自己所在领域的统计方法教科书,如语言学领域通常用 Gries(2021b)的教材,也可以查阅自己所在领域关于统计方法的综述文章,了解统计方法的最佳实践指南(如 Meteyard & Davies,2020)。关于适合人文社科研究生的统计学习资源和文献,详见附录一。

2.4.4 思辨性阅读与汇报的信息

Gile(2001：34)在给研究生思辨性阅读的建议中提到，关注细节是职业化的体现。即便是知识非常渊博、富有创造力的知名学者，如果不关注细节，其发表的论文研究发现同样会遭到质疑。接下来，笔者将根据自己的审稿经历和文献阅读的体会，探讨一下在思辨性阅读过程中应该关注哪些汇报的信息（reported facts），如核心概念／术语的界定和表述、分析性框架、描述性统计信息、统计结果的报道方式和可视化信息等。

2.4.4.1 核心概念／术语的界定和表述问题

在实证研究领域，在论文稿件中汇报的核心概念／术语界定和表述如果不恰当，一方面可能会让审稿人觉得作者本人不专业，从而影响第一印象；另一方面可能会影响数据结果的有效性。

例如，笔者最近在审阅的一篇 ESCI 期刊稿件中将 ChatGPT 与目前比较流行的机器翻译系统并列：

> This research tries to find out an answer to the question of how do <u>machine</u> <u>translation systems</u> (*ChatGPT*, *DeepL*, *and Google Translate*)...
>
> ——摘自笔者 2023 年 8 月审阅的稿件

对 ChatGPT 熟悉的读者都知道，ChatGPT 是一个大语言模型（large language model，LLM），并非专门为翻译工作而设计（详见图 2 - 22）。如果作者这些基本的术语表达不到位，那么审稿人很有可能会质疑其学术能力，甚至怀疑作者是学术新手，因此很有可能因为这些细节而导致给审稿人的第一印象不佳。

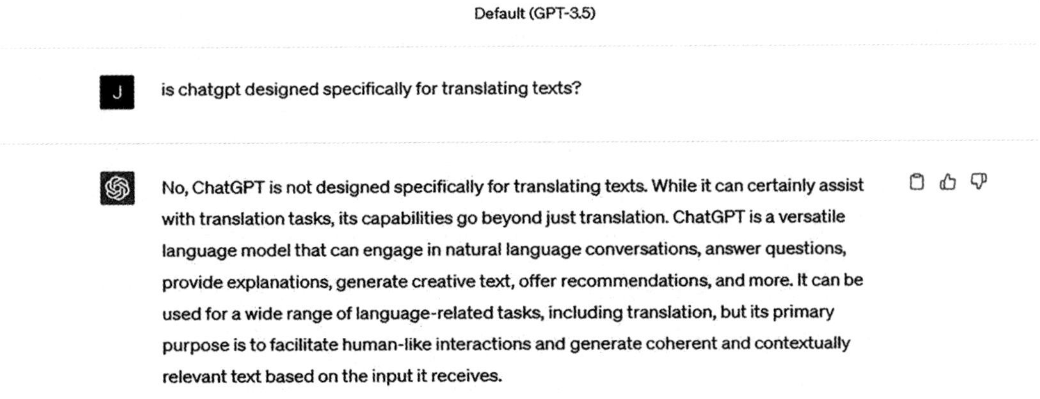

Default (GPT-3.5)

J　is chatgpt designed specifically for translating texts?

　No, ChatGPT is not designed specifically for translating texts. While it can certainly assist with translation tasks, its capabilities go beyond just translation. ChatGPT is a versatile language model that can engage in natural language conversations, answer questions, provide explanations, generate creative text, offer recommendations, and more. It can be used for a wide range of language-related tasks, including translation, but its primary purpose is to facilitate human-like interactions and generate coherent and contextually relevant text based on the input it receives.

图 2 - 22　关于 ChatGPT 是否专门为翻译工作而设计的提问（调用时间：2023 年 8 月 7 日）

类似地，笔者在 2021 年 11 月审阅的 ESCI 稿件中发现，该研究并没有很好地界定问卷中的核心概念：

4. Survey

The purpose of these surveys is to understand to what extent trainees are aware of current capabilities and how they appraise the utility of current technology in translation （Q1-Q3）. They also seek to understand how students view possibilities brought about by the maturing of MT（Q4-6）and how they view their own roles vis-à-vis vastly improved and efficient technology（Q7-8）.

4.1.2 Attitude towards inventive uses of current technology

Q5 and Q6 were intended to gauge if respondents believed expectations towards quality could be adjusted in exchange for higher efficiency（Q5）and to what extent errors/inaccuracies could be permissible（Q6）.

——摘自笔者 2021 年 11 月审阅的稿件

通过上述描述，我们可以发现该研究的一个调查项目是考查学员对当前技术灵活使用的态度，但该研究并没有界定何为"灵活使用"（inventive uses）。而 Lafeber（2012）在核心概念的界定上则做得不错。该研究针对 153 家跨政府语言服务企业的译者、审校者和总经理进行了调查，考查哪些翻译能力（技能和知识类型）更重要，即哪些技能和知识类型对产出有效的翻译更有影响。

The aim of the study is to identify the translator profile components that IGOs need to look for and to rank them by their importance, particularly from the recruitment perspective. The main hypotheses tested were quite simple：

H1：Some components of translation competence are more important than others in IGO translation；and

H2：Some components of translation competence are more often lacking than others among new recruits at IGOs. where：

a. Components of translation competence refers to the skills and knowledge needed to produce translations that meet required standards. Knowledge is understood as information assimilated through learning, and skills are understood to be abilities that have been developed through training or experience.

b. Important refers to two vital aspects of the work of IGO translation services：their productivity and their reputation. Translators with the right set of skills and knowledge ideally produce more error-free translations, errors being features of translations that need to be corrected because they undermine the communicative aims of the organization or harm its reputation...

First, a questionnaire was designed for translators, revisers and heads of IGO translation services in which they would be asked to rate, on a five-point Likert scale, the impact that different skills and knowledge types have on the effectiveness of the translations produced by the organization. "Effective translations" were <u>defined as those that achieve the communicative aims of the organization and protect its image.</u> This will be referred to as the impact questionnaire and it can be found in Annex 1.

——摘自 Lafeber(2012)的研究设计部分

通过上述案例,我们可以发现,该研究对于一些关键的形容词(即 *important*)或名词(如 *effectiveness*)进行了界定,同时也将这些操作化定义融入问卷设计中,这样就可以使得问卷设计更加严谨,也可以使得研究结果更加具有说服力。

此外,还有一些人文社科研究领域常见的术语(尤其是在研究方法领域)经常被研究者误用,而这恰恰也体现出职业素养。例如,Likert 量表的滥用和对生态效度的误读。

在人文社科研究领域,研究者常常喜欢使用 Likert 量表来测量被试对待某事物或现象的看法。但需要注意的是,Likert 量表一般用来测量被试的态度(Likert,1932),而不是所谓的"程度"或"频率"。

The present study, although part of a larger investigation undertaken in 1929 by Gardner Murphy, aims primarily at the solution of a technical problem which has arisen in relation to the quantitative aspects of the study of <u>socical attitudes</u>.

——摘自 Likert(1932)的引言部分

从上述表述可以看出,Likert 量表的设计初衷是为了测量被试对于社会行为的"态度",例如:非常不满意/不满意/中立/满意/非常满意,或非常不同意/不同意/中立/同意/非常同意等,但很多研究者错把"程度"当作"态度"。

例如,Cui & Zheng(2021)在操纵文本翻译难度的过程中,邀请了 12 名自由译者对文本的翻译难度进行了主观评测,请看他们的表述:

We recruited 12 freelance translators to rate the translation difficulty of the two texts on a five-point Likert scale, with 1 as "very easy" and 5 as "very difficult". The mean value of translation difficulty for Text A was 2.18 (range 1 - 3, $SD=0.72$), and for Text B 4.27 (range 3 - 5, $SD=0.58$).

——摘自 Cui & Zheng(2021)的研究设计部分

从上述表述中,我们可以发现,他们邀请了自由译者在 1—5 级 Likert 量表上做了难度评测,即 1 表示"非常容易",而 5 表示"非常困难",但这种程度上的评分并不是 Likert 量表,一方面,"非常容易"和"非常困难"并不是对称的,另一方面,"容易"和"困难"并不是"态度",而是"程度"。而 Ma(2021:2021)则邀请了 4 名口译老师对所选实验材料在连贯性方面进行打分,她就没有用 Likert 量表,而直接用的是 1—5 级量表,是比较妥当的:

Four teachers who taught interpreting and STR assessed the coherence of the two adapted source texts on a five-point scale (1: very low coherence; 5: very high coherence). The average level of coherence was 4.7 for Text A and 5 for Text B, with an inter-rater agreement of 68%, which indicated that the adaptation did not affect textual coherence.

——摘自 Ma(2021)的研究设计部分

除了对 Likert 量表滥用,研究者对"生态效度"的解读也存在误区。例如,Lei et al.(2023)考查了 1,081 名中国英语学习者在两个学年的 4 个连续学期英语作文句法复杂度的历时变化情况。在梳理前人研究不足时,他们提到"生态效度"的问题。

Second, most of the data used in previous research were produced under experimental conditions (Polat et al., 2020). Such a design may not necessarily reflect the real situations of L2 learning and hence lack ecological validity (Van Lier, 2000, 2004).

——摘自 Lei et al.(2023)的引言部分

从上述表述中,我们可以发现二语写作句法复杂度的历时发展研究大多是在实验条件下完成的,并不能反映真实的二语学习环境,因此缺乏生态效度。但笔者认为,这种对于"生态效度"的批判有失公允,甚至有"世俗现实性"的倾向(Mellinger & Hanson, 2022),即研究者往往希望还原"真实"世界,即在自己的研究中用真实的材料、在真实的工作环境中开展实验。因为语料库和实验研究属于不同的研究范式,前者侧重归纳,后者侧重演绎,不能简单地给实验研究贴上"生态效度差"的标签,实验研究本身探讨的是自变量与因变量之间的因果关系,所以势必要控制无关变量。

2.4.4.2 分析性框架的不足之处

接下来,我们探讨一下如何思辨性地阅读一篇实证研究的分析框架。郭望皓、胡富茂(2021)以军事领域的文本为研究对象,基于英译汉机器翻译错误类型框架,对比了不同神经机器翻译系统的表现(见图2-23)。

> 研究者对所有机器翻译的结果进行了统计分析。首先,在借鉴相关研究 (Vilar et al., 2006;Farrús et al., 2010;Kirchhoff et al., 2012;Stymne & Ahrenberg, 2012;Comelles et al., 2017;罗季美、李梅,2012;李梅、朱锡明,2013;罗季美,2014;刘艳丽,2020)的基础上,研究者从语言学角度出发,将翻译错误类型分为拼写错误、词汇短语错误、句子句法错误和语义错误4个大类,每个大类下又分成若干个小类,最终确定了15个小类的错误类型,如表4所示。
>
> ——摘自郭望皓、胡富茂(2021)的实验结果及讨论部分

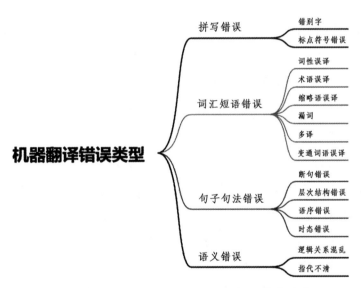

图2-23 机器翻译错误类型框架(改编自:郭望皓、胡富茂,2021)

从该研究的机器翻译错误类型框架可以看出,该研究的错误类型主要是根据语言单位进行划分,拼写、词汇短语、句子,但"词汇短语错误"中的"普通词语误译"也有可能是语义错误,而且该错误类型框架忽视了语篇层面的错误,而"语义错误"下面的"逻辑关系混乱"和"指代不清"其实应归在语篇层面错误之下。而笔者在开展自己的研究过程中就发现了这一问题(详见文献综述部分),并结合已有文献对该框架进行了修正(详

见研究设计部分)。

　　郭望皓、胡富茂(2021)专门针对英—汉语对提出了机器翻译错误类型框架，但未严格区分忠实度(adequacy)和可接受度(acceptability)层面的错误，有待进一步完善。

——摘自钱家骏等(2022)的文献综述部分

　　目前，国际上比较主流的翻译错误类型框架为多维度质量指标(MQM)，该错误类型框架适用于人工翻译和机器翻译的错误类型标注(Uszkoreit & Lommel 2013)。为了便于数据分析，本研究借鉴 Daems et al.(2017)的英语—荷兰语翻译错误类型框架，经与两名评分员(均具有高校高级职称、10 年以上翻译教学与评分经验)商讨，并基于英汉语言特征，对 MQM 翻译错误类型框架进行了调整，如剔除了"假朋友"(false friend)这一错误类型，最终构建了基于 MQM 的英—汉翻译错误类型框架。

——摘自钱家骏等(2022)的研究设计部分

　　从上述案例我们可以总结出以下经验：①不是所有分析框架都是完美的("软伤")，比如国际上主流的翻译错误类型框架也不一定适用于英汉语言；而且有时候可以通过基本的(语言学)理论知识或直觉就可以找出已有分析框架(如郭望皓、胡富茂，2021)的"硬伤"；②可以基于已有研究分析框架中的"硬伤"和"软伤"，提出适用于自己研究的分析框架，这也是研究的切入点。

2.4.4.3　描述性统计信息：研究设计或数据质量的"照妖镜"

　　在思辨性阅读过程中，除了关注核心概念/术语的界定、分析框架是否合理，还有一个非常重要的问题就是描述性统计信息。如果描述性统计信息不符合理论假设或常理，则可能会遭到审稿专家的质疑，也有可能是无关变量没有控制好、数据质量本身不佳或统计方法运用不当。

　　Nitzke(2019)考查了机器翻译原始产出在句法层面的质量(高、中、低)对认知努力的影响，但她通过描述性统计发现了无法解释的现象：

　　　Maybe sentences with no（syntactic）flaws are more suspicious to the participants than those with few errors and therefore are checked more often. However, why the gaze values are the highest for acceptable MT output is hardly explicable. One would assume that the sentences for which the MT system produces a syntactically acceptable output are less complex and therefore less difficult to process in TfS as well. Other factors such as lexical complexity and the position of the sentence in the text might, however, cause these high gaze values.

——摘自 Nitzke(2019：211)的讨论部分

从上述案例可以发现,作者通过对描述性统计信息的观察,发现当机器翻译原始产出的质量最高时,其消耗被试的认知努力时长反而最大,这就不太符合常理,连作者自己都无法很好地解释,但这也间接说明该研究并没有很好地控制原文词汇复杂度和句段位置这些变量。这也是未来研究的切入点。

笔者 2022 年发表于《外语教学与研究》杂志的稿件中有关被试的英语水平的描述性统计信息一开始遭到了审稿专家的质疑:"平均 9 年翻译经验的职业译员其英语水平低于一年多的翻译学生,这个数据差异是否对个体差异分析结果有影响"?

从表 2-6 可以得知,翻译专业研究生的英语平均分为 82.6,而职业译者的英语平均分为 76,当时审稿专家就质疑导致这个结果背后的原因。为此,笔者当时为了回应审稿专家的意见,还特地做了单因素方差分析,并进行事后检验,结果发现翻译专业研究生和职业译者在英语水平上并不存在统计学上的显著性差异。从这一案例就可以看出,审稿专家会非常关注这种细节,如果不能很好地论证,审稿专家可能会质疑研究结果的可靠性。

表 2-6　实验受试的个体信息平均值

受试身份	英语水平	翻译经验(年)	态度	年龄
翻译专业本科生	63.2	<0.001	3.92	19.8
翻译专业研究生	82.6	1.44	3.4	23.9
职业译者	76	9	3.46	33.2

除了关注描述性统计中的平均数,我们还可以关注标准差(standard deviation, SD),这是反映数据离散程度的重要指标。例如,Fonseca(2019)考查了有声思维和翻译经验对单语译后编辑努力的影响。该研究中所涉及的一个因变量是任务执行时间,而笔者发现被试的个体差异比较大,即无论具不具有有声思维条件,翻译初学者(novices)($SD_{无有声思维}$＝189.71;$SD_{有声思维}$＝206.76)、准职业译者(semi-professionals)($SD_{无有声思维}$＝118.46;$SD_{有声思维}$＝223.14)和职业译者(professionals)($SD_{无有声思维}$＝172.33;$SD_{有声思维}$＝176.50)的标准差都非常大。一般来说,同一组实验条件的标准差越小越好,因为标准差越小,说明实验控制的效果好。但也不能说标准差越大,实验控制的就不

好,因为也有可能是译后编辑任务的特殊性所致。通过查阅文献,我们发现无论是理论思辨,还是实证研究,译后编辑过程数据确实存在比较大的个体差异。这就可以说明,Fonseca(2019)的研究数据本身没问题,而有可能是数据分析方法不恰当:

> For the mentioned statistical analysis of effort, Wilcoxon, T-Student and ANOVA tests were also used, depending on the variables and the kind of data.
>
> ——摘自 Fonseca(2019)的研究设计部分

从上述描述中,我们可以发现该研究仅用了传统的非参数检验或方差分析的数据分析方法,并没有将每组被试内的个体差异因素考虑在内,使用线性混合效应模型的数据分析方法,而利用传统的方差分析容易造成结果的假阳性。因此,我们在思辨性阅读的过程中,要格外注意这些描述性统计信息,一方面可以甄别数据质量或实验控制是否好,另一方面可以结合已有文献,判断数据分析方法是否合理。

2.4.4.4　固定效应、主效应和简单效应的混用

在数据报道方面,笔者重点探讨一下回归模型中"固定效应""主效应"和"简单效应"这三个概念的区别,主要是受英国曼彻斯特大学博士后研究员、中国科学院大学基础心理学毕业的包寒吴霜博士在知乎上关于这三个概念辨析帖[1]的启发。他和他的团队成员发现 Hamamura et al.(2021)的一项文化心理学研究中,错误地把固定效应当作主效应进行汇报,导致研究结果与真实结果存在出入(Bao et al.,2022)。我们先来看一个翻译认知过程研究中的案例,这样以便更加直观地了解上述三个概念的区别。

Sun et al.(2020)主要考查有/无声思维模式和文本难度对翻译过程中认知努力的影响。表 2-7 是当因变量为翻译总时长(translation duration)时,固定效应的参数估计。

表 2-7　有声思维模式和文本难度对翻译总时长的影响(固定效应参数估计)

	Estimate	SE	95%CI		t	p
			LL	UL		
Intercept	865.07	76.04	709.48	1020.65	11.377	<.001
TA	341.59	69.64	200.63	481.11	4.905	<.002
Diff	304.01	67.72	167.73	440.29	4.489	<.003
TA:Diff	−210.08	97.75	−406.78	−13.37	−2.149	.038

Note. $N=50$

---

[1]　参见 https://zhuanlan.zhihu.com/p/513227882。

通过观察 Sun et al.(2020)对固定效应参数估计的解读,笔者发现他们错把固定效应当作主效应来解读,其实表格中呈现的都是简单效应:

> Table 3 shows that the *t* value of the fixed effects of TA was 4.905 (p<0.01), indicating that TA had a significant influence on translation duration; the translation duration under the TA condition was estimated by a linear mixed-regression model to be 341.59 s longer than that under the silent condition without considering the random effect of the participants.
>
> ——摘自 Sun et al.(2020)的数据分析部分

上述表述的解读是:在有声思维的条件下,翻译总时长要比无有声思维的条件下多出 341.59 秒,而正确的解读应该是:当文本难度容易时,有声思维条件要比无有声思维条件下的翻译总时长要多出 341.59 秒,且这种差异具有统计学意义上的显著性($\beta=341.59$,$SE=69.64$,$t=4.905$,$p<0.002$)。

Sun et al.(2020)对于有/无声思维模式和文本难度之间的交互效应解读也存在问题,他们并没有解读有/无声思维模式与文本难度之间交互效应的 $\beta=-210.08$ 到底是什么含义,而仅简单地汇报 $t=-2.149$:

> The interaction between the TA condition and ST difficulty condition was also found to be significant; the *t* value of fixed effects of the interaction was -2.149 (p<0.01). The duration difference in the translation of easier texts between the silent condition and the TA condition was estimated to be 341.59 s; for more difficult texts, the difference was only 130.93 s.
>
> ——摘自 Sun et al.(2020)的数据分析部分

而交互效应的本质是,在某一特定情况下,某一变量的两个水平所对应的因变量存在的差异,与在另外一个特定情况下,某一变量的两个水平所对应的因变量存在的差异,存在显著差异,也就是"差异的差异存在显著差异"。因此,对这个交互效应的正确解读应该是:当文本难度高时,有声思维与无有声思维条件下平均翻译总时长的差异,要显著低于文本难度低时有声思维与无有声思维条件下平均翻译总时长的差异,这种差异为 210.08 秒,且是统计学上的显著差异($\beta=-210.08$,$SE=97.75$,$t=-2.149$,$p<0.038$)。

通过查阅 Cohen et al.(2003)的统计学经典教材,我们可以发现,某一变量的主效应是指该变量在调节变量不同水平上的平均效应。

Main Effect：Arising from ANOVA terminology，the effect of an independent variable on Y averaged across the（main or interaction）effects of other independent variables.

——摘自 Cohen et al.(2003)的统计学教材

简单效应则是指在有交互项的模型中，自变量在调节变量为特定水平或值时的特定效应。而固定效应则是自变量的回归系数，混合效应模型的 summary()函数的统计结果中的固定效应一般就是简单效应。

2.4.4.5 p 值和效应量的汇报

除了混淆固定效应、简单效应和主效应外，研究者还经常没有汇报完整的 p 值和效应量。2016 年，美国统计协会（American Statistical Association，ASA）发布了一则声明，其中明确指出"科学结论、商业或政策的决策不应仅仅基于 p 值是否低于某一个特定的阈值[①]"（Wasserstein & Lazar，2016：131）。这一声明反映了很多研究者对于 $p<0.05$ 非常追捧，但却忽视了一点，即即便存在显著性差异，其效应量也有可能很小。因此，一般来说 p 值和效应量应同时汇报。这里需要注意的是，不同统计方法所对应的效应量符号和计算方式不尽相同（Cohen，1992：157）。例如，如果是 t 检验，则用 d 表示效应量，0.2 表示效应量小，0.5 表示效应量中等，0.8 表示效应量大；而如果是卡方拟合优度检验，则用 ω 表示效应量，0.1 表示效应量小，0.3 表示效应量中等，0.5 表示效应量大。例如，Nahatame(2021)主要考查英语可读性公式对英语作为二语的加工努力的影响。该研究由于用了混合效应模型来进行数据分析，因此用了 R 语言中的 *MuMIn* 包来计算模型的效应量，即 marginal R^2 和 conditional R^2，前者代表固定效应的效应量，而后者代表固定效应和随机效应一起的效应量。如果 marginal R^2 越接近 conditional R^2，则说明研究者所感兴趣的自变量的效应量越大，被试或实验材料的个体差异因素越小。

The effects of readability were significant in the full models including either the FKGL（R^2 marginal ＝ 0.029；R^2 conditional ＝ 0.678），the New-Dale Chall formula（R^2 marginal ＝ 0.027；R^2 conditional ＝ 0.676），or the CML2RI（R^2 marginal ＝ 0.027；R^2 conditional ＝ 0.676）.

——摘自 Nahatame(2021)的数据分析部分

[①] 原文为："Scientific conclusions and business or policy decisions should not be based only on whether a p-value passes a specific threshold."

通过上述表述,我们可以发现,Nahatame(2021)marginal R^2 与 conditional R^2 的距离较大,即效应量较小,而有意思的是在 FKGL 的模型中,$p < 0.001$,这也充分说明不能仅仅汇报 p 值,而应同时汇报效应量,p 值越小,并不代表效应越大。但在一些研究中,研究者一方面并没有如实汇报 p 值,也没汇报效应量(暂且不管是否搞清什么是简单效应,如 Jia et al., 2019)。而 Nahatame(2021)所发表的期刊《语言学习》(*Language Learning*)档次要高于 Jia et al.(2019)的期刊《专业翻译杂志》(*The Journal of Specialised Translation*),可见不同期刊或审稿专家对于论文数据汇报的要求也不尽相同。

Finally, there was also a significant interaction effect between task and text type ($p < 0.05$).

——摘自 Jia et al.(2019)的数据分析部分

上述案例可以给人文社科研究初学者带来以下启示:①与研究设计中的"数据分析方法"类似,在汇报统计结果时,要明确不同统计量的含义,有时候解读数据比单纯地"跑代码"可能更难;②要多关注高质量期刊上论文的数据结果的汇报方式,抑或是参照相关标准,如 APA 的期刊论文汇报标准(JARS)。

2.4.4.6　数据可视化问题

数据可视化可以清晰明了地突出研究的重点,目前已经得到社会科学(Dey,1993)等领域研究者的关注。数据可视化可以增强论文中信息传递的效率,可以让读者能更直观地理解原文的重要发现。我们经常会听到一句话"一图胜千言",但这并不意味着我们在学术论文中的数据图要有视觉冲击。相反,笔者认为,用直观、简约的形式呈现数据才是学术论文写作的"正道"。

我们在思辨性阅读过程中,可以关注两方面的数据可视化呈现效果:①基于统计模型的可视化效果;②基于原始数据的描述性可视化效果。其中,在观察基于统计模型的可视化效果的过程中,需要特别关注置信区间这个概念。

我们常听到"置信区间"这一说法,这个概念是指"根据样本统计量对参数进行估计,并以特定的概率包括真正的参数值的取值范围"(参见:秦晓晴、毕劲,2015:158)。例如,95%置信区间的本质是一组数据平均数在大致95%的概率下所可能落在的区间。通常来说,样本量越大,置信区间的范围越窄,估计的精确度也越高。因此,我们可以通过观察数据图的置信区间的宽度来衡量抽样误差。笔者基于 R 里面常见的 *cars* 数据集,拟合简单的线性回归模型,其中自变量是速度,因变量是距离,然后再利用 *ggplot*2 包中的 geom_smooth()函数来绘制拟合回归线的置信区间(灰色)(见图 2 - 24)。R 语言代码如下：

```
p1 <- cars %>%
ggplot(aes(x = speed，y = dist)) +
geom_point(colour = "black") +
geom_smooth(method = "lm"，se = TRUE) +
labs(title = "95% Confidence Interval") +
theme_bw() +
theme(plot.title = element_text(face = "bold"，hjust = 0.5))

p1
## `geom_smooth()` using formula 'y ~ x'
```

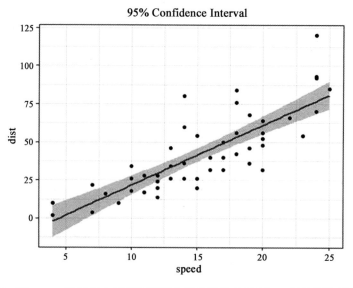

图 2‑24 *cars* 数据集中速度与距离之间的线性关系（含 95％的置信区间）

　　由图 2‑25 可知，回归线两侧的置信区间比较窄，这说明估计的精确度比较高。但通过观察 Daems et al.(2017a)的机器翻译平均其他语义偏离错误权重与平均注视时长的关系效应图，我们发现拟合的回归线两侧的置信区间比较宽，这说明"其他语义偏离错误"的样本量不是很大，因此该结论的外部推广性值得商榷。

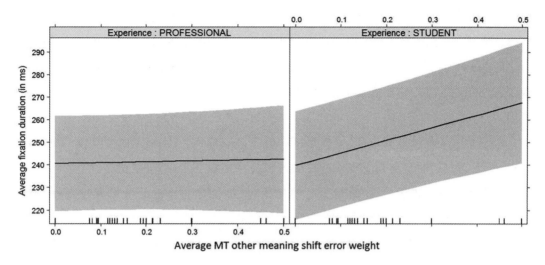

图 2 - 25　机器翻译平均其他语义偏离错误权重与平均注视时长的关系效应图（Daems et al.，2017a）

除了观察基于统计模型的可视化效果，在思辨性阅读的过程中，研究者还需要关注基于原始数据的描述性可视化效果，从中不仅可以看出数据特征，还可以看出数据质量。图 2 - 26 来自 Sun et al.(2020)的某一被试在翻译过程中的眼动和击键数据。感兴趣的读者可以下载 Sun et al.(2020)的论文，以更直观地观察图 2 - 26 中所涉及的实验数据特征。

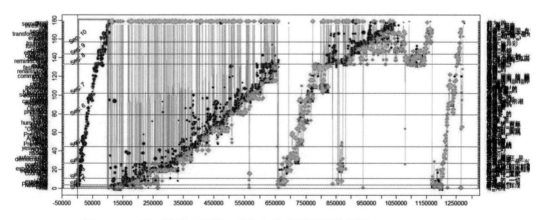

图 2 - 26　某一被试在翻译一篇短文的翻译过程进程图（Sun et al.，2020）

2.4.5　思辨性阅读与文献引用

文献引用(citation)的主要作用是给予前人的研究发现或观点应有的尊重，从而避免抄袭(Robillard,2006)。在 Robillard(2006:258)看来,引用不仅仅是逻辑驱动,更多的是情感(affect)因素的作用。通过引用文献,可以让作者本人、读者和被引用的作者之间进行"对话",也就体现了学术话语中的互文性(intertextuality)(Martin & White,2005:114)。Robillard(2006:258 - 260)总结了引用文献对上述三类群体的作用:

对于学术文献的读者来说,文献引用有以下几点作用:①为读者提供原始文献的出处;②把不同文献的观点或发现用连贯的逻辑关系串联起来,呈现给读者。

对于作者本人来说,引用其他学者的文献可以:①建立自己的学术专长,展示自己在特定领域对已有文献的掌握情况;②为作者的观点提供证据;③表明自己融入了特定学术话语团体;④表明自己的学术立场或站位;⑤作为自己的"保护伞",让质疑或"口诛笔伐"降至最低。

对于被引用的作者,引用文献可以:①给他们应有的尊重;②明确、合法化他们在学科领域的贡献;③引起学界关注后起之秀的研究者;④表达作者对他们的感激之情;⑤表达作者对他们研究工作的尊重;⑥表明他们的贡献对作者研究的促进作用;⑦展示他们是如何与我们共享研究的。

通过研读上述文献引用对于作者、读者和被引用的作者的作用,我们可以发现,作者与读者、被引用的作者之间存在"互文性",这让笔者想起了著名哲学家肯尼斯·伯克(Kenneth Burke)在他的专著《文学形式的哲学》(*The Philosophy of Literary Form*)中一段话:

> You come late. When you arrive, others have long preceded you, and they are engaged in a heated discussion, a discussion too heated for them to pause and tell you exactly what it is about... . You listen for a while, until you decide that you have caught the tenor of the argument; then you put in your oar. Someone answers; you answer him; another comes to your defense; another aligns himself against you ... The hour grows late, you must depart. And you do depart, with the discussion still vigorously in progress.
>
> ——摘自 Burke(1974)的 *The Philosophy of Literary Form*

通过上述段落,我们可以得知,学术话语团体就好比围坐在圆桌前的人,他们在激烈地探讨一个问题,而作为学术新人的你,需要先聆听他们在讨论什么问题,等到自己抓住他们讨论问题的核心论点时,再勇敢地提出自己的观点,这时候有人会同意,有人会反对。而当你退出学术圈后,学术交流依然会继续。

Graff & Birkenstein(2021)在《"他们说/我说"——学术写作中的关键步骤》("*They Say/I Say*"—*The Moves That Matter in Academic Writing*)[①]这本书中就特地引用了肯尼恩·伯克(Kenneth Burke)的这段话,也强调要融入学术对话中,首先得成为一个社会人,与已有的动态观点进行联系,然后再提出自己的观点,这样才是一个思辨者(critical thinker)。这从侧面强调了文献引用的重要性,即要融入学术对话,不能自说自话,而要先引用前人观点,这样学术圈内的人才愿意倾听我们的观点,也会觉得我们的观点比较有说服力,当然别人也会否定我们的观点。但至少,别人愿意倾听,这是很重要的一步。

Robillard(2006)提到关于文献引用对于被引作者的作用,其中"⑤表达作者对他们研究工作的尊重"容易被忽视。其实也不难理解,如果一名研究者自己辛辛苦苦做出的研究成果,而被其他学术同行占为己有,说是他们原创的,那心里肯定不好受。笔者认为,无论是对于知名学者,还是普通学者的研究成果,都应该充分重视,要在必要时引用,一方面是对前人研究成果的尊重,另一方面也可以避免重复研究。

"文献引用"看似简单,但很能体现研究者的学术积累和学术素养。Thompson & Tribble(2001)对于学术英语教材进行了审阅,发现这些教材更多关注的是在引用前人观点或发现的时候如何"改写"(paraphrase),而非如何恰当引用。而 Gile(2001:31)则更关注后者。因此,综合 Thompson & Tribble(2001)和 Gile(2001)的观点,笔者认为,在思辨性阅读文献时,需要关注以下问题:①文献引用的正确性,比如引用观点是否正确?②文献引用的相关性,比如在特定研究领域的最相关文献或知名作者是否引用?引用的文献是否真的有必要?或者说是否真的支撑/代表一个观点?③文献引用的说服力,即是否有足够的文献依据?④文献引用的清晰性,即是否没有歧义?⑤报道动词的恰当性,即在引用某些研究者的观点时,是否正确考虑所选报道动词的修辞功能?⑥文献引用的规范性,即改写是否恰当,是否存在抄袭倾向?

接下来,笔者先介绍一下常用的文献引用方式和类型,再结合案例具体讲解如何思辨性地看待论文中的文献引用。

文献引用主要有两种方式:①直接引用(quotation);②间接引用。在学术论文中,直接引用一般较少,而间接引用相对更为常见。一般来说,直接引用关注的是文章的核

[①]　2023 年 7 月 10 日,杨峥(笔名"刀熊")在学术志平台做了一场题为"学术写作中与文献对话的武功秘籍"的汇报,在该汇报中,她引用了肯尼斯·伯克这本书的观点,探讨了关于在学术写作过程中,如何在与他人的对话中实现"斗胆直陈",给了笔者写作灵感,特此致谢!

心概念，如果间接引用，可能会丢失其重要信息。例如，Nahatame(2021)引用了 Dale & Chall(1949)关于文本可读性的经典定义：

Dale and Chall（1949），in their classic readability study, defined readability thus：

The sum total（including all the interactions）of all those elements within a given piece of printed material that affect the success a group of readers have ［sic］ with it. The success is the extent to which they understand it，read it at an optimal speed，and find it interesting.（p. 23）

——摘自 Nahatame(2021)的引言部分

从上述直接引用可以看出，Dale & Chall(1949)关于可读性的定义非常经典，其中的核心思想是，可读性不仅关乎阅读的理解层面，还包括阅读的加工层面。而 Nahatame(2021)的重心就是考查文本可读性对加工努力的影响，因此将上述定义直接引用一点都不为过。

关于引用的类型，Swales(1990)率先从句法形式上，将引用分为融入式引用和非融入式引用。前者的目的是让读者关注提出某一观点或发现的研究者身份，而后者的重心则是让读者的注意焦点放在所引用的信息本身上。换句话说，前者是"作者凸显型"引用，而后者是"信息凸显型"引用。例如，上述 Nahatame(2021)的文章引用了 Dale & Chall(1949)关于文本可读性定义时用的就是融入式引用类型，目的就是凸显作者信息，因为他们是这个研究领域的先驱者。但该分类仅关注引用的句法特征，并没有深入关注引用的修辞功能，而修辞功能则能帮助作者更有效地传递信息，即让作者意识到在何种语境下使用何种引用类型，使得论文更具有说服力。Thompson & Tribble (2001)最早基于 Swales(1990)对于引用类型的分类，又对融入式引用和非融入式引用作了细分。其中，融入式引用分为动词支配类、作者名称类和非引用类；而非融入式引用分为来源、身份明确、参考文献和原创。① 其具体类型、形式/功能和举例详见表2-8。

---

① "来源"引用的目的是注明观点的出处，而"原创"引用的目的是注明概念或产品的开发者。

表 2-8　文献引用类型、形式/功能和举例（Thompson & Tribble，2001）

引用类型	引用子类型	形式/功能	举例
融入式引用（integral citation）	动词支配类（verb controlling）	施事者控制动词	Davis and Olson（1985）define a management information system more precisely as...
	作者名称类（naming）	物化（reification），指代研究本身、公式、方法或发现，而非作者本人	Typical price elasticities of demand for poultry products in Canada, Germany and the UK are shown in Harling and Thompson（1983）
	非引用类（non-citation）	作者已经引用过某位研究者的观点，便不重复引用年份	The "classical" form of the disease, described by Marek, causes significant mortality losses
非融入式引用（non-integral citation）	来源（source）	交代观点的来源	Citation is central ... because it can provide justification for arguments（Gilbert，1976）
	身份明确（identification）	交代句中的施事者	A simulation model has therefore been developed to incorporate all the important features in the population dynamics（Potts，1980）
	参考文献（reference）	提供论据支撑，同时避免篇幅过长或重复。	DFID has changed its policy recently with regard to ELT（see DFID，1998）
	原创（origin）	交代概念或产品的首创者	The software package used was Wordsmith Tools（Scott，1996）

在 Thompson & Tribble(2001)之后，越来越多的研究者开始关注实证研究中的文献引用特征（如 Mansourizadeh & Ahmad，2011），感兴趣的读者可以查阅相关文献。

需要注意的是，在引用特征方面，不同学科的修辞规范不同，期刊论文和学位论文也有不同的偏好。例如，Hyland(1999)调查了不同学科实证研究期刊论文的引用特征，发现人文社科领域的单篇平均引用次数（如社会学 104 次、市场营销 94.9 次、哲学 85.2 次、应用语言学 75.3 次）普遍高于理工类学科（如机械工程27.5次、物理学 24.8 次、电子工程 42.8 次)。而(博士)学位论文的引用密度则低于期刊论文,这可能与期刊论文的篇幅限制有关,导致期刊论文的风格偏凝练,即引用比较集中。

就引用类型而言,根据 Hyland(1999)的调研,发现除哲学领域侧重融入式引用(64.6%)外,其他理工科和人文社科领域的期刊论文都偏重非融入式引用。而就直接或间接引用而言,人文社科领域更倾向使用直接引用,但比例相对较低,例如,社会学占比为 13%,应用语言学占比为 10%。此外,实证研究的不同修辞部分中的引用密度也不尽相同,例如,Thompson & Tribble(2001:98)发现引言部分的引用密度最高,占比为 15.6%;其次是讨论部分,占比为 10.1%;研究方法和结果部分的引用密度相对较低,均不到 3%。这种比例结构比较符合 Hill et al.(1982)提出的沙漏模型,即引言和讨论部分需要广泛引用相关领域的文献,而研究方法和结果部分则比较聚焦,关注的是研究内容本身。Mansourizadeh & Ahmad(2011)对比了新手和专家学者在科学论文上的引用类型差异,结果发现新手比较侧重注明研究发现或观点的出处本身,即使用来源型引用,而专家型学者则更注重通过引用的方式,为自己的研究话题、研究程序、论点和发现进行佐证(justification),从而使自己的研究更有说服力。

例如,王湘玲等(2022)考查的是翻译方向性对控制加工和自动化加工过程的影响,在研究方法部分,他们通过注视点的热力图来划分自动化加工和控制加工:

> 其次,采用 ASL-D6 眼动仪自带的分析软件对这 30 份有效数据进行处理,将眼动兴趣区(area of interest)划分为自动化加工兴趣区(AP)和控制加工兴趣区(CP)两类。其中,自动化加工发生在不存在停顿、注视点轨迹图呈线性型、注视点热区图呈现浅色的翻译单位,而控制加工发生在具有停顿、注视点轨迹图呈非线性型、注视点热区图呈现深色的翻译单位。
>
> ——摘自王湘玲等(2022)的研究方法部分

我们可以发现,王湘玲等(2022)并没有在这段进行任何引用,当然可能也是版面限制。不过我们也可以发现,用热力图本身来区分自动化和控制加工并不可靠,因为热力图本身有颜色渐变的情况,因此如何区分"深色"和"浅色"则成了非常关键的因素,但该研究并没有交代,则可能会影响研究的复制性。

上述研究发现和案例给人文社科研究初学者的启示有:①相比理工类学科,人文社科领域更加注重引用,因此在论文写作过程中要尽可能多读文献,在论文写作过程中做到有理有据;②注重期刊论文和博士论文在引用密度上的区别,前者需要更加凝练的风格;③哲学领域在引用时比较注重凸显作者身份,而其他人文社科领域则要凸显信息本身;④要注重引言和讨论部分的引用,但研究方法和结果部分也要适当引用,确保研究设计和数据分析的严谨性;⑤相比理工类学科,人文社科领域更加倾向直接引用,可能是要凸显重要观点,增加论文的说服力,但直接引用的内容需要控制在一定比例;⑥初学者应更多关注支持类引用,以增加文章的说服力,也正如 Robillard(2006:258 - 260)所说,要通过引用文献为自己的文献架起"保护伞";⑦在论文写作过程中,要尽可能让自己的引用类型多样化,尽可能多采用非融入式引用,而不是滥用"根据 XX"或"According to..."来凸显作者身份。

接下来,笔者以自己阅读文献的经历,列举一些案例,以便让读者更恰当地引用文献。

案例 1:文献引用的"断章取义"

笔者想先探讨一下引用文献过程中的"断章取义"或正确性问题。"断章取义"的问题在文献引用过程中也比较普遍。例如,Jia et al.(2019)考查了翻译模式(人工翻译 vs. 机器翻译译后编辑)和文本类型对于翻译过程中认知努力的影响。在该研究中,他们使用了混合效应模型,但给出的理由存在"断章取义"的嫌疑:

> Linear mixed effects analyses were performed on our data, using the lme4 package (Bates et al. 2014). The main reason for choosing this statistical method over traditional factorial designs including both fixed and random effects in the linear mixed effects models (LMER) is that it compensates for the weak control of variables in naturalistic translation tasks (Balling 2008).

——摘自 Jia et al.(2019)的研究设计部分

上述表述描述了在翻译过程研究中使用线性混合效应模型的理由,并引用了 Balling(2008)的观点,属于 Thompson & Tribble(2001)提出的来源引用(source)。Balling(2008)的这篇文献本身是非常经典的,也可以说是翻译过程研究中最早引入线性混合效应模型的一篇文献,因此在这里引用此文献本身是比较有说服力的,也体现作者本人对相关文献的掌握能力比较强。但问题在于,Balling(2008)提出的更适合"自然任务"(naturalistic tasks)指的是,相比传统的方差分析,回归模型可以考虑有些实验无法严格控制的协变量(比如词频),从而进行统计控制。以下是 Balling(2008:176)的原话:

> I believe a similar conversion could be useful for many researchers who study translation processes experimentally. More specifically, regression designs allow statistical control of a number of variables which cannot be controlled experimentally; this is particularly important in more naturalistic tasks. Factorial

designs require strict control between groups of experimental items and therefore make more naturalistic, less experiment-like approaches difficult, if not impossible.

——摘自 Balling(2008)的研究设计部分

但我们发现,Jia et al.(2019)的研究并没有考虑把协变量放入统计模型中进行统计控制,因此他们引用 Balling(2008)的观点其实失之偏颇。

案例 2:文献引用的相关性

我们来谈一下文献引用的相关性问题。如 Gile(2001)的建议,研究者所引用的文献要与研究问题相关联。但初学者很容易在论文写作过程中,为了展示自己的"阅读量",而引用很多文献,但这些文献和自己的研究问题并不直接相关,这往往会导致读者抓不住重点,增加了读者的认知负荷。但即便一些有经验的研究者在论文写作过程中,也会存在文献引用相关性不强的问题。例如,穆从军(2019)对比了英汉实证研究论文的文献引用形式和修辞功能。其中有一个很重要的变量就是"修辞功能":

不过,总体来看,前人研究大多认同文献引用的信息、劝说和评价(批评)三大功能。在总结上述学者的文献引用修辞功能分类并结合本研究语料的基础上,我们提出以下文献引用修辞功能分类(表1)。

——摘自穆从军(2019)的文献综述部分

如 Robillard(2006)所归纳的,文献引用可以为读者提供原始文献的出处。笔者为了进一步深入理解文献引用的"信息、劝说和评价"功能,特地找了其中的第 25 篇文献(Fazel & Shi,2015)。结果发现,Fazel & Shi(2015)虽然也探讨修辞功能,但其研究对象是基金项目计划书(grant proposals)。但 Thompson & Tribble(2001)和 Hyland(1999)都发现,不同学术体裁的文献引用类型存在比较大的差异,而穆从军(2019)考查的是实证研究论文的文献引用类型和修辞功能,与基金项目计划书这一体裁有相似之处,但不完全契合,因此他引用 Fazel & Shi(2015)的文献不是很恰当,而且他基于这些已有文献(包括Fazel&Shi,2015)提出他自己的文献引用修辞功能分类框架,就会在一定程度上影响其框架的有效性。总体来说,这个文献引用并没有考虑理论的适用性或理论边界。

案例 3:文献引用的说服力

现在,我们探讨一下文献引用的说服力问题。初学者在稿件中经常会写到"近年来,XX 技术取得了很大的进步"或"近年来,有很多研究者从不同视角关注了 XX 问题",但并没有相关的文献支撑,而且即便有文献引用,也不是很恰当,甚至会产生歧义。

例如，笔者曾经审阅的一篇 ESCI 期刊稿件中有这样一句话：

This hypothesis is based on the premise that machine translation systems have made significant progress in recent years，demonstrating improved accuracy and language proficiency.

——摘自笔者 2023 年 8 月审阅的一篇 ESCI 期刊稿件中的引言部分

从上述观点可以看出，该研究基于的研究假设是基于一个前提，即机器翻译系统近年来取得了很大的进步，在准确率和语言水平方面都得到了很大的提升。但这一假设前提并没有引用任何文献，以下是笔者给的评审意见：

In all language pairs? How about the MT quality in English-Turkish language pair? Please cite a few relevant literature.

——摘自笔者 2023 年 8 月对一篇 ESCI 期刊稿件的评审意见

从上述评审意见可以看出，该研究假设的前提并没有关注机器翻译系统在哪些语言对的质量得到提升，是否在该研究所考查的语言对，即英语—土耳其语的语言对中的质量有显著提升。这个问题看似初学者不会犯，但从上述稿件中发现依然会有问题，因为原作者可能认为这是常识，但他们并没有考虑到诸如英语—土耳其语的语言对特殊性可能会制约机器翻译系统的表现。因此，笔者才会质疑 ESCI 这篇稿件中观点的说服力，因为如果英语—土耳其语的机器翻译质量本身就很差，那么该研究的底层假设前提就是有问题的，也就不必再往下看这份稿件了。如果他们引用相关实证研究说明确实如此，那就更有说服力。

案例 4：文献引用的歧义性

此外，还有一些研究虽然有引用文献，但会引起歧义，不够清晰。例如，Lei et al. (2023)考查了大学英语学习者英语写作的句法复杂度历时变化情况。他们在引言部分指出了前人研究的不足：

Second，most of the data used in previous research were produced under experimental conditions（Polat et al.，2020）. Such a design may not necessarily reflect the real situations of L2 learning and hence lack ecological validity（Van Lier，2000，2004）.

——摘自 Lei et al.(2023)的引言部分

从上述观点可以看出，Lei et al.(2023)指出前人大多数研究数据都是基于实验条件下得出。该文献引用可能会产生歧义,即到底是 Polat et al.(2020)提出了这个观点,也就是属于 Thompson & Tribble(2001)提出的来源引用(source),还是说 Polat et al.(2020)的数据也基于实验研究? 而如果是后者的解读,那么应该多引用一些文献来增加说服力。笔者查阅了 Polat et al.(2020)的文献,发现该研究并没采用实验条件下的写作数据,而是采用了非实验条件下的数据:

> First,rather than using <u>experimental data,which is common in current research on the subject matter</u>,we analyzed a corpus of 852 samples produced by college-aged EFL students as part of their routine writing assessments in their English learning program. Given research on ecological validity and researchdriven pedagogy (van Lier 2000;Polat et al. 2019),nonexperimental data are of particular importance in understanding L2 development.

——摘自 Polat et al.(2020)的引言部分

如果是笔者自己来写这一段,则会引用基于相关话题的实验研究来与正文中的 most of the data 进行呼应。因为在学术话语中,"多重文献索引"在系统功能语言学的评价理论中也属于级差(graduation)的范畴,是以"量化"的形式增强语势(Martin & White,2005;张滟,2008)。例如下面这段语料,即在提出某一研究领域有大量研究时,需要引用多篇文献,增强其论证的说服力:

> ... and there has been a substantial amount of research concerning the effect of various factors on perceived auditor independence (Gul 1991;Lowe and Pany 1995;McKinley,Pany,and Reckers 1985;Pany and Reckers 1980;1983;1987;1988)

——摘自张滟(2008)的语料

或者笔者会用 Thompson & Tribble(2001)所归纳的参考文献式的引用(reference),以避免歧义。

> Second,most of the data used in previous research were produced under experimental conditions (<u>see</u> Polat et al.,2020).

——基于笔者对 Lei et al.(2023)引言部分的修改

案例 5:报道动词的误用

接下来,我们再探讨一下"动词支配类"(Thompson & Tribble,2001)中的一个经常容易犯的错误,即报道动词(reporting verbs)的不恰当使用。Thompson & Tribble

(2001)通过观察英国雷丁大学(University of Reading)研究生学术英语写作的语料,发现研究生经常不恰当地使用报道动词 claim。我们先看一个误用 claim 的例子,然后再结合系统功能语言学中的评价理论来阐述如何正确使用报道动词 claim 和其他相关动词。

Jia et al.(2019)在文献综述中提到前人研究从许多不同的角度来探索译后编辑和人工翻译的差异,比如时间维度和认知努力维度。

> Temporal aspects are important but do not provide information on "how post-editing occurs as a process, how it is distinguished from conventional translation, what demands it makes on post-editors, and what kind of acceptance it receives from them"(Krings 2001:61). Therefore, Krings (2001) argues that the feasibility of post-editing compared to human translating should not be determined by processing time alone. O'Brien (2011:198) also claims that post-editing productivity means "not only the ratio of quantity and quality to time but also the cognitive effort expended; and the higher the effort, the lower the productivity".

——摘自 Jia et al.(2019)的文献综述部分

从上述引用可知,Jia et al.(2019)引用了 Krings(2001:61)的观点,指出了仅考查译后编辑的时间维度是不够的,因为时间维度并不能展现译后编辑过程是如何开展的。而且,他们还引用 O'Brien(2011)的观点进一步佐证自己的观点。但根据 Martin & White(2005)的观点,报道动词 claim 在评价理论中的介入系统中属于归属(attribute)中的疏远资源(distancing),因为该词并不是中立地引用(acknowledgements),而是明确表明作者的内在声音与所引用的外在声音相分离,即作者其实并不认同其所引用的观点,或者说所引用的观点可能还存在一些问题,因此用 claim 这一形式其实属于对话扩展型引用(dialogically expansive),即作者允许其他观点的对话空间存在(Martin & White,2005:103)。Bloch(2010)通过观察《科学》(Science)杂志中 27 种报道动词在540 个索引行中的具体语义,并和学生的学术论文中的报道动词使用进行对比,结果发现,在大多数情况下,claim 都传递的是被引用作者的观点,而非写作者本人的观点。也就是说,使用 claim 的时候,写作者有意与被引用作者拉开距离。相反,argue 一词虽然传递的也是被引用作者的观点,但作者使用 argue 的时候,则表示与被引用作者持一致的观点(虽然也可能存在歧义,详见:Bloch,2010:235)。但很多英语作为二语的写作者往往忽视了 argue 和 claim 的区别,往往混用这两个词。Bloch(2010)还特地强调一点,即在考查报道动词的评价意义时,不能简单地依赖词典的解释,而应该通过语料库的索引行来考查(关于如何用语料库工具辅助学术英语写作,详见本书第四章 实证研究论文写作、投稿与修改),例如他发现和 claim 类似,state 和 mention 都带有消极的评价意义。我们来看一下正确使用 claim 的例子。

Of note，translation competence has been <u>claimed</u> to be independent from other subject-level constructs，such as knowledge of and proficiency in the native and nonnative language（L1 and L2，respectively）（PACTE，2005）. In fact，at least some cognitive effects linked to differential translation and/or interpreting profiles remain significant even after controlling for variables such as L2 competence or age of L2 acquisition（Babcock & Vallesi，2017；García et al.，2014；Ibáñez et al.，2010；Morales et al.，2015；Santilli et al.，2019）. In short，then，competence and other experience-related factors in both translation and interpreting constitute a major and direct modulator of multiple cognitive processes in bilinguals.

——摘自 Schaeffer et al.(2020)的文献综述部分

从上述案例可以看出,PACTE(2005)的观点是,翻译能力与被试的个体差异构念,如母语和二语的能力是相互独立、互不影响的。但一系列实证研究表明,翻译能力和这些个体差异变量之间存在交互效应。因此,Schaeffer et al.(2020)在此段中用了 claimed 并不是为了支持 PACTE(2005)的观点,而是表示怀疑态度。

案例 6:文献引用、改写与抄袭

关于文献引用是否构成抄袭(plagirism),这是非常关键且不容忽视的问题。很多初学者可能认为,只要对原著中的话进行适当的改写,那就不构成抄袭。严格意义上的"改写"是指"用自己的话重述作者的一个特定的观点、发现或论点"[①](Williams & Carroll，2009：27)。但改写没有那么容易,如果做得不够严谨,很容易构成"抄袭"。根据牛津大学关于抄袭的形式表征[②],我们可以发现如果只改了原著中的措辞,或在论点的结构上与原著相近,那也构成抄袭。正确的做法应该是对原著的观点进行简要的总结(brief summary)。

A passing reference to the original author in your own text may not be enough；you must ensure that <u>you do not create the misleading impression that the paraphrased wording or the sequence of ideas are entirely your own</u>. It is better to

---

① "restate in your own words a specific point，finding or argument an author has made"。

② 参见 https://www.ox.ac.uk/students/academic/guidance/skills/plagiarism。

write a brief summary of the author's overall argument in your own words, indicating that you are doing so, than to paraphrase particular sections of his or her writing. This will ensure you have a genuine grasp of the argument and will avoid the difficulty of paraphrasing without plagiarising. You must also properly attribute all material you derive from lectures.

——摘自牛津大学关于抄袭的形式表征

从牛津大学关于抄袭的形式表征来看,浅层次的改写其实也构成"抄袭",这与刘迪麟教授的观点不谋而合。在刘迪麟教授看来,如果仅把原著中的几个措辞修改了一下,那也是不可接受的,这也构成"抄袭"。

我们可以仔细观察下面刘迪麟教授在谈国际期刊论文发表时引用了改写恰当和不恰当的例子[①]。

The original passage:

Students <u>frequently overuse</u> direct quotation <u>in taking</u> notes, and <u>as a result they overuse quotations</u> in the final [research] paper. Probably only about 10% of your final manuscript should <u>appear</u> as directly quoted <u>matter</u>. <u>Therefore</u>, <u>you should strive to</u> limit the amount of <u>exact transcribing</u> of source materials while taking notes. Lester, James D. *Writing Research Papers*. 2nd ed. (1976): 46-47.

A legitimate paraphrase:

In research papers students often quote excessively, failing to keep quoted material down to a desirable level. Since the problem usually originates during note taking, it is essential to minimize the material recorded verbatim (Lester 46-47).

An acceptable summary:

Students should take just a few notes in direct quotation from sources to help minimize the amount of quoted material in a research paper (Lester 46-47).

A plagiarized version:

Students <u>often use too many</u> direct quotations <u>when they</u> take notes, <u>resulting in too many of them</u> in the final research paper. <u>In fact</u>, probably only about 10% of the final <u>copy</u> should <u>consist of</u> directly quoted <u>material</u>. <u>So it is important to</u> limit the amount of source material <u>copied</u> while taking notes.

---

① 参见 https://www.mckendree.edu/offices/writing-center/resources/paraphrase.php。

从上述案例可以发现，合法的"改写"属于深层次改写，例如将原著中的"exact transcribing"改写成了"recorded verbatim"，而且最明显的区别在于，一方面作者改变了原著的句式或主语，另一方面作者融入了自己的思考，即"failing to keep quoted material down to a desirable level"，虽然这句话并没有在原著中出现，但表达的意思就是原著的意思。而"抄袭"版本则属于浅层次的改写，即将原文下画线部分简单地同义替换了一下，在句式方面依旧亦步亦趋。

接下来，我们来看一下改写的优秀案例。Daems et al.(2017b)主要考查的是翻译模式（人工翻译 vs. 译后编辑）和翻译经验（学生译者 vs. 职业译者）对翻译过程中认知努力和翻译质量的影响。在文献综述部分，作者对比了已有相关研究的发现，主要关注这两种翻译模式下，原文区和译文区注视行为差异。

> Table 1 shows that the target text receives the most visual attention for both methods of translation, with the exception of human translation in the Koglin (2015) study. When comparing the difference in attention between source text and target text, the difference is found to be smaller for human translation than for post-editing. Koglin (2015) suggested that the differences in experimental design could account for some of these different results, as participants in the Carl, Dragsted, et al. (2011) study had no previous post-editing experience, and time constraints had been imposed.

——摘自 Daems et al.(2017b)的文献综述部分

以下是 Koglin(2015)关于她的研究发现与迈克尔·卡尔（Michael Carl）的研究不一致的阐释：

> The reason for this finding is not clear but it might be related to differences in the experimental design of the two studies. In the experiment carried out by Carl et al. (2011) the participants had to translate under time constraints, therefore they may have avoided re-reading the source text and fixating longer as a time-saving strategy.

——摘自 Koglin(2015)的结果与讨论部分

从上述改写我们可以看出，Daems et al.(2017b)根据 Koglin(2015)的措辞"the reason for this finding is not clear but it might be related to"，将她们的报道动词定为了 suggested，这就很好地表达了科格林（Koglin）本人对于研究不一致的不确定性。同

时，Daems et al.(2017b)还提到，在 Carl et al.(2011)的研究中，被试没有译后编辑经验，而科格林的研究中被试有译后编辑经验。而译后编辑经验与 Daems et al.(2017b)要考查的翻译经验这一变量本身也存在一定的关联，也就是说 Daems et al.(2017b)在改写 Koglin(2015)的观点时，还与自己的研究设计相关联。同时，Daems et al.(2017b)保留了原文中的 time constraints 这个关键词，但修改了主语，即把 participants 改为了 time constraints，动词改为了 imposed。这是改写中的一个重要策略。

2.4.6　思辨性阅读与逻辑推论

文秋芳等(2014)在 2008—2009 年对我国多所高校的英语专业学生、其他文科生和理科生的思辨技能与思辨倾向性作了调查，结果发现，除英语专业外的文科生在思辨技能和思辨倾向性得分上低于理科生；在具体思辨倾向性维度方面，无论是英语专业学生，还是其他文科生，在学术性思辨倾向性方面的得分都显著低于理科生，这里的"学术性思辨倾向性"其中一条包括分析性(即"对推理、运用证据解决问题的态度取向")。可见，人文社科领域的学生在思辨能力、学术思辨倾向性方面与理工科学生还存在一定的差距。在二语写作中，"逻辑谬误"(logical fallacy)，即"推理过程中的错误"，是常见的问题。其主要是非形式谬误(informal fallacies)。具体来说，这些论点在心理上都非常具有说服力，但逻辑上不正确，即虽然确实是在说服对方，但根据论证的标准，其实并没有说服力。相比英语母语者，英语作为二语者在思辨性阅读方面相对逊色(Benesch，1999：574)。因此，本部分着重以案例的形式，通过思辨性阅读的方式，探讨英语作为二语的学术论文中存在的非形式谬误，旨在为我国人文社科领域研究生论文写作提供参考。Gile(2001：32)也指出，在思辨性阅读时，要特别注重学术论文的逻辑性，但没有具体交代学术论文中通常会犯哪些逻辑谬误，也没具体案例。本部分先介绍常见的逻辑谬误，然后再以案例形式介绍目前发表在国内外核心期刊论文中存在哪些逻辑谬误。

逻辑谬误有很多种类型，Bassham et al.(2019)梳理了 22 种常见的非形式逻辑谬误，并将非形式谬误分成在论证的相关性和充分性上的谬误。前者指的是前提与结论在逻辑上不相关，但"看起来"是很好的论点；而后者是指虽然前提在逻辑上与结论相关，但没有提供充足的证据进行支撑。

通过梳理 Bassham et al.(2019)总结的论证相关性谬误，笔者发现以发言人身份为依据(look who's talking/Tu Quoque)、稻草人谬误(straw man fallacy)、模棱两可谬误(equivocation)和内定结论谬误(begging the question)在学术研究中较为常见。

2.4.6.1 以发言人身份为依据的谬误

在学术研究领域,以发言人身份为依据评判论点,是指其他领域的研究者对特定领域的研究进行批判,但这些研究者本身并不从事该领域的研究,这时候,这种行为就会遭到该领域研究者的抨击。客观来说,抨击是不合理的,我们不能仅仅因为这些研究者不从事该领域的研究,就认定这些人的批判是站不住脚的,而应该从论点本身的说服力上进行评判。例如,覃江华(2019)在《翻译论坛》上发表了一篇题为《实证性翻译学研究的局限》的思辨性文章,当时笔者看到这篇文章时就犯了"以发言人身份为依据"的逻辑谬误,即作者本人(覃江华)的研究方向是翻译哲学,与实证翻译研究并没有关系,因此就认为该研究并没有说服力。但要客观地评判一项研究有没有说服力,不应该仅仅看作者本人的身份,而应该看文章的观点是否具有说服力。以下是该文提出的三点不足(尤其是翻译过程研究):

> 然而,这一路径面临的挑战也有不少,最主要的有三点:一是生态效度问题,即实验室小样本封闭式研究得出来的结论,能否解释社会化翻译活动的动态性、多样性和复杂性;二是研究范围问题,即受试主要为学生译员,高水平职业译员少之又少;三是创新性问题,即很多人怀疑这些结论并未超出翻译学常识,仅仅是对众所周知的事实进行了验证和修补而已。虽然在研究方法和技术路径上有所突破,但并未提出什么有重大影响的新理论。
>
> ——摘自覃江华(2019)

从上述批评意见来看,总的来说,第二条和第三条建议还是比较中肯的,笔者在2023年8月也与丹尼尔·吉尔教授沟通过,他也表示口译实证研究确实是局限于招募学生译者被试,而如果学生译者和职业译者的口译能力差距很大的话,那么势必会影响研究的结论。而且,翻译过程研究确实存在很多常识性的结论,比如译出(L1-L2)比译入(L2-L1)消耗译者更多的认知努力(冯佳,2017)。其实实验研究的魅力并不在于考查单因素本身,而在于考虑两个自变量之间的交互效应,即某一自变量对因变量的影响还受到另外一个自变量的影响,这样才会让研究结果变得更有趣。此外,翻译过程研究至今也确实没有提出太多比较有影响力的理论模型。但第一条批评意见则混淆了生态效度和样本量,而且也对生态效度本身存在误读(详见2.4.4思辨性阅读与汇报的信息)。因此,笔者认为,对于其他领域研究者的批判,我们应该保持开放的心态,客观评定,其他领域研究者的观点也有可取之处,为我们本领域的研究提供新的参考。

2.4.6.2 稻草人谬误

稻草人谬误是指歪曲/曲解别人的观点,然后使得自己能更有力地抨击别人的观

点。例如,下面的例子:

> A:Pete has argued that the New York Yankees are a better baseball team than the Philadelphia Phillies.
>
> B:But the Phillies aren't a bad team.
>
> ——摘自 Bassham et al.(2019)关于稻草人谬误的例子

上述例子告诉我们,Pete 认为相比费城费城人队(Philadelphia Phillies),纽约洋基队(New York Yankee)是更好的棒球队。但 Pete 并没有说费城费城人队不好,也就是说 B 误解或曲解了 A 的意思,犯了稻草人谬误。

在人文社科研究领域,经常会遇到不同学派之间的纷争,有时候可能就是因为稻草人谬误所在。例如,在翻译过程研究领域,主要有两大学派(参考:Rojo-López & Muñoz-Martín,2022),一类是信息加工范式,或称为计算翻译学(computational translatology),即把人脑比作计算机,缺乏译者的心理现实性;另一类是认知翻译学范式,即认为翻译过程中的认知是具有心理、情感和社会属性的。有意思的是,后者对前者的观点有误解,从而产生了"稻草人谬误"。例如,作为认知翻译学派的研究者,Halverson(2021:149)批判了迈克尔·卡尔和莫里茨·谢弗(Moritz Schaeffer)的观点,即认为这两名学者属于传统的计算翻译学派,也就是将翻译的过程简单地认为是理解、转换和产出,也就说,翻译过程就像计算机那样一步步拆解开来的验算过程:

> As far as language is concerned, it must be assumed that it is the representational structure that is the subject of mental computations. The translation process is described as consisting of the stages of comprehension, transfer and production (ibid., p. 150), and "language use" is conceived of as one of many "primary mental processes" that make up those three stages, along with attention, memory, perception, metacognition and problem solving (ibid.). Here is clear evidence of the modularity that was mentioned in the introductory remarks (language is separate from other cognitive processes).
>
> Another body of work that is typical of this research tradition is exemplified in Carl (2013) and Schaeffer and Carl (2017). In Carl (2013), two different computational alternatives are considered: the ACT-R model and a statistical model. The former models human translation through a set of five "production rules". These function in an algorithmic procedure operating on words. The statistical model is offered as a means of calculating probable processing sequences

on the basis of data for reading and writing processes（which are constituents of the composite translation process）. Here，too，translation is seen as a decomposable，algorithmic process.

——摘自 Halverson(2021)对于计算翻译学的批判

而我们如果仔细阅读以下 Schaeffer & Carl(2017b)的文章,会发现他们的观点是:把翻译过程拆解成原文阅读和译文产出的最小循环过程:

We build a cognitive model of the translation process（from-scratch translation and post-editing）which aims at predicting where translation problems occur. We ground the model in translation activity data that consists of keystrokes and gaze data that was captured during translation sessions. We decompose the translation process into minimal cycles of iterative reading and writing. We assume that the typing activities represent the solution to a translation problem that emerged during the preceding reading event.

——摘自 Schaeffer & Carl(2017b)的引言

也就是说 Schaeffer & Carl(2017b)将翻译过程拆解开,是为了建立人工翻译和译后编辑的认知模型,以预测翻译问题在哪里发生。该研究的一个发现是,句法变异性指标(*HCross*)和原文阅读时长对译文区打字的概率的交互效应显著,即如果 *HCross* 或原文翻译难度相对较大,则被试通常会短暂阅读原文,然后就开始在译文区输入译文。这一研究发现并不能说明 Schaeffer & Carl(2017b)就简单地把翻译过程视为"理解—转换—表达"的过程。相反,Carl & Dragsted(2012:127)则提出,在翻译过程中,理解和表达有可能是同步进行的。换句话说,霍尔沃森(Halverson)在批判迈克尔·卡尔和莫里茨·谢弗的观点时,并没有深入理解迈克尔·卡尔和莫里茨·谢弗的研究目的,而是简单地从他们的研究假设中的措辞,比如 Schaeffer & Carl(2017b)中的 decompose,来主观臆断或曲解。Carl(2023)专门针对前人对计算翻译学派或监控模型的误读进行了澄清,感兴趣的读者可以自行查阅。

此外,在学术研究领域,尤其是在讨论部分要与前人研究作对比时,可能会误解别人研究的具体细节,从而导致稻草人谬误。因为我们一旦发现自己的研究发现与前人的不一致时,则会倾向为自己的研究辩护,而同时也会抨击前人研究的观点。例如,Cui & Zheng(2021)考查了译者的网络查询时长与翻译可接受度的关系,他们发现译者在网络查询上花的时间越长,翻译可接受度越高。而 Kuznik & Olall-Soler(2018)则持不同观点,他们发现网络查询时长与翻译可接受度之间并没有明确的关系。其中的原因可能是搜索的效率和被试个体差异因素所致。

> In general, there is no clear relationship between the use of electronic information resources to solve <u>cultural translation problems</u> and the quality of the translation solutions. This may be due to the <u>low efficiency of the students' information-seeking process and to the individual differences of the subjects</u> since, despite the homogeneity in the use of these resources, some subjects achieve successful solutions despite their repetitive information-seeking processes.
>
> ——摘自 Kuznik & Olall-Soler(2018)结论部分

从上述表述中,我们可以看出,Kuznik & Olall-Soler(2018)的研究结论是针对文化翻译问题,而 Cui & Zheng(2021)的实验材料是科技文本。但 Cui & Zheng(2021)不赞同 Kuznik & Olall-Soler(2018)的观点或结论并不是因为上述理由,而是认为 Kuznik & Olall-Soler(2018)的研究并没有评估单个翻译结果的质量:

> Kuznik and Olalla-Soler (2018) explained their results by proposing that translation acceptability was determined mainly by students' internal support, which was their 'linguistic and extra-linguistic knowledge, their knowledge of translation and cognitive strategies' (p. 24). External resources served only as supplements but were not decisive elements.
>
> <u>However, since we have highlighted the effect of consultation on translation acceptability by only evaluating individual segments, we have found different results.</u> A significant correlation was found between consultation length and the acceptability of individual translation solutions. A longer consultation led to a higher level of translation acceptability.
>
> ——摘自 Cui & Zheng(2021)讨论部分

但其实 Kuznik & Olall-Soler(2018)确实是评估了单个翻译结果的质量,也就是说 Cui & Zheng(2021)对 Kuznik & Olall-Soler(2018)的具体翻译质量评估方法存在误解,从而错误地否定了 Kuznik & Olall-Soler(2018)的结论或观点。而且,Kuznik & Olall-Soler(2018)考查的是文化翻译问题的搜索情况,并没有针对科技翻译问题,实验材料所涉及的题材不同也会在一定程度上导致结论的不同。

此外,要避免稻草人谬误,研究者在撰写英语学术论文时,要适当使用模糊限制语,如 may、might、to some extent、seem 等来削弱自己的语气(Hyland,2005),从而避免过于绝对的语气,导致对研究结果过分解读或曲解。例如,Cui & Zheng(2021)在解释他们的研究发现与 Kuznik & Olall-Soler(2018)不同时,并没有说是"可能"由于翻译质量评估单位的不同所致。因此,笔者认为这样的解读有些绝对,除非他们对比了不同的翻译质量评估模式,确定他们目前的翻译质量评估模式更加精确,那才是可以的。

2.4.6.3　模棱两可谬误

模棱两可谬误是指在表述观点时,关键词存在一词多义的现象,从而导致结论看起来不是很有说服力。这类谬误不太容易识别,因为看起来有道理,但实则并不符合逻辑。在英文论文中,这种情况尤其常见,因为相比汉语,英语词汇的一词多义现象更为普遍。下面我们先来看一个 Bassham et al.(2019)的例子,以便更好地理解模棱两可谬误:

> Any <u>law</u> can be repealed by the proper legal authority. The <u>law</u> of gravity is a law. Therefore, the law of gravity can be repealed by the proper legal authority.
>
> ——摘自 Bassham et al.(2019)关于模棱两可的谬误举例

上述两句话中,第一句中的 law 的意思是"法律",而第二句中的 law 是指"定律",也就是说,看似这个论点很有道理,但其实有种"张冠李戴"的感觉。在人文社科领域的实证研究中,我们经常会考查一些核心构念与因变量之间的关系,而这些核心构念本身就包含多层语义,这时候就要特别明确我们的核心构念定义具体是什么。例如,PACTE(2009)考查了 35 位职业译者和 24 名外语教师的翻译行为,通过对比这两组被试的翻译行为,验证 PACTE 的翻译能力模型。其中一个子能力是策略能力,该能力是指确保翻译过程和解决翻译问题所应具备的程序性知识。注意"策略能力"中涉及的一个核心构念,即"翻译问题"。为了方便数据分析,PACTE(2009)设计了基于原文的语言问题、语篇问题、语言外问题、意图性问题和翻译要求与目标读者相关问题,他们把这些问题统称为"富集点":

> Given that we consider translation to be a <u>problem-solving process</u>, the decision was made to focus our data collection and analysis on <u>specific source-text segments that contained translation problems and that we refer to as Rich Points</u>. These Rich Points were determined as a result of exploratory studies and pilot tests carried out prior to the experiment (PACTE 2002,2005a,2005b).
>
> ——摘自 PACTE(2009)的研究设计

通过上述表述，我们可以发现该研究设计的逻辑是：翻译过程是问题解决的过程，我们作为研究者在实验前提前分析原文的特征，并明确翻译问题。因此，被试在翻译的过程中遇到的问题就是我们设定的翻译问题。但翻译能力模型中所提及的"翻译问题"和"富集点"所涉及的"翻译问题"其实不是一回事，因为前者是译者在翻译过程中真实遇到的问题，是相对主观的，存在个体差异，不同译者遇到的问题类型和数量都可能不同，而后者是基于原文的翻译问题，是相对客观的，可能是译者在翻译过程中遇到的实际问题，也有可能不是。这类问题本质上应该是"可能问题触发源"（Muñoz Martín & Christian Olalla-Soler，2022），不一定具有译者的心理现实性。

上述案例告诉我们，在研究设计时，一定要明确核心构念的定义，不然很有可能犯"模棱两可谬误"，从而导致实验失败，或使结论不具有构念效度。

2.4.6.4 内定结论谬误

在相关性谬误中，内定结论谬误也十分常见，即把前提当作结论，这类谬误也十分具有迷惑性。最明显的形式就是重述结论，稍微改几个词，其实是循环论证。下面我们先来看一个 Bassham et al.(2019)的例子，以便更好地理解内定结论谬误：

> Bungee-jumping is dangerous because it's unsafe.
>
> Wexford is a better college because it has better students ... It has more generous and loyal alumni because it is a better college.
>
> ——摘自 Bassham et al.(2019)关于内定结论谬误举例

从上述第一个例子可以看出，蹦极运动非常危险的原因就是不安全，但不安全并不是危险的理由，而是危险的同义词，因此该论点并不具有说服力。而第二个例子想说明 Wexford 这所学校比其他学校更好，是因为有更好的学生，而这所学校有更多慷慨、忠诚的校友，因此是一所更好的学校。这显然是"循环论证"，也就是说 Wexford is a better college 既是结论，也是前提，这种论点就不具有说服力。

在人文社科实证研究中，我们也经常会犯这类错误，尤其是在解释我们的研究发现时。例如，王湘玲等(2022)发现，被试在译出方向(L1-L2)的控制加工所付出的认知努力要高于译入(L2-L1)。在解释该研究发现时，该研究就把前提当作结论：

> 由于受试对母语的认知体验远比外语丰富，且积累和存储的母语心理词库量远大于外语，因此更擅长在母语体验的基础上对译文质量进行控制加工。
>
> ——摘自王湘玲等(2022)的讨论部分

在解释该研究发现时，该研究就把"受试对母语的认知体验远比外语丰富"既当作前提，也当作结论"更擅长在母语体验的基础上对译文质量进行控制加工"，虽然只是修改了前提中的措辞。

前面我们主要介绍了相关性谬误，接下来我们介绍一下充分性谬误，并举一些学术研究中的案例。通过梳理 Bassham et al.(2019)总结的论证充分性谬误，笔者发现不恰当诉诸权威(inappropriate appeal to authority)、诉诸无知(appeal to ignorance)、可疑的起因(questionable cause)、仓促的推论(hasty generalization)、滑坡谬论(slippery-slope fallacy)、弱类比(weak analogy)和成分谬论(fallacy of composition)在学术研究中较为典型。

2.4.6.5　不恰当诉诸权威谬误

我们常说，科学研究要站在巨人的肩膀上。这句话意味着科学研究需要引用权威观点为自己背书。但如果不加批判地引用权威的观点，可能反而会导致论点不具有说服力，从而犯"不恰当诉诸权威"的逻辑谬误。这类谬误中有三类对人文社科研究特别有启发：①所引用的专家并非某特定领域里的专家；②与多数研究者的发现或观点不一致时，轻信普通研究者的权威性；③当话题有争议时，盲目轻信某一权威的观点，而非客观评价。下面笔者挑两个例子阐释一下：

例如，Cui & Zheng(2021)发现，在翻译过程中，搜索的时长和复杂度与译文的质量存在线性关系：

> However, previous studies have refuted this hypothesis by indicating that neither the length nor the complexity of consultation is correlated with translation acceptability (Daems et al., 2016; Kuznik & Olalla-Soler, 2018).
>
> ——摘自 Cui & Zheng(2021)的讨论部分

从上述讨论部分我们可以看出，其实前人研究都与 Cui & Zheng(2021)的发现不一致，但他们并没有充分地论证为什么会不一致。Cui & Zheng(2021)只是说明 Kuznik & Olalla-Soler(2018)和他们的翻译质量评估方法不一致，但也有可能是其他因素所致，比如实验题材、难度或统计方法等。更不能因为作者本人是杜伦大学的研究人员而迷信他们的观点。

在实证研究中，我们需要论证选择特定研究方法的理由，尤其是对于一些有争议的研究方法时，要做到客观评价，而不是盲目引用某一权威的观点，而否定了特定研究方法。例如，Nitzke(2019)考查的是译后编辑和人工翻译过程中的问题解决行为。在选择研究方法时，她摒弃了有声思维报告法，但正如 2.4.3 思辨性阅读与研究设计 中所述,该研究方法存在一定的争议,即有声思维报告是否具有反应性,或是否会改变翻译的认知过程或质量,目前尚没有明确的实证依据。但 Nitzke(2019)并没有客观地进行评价:

> Using TAPs has different advantages and disadvantages. Amongst others, one major disadvantage of immediate verbalisation is that studies have shown that verbalisation changes the thought process(cf. Jakobsen 2003)and therefore may also change the translation process.
>
> ——摘自 Nitzke(2019)的研究设计部分

从上述表述中可以看出,Nitzke(2019)仅引用了 Jakobsen(2003)这一权威学者的观点,也就是不赞成有声思维报告的一派[①],但并没有引用 Sun(2011)的观点,即"目前并没有强有力的证据表明有声思维报告会显著改变或影响翻译过程"。然而,Fonseca(2019)则同时引用了 Jakobsen(2003)和 Sun(2011)的观点:

> Although Jakobsen(2003)had emphasized that the influence of verbalization on translation speed and segmentation should not invalidate the use of thinking-aloud for translation research purposes, it seems that thinking-aloud method was already experiencing a decrease in its use as Bernardini(2001)states by the turn of the millenium, probably due to 'the emergence of objective recording methods such as computer keystroke logging and eye tracking, which reminds us of Kuhn's "paradigm shift," and some to the time-consuming nature of this kind of research'(Sun, 2011, p. 929).
>
> However, Bernardini(2001, p. 242)predicts that such an early stage of TAP studies 'with identifiable characteristics(anecdotal attitudes, methodological compromises, proliferation of classification schemes)' could give place to a more mature stage. This stage has probably arrived with the publication of recent studies such as Ehrensberger-Dow and Künzli(2010), Jääskeläinen(2011)and Sun(2011).
>
> Based mainly on answers provided by 25 eminent translation process researchers in a questionnaire survey in 2009, Sun(2011)analyses methodological issues regarding the use of TAP in TPR from theoretical and practical perspectives.

---

① 当然,Jakobsen(2003)并非不赞成有声思维法,Nitzke(2019)的引用存在偏差。

The author argues that up to the date the article was published there was 'no strong evidence suggesting that TAP significantly changes or influences the translation process' (Sun, 2011, p. 946). This author defends using TAP together with keystroke logging and eye-tracking such as in a triangulation-based methodology (Alves, 2003), so that more complex research questions could be answered.

——摘自 Fonseca(2019)的引言部分

从上述表述中,我们可以发现 Fonseca(2019)在评价有声思维报告的有效性时,还是相对比较客观的,比如指出在翻译过程研究中,已有越来越多的学者关注到有声思维法这一方法论的问题。特别是在引用 Jakobsen(2003)的观点时,Fonseca(2019)还强调雅各布森(Jakobsen)本身也并没有完全否定有声思维报告法。

上述案例告诉我们,在人文社科研究中,由于采用的研究方法会涉及人本身,因此研究方法肯定会存在争议,这时候就要客观地评价研究方法,即同时交代该研究方法的优势和不足,而不能为了自己的研究目的,仅引用某一派的观点,从而犯"不恰当诉诸权威"的谬误。

2.4.6.6　诉诸无知谬误

诉诸无知谬误通常是指仅仅因为没有相关研究证实,就声称该观点是正确或错误的。例如:

No one has proved that humans are responsible for climate change. So, we must conclude that humans are not responsible for climate change.

——摘自 Bassham et al.(2019)关于诉诸无知谬误的举例

正如美国著名天文学家卡尔·萨根(Carl Sagan)所言:"Absence of evidence is not evidence of absence"。也就是说,我们如果缺乏某件事为真的证据,并不能因此推断这件事就是假的。在学术研究中,我们经常会发现一些硕士研究生,甚至博士研究生的开题报告中出现类似的话"由于这个领域的研究成果很少,我觉得这个研究很有意义,因此本研究打算从这个领域入手"。由此,我对萨根的名言进行了改编:"Absence of evidence is not evidence of significance"。也就是说,我们在选题论证的过程中,不能因为这个领域的研究数量少,或者甚至没有,就简单地认为这个研究很重要,进而使之成为自己研究的动机。

例如,Fonseca(2019)考查了有/无有声思维和翻译经验对单语译后编辑努力的影响：

> The author argues that up to the date the article was published there was 'no strong evidence suggesting that TAP significantly changes or influences the translation process' (Sun, 2011, p. 946). This author defends using TAP together with keystroke logging and eye-tracking such as in a triangulation-based methodology (Alves, 2003), so that more complex research questions could be answered.
>
> Therefore, to understand the impact of verbalization on monolingual post-editing within TPR using several variables, this study investigates the effect of requesting TAP while participants carry out monolingual post-editing tasks.

——摘自 Fonseca(2019)的引言部分

从上述描述中，我们可以发现 Fonseca(2019)的逻辑是：由于目前没有强有力的证据表明有声思维会改变或影响翻译过程(Sun, 2011)，因此本研究就考查有声思维法对单语译后编辑过程的影响。Sun(2011)的观点本身没有问题，也是学界关心的问题，那为什么要研究单语译后编辑，而不是双语译后编辑？研究单语译后编辑的独特价值在哪里？针对这些问题，Fonseca(2019)并没有很好地进行论证。

2.4.6.7　可疑的起因谬误

可疑的起因谬误是指在没有充分证据的前提下，认为某事物是另外一件事物的原因。这类谬误通常可以分为三类：①事后谬误(post-hoc fallacy)；②纯相关性谬误(mere correlation fallacy)；③过于简单起因谬误(oversimplified cause fallacy)。

第一类谬误，即事后谬误，是指 A 事件发生在 B 事件前，如果 B 事件发生了，我们就误认为这是 A 事件导致的。这种谬误在人文社科类的教学研究中经常出现。例如，穆从军(2023)考查了读后创写思辨能力培养模式对英语专业学生思辨质量和英语写作水平的影响。该研究通过前测和后测，发现学生英语写作的思辨指标、思辨质量和英语写作水平都发生了变化：

> 通过思辨训练前后测准实验、平时作文写作、学生写后反思和深度访谈等定量及定性方法，研究发现：1)就外显思辨指标而言，靶标、批驳和回应指标有所突破，背景、争议和证据指标有较大提升，但核心论点和结论指标提升不显著；2)学生思辨质量和英语写作水平显著提高。

——摘自穆从军(2023)的摘要部分

根据上述表述,我们可以得知,读后创写思辨能力培养模式显著提升了学生英语写作中的思辨质量和英语写作水平,而部分思辨指标得到了提升。但该研究由于考虑了伦理因素,并没有设置控制组,因此并不能简单地认为读后创写思辨能力培养模式对英语写作思辨指标、思辨质量和英语写作水平产生了影响,因为可能还有其他因素,比如学生自己课外学习促使自身思辨能力和英语写作水平的提升。虽然穆从军(2023)在研究设计中承认当前研究设计的局限性,但论文中关于教学实验效果的表述还是犯了事后谬误。

第二类谬误,即纯相关谬误,是指如果两个事件具有相关性,则就认为其中一个事件导致了另外一个事件。这类谬误在人文社科的实证研究的表述中经常出现,也就是把相关关系当成了因果关系。例如,Cui & Zheng(2021)考查了翻译过程中的搜索行为与译文可接受度之间的关系:

> A significant correlation was found between consultation length and the acceptability of individual translation solutions. A longer consultation led to a higher level of translation acceptability.
>
> ——摘自 Cui & Zheng(2021)的讨论部分

通过上述表述,我们可以得知 Cui & Zheng(2021)发现搜索时长与译文可接受度成正比,因此认为搜索时间越长就会导致译文的可接受度增加。很明显,从这里的表述中就可以发现,作者犯了纯相关谬误,即把相关关系当成了因果关系。正确的表述应该是:搜索时长与译文质量相关联。例如,Vieira(2014)在汇报影响译后编辑努力的原文特征、机器翻译质量和被试特征等因素时,就没有用 lead to 这样的措辞,而用的是 association:

> It has been found that Meteor, ST prepositional phrases and sentence-level TTR have a significant association with cognitive effort in French—English PE.
>
> ——摘自 Vieira(2014)的结论部分

而 Cui & Zheng(2021)的结果表述方式还犯了第三类谬误,即过于简单的起因谬误。该谬误是指在没有充足的证据下,认为事件 A 是事件 B 的唯一因素。Cui & Zheng(2021)的研究发现搜索时长越长会使译文质量越高,但该结论并没有考虑原文翻译难度对译文质量的调节作用,当然也有可能受到译者的语言水平、信息素养、模糊容忍度和工作记忆容量等多方面因素的制约。也就是说,在人文社科研究中,应建立多变量的思维,即引发一件事的发生很少由单因素决定,而往往是由多因素决定的。

2.4.6.8 仓促的推论谬误

仓促的推论谬误是指在得出结论的时候,声称所有或大多数事物都具有特定的特征。在人文社会科学研究中,我们经常需要招募一些被试,参加一些实验任务,或做一些语料库研究,这时候难免因为主观或客观因素的制约,导致仅招募了特定群体(比如学生),实验任务也有可能限定于特定体裁和题材(如科普类新闻),也有可能招募的被试数量或实验材料数量不够大。这时候,在论文撰写过程中,就需要避免仓促的推论这样的谬误。在实证研究中,研究者通常不会基于小样本数据推论到总体。因为只要有一定统计学基础的研究生都应该知道,统计分析的目的是通过样本统计量的总体参数进行估计。也就是说,我们研究者感兴趣的并不是样本本身,而是总体的情况。但根据笔者的观察,研究者在写研究发现时,通常会基于特定类型的被试、实验材料或单一的实验材料来推广至总体,从而犯了仓促的推论这一谬误。

例如,冯佳(2017)对比了学生译者在处理通用文本的译入和译出过程中译者所付出的认知努力。该研究发现在译出过程中,译者所付出的认知努力要高于译入。但在具体源语和译语加工方面,到底是译入还是译出所消耗的认知努力大,则在各眼动指标方面没有统一的结论。然而,在结语部分,冯佳(2017)并没有指出她所选被试类型、文本数量和文本类型的局限性,从而犯了"仓促的推论谬误":

> 正如 O'Brien(2009:255)所谈到的,既有翻译研究的眼动实验普遍还较小,本研究的样本数量($n=20$)也还可进一步扩大,以增加数据的有效性。同时,还可对眼动指标的选择和计算方法进行更深入的讨论。
>
> ——摘自冯佳(2017)的结论部分

根据 Balling & Hvelplund(2015:173)的观点,所谓的"样本量"是由被试数量和实验材料数量共同决定的。如果被试数量大,则我们更有信心将基于被试的结果推广至被试总体;而如果实验材料的数量足够大,则我们更有信心将基于实验材料的结果推广至实验材料的总体。冯佳(2017)的实验目前其实更有信心将结论推广至学生译者的总体,而非职业译者的总体,在实验材料方面,由于每个实验条件仅用了 1 篇实验材料,且局限于通用文本类型,则该研究的结论无法推广至实验材料的总体,这恰恰是该研究最应该指出的不足之处。也就是说,有些时候,作者自己都未必意识到自己研究的不足,这时候研究初学者则不能简单地迷信研究者自己提出的"研究不足",而应该从实验设计的角度考查研究者本人是否犯了逻辑谬误,从而为自己的研究起到警醒作用。

2.4.6.9 滑坡谬误

滑坡谬误是指在没有充分证据的情况下,认为如果采取某个看似没有伤害的行为,可能会导致灾难性的后果。美国著名心理学家、康奈尔大学的布朗芬·布伦纳（Bronfenbrenner）教授 1974 年在美国心理协会上发表了题为"实验人体生态：回顾社会化的理论和研究"（Experimental human ecology：A reorientation to theory and research on socialization）的主旨演讲，其核心思想是强调人类发展研究（human development）中开展实验的生态效度问题：

> As I have argued elsewhere (Bronfenbrenner，1974；Note 1)，the emphasis on rigor has led to experiments that are elegantly designed but often limited in scope. This limitation derives from the fact that many of these experiments involve situations that are unfamiliar, artificial, and short-lived and that call for unusual behaviors that are difficult to generalize to other settings. From this perspective，it can be said that much of contemporary developmental psychology is *the science of the strange behavior of children in strange situations with strange adults for the briefest possible periods of time*.

——摘自 Bronfenbrenner(1977：513)的引言部分

从上述表述中，我们可以看出 Bronfenbrenner(1977)对实验研究中的严谨(rigor)持保留态度。发展心理学的研究是考查儿童在不寻常的情境下，与不寻常的成年人在最短的时间段里作出的不寻常的行为。也就是说，看似严谨的、严格操控的实验，在 Bronfenbrenner(1977)看来，就会最终导致儿童的行为不同寻常，从而导致实验结果无法推广至其他环境。但实际上，并没有充分的理由证明严格的实验操纵就会最终导致实验的生态效度低。同理，在翻译过程研究中，也存在类似的滑坡谬误，即如果招募足够少的译者，在不寻常的实验室环境中于最短时间内完成不熟悉的任务，那这种认知过程也是独特的。这种"把事情往坏处想"的推论并没有足够的依据，因而犯了"滑坡谬误"。但在 Mellinger & Hanson(2022)看来，这种谬误同样会带来"警醒"作用，也就是说研究者需要适当考虑实验材料的自然性，避免得出的结论无效，从而无法推广至其他环境。这种谬误在自然科学领域也同样具有"惊醒"作用。例如，杨振宁于 1945—1948 年在美国芝加哥大学跟随物理学家爱德华·泰勒(Edwad Teller)攻读博士学位期间，当时泰勒给杨振宁一个论文题目，但后来杨振宁发现泰勒所给课题涉及的数据存在很多"approximation"或不严谨的地方，而他也不敢保证把这些数据整合起来会得出令人信服的结论,因此就一直没有把这篇论文写出来。[①]

2.4.6.10 弱类比谬误

弱类比谬误是指两个事物存在至少一处相似之处,因而认为两个事物就完全类似。例如:

> Alan is tall, dark, and handsome and has blue eyes. Bill is also tall, dark, and handsome. Therefore, Bill probably has blue eyes, too.
>
> ——摘自 Bassham et al.(2019)关于弱类比谬误的举例

在人文社科研究中,我们经常需要借鉴其他相邻学科的理论来为自己的研究赋能,这时候如何选择恰当的理论,并加以论证其他学科理论在本学科研究中的适用性则非常重要。Cui & Zheng(2021)旨在考查译者在翻译过程中的查证行为,因此就借鉴了信息学相关的研究发现。

> Using questionnaire data White and Iivonen (2001) studied the influence of question-related variables on web users' choice of an initial search strategy and developed a model to explain the selection process. These studies confirmed that users' web searching processes varied according to the type of information they required. It, therefore, seems reasonable to assume that consultation behaviour in translation varies according to the type of translation problem that has been encountered and that an investigation of the correlation between the two aspects would be worthwhile.
>
> ——摘自 Cui & Zheng(2021)的引言部分

该研究梳理了信息学方面的研究发现,即用户的网络搜索过程会随着所需要的信息类型的变化而变化。于是,Cui & Zheng(2021)就此提出自己的假设,即译者在翻译过程中的搜索行为也会随着翻译问题的变化而变化。但该研究并没有搞清楚翻译问题的特殊性,即主观性(Muñoz Martín,2019)和不明确性(Nitzke,2019)。而根据 White & Iivonen(2001)所提供的问卷可知,用户日常网络搜索的问题大多是明确的,但 Cui & Zheng(2021)并没有注意到这一点,因此在没有充分证据的情况下,利用信息学的研究发现来提出翻译过程研究的假设是不恰当的,也就是犯了"弱类比谬误"。当然,笔者并不反对研究初学者从相邻领域借鉴理论框架或范式,从而反哺自己的研究,而是想强调当借鉴其他学科的研究时,需要找到"高度相关"的契合点,这样才可以让自己的理论框

[①] 摘自杨振宁教授 2011 年 3 月在香港浸会大学关于"我的研究经历"讲座,可参考 https://www.youtube.com/watch?v=QvaYrRwqeeY。

架选择更加具有逻辑性。

2.4.6.11　成分谬误

成分谬误是指在没有充分证据的情况下，认为部分情况为真，总体情况也为真。例如：

> Ice cream tastes good. Hot sauce also tastes good. So ice cream and hot sauce would taste great together.
>
> ——摘自 Bassham et al.(2018)关于成分谬误的举例

在学术研究中，这类情况通常在两种情况下出现：①作者在引言或文献综述部分指出，已有研究发现，变量 A 和变量 B 都会对因变量产生影响，因此将变量 A 和变量 B 同时放进模型中，在自己的研究中考查。这类问题并没有考查变量 A 和 B 之间的交互效应，这不仅是自然学科常见的拒稿理由(Chin & Cranford，2020)，在人文社科领域中也需要重视，详见 3.2.3 创新性研究的误区。②作者在讨论部分指出，已有研究证实了部分情况为真，而作者自己的研究证实了总体情况为真，因此得出已有研究与作者自己的研究结论一致。

例如，Carl & Schaeffer(2017b)考查了词汇翻译熵(word translation entropy，$HTra$)对翻译时长的影响。其中，词汇翻译熵可以理解为词汇翻译的歧义性(translation ambiguity)，词汇翻译熵越大，表明一个词有更多种翻译版本(translation alternatives)。结果发现，无论是人工翻译，还是机器翻译译后编辑，随着词汇翻译熵的增加，翻译时长也会显著增加。他们同时在结果与讨论部分提到他们的结论与 Eddington & Tokowicz(2013)的结论一致，即他们自己的研究结果是在相对自然的环境中得出的，而 Eddington & Tokowicz(2013)的研究结论则是在相对受控的实验条件下得出的，因此 Eddington & Tokowicz(2013)的结论在相对自然的环境中依旧适用。

> What these results show is that the effect observed in the rather controlled experiments as reported by Eddington/Tokowicz (2013, see section 2 above)—where participants were slower and less accurate when responding to words that had more than one translation compared to unambiguous words—holds in a more natural environment such as the one used in our dataset and it also holds across a large number of languages and two different tasks.
>
> ——摘自 Carl & Schaeffer(2017)的结果与讨论部分

但需要注意的是，Eddington & Tokowicz(2013)将翻译歧义性分为了两个类别，即近义词和一词多义。他们发现,无论是近义词,还是一词多义,翻译歧义性增加,都会增加认知努力。Carl & Schaeffer(2017b)所用的指标 *HTra* 则并没有区分近义词和一词多义,而是把这两类歧义性混在一起。而如果按照 Eddington & Tokowicz(2013)的分类,分别考查近义词和一词多义对人工翻译和译后编辑时长的影响,也同样得出类似的结论,那么我们才可以说 Eddington & Tokowicz(2013)的结论同样适用于相对自然的环境。

上述案例告诉我们,如果要对比两项研究结论是否具有可比性,首先得明确两项研究所考查的核心构念的定义是否一致。核心概念有两层含义,如果前人研究关注的是两个含义分别的研究发现,而自己研究考查的是两个含义总体的研究发现,则不能简单地将两项研究发现进行对比,否则,很容易犯成分谬误。

第3章 理论框架、研究问题与研究设计

3.1 理论框架与实证研究

3.1.1 理论框架的定义

"理论框架"(theoretical framework)是基于正式理论来指导研究的一个结构框架，而正式理论则是对特定现象和关系的成熟、连贯的解释(Eisenhart，1991：205)。理论框架好比整篇论文的"蓝图"，可以引领研究者理解和规划自己的研究话题、理论概念及其定义，即构建概念框架。理论框架同时也决定了研究者的哲学立场、认识论、方法论，以及如何分析研究发现(Grant & Osanloo，2014：13)。理论框架就好比研究者的哲学立场，对研究过程中每一个决策都有启示意义(Mertens，2010：3)。[①] 对于人文社科领域的博士生而言，选取博士论文的理论框架往往是最困难的一环；对于论文投稿而言，在审稿专家心中，一项研究如果没有理论，是稿件被拒的最高频理由(Daft，1995)。

从 Eisenhart(1991：205)对于理论框架的定义可以看出，理论是理论框架的基础。那什么是理论呢？似乎不同学者对于理论的理解也是不一样的，而且理论的作用也是不一样的(Halverson，2017：198)。笔者在撰写博士论文的过程中，曾经通过电子邮件与翻译过程研究领域国际知名学者——意大利博洛尼亚大学的里卡多·穆尼奥斯·马丁(Ricardo Muñoz Martin)教授进行过邮件沟通，主要问他何为理论，理论概念是否等同于理论，理论是否有必要。下面是马丁教授于 2021 年 3 月给我的回复(节选)：

> Your data may suggest to you what translation errors are more common, perhaps what features seem to be good indicators of different degrees of translation experience. However, you need to have an idea of what an error is, perhaps you even need a classification of errors. Did you choose errors longer than a sentence?

---

① …a researcher's philosophical orientation "has implications for every decision made in the research process".

Did you decide that something is not an error if it means more or less the same，or if it was suppressed but it was (ir)relevant? When is an error just one error or two of them? Can one word have more than one error or two contiguous words be just one error? By now，you probably have a theory of translation errors，even if implicit. And it rests upon notions of translation，experience and the like. How do you compute experience? In years，words，tasks? Is all experience the same? Does it need to be on the same topic，or using the same tools? I think you do have a theory. You are just not conscious of it. And this is good (having a theory)，because if you did not，you would not know what you are doing. And having it only implicit is bad because science need to be communicated clearly，based on definitions，hypotheses，facts，and constructs that are the theory. Furthermore，if you are not very conscious of your theory，you may interpret some data based on one hunch，and some other on a different basis. If you have no theory，no potential explanation，your data say nothing. For instance，if you do not have a theory of what is a (relevant) pause，how are you going to interpret them?

——马丁教授与笔者的邮件记录(2021 年 3 月)

从马丁教授的回复中，我们可以发现，理论包括理论构念、理论构念的定义和理论假设。他也非常重视理论在实证研究中的作用，即描写功能和解释功能。比如，如果研究的内容是翻译错误类型，那么就需要界定翻译错误的单位，以及错误的阈值或边界，这时候就需要掌握翻译错误类型的理论。同理，如果要考查译者的翻译经验，那就需要关心翻译经验如何测量？是基于翻译年限、翻译字词数、翻译工作量，还是基于翻译的话题或翻译工具的使用情况？这时候就需要掌握关于翻译经验的理论。又比如，因变量是停顿时长，那么不同长度的心理表征是什么？这时候就需要掌握关于停顿的理论。上述这些都说明，理论具有描写功能。同时，理论还具有解释功能，如果没有显性的理论意识，那在解读数据的时候，只能基于直觉，或者用已有研究发现进行佐证。

Kerlinger(1979)对于理论的定义较为流行，该定义不仅是量化研究中对于理论的解读，也是一般意义上对理论的解读(Halverson，2017：199)：

A theory is a set of interrelated constructs (variables)，definitions，and propositions that presents a systematic view of phenomena by specifying relations among variables，with the purpose of explaining natural phenomena. (p. 64)

——摘自 Kerlinger(1979)对于理论的定义

从上述定义可以看出,理论是一组相互关联的变量(构念)、定义和观点,通过明确变量之间的关系,系统展现了特定现象,旨在为这些现象作出解释。也就是说,理论需要包括理论构念和观点,而且理论的目的是解释现象。Creswell & Creswell(2018)认为,量化研究是基于演绎法(deductive approach),从理论出发进行研究设计、数据收集,理论的作用是解释现象;质性研究则更多基于归纳法(inductive approach),即理论是从数据中得出,其作用是理解、描述现象,而且质性研究更多将理论视作一面镜子,用变革性的视角(transformative perspective)来看待特定现象(比如性别、阶级、种族问题),理论的另一作用是引发变革。

3.1.2 理论、理论模型和理论假设

在人文社科研究领域,很多研究者会把理论和理论模型(model)相混淆(VanPatten,2020:5),但其实两者有明显区别。就理论而言,其首要任务是解释现象[①],其次是预测现象。VanPatten(2020)以认知心理学为例,阐述了理论的作用:在日常生活中,我们会发现有些人阅读、理解书面语的速度快于其他人。那如何解释这一现象呢?涉及个体差异的工作记忆理论就可以很好地解释这一现象。因为工作记忆理论中的一个观点是,不同人具有不同的工作记忆容量,而工作记忆容量越大,人的加工信息的速度也就越快,但人的工作记忆容量也是有限的。此外,工作记忆理论最初用以解释人们在第一语言(L1)或母语阅读理解方面的个体差异,但其实该理论也可以用来解释与语言加工无关的现象,即对现象作出预测,如记忆数字、记笔记行为方面的个体差异等。请注意,与马丁教授的观点不同的是,笔者更认同 VanPatten(2020)的论述,即理论并不是基于非正式观测、基于直觉得到简单想法(ideas),而是经过严格检验后的普适理论;理论和理论构念也不是一回事:在工作记忆理论中,工作记忆容量是该理论的构念。

模型的主要作用是描写现象中涉及的一系列过程(VanPatten,2020)。例如,Cui & Zheng(2021)借鉴信息科学领域的信息行为模型,构建了翻译过程中的信息行为模型,即把译者在翻译过程中的信息行为分为:信息需求的提出、信息搜寻行为和信息使用行为;而信息搜寻行为又分成信息搜索行为和信息相关性评估。又如,Wang & Li(2020)为了考查中国口译市场对口译员能力的需求现状,基于已有笔译能力框架,构建了口译员能力模型,即包括生理能力、心理能力、人际能力、跨文化能力、语言能力、知识能力、

---

① a theory is "a set of statements about natural phenomena that explains why these phenomena occur the way they do"(Vanpatten,2020:2)。

转换能力、策略能力和工具能力。我们可以发现,无论是翻译过程中的信息行为模型,还是口译员能力模型,都只能对现象进行描写,并不能解释现象。比如,我们并不能利用翻译过程中的信息行为模型来解释译者为什么在某一词汇方面的查证时间显著高于其他语言特征;我们也无法利用口译员能力模型解释为什么中国口译市场对口译员的技术能力需求高。因此,理论模型并不等同于理论或理论框架,不能混淆使用。

但需要注意的是,理论也可以具有描写功能。例如,关联理论中有两个重要的概念,即概念编码和程序编码(Wilson,2011);程序编码主要以虚词为主,而概念编码以实词为主。关联理论认为,概念表征可以进入人的意识,而程序意义则不行(Sperber & Wilson,1993:16)。但 Alves & Gonçalves(2013)则持不同的观点,他们认为程序编码的主要作用是激活特定认知程序(如言语加工过程中的词形—句法限制),而概念编码有时候也会具有程序意义,因此推断在翻译过程中程序编码可能比概念编码更难加工。他们对英语原文中的概念编码和程序编码进行细致的描写、分类,然后利用键盘记录的方法考查在翻译过程中到底是概念编码,还是程序编码会消耗译者更多的加工努力。

我们前面厘清了理论和理论模型的区别,那么理论和理论假设的区别是什么?有些研究者会将理论和理论假设混为一谈(VanPatten,2020)。理论可以解释很多现象,而理论假设通常只针对特定现象,而且理论假设往往由理论推导而出,且是可以验证的。例如,关于记忆的理论中,工作记忆容量理论有两个核心观点:①人的工作记忆容量有限;②工作记忆容量存在个体差异,而且不同人如何调用工作记忆容量进行认知加工也存在个体差异。在阅读理解任务中,就可以生成如下假设:工作记忆容量不同,阅读理解的速度也会不同,例,工作记忆容量越大,则阅读理解速度越快。图 3-1 展示了理论、理论观点和理论假设之间的关系。

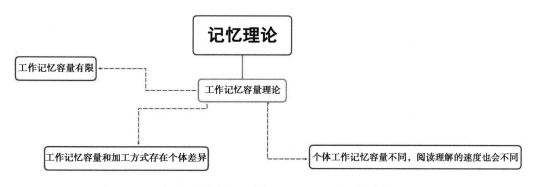

图 3-1 理论、理论观点和理论假设——以工作记忆容量理论为例

3.1.3　理论在实证研究中的应用

目前看来,根据已有的文献阅读积累,笔者发现理论在以量化为主的实证研究中的应用情况大致可以分为三类:①从现象/理论模型出发,引出研究问题,并收集数据,最后用理论来解释研究发现(Lei et al.,2023;Kuang & Zheng,2022;Jia & Zheng,2022);②从相邻领域理论出发,引出本领域的理论假设,收集数据,用相关研究发现解释自己的研究发现(Alves & Gonçalves,2013);③从相邻理论出发,构建本领域的理论框架,引出理论假设,收集数据,用本领域的理论框架解释自己的研究发现(徐锦芬、陈聪,2018)。下面,笔者将详细举例说明这三类研究的表现形式,以及各自的利弊。

第一类:从现象/理论模型出发,引出研究问题,并收集数据,最后用理论来解释研究发现。

这类研究范式在相对年轻或实践性较强的领域(如翻译研究)中非常普遍。例如,Lei et al.(2023)考查了 1,081 名中国英语学习者在四个学期内的英语作文句法复杂度(syntactic complexity)的历时变化。初学者可能会认为,句法复杂度是理论/理论框架,但其实这仅是他们考查的一个理论概念/构念,因为句法复杂度就是基于短语结构树对英语学习者的作文进行各个维度的描写,并没有所谓的理论假设,句法复杂度在这里可以看作一个理论模型。而在这篇文章的讨论部分,我们发现他们用了动态系统理论(dynamic systems theory)来解释句法复杂度指标的非线性变化趋势。同理,Kuang & Zheng(2022)利用眼动追踪技术考查了学生和职业译员在交替传译过程中的交传笔记阅读行为与交传质量的关系。他们这项研究的研究问题并非通过理论得出,而是基于对交传笔记行为和交传质量关系的好奇而提出研究问题。他们研究发现对于职业译员而言,阅读笔记努力越大,较容易句段的交传质量越差。但他们在讨论部分运用了 Kahneman(1973)的有限注意资源模型来解释这一研究发现。值得注意的是,Jia & Zheng(2022)将教育心理学领域的认知负荷理论作为他们研究的理论基础,考查了原文复杂度和机器翻译质量如何影响译后编辑努力。但他们这里所谓的"理论基础"并没有和他们的研究问题直接相关,而是仅仅提供一个研究框架或理论模型,因为认知负荷理论中的内在负荷其实在译后编辑过程中对应的就是原文和机器翻译质量,也就是说,认知负荷理论为译后编辑过程研究提供了一个描写框架,但并不能提出具体的理论假设或解释译后编辑过程。

第二类:从相邻领域理论出发,引出本领域的研究假设,收集数据,用相邻领域理论或相关研究发现解释自己的研究发现。

与第一类不同,这类研究的研究问题是从理论出发,而非基于现象或理论模型得出研究问题。例如,翻译过程研究中目前针对关联理论中的概念编码和程序编码到底哪一个在翻译过程中需要消耗译者更多的认知努力？这一问题尚没有明确的答案。Carl & Schaeffer(2017a)利用眼动追踪和键盘记录技术分别考查了编码类型对原文区总阅读时长和翻译修订的影响,结果发现虽然在原文理解方面概念编码比程序编码的加工难度更大,但是在翻译修订方面,程序编码的加工难度比概念编码更大。此类研究的优势在于,可以基于相邻领域的理论提出适用于本领域的研究假设,但是相邻领域的理论与本领域的研究假设之间的相关性并不是那么紧密。例如,我们之前提到 VanPatten (2020)的关于记忆理论的例子:工作记忆容量理论确实有一些理论观点,并且这些观点可以引出阅读理解领域的研究假设,但这种假设并非基于"阅读理解任务的工作记忆容量理论"而提出,因此这种研究相当于探索性质,也就是说,相邻领域的理论为本领域的研究提供了探索的空间,并没有具体的本领域理论假设,即在本领域某个特定条件下自变量对因变量产生效应。而如果没有探索到相关的效应,则相邻领域的理论似乎也无法解释,而且犯统计学上的一类错误的风险也很高(Oberauer & Lewandowsky,2019)。

第三类:从相邻理论出发,构建本领域的理论框架,引出理论假设,收集数据,用本领域的理论框架解释自己的研究发现。

与第二类研究的根本不同之处在于,这类研究的理论假设和理论框架是高度相关的。在二语习得研究中,比较有代表性的实证研究是围绕 Robinson(2001)的多注意力资源模型和 Skehan(2009)的有限注意力模型[①]展开(徐锦芬、陈聪,2018)。其中,Robinson(2001)多注意力资源模型是基于认知心理学的观点得出,即不同的加工方式有多个资源池。其理论观点是,在某些特定任务条件下,增加任务的认知要求,并不会产出让学习者在准确度、流利度和复杂度上分配的注意资源相互竞争,即产生取舍效应。而 Skehan(2009)的有限注意力模型则是基于认知心理学中工作记忆的理论观点,即工作记忆容量有限,认为增加任务的认知要求会造成语言学习者语言产出在上述三个维度上的取舍效应。基于这两个理论模型的实证研究会存在研究结果不一致的情况,在这种情况下,研究者可以通过理论模型中对变量的界定进行更加严格的操控,以更好地验证这两个模型。例如,徐锦芬、陈聪(2018)发现提高任务的认知要求对于学习者二语产出的影响到底是支持有限注意力模型,还是多注意力资源模型,尚没有一致的

---

① 需要注意的是,本书所讨论的理论模型是基于 VanPatten(2020)的观点,即理论模型仅有描写功能,没有解释和预测功能。二语习得研究中的有限注意力模型和多注意力资源模型严格意义上来说,属于理论假设,而不是理论模型。

结论。其中一个原因可能是任务设计的复杂度对认知要求的影响是否真的存在显著差异，需要进行独立测量。为此，他们在自己的研究设计中剔除了"因素多少"这一变量的数据，因为被试并没有感知到任务难度在这一变量上的变化。

除上述三类研究以外，笔者还需要补充的是，在质性研究中（如：批评民族志研究），理论也可以在研究初期提出，然后引出研究问题（详见：Creswell & Creswell，2018：111）；量化研究也可以利用质性研究的扎根理论的方法（grounded theory method，GTM），即从数据出发开展探索性研究，不断从更细颗粒角度（fine-grained）进行分析，最终构建理论框架（详见：Carl & Schaeffer，2018）。

但需要强调是，我们可以发现，第一类研究往往没有理论依据，理论是在讨论部分才浮现；第二类研究逐渐有了理论意识，但理论和研究假设之间的关联性还不够强；第三类研究是心理学领域目前最为推崇的研究范式，即相当于理论验证的研究（theory-testing research），可以在一定程度上避免可重复性危机（Oberauer & Lewandowsky，2019）。当然，不同学科领域所流行或推崇的范式不同，研究者需要结合学科实际综合决定采用哪种研究范式。

3.2　研究问题与创新性研究

根据《中华人民共和国学位法》第二十一条，学术学位申请人应当具备独立从事学术研究工作的能力，并在学术研究领域做出创新性成果，方可授予博士学位。同时，参考英国高等教育资质框架（Framework for Higher Education Qualifications，FHEQ）[①]，获得博士学位者应具有站在学科前沿构想、设计和实施一个项目，以创造新知识、产生应用价值，或增进对事物/现象的认识；同时，需要有能力根据特殊情况对研究设计进行调整。[②] 由此我们可以发现，无论是我国还是西方国家，研究设计能力对于博士生来说至关重要：一方面，实施一个项目，创造新知识；另一方面，要站在学科前沿，自己设计一项研究。对于硕士研究生而言，或许可以直接根据导师布置的选题"照猫画虎"，亦步亦趋地实施即可，而对于博士研究生而言，需要独立设计研究，并自己实施，这就非常考验博士生的独立思考和创新能力。

[①]　可参见 https://www.qaa.ac.uk/docs/qaa/quality-code/qualifications-frameworks.pdf。

[②]　原文为：The general ability to conceptualise, design and implement a project for the generation of new knowledge, applications or understanding at the forefront of the discipline, and to adjust the project design in the light of unforeseen problems.

3.2.1　研究话题的确定

目前,市面上的研究方法论书籍大多关注如何选择研究话题,比如要考虑选题的可行性、具体性和研究意义。相信有一定研究基础的研究生对此都比较熟悉,但笔者还是基于自己的博士论文写作经历作一些补充:

可行性可以说是论文选题最关键的因素,没有之一。因为这是决定一项研究能否顺利完成的最直接因素。可行性包括三个维度:

其一,时间可行性,即是否可以在4~5年的时间内完成博士学业。虽然说"十年磨一剑"的精神值得推崇,但目前国内外的学术圈还是要讲究一定的效率。而选题所涉及的工作量直接影响论文的写作周期。对于初学者而言,由于缺乏研究经验,往往"初生牛犊不怕虎",会选一个比较宏观的题目,并不会理性判断选题所涉及的工作量。目前有两种解决方案:第一,查阅一下国内外优秀博士论文,看一下他们的论文题目和研究问题都呈现什么样的特征,这样比较具有参考价值。请注意,笔者这里说的优秀博士论文是指其作者基于博士论文本身的内容发表过2~3篇SSCI、A&HCI或其他高质量论文的博士论文,这种论文往往有一个特点,即博士论文的每1~2个研究问题就可以形成一篇期刊论文(例如,Vieira,2016),而如果是一般的博士论文,虽然"工作量"可能看起来很大,但没有相关研究的发表,可能也不具有参考价值,或者仅能基于博士论文出版一本专著,那也很难说是一本高质量的博士论文。第二,征求导师的意见。因为导师是除你本人以外,最了解你学术能力的人。第一种解决方案不一定完全适合自己,基于第一种方案,制订一个选题初步方案(即论文题目、拟解决的研究问题和研究方法,以及每一章节完成的大概时长),再征询导师的意见,这样导师或许可以根据你的实际情况对选题方案进行调整。

其二,资源可行性,即做研究所需要收集的数据是否方便采集,这也是非常关键的因素。如果研究生所在学校并没有心理实验的设备(比如,眼动仪、ERP等),那么还要继续完成相关的研究课题的难度就非常大,可行性也会很低。

其三,技术可行性,即是否掌握做研究所需要的技术(如眼动设备的操作、R语言统计建模的能力)。如果暂时没有掌握,那研究者大概需要花多久才能掌握,是否可以请教前辈,或者通过其他资源在有限的时间内解决技术门槛,这些都是确定选题时非常关键的因素。

具体性而言,主要是指研究话题中关键词的具体程度。其实这也与可行性息息相关,因为在心理学或其他实证研究领域,研究者所考查的构念是否有清晰的定义,并且这些定义是否可测量，且有适合自己研究的量具，也是非常关键的。比如，我们外语学界很喜欢研究外语学习者的思辨能力，那什么是思辨能力，思辨能力有哪些维度，如何测量，是否有适合中国语境的量具？这些问题都需要思考。

就研究意义而言，其实包括两层含义，一层是自己的研究能否引起学术界的共鸣。衡量一项研究意义最直接的标准是询问与自己研究高度相关的国内外学术同行，如果学术同行对你的研究话题感兴趣，那说明选题是比较成功的，因为我们在投稿过程中，如果一项研究的标题或研究内容让编辑部或外审专家觉得很无趣，那研究的意义肯定不大。另外一层是理论意义和实践意义。对于博士论文而言，自己的研究能否完善、补充已有的理论，或者基于数据提出新的理论模型，这些都是需要在选题初期思考的问题，因为这会决定我们论文理论框架的选择。请注意，理论框架是指可以描写、解释现象的框架。而实践意义看似简单，但其实也需要深入思考，要提出具体是哪些实践意义。比如，我们研究翻译过程中的网络搜索行为，如果是想考查哪些因素会影响网络搜索行为，那就是考查认知机制，属于理论意义。而如果我们是想考查不同翻译经验的译者在网络搜索上有何差异，或哪些语言特征会显著增加搜索难度，这些属于实践意义。可以说，研究意义一方面取决于同行专家的直觉判断，另一方面也和具体的研究问题息息相关，如果没有具体的研究问题，而是简单的研究话题，那也没法论证自己的研究意义。

通过上述对于研究话题的解读，尤其是研究意义，我们可以发现，其实研究话题和研究问题有一定的联系和不同，可以说研究问题是研究话题的具体化，而且包括了变量与变量之间的关系。但如何提出研究问题？这似乎是令人头疼的话题。Booth et al. (2016)则提出可以在相对成熟的研究领域提供新的信息，即"旧瓶装新酒"。相对更高一个层次可以对不确定、不一致或存在问题的领域进行更深入的研究。最高的层次是挑战或颠覆已有研究的假设或观点。基于上述分类，笔者首先将阐述创新性与复制性研究的区别、创新的误区有哪些方面；其次阐述国内外核心期刊是如何进行创新的，对Booth et al.(2016)的分类进行更深入的分析；最后提出一套新的选题思路，即基于理论模型构建相关领域的研究框架，提出新的研究问题。

3.2.2 创新性研究与复制性研究的区别

关于复制性研究(replication research)，Marsden et al.(2018)将此类研究分成三类：①直接复制(direct replication)；②部分复制(partial replication)；③概念复制(conceptual replication)。其中，直接复制是指不对变量进行任何改变。部分复制则是对原先研究的一个变量进行调整，以检验原始研究发现或理论的边界条件，例如，在应用语言学领域最多的尝试是以中国外语学习者或外国汉语学习者为研究对象,来验证西方理论(文秋芳,2017),这类研究的创新性往往较低。第三类是概念复制,即对一个以上的变量进行调整,在多个层面对原先研究进行拓展、延伸,但这类研究有一个问题,即如果概念复制研究的发现与原先研究不一致,就很难确定研究发现不一致是由具体哪个变量调整所致(Marsden et al.,2018:366)。类似的分类还有 Porte & McManus(2019)的接近(close)、近似(approximate)和概念(conceptual)复制。但 Al-Hoorie et al.(2021)认为,如果对原先研究进行了调整,那不能算作严格意义上的复制研究,而是在原先研究上的进一步延伸。因此,他们将部分复制和概念复制研究重新命名为"延伸研究"。但这类延伸研究需要注意的一个问题是,研究者最好在成熟的理论框架下进行延伸研究,因为这样可以对阳性结果和阴性结果分别进行解读。如果是阳性结果,则丰富了原有理论,而如果是阴性结果,则形成了已有研究的理论边界。而如果是在不成熟的理论框架下进行的延伸研究,若出现阴性结果,则很难对数据进行解读。这也进一步说明了上一节中理论框架对于数据解读的重要性。

3.2.3　创新性研究的误区

我们可以发现,延伸研究其实就属于 Booth et al.(2016)所说的"旧瓶装新酒",而这种范式的研究往往存在一些误区。在材料科学领域,Chin & Cranford(2020)利用烹饪漫画的方式,形象地阐述了文章被拒稿的四大理由,这在人文社科领域,尤其是对实证研究者同样适用。

图 3 - 2　四种被拒稿的典型案例(**Chin & Cranford,2020**)

就替代性研究(substitution)而言,这类研究与 Marsden et al.(2018)的部分复制研究很接近。这其实在已发表的 CSSCI 刊物中也很常见。为了确保这类研究不被拒稿,研究者需要做到两点:①需要论证为什么要进行替代性研究,即新替换的变量有何独特之处;②需要得出有趣或意料之外的发现。在翻译过程研究领域,我国的研究者通常会借鉴西方的研究范式,在英汉语言对中进行考查。例如,王一方、郑冰寒(2020)在引言中提到英汉语言对具有特殊性,与印欧语系是不同的,因此有必要考查英译汉过程中译者的认知资源分配模式。

> 目前学界对于翻译认知注意力分配模式的研究主要集中在印欧语系的亲属语言互译,较少触及非亲属语言(如汉英、日英等)的互译,不利于呈现研究结果的普遍解释力。"非亲属语言于类型学上有别,微观表现手法和宏观文化思维各异,使得译者翻译时处理各种变量的手段或有别于亲属语言间的翻译。考虑到英、汉语作为两大语言在类型和文化上的描述和分析比较充分,可视为非亲属语言的典型代表之一。"(郑冰寒、谭慧敏,2007:145)
>
> ——摘自王一方、郑冰寒(2020)的引言部分

但值得注意的是,在结果与讨论部分,他们的研究发现并没有指出英汉语言对的实证研究与其他语言对的研究的本质差异,反而是发现了一些共性的特征。

> 本研究基于英汉翻译的眼动—键击数据结果与前人研究中基于其他语言对的实证研究结果之间存在一些共性。比如 Schmaltz(2015)在汉语译入葡萄牙语的实证研究中也发现译者在目的语上的总注视时间显著多于源语总注视时间。
>
> ——摘自王一方、郑冰寒(2020)的结果与讨论部分

我们可以发现,这项研究在已有研究的基础上,增加了被试主观反馈的数据,而且发现主观反馈的结果与客观的眼动—击键数据的结果不一致,说明被试往往忽视了键入译语过程中所消耗的认知努力。这样一来,似乎研究又变得有趣了,从这一点可以看出,即便作了替代性研究也没有关系,但重点是要论证作这类研究的原因,以及是否可以得出一些新的发现。

就增量研究而言,最直接的例子就是增加样本量。这类研究最关键的是要论证为什么要扩大样本量,且扩大样本量后的结论与未扩大样本量之前有何显著差异。例如,Kuang & Zheng(2022)考查了交替传译过程中原文难度和翻译经验对交传笔记努力的影响,该研究提到的其中一个已有研究不足是样本量不够大,已有研究的学生译员和职业译员每组仅有 10 人,而他们的研究招募了 24 名职业译员和 31 名学生译员。不过不

足之处在于,他们并没有事先进行功效分析。但这项研究并没有局限于样本量的问题,而是列出其他研究不足,比如:①已有研究较少利用眼动或电子笔技术来考查笔记行为;②较少研究考查远程口译中的笔记行为;③较少研究同时考查原文难度和翻译经验对交传笔记行为的影响。我们发现,Kuang & Zheng(2022)与王一方、郑冰寒(2020)的研究有一个相似之处,即虽然他们的研究都有部分复制研究的影子,但他们或多或少从研究方法上进行了创新,从而使得研究得以发表。从上述例子可以发现,如果一项研究可以尽可能在多个维度上作出创新,而非简单地复制,则更会受到审稿专家的青睐。

> However,post-editing MT with the same errors or automatic evaluation scores may involve different levels of effort, when paired with STs with different complexity levels.
>
> ——摘自 Jia & Zheng(2022)的文献综述部分

Jia & Zheng(2022)同时考查了原文复杂度和机器翻译质量对译后编辑难度的影响,也交代了考查这两个变量的原因,即机器翻译对译后编辑难度的影响还会受到原文复杂度的调节作用。学术研究并非找到所谓的"研究空白",而是在前人的基础上更进一步,旨在与前人研究形成"对话"(详见:2.4.5 思辨性阅读与文献引用)。

3.2.4　实证研究论文的创新切入点

文秋芳(2017)曾在《外语教学与研究》上发表了一篇关于我国应用语言学领域学者国际论文创新性分析的文章。文章列举了应用语言学领域国际论文的三个创新维度,即理论创新、内容创新和方法创新。而我国学者的创新层次主要集中在内容创新层面,并以验证型和问题型路径居多,这些都属于比较低层次的创新,而缺乏理论创新。笔者认为,对于青年博士生来说,有必要先从低层次创新入手,然后逐步过渡到高层次创新,即理论和方法创新。笔者尝试通过分析国内外核心论文中的引言和文献综述,细致分析哪些属于低层次创新,哪些是高层次创新,旨在为人文社科研究生论文创新点的选取提供一些参考。

3.2.4.1　整合性研究

这类研究主要是对研究发现进行梳理,把不同的(因)变量进行整合研究,但主要研究范式还是参考西方学者。需要注意的是,这类研究和前面所述"A＋B"模式不同的是,这类研究从其他学科借鉴了一个研究框架,在方法论上作出了一些改进。例如,

Yang et al.(2021)主要考查了机器翻译在课堂语境中的可用性。这一研究话题其实并不新颖,她们也在文献综述中提出了:

> Although MT usability has rarely been addressed explicitly, this term has been implied in the existing literature. Great efforts are made to investigate the productivity and quality of MTPE, as well as user perceptions of translation technologies.
>
> ——摘自 Yang et al.(2021)的文献综述部分

但她们引出研究问题的方式可以借鉴:首先,她们发现前人研究发现的不一致之处,即机器翻译译后编辑是否可以提升翻译效率和质量,不同学者有不一样的发现:

> However, there are mixed findings when comparing MTPE with human translation(HT)or translation from scratch. For instance, some research indicates that MTPE can increase productivity(e.g., De Almeida and O'Brien 2010)and produce translations with higher clarity and accuracy(e.g., Fiederer and O'Brien 2009). However, other studies reveal that there is no significant difference in productivity between HT and MTPE(e.g., García 2010, 2011).
>
> ——摘自 Yang et al.(2021)的引言部分

其次,她们找出了造成不一致的原因,即和机器翻译引擎、语言对、文本领域和用户体验有关:

> Daems et al.（2017a）propose that MT systems, language pairs, text domains, and users' experience can all influence MTPE performance. Put another way, MTPE performance is subject to the selection of raw MT output quality, language pairs, text types, and translators/post-editors.
>
> ——摘自 Yang et al.(2021)的引言部分

最后,她们引出了讨论机器翻译可用性的必要性,因为如果没有建立一个比较统一的测量框架,那就会导致研究发现的不一致:

> The inconsistent findings on MTPE productivity and quality have given rise to some discussion regarding MT usability(e.g., Bowker and Ciro 2015；Doherty and O'Brien 2014；Krüger 2019；Moorkens et al. 2018).
> Although existing research has addressed MTPE productivity and quality, as well as attitudes toward translation technology, much of the prior research has not

treated usability in detail and fails to specify how to measure MT usability.

——摘自 Yang et al.(2021)的文献综述部分

总体来说,此类研究的创新层次相对较低,亮点是基于已有大量研究构建了机器翻译可用性研究框架。也就是说,这类研究的发现并不重要,重要的是提供了一个可以给未来研究者参考的研究框架。但需要注意的是,这类研究框架并非理论框架,因为后者还会提出具体的研究假设(详见:3.1.2 理论、理论模型和理论假设)。

3.2.4.2　基于不同研究对象的研究

这类研究是我国学者最常用的研究"套路"。他们往往会把研究对象改为中国外语、翻译或其他学习者,或更换研究内容或语料,但主要研究范式还是参考西方学者的。需要注意的是,这类研究和前面所述"替代性研究"不同的是,这类研究除了在研究对象上有所创新外,还在方法论或核心概念界定上作出了一些改进。

比较有代表性的是马拯(2022)的研究,该研究主要考查哪种主谓一致结构对中国英语学习者构成"最难、最持久"的挑战,并探讨这一"瓶颈问题"的形成机制。该研究的灵感来源于二语习得研究领域的瓶颈假说(the bottleneck hypothesis)。其实,这一话题在其他语言对,比如英语—挪威语间已经有相关实证数据,但这一研究强调了英汉跨语言差异,也就是本文创新之一。下面是该研究阐述为何要研究中国英语学习者这一研究对象的理由:

> 考虑到英汉跨语言差异,对我国学生来说,"瓶颈假说"尤其值得关注。汉语是典型的"以话语为导向"的语言(Huang 1984),与英语等功能形态非常丰富的语言不同,汉语没有复杂的屈折变化,也没有冠词体系,很少使用形式特征,通过屈折变化以及冠词等来标识单复数、时间或者性别(Packard 2000;刘艳、倪传斌2019;张北镇等 2022)。因此,根据"瓶颈假说"的预测,英语中丰富多变的功能形态势必给我国的英语学习者带来巨大挑战。

——摘自马拯(2022)的研究背景部分

然后,该文从理论和实证的角度论证了主谓一致结构对于中国英语学习者带来的挑战:

> 理论层面:首先,SV-结构是世界上许多语言的核心特征(Jackson et al. 2018),要求句子的谓语动词必须和主语在数上保持一致。其次,汉语并没有对应的 SV-结构,不需要像英语一样,通过谓语动词的屈折变化来实现主语与谓语动词在"数"上相一致。第三,SV-结构的语法规则在实际应用中非常复杂。第四,尽管

SV-结构出现的频率非常高,不管是在课本里,还是在日常交际里都很常见,但是它的突显度(saliency)却非常低,很难引起学习者对它的关注(Ellis 2016; Goldsch-neider & DeKeyser 2001)。

实证层面:一些较为早期的偏误分析结果显示,SV-结构错误是中国学生写作中最常见的错误(Darus & Ching 2009)。心理语言学实验发现,尽管众多中国学生在美国求学多年,已达到很高的英语水平,却仍对英语单复数和 SV-结构等语法语素不敏感,与本族语者存在显著差异(Jiang 2004)。

从上述论证可以看出,如果要更换研究对象,最好从理论和实证两个层面进行论述,这样才能确保自己的研究不是简单的"替代性研究"。然而,该研究并没有简单地停留在更换研究对象上,而是另外作了两方面创新:一方面,该研究还考查了中国英语学习者是否会同英语母语者被试一样产生"吸引效应",即中心名词是单数,而局部名词是复数时,是否会犯主谓一致的错误,这一效应其实也并非该文作者首次发现,但该研究首次将中国英语学习者作为研究对象对该效应进行验证。另一方面,该研究还对"瓶颈问题"这一核心概念的内涵进行了深挖,并指出前人研究仅关注横向层面的难,即主谓一致比其他语义特征更难,而忽视了纵向层面的难,即一直很难。这一点是该研究最大的创新点。总体来说,该研究有一定的创新,但创新程度仍相对偏低。

上述研究更换研究对象的同时,还对研究的核心概念进行了深入挖掘。除此之外,我们还可以在方法论上进行创新。例如,Wang & Li(2020)基于中国语言服务企业的招聘广告,分析了职业口译员(in-house interpreter)的市场需求。该研究的核心创新点是:传统研究注重笔译员的市场需求研究,而忽视了口译员的市场需求调研。他们的文献综述部分梳理了国内外口笔译市场需求的调研文献。请注意,他们的综述是按照地域来进行的,这么做就是为了引出他们的研究对象,即中国语言服务行业的口译员市场需求。而如果像 Mu et al.(2017)不区分地域,则研究发现对教学的启示就会存在局限性。从这一论述我们也可以看出他们考虑问题的严谨性,也是从更加精细化的层面挖掘研究选题。

Interpreting job ads have been rarely used in analysing requirements of the interpreting market. Prior studies, for example, Bowker (2004), Chan (2008), and Al-Batineh and Bilali (2017), have surveyed translation job ads in the Canadian, Hong Kong, and Middle Eastern and North African markets. Mu et al. (2017), as well as Chen et al. (2016), analysed both translation and interpreting ads. The interpreting job ads were collected from LSPs in 19 countries. Since needs are market-specific, such a wide geographical scope and a lack of a target market focus may limit the value of the findings to curriculum modification. Some of the relevant findings of Mu et al. (2017) will be reported and compared with findings of the current study in the results and discussion section.

——摘自 Wang & Li(2020)的文献综述部分

除了更换了研究对象，该研究还在方法论上作了创新，指出前人研究虽然采用了内容分析法，但语料设计、编码流程和信效度检验方面都没有清晰、细致地汇报，这在一定程度上影响了研究的信度和效度。具体论述如下：

The methodology of content analysis has not been applied systematically. Although prior studies used content or thematic analysis, there was a lack of detailed reporting on ad corpus design, coding steps and reliability checking. Such flaws may have affected the validity and reliability of these studies.

——摘自 Wang & Li(2020)的文献综述部分

其实，这项研究的最大亮点在于，它在引言部分构建了概念框架图（见图 3 - 3），其实市场需求分析是属于"缩小学界和市场差距"的研究范畴，他们通过梳理学界（academia）和市场（market）的研究，同时区分了口译和笔译，结果发现口译员的市场需求研究还不够多，这样的可视化效果可以让读者或审稿专家快速找到该研究在学科领域的位置，非常值得初学者借鉴。

值得注意的是，还有一类研究虽然换了研究对象，但其本质是借鉴了其他相邻学科的思路，然后基于本学科的理论模型进行研究。例如，Li(2019)主要考查了 32 本汉英商务口译教材中的商务口译能力和教学理念的体现问题。该研究的主要灵感来源是外语教材领域的研究，详见下面的论述：

Recent years have witnessed a rise of research on language textbook analysis (see Guilloteaux 2013; Harwood 2014; McGrath 2016; Neary-Sundquist 2015; Wood and Appel 2014). However, little effort has been made to analyze T&I textbooks. This study attempts to fill the gap by investigating whether T&I textbooks adequately cover interpreting competences and apply pedagogical expertise. In this investigation, emphasis is placed on business interpreting textbooks (BITs).

——摘自 Li(2019)的引言部分

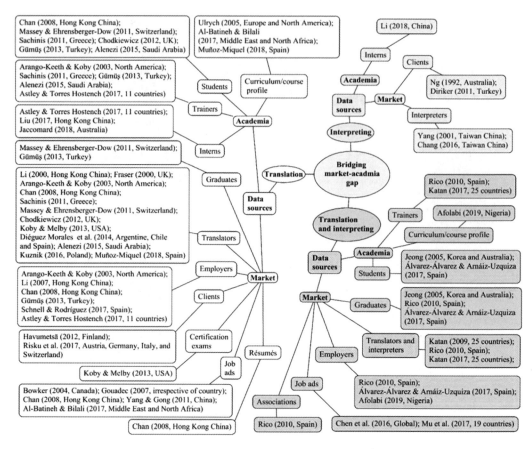

图 3‑3   口笔译市场和学界差距研究的概念框架图

这点给我们的启示是,当自己所在的学科还相对比较年轻时,可以借鉴相邻领域的研究思路,为自己学科的研究服务。该研究不仅更换了研究对象,还基于理论、市场、实践、职业和资格证书相关的研究,构建了商务口译能力(business interpreting competence,BIC)框架。该研究除了关注教学内容,还关注教学方法,为此基于社会建构主义(social constructivism)和情境学习(situated learning)理论,构建了教学理念框架,从而较为全面地分析了中国的汉英商务口译教材。可以说,该研究不仅分析了商务口译教材的现状,还构建了理论框架。因此,这类研究在创新层次上是高于传统的基于不同研究对象的研究,属于较高层次的创新性研究。

3.2.4.3   细颗粒层面的研究

这类研究相当于 Booth et al.(2016)所述的相对更高一个层次的研究,即对某一领域开展更深入的研究。比较有代表性的是 Kyle & Crossley(2018)发表在《现代语言杂志》(*The Modern Language Journal*)上的文章,该研究主要考查句法复杂度对于二语学术写作的预测力。该研究的缘起在于传统句法复杂度的研究关注粗颗粒指标,但这种范式遭到了一些质疑:一方面,粗颗粒的指标很难解读;另一方面,过于关注从句复杂度(clausal complexity)。详见下面的论述:

> The widespread use of large-grained syntactic complexity indices has recently been the topic of much interest and criticism in the wider field of applied linguistics (Biber et al., 2011; Bulté & Housen, 2012; Norris & Ortega, 2009). Among the *criticisms leveled*, two in particular have featured prominently in the literature. These include the difficulty in interpreting *large-grained* indices and a disproportionate focus on *clausal complexity* (e.g., clausal subordination).
>
> ——摘自 Kyle & Crossley(2018)的引言部分

关于为何粗颗粒句法复杂度指标不利于表征句法复杂度,该文列举了两个句子,虽然每句话的 T-单位(T-unit)长度都是 12 词,但语言学结构不同,如下:

> (a) *The* athletic *man* in the jersey *kicked the ball* over the fence.
> (b) Because he wanted to score a goal, *the man kicked the ball*.
>
> ——摘自 Kyle & Crossley(2018)的引言部分

从上述例子可以看出,虽然这两句话的 T-单位都是 the man kicked the ball,但显然句法复杂度是不一样的,因此传统的基于平均 T-单位长度的指标是不合理的。这个例子给我们的启示是,一方面,我们可以通过梳理文献,找到前人研究对某一指标/现象的批评意见,从而完善我们自己的研究设计;另一方面,我们也可以通过对语料或现象进行细致的观察,发现已有指标的局限性。

类似的研究也在译后编辑研究领域比较常见。例如,Daems et al.(2017a)考查了机器翻译错误类型对于译后编辑努力的影响,该研究的缘起来源于前人研究的展望,具体如下:

> For future work, researchers suggest using *more fine-grained error typologies* (Koponen et al., 2012; Stymne et al., 2012) and different languages (Koponen et al., 2012; Stymne et al., 2012; Popovic et al., 2014).
>
> ——摘自 Daems et al.(2017a)的文献综述部分

从上述例子可以看出,该研究最大的创新点在于使用了更加细颗粒度的机器翻译错误类型,但该研究并没有局限于此,而是指出了传统基于译后编辑结果的编辑距离指标(如 human-targeted translation edit rate，HTER)并不具有译后编辑者的心理现实性，因此在研究方法上进行了改进，使用了眼动追踪法考查译后编辑努力。详见下面的论述：

> However，HTER has one important limitation：as HTER focuses on the final product，it does not take the actual process into account，so its relationship to post-editing effort is questionable. For example, a post-editor can return to the same phrase multiple times during the post-editing process, changing that particular phrase each time, but settling on one specific solution in the end. HTER will indicate how different this final solution is from the original MT output，but it does not take into account all edits made during the process. In addition, the number of edits required to solve an issue does not necessarily correlate with the cognitive demand.
>
> ——摘自 Daems et al.(2017a)的文献综述部分

从上述论证可以看出，该研究的作者对译后编辑的数据有比较细致的观察。例如，有些被试可能在译后编辑过程中修改了多次，但最后只给出一个最终版，而这个最终版和机器翻译的译文之间的差异并不大，但这并不能说明译后编辑努力就很少。这也是作者最终采用眼动追踪法的原因。

同时作者还增加了一个变量，即翻译经验，当然这也不是随意所加，而是基于已有文献：

> It remains to be seen whether these findings can be extrapolated to the post-editing process. The study by de Almeida and O'Brien (2010) is, to the best of our knowledge, the only one linking experience to the post-editing process. They found that more experienced translators were faster post-editors and made more essential changes as well as preferential changes.
>
> ——摘自 Daems et al.(2017a)的文献综述部分

从上述例子可以看出，细颗粒的研究可以来源于已有研究的展望，但作者往往没有直接照搬已有研究的建议，而是在已有研究的基础上对研究方法和变量选择作进一步完善。这样做是为了避免"英雄所见略同"，即避免"选题撞车"。

3.2.4.4 基于不一致研究结果的研究

这类研究与细颗粒研究类似，都相当于 Booth et al.(2016)所述的相对更高一个层次的研究,而且这类研究的创新层次更高,因为需要对已有现象进行细致观察,找出不同研究发现不一致的原因。在翻译过程研究中,比较有代表性的研究为 Jääskeläinen (1996)关于翻译自动化(automaticity)的研究,此类研究的核心假设是职业译者的翻译过程相比学生译者更趋向自动化。但 Jääskeläinen(1996)通过梳理文献发现不同研究的发现不一致,详见下面的论述:

> However, as more research was carried out, the automaticity hypothesis proved to be too crude. For example, in Sonja Tirkkonen-Condit's study (1989), the more professional subjects made (and verbalised) more decisions than the less experienced subjects.
>
> ——摘自 Jääskeläinen(1996)的文献综述部分

该研究通过观察已有研究的有声思维数据发现,造成研究发现不一致的原因可能是被试对于任务的熟悉度不同,即职业译者的自动化行为还取决于任务类型,如果是常规任务,职业译者的有声思维报告则少于业余译者,而如果是非常规任务,职业译者的自动化行为则可能会降低。郑冰寒(2012)在该研究的基础上对英汉语对进一步开展实验,对翻译自动化假设进行验证。他在给被试做有声思维实验后让被试填写问卷,汇报自己对不同实验任务的熟悉度。这类研究给我们的启示是,不一致也是创新的来源,但要找到不一致的原因,然后再巧妙地设计实验。这类研究的创新程度相对较高。

3.2.4.5　验证假说的研究

这类研究的出发点往往是验证已有的理论假说,同时还包括其他创新维度,比如利用更精细化的指标、完善的研究方法,且用更加全面的视角看待研究对象。详见 Niu & Liu(2022)在引言部分的论述:

> As DD is becoming more and more widely applied in relevant fields as a syntactic difficulty metric (see Liu et al., 2017 for a review), there has been a lack of efforts to test its validity using psycholinguistic data. This study therefore aims to fill the gap.
>
> ——摘自 Niu & Liu(2022)的引言部分

上面这段论述交代了依存距离是句法复杂度的指标,得到了广泛应用,但缺乏心理语言学的实证数据,这是他们这篇文章的研究出发点。但他们也提出,他们的研究目的不仅仅是验证依存距离可否作为语言加工数据的表征指标,还进一步从细颗粒角度考查不同依存方向对认知加工的影响,而之所以有这一思考,也来源于未经较多验证的理论假设。详见下面的论述：

> However, the goal of the current study is *not limited to* the evaluation of DD with language processing data. It has been proposed that in addition to distance, *the relative placement of two syntactically related words* may also have an impact on language processing (e.g., Hawkins, 1994, 2004; Yngve, 1960).
>
> More specifically, Yngve (1960) argued that head-final (or left-branching) structures are harder to process than head-initial (right-branching) structures, because in the former all the nodes have to be kept in working memory while the whole structure is being processed.
>
> Insightful as it is, *this hypothesis has not received much empirical validation*; the conclusions drawn in the area have been *contradictory due to* the limited materials tested (e.g., Frazier & Rayner, 1988).
>
> Furthermore, these studies mostly used the ternary subject-verb-object relation, e.g., SVO and SOV, to represent head-final and head-initial word orders (e.g., Ueno & Polinsky, 2009; Weyerts et al., 2002), *ignoring other types of syntactic relations in the language*. This has limited the generalizability of the conclusions.
>
> ——摘自 Niu & Liu(2022)的引言部分

从上述论述还可以看出，作者在梳理文献时，发现虽然已有研究考查了语序问题对认知加工的影响，但前人研究所考查的语序问题局限于 SVO 和 SOV 结构，忽视了其他句法关系，因此结论不具有代表性。也就是说，这属于从更加全面的视角考查语序问题。而且，在研究方法层面，前人研究仅关注心理语言学实验，未用大规模语料库进行验证。

3.2.4.6 基于不同变量的关系研究

这类研究并不属于 Booth et al.(2016)的三类研究中任何一类，因为这类研究并没有针对已有研究进行"旧瓶装新酒"，也没有用更细颗粒视角看待问题，也没有针对不一致现象进行验证，更没有针对前人的理论假设进行验证，而是跳出已有的思维框架，灵活处理不同变量之间的关系。例如，Vieira(2017)则考查了译后编辑过程中的任务焦点(task foci)和译后编辑努力之间的关系，这一研究动机是为了考查译后编辑过程的认知和决策机制，而非考查机器翻译译后编辑的可行性。具体论述如下：

Much research has focused on predicting effort and examining the feasibility of postediting in terms of translating productivity and translation quality. However, the *nature of mental processes* in post-editing and the relationship between these processes and cognitive effort (a subtype of overall post-editing effort—see Section 2.1) have received considerably less attention. Information of this kind is able not only to enhance *the general understanding of post-editing*, but also to help characterise the notoriously elusive *concept of cognitive effort* in this specific context.

——摘自 Vieira(2017)的引言部分

该研究巧妙地设计了被试间实验,招募了两组在翻译经验、外语水平和对待译后编辑态度相当的被试,其中一组被试完成基于有声思维报告的译后编辑任务,另一组被试完成基于眼动追踪的译后编辑任务,然后通过聚类分析法将眼动组在句段层面的认知努力分成低、中、高并分别作为预测变量,考查其与有声思维报告之间的关系。这类研究创新程度最高,一方面需要摆脱既有研究对自己的思维禁锢,另一方面需要比较扎实的研究设计和数据分析能力(详见:3.3 研究问题与研究设计)。

我们对上述研究类型所对应的创新程度进行了可视化(见图 3-4):

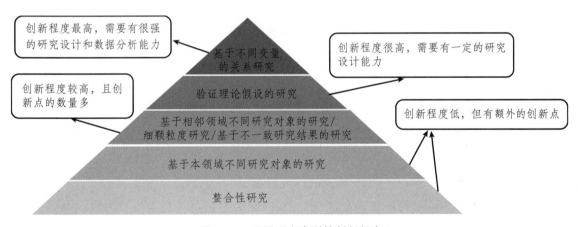

图 3-4 不同研究类型的创新程度

3.2.5 研究问题的分类与好的研究问题

我们已经介绍了研究话题与创新点的切入角度,这些都是提出一个好的研究问题的前提条件。那么,什么是好的研究问题? 要回答这个问题,笔者先界定一下研究话题和研究问题的关系,以及好的研究问题的标准;然后,再以自己的研究经历和国外优秀博士论文为案例,探讨研究问题的分类,以及硕士论文和博士论文的区别,旨在为研究生在论文写作前提出研究问题提供参考。

3.2.5.1 研究话题与研究问题的关系

通常来说,选题初期我们会选择一个研究话题,比如基于翻译技术工具的翻译实证研究,即考查译者在翻译过程中如何与翻译技术工具进行互动。确定完研究话题后,我们需要梳理文献来构建一个"学术图谱"。在梳理"学术图谱"时,可以根据研究主题来进行梳理,亦可参考相关领域的综述文章(如 Koponen,2016)。笔者曾经梳理过国内外学者关于这一领域的研究现状(肖维青、钱家骏,2021,见图 3-5):

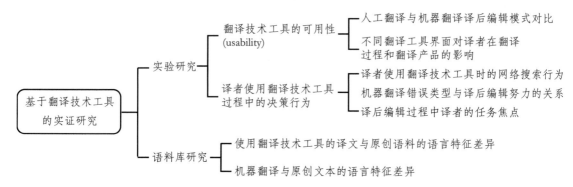

图 3-5 基于翻译技术工具的实证研究框架(详见:肖维青、钱家骏,2021)

如图 3-5 所示,基于翻译技术工具的实证研究主要分为两类,一类是实验研究,另一类是语料库研究。其中,实验研究又可以细分为两个领域:①翻译技术工具的可用性;②译者使用翻译技术工具过程中的决策行为。而语料库研究也可以分为两个领域:①使用翻译技术工具的译文与原创语料的语言特征差异;②机器翻译与原创文本的语言特征差异。值得注意的是,笔者梳理的研究话题是"基于翻译技术工具的实证研究",而笔者自己的博士论文所涉及话题是"机器翻译译后编辑过程研究"。可以说,笔者的博士论文所涉及话题相对较小,而在选题的过程中,笔者梳理文献的面则相对较大。这既是为了尽可能全面地了解本领域的研究现状,也是为了拓宽自己的学术视野,为博士毕业后的选题奠定基础(因为博士毕业后,青年教师通常需要承担比较大的教学工作量,博士期间如果能阅读尽量多的文献,则可以为博士毕业后的科研工作奠定基础)。这里的"选题"既可以基于自己博士论文的数据进行"二次利用",从不同视角切入;也可以另辟蹊径,基于博士论文的研究话题进一步拓展新的研究课题。此外,可以让自己的研究设计受到相邻研究领域的影响或启发。比如,笔者主要研究的是机器翻译译后编辑,但同时笔者也会去关注基于翻译记忆的译后编辑、在翻译审校过程中译者是如何使用网络资源的,这些研究都为笔者的博士论文研究设计奠定了基础。

需要注意的是,上述这些细分领域其实可以算作研究话题与研究问题之间的一个"中间地带"。可以说,细分领域的研究话题已经和研究问题很接近了。那具体研究问题是什么样的? 学位论文与期刊论文中研究问题的差别、硕博论文的研究问题有哪些区别? 首先,我们得明确好的研究问题有哪些标准,以及研究问题的分类情况。

3.2.5.2 好的研究问题的标准

Olohan & Baker(2009)指出,一个研究问题中几乎每一个词都要满足特定期待。也就是说,标题中的核心概念要清晰、无歧义,且与自己的研究设计息息相关。例如,我们看如下的研究问题:

> What role have Arabic translations and *rewritings* of Edward Said's works played in shaping his *impact* in Palestine and Egypt?
>
> ——摘自 Olohan & Baker(2009)的案例

上述研究问题主要是关于翻译文学对于爱德华·萨义德(Edward Said)在巴勒斯坦和埃及塑造其个人形象的作用。该研究问题中的 impact 会让读者联想到这是一个接受研究(reception study),而重写(rewriting)则会让读者联想到该研究可能与安德烈·勒费夫尔(André Lefevere)的改写理论有关。但 Olohan & Baker(2009)指出,该研究设计其实与接受研究并没有关系,而且也不会涉及对原文进行改写,只是关于萨义德的作品在阿拉伯世界是如何重新叙事的。下面这个修改后的研究问题一方面避免了研究问题会让读者误认为作者要开展接受研究的倾向,另一方面也用重/叙述[(re)narrated]明确了自己的理论框架。

> What role have Arabic translations and *rewritings* of Edward Said's works played in shaping his *impact* in Palestine and Egypt?
>
> ——摘自 Olohan & Baker(2009)的案例

正如 2.4.4 思辨性阅读与汇报的信息中所述,核心概念的界定非常重要。研究问题中的核心概念界定也非常重要,且要具有较高的可操作性,尤其是在实证研究中。例如,Lafeber(2012)利用问卷调查的方法,考查了跨政府组织对翻译人才的能力需求,其中包含了以下两个研究问题:

> H1:Some *components of translation competence* are more *important* than others

in IGO translation；

and

H2：Some components of translation competence are more often lacking than others
among *new recruits* at IGOs.

where：

a. *Components of translation competence* refers to the skills and knowledge
needed to produce translations that meet required standards. ...

b. *Important* refers to two vital aspects of the work of IGO translation
services：their productivity and their reputation. ...

c. *IGOs* refers to inter-governmental organizations，which are understood to be
organizations comprised mainly of sovereign States，usually referred to as member
States. ...

d. *New recruits* are translators who have been working for the organization for
less than one year.

——摘自 Lafeber(2012)的研究假设

从上述研究问题可发现，Lafeber（2012）对两个研究假设中的关键词，即
components of translation competence、*important*、*IGO* 和 *new recruits* 都用了斜体呈
现，然后再给出每个关键词的定义，以满足读者的期待。这些关键词的定义对于问卷设
计也很关键，例如新入职的员工要求是工作不满 1 年的，这一被试筛选条件对问卷数据
的有效性至关重要；同时，明确翻译能力的构成（即知识和技能）也对问卷设计过程中每
个题项提供了依据。也就是说，好的研究问题表现为：①研究问题中的关键词界定清
晰、无歧义；②研究问题与研究设计息息相关。需要注意的是，Lafeber（2012）这里用的
是研究假设，而非研究问题。那么，研究假设和研究问题之间有何关系呢？研究假设其
实是对研究问题的一种尝试性回答，但不是所有研究都可以提出研究假设，如果是探索
性研究，则可能没有研究假设，而如果是验证性研究，则往往需要提出研究假设。笔者
认为，Lafeber（2012）的研究假设提的并不好，因为该研究的两个假设其实并没有尝试
回答具体哪一类翻译能力更重要，哪一类翻译能力对于刚入职的员工来说比较欠缺。
其实，该研究倒不如直接提出两个探索性的研究问题：

H1：What *components of translation competence* are more *important* than others
in IGO translation?

and

H2：What components of translation competence are more often lacking than others among *new recruits* at IGOs?

——笔者对 Lafeber(2012)研究假设的修改

然而，Robert et al.(2017b)的研究假设则相比 Lafeber(2012)更为具体，且基于已有学者的观点提出。该研究旨在考查翻译能力和审校能力中的工具与研究子能力的差别，以下是该研究的两个假设：

Accordingly，the following hypotheses were formulated about <u>the tools and research subcompetence</u>：

Hypothesis 1：Translators and revisers use the same tools.

Hypothesis 2：Compared with translators, revisers use the same tools, but in a different way：

2a：they spend more time in resources；

2b：they use the same tools more frequently；

2c：they combine more resources per problem-solving process.

——摘自 Robert et al.(2017b)的研究假设

从上述研究假设可以看出，虽然 Robert et al.(2017b)的研究目标是考查翻译能力和审校能力中的工具与研究子能力的区别，但她的研究假设中所涉及关键词并没有涉及"能力"二字。而是把"工具和研究子能力"具体化，即使用工具的类型和方式(时长、频次和组合)。这也拓展了 Olohan & Baker(2009)对好的研究问题的标准，即好的研究问题，至少在实证研究领域，不仅要确保研究问题中的每一个关键词都满足读者期待，还要保证关键词具有可操作性，是可测量的。此外，Robert et al.(2017b)包含两个研究假设，第一个假设译者和审校者在使用工具的类型方面一致，而第二个假设则认为审校者在使用工具的方式上与译者不同，且在查证时长、频次和组合资源上都要多于译者。这两个假设也是基于前人的观点：

In summary，there appears to be a consensus among researchers that translation revision competence（TRC）does indeed share various subcompetences with translation competence（TC）. However，researchers also agree that there are some fundamental differences between the two constructs and that TRC consists of additional subcompetences. To our knowledge，no attempt has been made yet to construct a TRC model，based on empirical research，to organise and to define the subcompetences that translation revision entails.

——摘自 Robert et al.(2017b)的文献综述

从上述文献综述中可以看出，学界对于翻译能力和翻译审校能力的观点是，这两个能力存在共同之处，但也存在不同之处，即应该存在与翻译能力有所区别的特有能力。目前，翻译能力和翻译审校能力模型中大多强调工具与研究子能力，这也是 Robert et al.(2017b)提出这两个假设的原因：一方面，译者和审校者在工具使用类型方面可能一致，这对应翻译能力和翻译审校能力存在相同之处；另一方面，译者和审校者在工具使用方式上可能不同，且审校者在使用工具的方式上相比译者更加明显（即在查证时长、频次和组合资源上更多），这对应翻译能力和翻译审校能力存在不同之处，且翻译审校能力有其独特之处。这也体现研究问题的另外两个特点，即要基于已有文献得出，且要具有一定的逻辑性，比如 Robert et al.(2017b)的第二个研究假设就与第一个研究假设形成递进关系。当然，也不一定非得是递进关系，也可以是并列关系，但并列关系中的每个维度需要存在一定的逻辑关系。我们下面会详细介绍。

综上所述，好的研究问题应符合如下标准：①基于已有文献得出；②研究问题中的每一个关键词都要满足读者的特定期待；③在实证研究中，研究问题中的关键词需要是清晰无歧义的、具体化的、可操作的、可测量的；④研究问题之间应该存在逻辑性，可以是并列关系，也可以是递进关系。而研究问题和研究假设的关系，后者是前者的尝试性回答，但不是所有研究都可以提出研究假设，研究问题更适合在探索性研究中提出，而研究假设更多基于验证性研究而提出。

3.2.5.3　研究问题的分类

Chesterman(2007)把研究假设或问题分为四个类型：①描述型（descriptive）；②解释型（explanatory）；③预测型（predictive）；④阐释型（interpretive）。其中，前三类研究都是实证研究的假设或问题；而阐释型则关注某一概念的意义，更侧重思辨性或概念性研究（conceptual research）。本部分旨在梳理前三类研究问题，并以案例形式呈现，以便于读者理解。

描述型研究问题旨在考查某一事物的特征，更常见于调查研究中。解释型研究问题旨在考查自变量与因变量之间的因果关系，更常见于严格的实验研究。预测型研究问题旨在考查自变量对因变量的预测力，更常见于观测研究中（如准实验和语料库研究）。总体来说，描述型研究问题重在描写事物本身的特征，相对偏基础，而解释型和预测型研究问题重在考查变量与变量之间的关系，相对偏高级。但这并不意味着一项研究仅出现描述型问题,相反,更多时候是描述型研究问题和解释型、预测型兼有(如 Wang & Li,2020),而且描述型研究问题也与解释型、预测型研究问题存在"你中有我,我中有你"的关系,即描述型的研究问题需要通过考查变量之间的关系来解答(如 Man et al.,2020;Chen,2020;Wang & Li,2020)。我们接下来会以案例的形式详细阐述。

案例 1:中国语言服务行业对口译员的需求分析(Wang & Li,2020)

Wang & Li(2020)利用内容分析法,考查了中国语言服务行业对口译员的需求情况。该研究有四个研究问题:

RQ 1:*What qualifications do employers look for in in-house English-Chinese interpreters?*

RQ 2:*What interpreting modes and directions are in demand?*

RQ 3:*What competences do employers want in in-house interpreters?*

RQ 4:*In what areas do LSPs and non-LSPs differ in their demands?*

——摘自 Wang & Li(2020)的研究问题

我们可以发现,前三个研究问题都是描述型,以 *what* 开头,对招聘广告中对口译员的资质要求、口译模式和方向、能力要求,以及语言服务提供商和非语言服务提供商在需求方面的差异进行了考查。值得注意的是,Wang & Li(2020)还参考了已有文献,制定了口译员的资质、口译模式和能力的编码框架(参照该文的研究方法部分),可见该研究问题中的关键词体现了理论框架,具有可操作性和可量化的特点。而第四个研究问题则是考查语言服务提供商和非语言服务提供商在哪些口译需求层面存在差异。该研究发现,非语言服务提供商对口译员的团队协作能力要求比语言服务提供商的要求更高,但没有显著差异。这类研究问题本质上也属于描述型,但属于"非典型"描述型问题,因为该研究问题是需要通过卡方检验(chi square test)来考查不同类型的企业对于口译需求的差异,即企业类型对口译需求的影响。也就是说,该研究问题是用推断统计的方法,考查变量与变量之间的关系,从而凸显不同类型的企业对口译员需求的特征。虽然第四个研究问题看起来是考查变量与变量之间的关系,实则探究的是描述型问题,或事物的独有特征。而且,我们也可以发现,前三个研究问题属于并列关系,分别关注口译需求的不同层面,而第四个研究问题则是对前三个研究问题的进一步细化,也可以认为是一种递进关系。

案例 2:交替传译中的笔记过程

Chen(2020)运用眼动追踪和电子笔录的方法,考查了职业译者在英汉和汉英两个翻译方向上的笔记行为。该研究有五个研究问题：

1. What do interpreters note down? Attention will be paid to the quantity of notes, the proportion of source speech noted down, and whether the suggestions on what should be noted down in the prescriptive literature can be confirmed by the empirical data.

2. When are notes taken? This question examines the time lag between listening and note-taking in the first phase of CI.

3. Which are the preferred note-taking choices in terms of form and language? This question is concerned with the choice of form (language or symbol, abbreviation or full word) and the choice of language (the source, target, or a third language; the native or non-native language).

4. How do the varied note-taking choices differ in their physical, temporal, and cognitive demands? The various demands associated with the different notetaking choices will be compared to seek possible explanations for interpreters' note-taking preferences.

5. Is there a relation between note-taking choices and the quality of interpreting? The interpreting performance will be checked against the choice of form and the choice of language to see if the note-taking choices correlate with better (or worse) performance.

——摘自 Chen（2020）的研究问题

我们可以发现，Chen（2020）的每个研究问题后面都附上了一句话，一方面是为了解释该研究问题的目的，另一方面是为了明确该研究问题中的核心概念如何测量。例如，第一个研究问题关注的是口译员记录下的笔记类型。这就会给审稿人或读者一个很好的印象。读者也就会毫不费力地理解每一个研究问题的用意。具体来说，前三个研究问题都是描述型问题，因为分别以 *what*、*when* 和 *which* 引导，而且这些研究问题也与该文中的文献综述部分一一对应[详见 Chen（2020）的文献综述部分]，但其实这三个研究问题都属于"非典型"描述型问题。因为这三个研究问题都是通过对比英汉和汉英两个方向的交传笔记特征（比如，笔记量、听—记时间差、笔记的形式和语言选择）上的差异，来凸显这两个翻译方向的笔记特点。也就是说，只有通过对比，才能分别明确英汉、汉英交传的笔记特征。第四个研究问题以 *how* 引导，考查不同笔记选择在物理、时间和认知要求上的差异。这个研究问题也是描述型问题，但也是"非典型"描述问题，而且其目的和前三个不同,前三个研究问题的目的是探寻英汉和汉英两个方向的交传笔记特征,而第四个研究问题表面上是描写不同笔记努力上的差异,但实际上是为了解释为何会存在笔记选择方面的偏好。也就是说,该"非典型"描述型问题实际上是为了"解释"现象,而非纯粹的描述。第五个研究问题则是"预测型",因为该研究问题主要考查笔记选择与交传质量之间的关系,而由于该研究并没有对笔记选择进行严格的操纵,而是观测变量,因此这一关系是相关关系。总体而言,Chen(2020)前三个研究问题相对并列,是"非典型"描述型问题,旨在揭示交传笔记特征,第四个研究问题也是描述型,但旨在解释笔记选择的原因,是第三个研究问题的进一步深入。而第五个研究问题则是把交传笔记选择和交传质量进行了结合,是第三个研究问题的"落地",因为我们做认知过程研究最终还是要回归翻译质量,也就是要考查过程指标如何影响产品指标。

案例3:句法复杂度对英汉视译认知加工的影响

Ma(2021)利用眼动追踪法考查被试在有语境和无语境的情况下,句法复杂度对英汉视译认知加工的影响;同时,还测试了被试的阅读广度,旨在考查工作记忆容量对视译认知加工的调节作用。该研究旨在回答三个研究问题:

> This study adopted a cognitive approach to syntactic processing during English-Chinese STR by manipulating the degree of syntactic complexity and the amount of contextual information. The study aimed to answer the following questions:
>
> 1. What is the effect of syntactic complexity, as exemplified by RC and PC, on the cognitive process of English—Chinese STR?
>
> a. Does STR of syntactically complex sentences generate a significantly greater cognitive load than STR of non-complex sentences?
>
> b. Are the syntactic properties of the TL activated before the SL comprehension is completed?
>
> 2. In what way and to what extent is the effect of syntactic complexity modulated by the amount of contextual information?
>
> 3. Will better WM capacity alleviate cognitive load during the processing of sentences with an asymmetric word order? In other words, do higher scores on the reading span test indicate the cognitive load for coping with syntactically complex sentences in English—Chinese STR?
>
> ——摘自 Ma(2021)的研究问题

从上述案例可以看出,Ma(2021)前两个研究问题的核心词都是 *effect*,也就是说,前两个研究问题考查的是变量与变量之间的关系。我们可以发现,该研究操纵了句法复杂度和语境信息变量,因此我们可以肯定,前两个研究问题都是"解释型",即解释为什么被试在英译汉视译过程中会消耗更多的认知努力,以及语境信息的介入是否也是一个调节变量,或者说影响视译过程中认知努力的一个因素。我们还可以发现,第一个研究问题还细分为两个子研究问题,其中第一个子研究问题考查复杂句是否是造成译者付出更多认知努力的原因。第二个研究问题是第一个的细化,即考查译语的句法特征"何时"被激活,或句法激活的"时间进程"。严格来说,第二个子研究问题是通过考查句法复杂度对视译和基线阅读任务中的首次注视时长来细致"描写"句法复杂度是"何时"影响视译过程的。也就是说,第一个研究问题是"非典型"解释型问题,因为该研究问题中的一个子问题还包括了"描写型"问题,虽然这个描写型问题还是要通过考查变量之间的关系来解答,而非简单地描述性统计。Ma(2021)的第三个研究问题是以 *will* 来引导,可见该研究问题是"预测型",因为该研究并没有严格操纵被试的工作记忆容量,而是把工作记忆容量作为协变量放入模型中,考查工作记忆容量越高,是否认知努力就越小,这考查的是相关关系。

综上所述,上述三个案例中都不会单一地呈现描述型问题,而是会兼顾描述型和预测/解释型研究问题。值得注意的是,在实证研究中,尤其是在调查研究或观测研究中,一些"描述型"问题并非通过简单的描述性统计就可以解决,而是需要通过考查变量与变量之间的关系才能解答(Wang & Li,2020)。而一些"描述型"问题并不是为了考查某一事物的特征,而是为了解释某一现象(Chen,2020)。在严格的实验研究中,以解释型研究问题为主,而解释型研究问题也可能伴随着"描述型"问题,这类描述型问题是对解释型问题的进一步深入,而且也需要通过考查变量与变量之间的关系来解答。

3.2.6 如何将学位论文拆分成小论文发表?

博士论文与硕士论文的差异主要体现在创新性、规范性和工作量上。就创新性而言,正如"1.3 博士研究生的思维模式与硕士研究生的有何区别?"中所述,硕士研究生主要开展的是复制性研究,原创性相对并不高。例如,笔者基于自己的硕士论文发表在《解放军外国语学院学报》上的一篇题为《中外学者学术论文写作立场表达强度和方式比较——基于自建语料库的汉语学术语篇引言英译研究》的文章主要有两个研究切入点:①研究对象层面。已有研究较多考查学术语篇立场标记语在印欧语系之间的翻译,缺少汉英方向的考查。②理论视角层面。已有研究仅限于模糊语的考查,没有构建比较全面的立场标记语理论框架。需要注意的是,笔者并没在文章中论证为何考查汉英方向的立场标记语翻译。而且,该文章中的讨论部分所涉及文献与文献综述部分的文献并没有实现"首尾呼应"(详见 4.1.3 结果与讨论:并非简单地重述),可见硕士论文或者基于硕士论文发表的期刊论文在规范性上做的并不够好。

在工作量方面,博士论文的工作量至少是硕士论文的两倍。而工作量很大程度上体现在研究问题或发表论文的数量上。接下来,笔者以自己的硕士论文和海外两篇博士论文为例,具体阐述如何将学位论文拆分成小论文进行发表。

案例 1:如何将硕士学位论文拆分为小论文进行发表?

笔者自己的硕士论文题目是《体裁分析和评价理论视阈下的中文期刊论文引言英译研究》,而由表 3-1 可知,笔者基于硕士论文发表的两篇期刊论文题目中有几个关键词:"主体间性""语篇模式""介入资源"和"立场表达强度与方式"。其中,"语篇模式"和硕士论文题目中的"体裁分析"高度相关,而"主体间性""介入资源""立场表达强度与方式"与硕士论文题目中的"评价理论"高度相关。总体而言,硕士论文的题目和期刊论文的题目都包含了理论视角,但期刊论文题目中的理论视角更微观。这也体现了学位论文与期刊论文的区别,即前者更宏观,后者更微观。因为期刊论文的标题是为了吸引读者去阅读,如果标题本身不具体,则可能不会吸引具体的目标读者去阅读。而学位论文相当于期刊论文的集合,因此可能很难将具体的关键词放在题目中。

就具体的研究问题而言,由表 3-1 可知,笔者的硕士论文主要包含四个研究问题,其中第一个研究问题与语篇模式有关,偏宏观层面的考查;第二个研究问题与粗颗粒层面的介入资源有关;第三个研究问题则与细颗粒层面的介入资源有关;而最后一个研究问题则与翻译策略有关,逻辑关系是从宏观到微观,从理论到实践。前两个研究问题与发表在《西安外国语大学学报》上的研究问题基本一致;后两个研究问题与发表在《解放军外国语学院学报》上的研究问题基本一致。但值得注意的是,笔者的硕士论文和发表的期刊论文存在以下不同之处:①研究视角更加细致。硕士论文的第二和第三个研究问题不仅关注了介入资源,还关注了级差资源。②研究问题更具有层次性。硕士论文的第二个研究问题仅关注了介入资源在引言部分的总体趋势,而在期刊论文中还考查了介入资源在引言各语步的分布情况(即发表在《西安外国语大学学报》上的第三个研究问题)。这一研究问题的设计主要也是为了体现三个研究问题之间的层次性和逻辑性。③研究对象的拓展。硕士论文并没有考虑中国学者在国际期刊上发表的文章,而发表在《解放军外国语学院学报》上的文章则考虑了这类语料,旨在形成一个连续性,可以更好地考查不同类型的引言在立场表达强度和方式上的差异。总体来说,硕士论文一共有四个研究问题,可以拆分成两篇期刊论文,但在拆分的过程中,需要做一些删减、增添和凝练；同时，也要让标题更加具有吸引力。

表 3-1　硕士论文与期刊论文的研究问题对比

硕士论文的研究问题	基于硕士论文发表在期刊上的研究问题	发表期刊信息
a) What are the similarities and differences between EO-RAIs and CET-RAIs in terms of discourse patterns?	1）英汉地质学论文引言在语篇模式上有何异同？	钱家骏、穆从军.（2017）.跨语言学术交际的主体间性——英汉学术期刊论文引言语篇模式与介入资源对比.西安外国语大学学报，25（4），13-17. 钱家骏、穆从军.（2017）.中外学者学术论文写作立场表达强度和方式比较——基于自建语料库的汉语学术语篇引言英译研究.解放军外国语学院学报，40（5），29-37.
b) What are the similarities and differences between EO-RAIs and CET-RAIs in the overall frequency of *engagement* and *graduation* resources?	2）英汉地质学论文引言的介入资源特征有何异同？	
c) What are the similarities and differences between EO-RAIs and CET-RAIs in the frequency of some individual *engagement* and *graduation* resources?	1）中外学者在学术语篇中的立场表达强度和方式上有何异同？	
d) What strategies translators can use to translate Chinese RAIs into English?	2）中外学者在立场表达强度和方式上的差异对学术语篇翻译有何启示？	
	3）英汉地质学论文引言的介入资源在各个语步的分布特点有何异同？	

案例 2：如何将博士学位论文拆分成小论文进行发表？

接下来，我们看一下两篇比较有代表性的博士论文。第一篇博士论文为 Daems（2016）所写，标题为："A Translation Robot for Each Translator? A Comparative Study of Manual Translation and Post-editing of Machine Translations：Process，Quality and Translator Attitude"。该标题包含一个主标题和一个副标题。主标题用设问句的形式引起读者的阅读兴趣，即需要给每一位译者配备一个翻译机器人（或机器翻译）吗？通过副标题，我们可以看出该博士论文主要是从对比的视角来考查人工翻译和机器翻译译后编辑在过程、质量和译者态度上的差异。该博士论文分别从宏观(第五章)和微观(第六和七章)的角度来对比人工翻译和(或)机器翻译译后编辑,旨在回答五个大的研究问题,而这五个大的研究问题都可以细分成若干子研究问题,也就可以使得每一或两个研究问题都可以单独整理成一篇期刊论文。从表3-2可以看出,Daems(2016)的博士论文中第一、二、四和五个研究问题分别关注人工翻译和机器翻译译后编辑在过程、产品和态度上的差异,以及翻译经验的调节作用,这些研究问题与该博士论文副标题中的关键词 process、quality、translator attitude 不谋而合。这几个研究问题也发表在 *Meta* 和斯普林格出版的论文集中。而博士论文的第三个研究问题则关注微观层面的机器翻译质量(即机器翻译错误类型、多词单位的机器翻译质量)如何影响译后编辑的过程和译文质量。这个研究问题被拆成了三篇小论文,分别发表在《心理学前沿》(*Frontiers in Psychology*)、第十五届机器翻译峰会(MT summit XV)的会议论文和约翰·本杰明出版社出版的论文集上,其中第十五届机器翻译峰会的会议论文是《心理学前沿》的部分研究成果。从这点可以看出,乔克·戴姆斯属于发表型博士(PhD by "publication"),即在攻读博士学位期间,发现有很多研究话题,于是边研究边发表,最后把这些已经发表或即将发表的文章都"聚集"起来,形成一篇博士论文。又如,戴姆斯还有两篇小论文也很有特色,其中一篇是和其导师在2013年第十四届机器翻译大会上宣读的《关于人工翻译和机器翻译译后编辑质量评估指南》。这篇文章则为其博士论文的研究设计奠定基础,也就是说,该研究的预实验(pretest)中就尝试开发翻译质量评估指南,而她的博士论文、发表的期刊论文、论文集都用到了这一翻译质量评估指南。她这么做的好处在于,可以通过参加学术会议(国外的学术会议一般也要通过同行评审),得到同行专家的反馈意见,从而对自己的博士论文研究设计作出调整。这一点非常值得研究初学者借鉴。同时,她和导师在2017年发表在《安特卫普语言学》(*Linguistica Antverpiensia*),《新系列:翻译研究的主题》(*New Series:Themes in Translation Studies*)则与她的博士论文没有直接相关,而是基于博士论文的数据进一步拓展,挖掘出来的其他选题。这也是值得借鉴的地方。对于研究初学者而言,不必把所有的研究问题都在博士论文中解决,但可以考虑利用博士论文的数据为博士毕业后的发表之路留点"余地"。

表 3 - 2　**Joke Daems 博士论文与期刊/小论文的研究问题对比**

博士论文的研究问题	基于博士论文发表在期刊/论文集上的研究问题	发表信息
	1) to check whether or not the guidelines were sufficiently detailed for the annotators 2) to check whether the approach is a viable tool for a comparative analysis of translation problems for different methods of translation	Daems，J.，Macken，L.，& Vandepitte，S.（2013）. *Quality as the sum of its parts：A two-step approach for the identification of translation problems and translation quality assessment for HT and MT ＋PE*. Paper presented at the MT Summit XIV Workshop on Post-editing Technology and Practice，Nice.
1. What are the differences in process between human translation and post-editing? 1) Is post-editing faster than human translation? 2) Is post-editing cognitively more demanding than human translation? 3) Is the eye fixation behaviour different for post-editing and human translation? 4) Are more（or other）external resources consulted in human translation compared with post-editing?	we expect the post-editing process in the present study to take less time than the human translation process，the focus during post-editing to be on the target text，less time being spent in external resources when post-editing...	Daems，J.，Vandepitte，S.，Hartsuiker，R. J.，& Macken，L.（2017b）. Translation methods and experience：A comparative analysis of human translation and post-editing with students and professional translators. *Meta*，62（2），245－270. Daems，J.，Carl，M.，Vandepitte，S.，Hartsuiker，R.，& Macken，L.（2016）. The effectiveness of consulting external resources during translation and post-editing of general text types. In M. Carl，S. Bangalore，& M. Schaeffer（Eds.），*New Directions in Empirical Translation Process Research：Exploring the CRITT TPR-DB*（pp. 111－133）. Switzerland：Springer.

博士论文的研究问题	基于博士论文发表在期刊/论文集上的研究问题	发表信息
2. What are the differences in product between human translation and post-editing? 1）Is there a difference in overall quality between the product of human translation and the product of post-edited machine translation output? 2）Is there a difference in the most common error types in human translations and post-edited texts?	（We expect）the final products of both tasks to be of comparable quality.	Daems，J.，Vandepitte，S.，Hartsuiker，R. J.，& Macken，L. （2017b）. Translation methods and experience：A comparative analysis of human translation and post-editing with students and professional translators. *Meta*，62 （2），245 - 270.
3. What is the impact of machine translation quality on post-editing? 1）What is the impact of overall machine translation quality on post-editing effort? 2）What is the impact of specific machine translation errors post-editing effort? 3）How does the machine translation output for multi-word units affect post-editing quality?	1. Are all effort indicators influenced by machine translation quality? 2. Is the product effort indicator HTER influenced by different machine translation error types than the process effort indicators? 3. Is there an overlap between the error types that influence the different process effort indicators? 4. Is the impact of machine translation error types on effort indicators different for student translators than for professional translators? 5. How difficult is the processing of MWUs for MT systems and subsequent post-editing?	Daems，J.，Vandepitte，S.，Hartsuiker，R. J.，& Macken，L. （2017a）. Identifying the machine translation error types with the greatest impact on post-editing effort. *Frontiers in Psychology*，8，1 - 15. Daems，J.，Vandepitte，S.，Hartsuiker，R.，& Macken，L. （2015）. *The impact of machine translation error types on post-editing effort indicators*. Paper presented at the MT SUMMIT XV 4th Workshop on Post-Editing Technology and Practice（WPTP-4），Miami，USA.

博士论文的研究问题	基于博士论文发表在期刊/论文集上的研究问题	发表信息
	6. For which types of MWUs do student post-editors consult external resources? 7. How effective is the time spent in external resources?	Daems，J.，Carl，M.，Vandepitte，S.，Hartsuiker，R.，& Macken，L.（2018）. How do students cope with machine translation output of multiword units? An exploratory study. In R. Mitkov，J. Monti，G. C. Pastor，& V. Seretan（Eds.），*Multiword Units in Machine Translation and Translation Technology*（pp. 61-80）. Amsterdam/Philadelphia：John Benjamins Publishing Company.
4. What are the differences in attitude towards human translation and post-editing? 1）How rewarding is post-editing compared to human translation? 2）How useful is MT output according to translators? 3）Which translation method is perceived as being faster? 4）How is the quality of both methods of translation perceived? 5）Which translation method is the most preferred translation method? 6）Is there a difference in perception before and after the experiment?	（We expect）translators' attitudes towards post-editing to be mixed.	Daems，J.，Vandepitte，S.，Hartsuiker，R. J.，& Macken，L.（2017b）. Translation methods and experience：A comparative analysis of human translation and post-editing with students and professional translators. *Meta*，62（2），245－270.

博士论文的研究问题	基于博士论文发表在期刊/论文集上的研究问题	发表信息
5. What are the differences between student translators and professional translators?	We expect both groups to consult fewer dictionaries when post-editing, although we expect the difference to be larger for the students. We expect quality to be comparable across methods and both groups of participants (Carl, Dragsted, Elming, et al. 2011; Kiraly 1995). We expect students to be somewhat more positive towards post-editing than professionals (Moorkens and O'Brien 2015).	Daems, J., Vandepitte, S., Hartsuiker, R. J., & Macken, L. (2017b). Translation methods and experience: A comparative analysis of human translation and post-editing with students and professional translators. *Meta*, 62 (2), 245 - 270.
	1) Can readers spot the difference between HT and PE texts? 2) Can we identify objective, quantifiable differences between HTs and PE texts?	Daems, J., Clercq, O. D., & Macken, L. (2017). Translationese and post-editese: How comparable is comparable quality? *Linguistica Antverpiensia, New Series: Themes in Translation Studies*, 16, 89 - 103.

　　总体而言,乔克·戴姆斯的博士论文以及她发表的期刊论文、论文集存在以下特点:①有基于预实验的会议论文,为博士论文研究奠定方法论基础;②阶段性研究成果也会在一些论文集上发表,以提升自己的学术影响力;③研究工作量较大,既有宏观层面的分析,也有微观层面的分析。该博士论文正是由于采用了"边研究边发表"的策略,可能导致部分章节与其余章节之间的衔接性不够强。例如,该博士论文的第六章和第七章主要关注的是微观层面的机器翻译质量对译后编辑过程和译文质量的影响,并没有涉及译后编辑与人工翻译的对比。而该博士论文的标题则涉及这两个翻译模式的对比。因此,这类博士论文也并非无懈可击,但如果从论文发表数量来看,仍不失为一篇优秀的博士论文。

接下来,我们来看另外一篇 Vieira(2016)的博士论文,该博士论文题目为:《机器翻译译后编辑过程中的认知努力》(*Cognitive effort in post-editing of machine translation*:*Evidence from eye movements*,*subjective ratings*,*and think-aloud protocols*)。相比戴姆斯的论文,维尔拉的博士论文以目标为导向,然后延伸出六个研究问题(详见表 3 - 3)。其中,目标 1 旨在考查哪些原文、机器翻译原始产出和任务本身因素会对译后编辑过程中的认知努力产生影响。目标 2 旨在考查认知或其他类型的努力与译后编辑译文质量之间的关系。目标 3 为不同类型的认知努力数据之间的相关性。然后,研究问题(RQ)1~4 是为了实现研究目标一,研究问题 5 是为了实现研究目标 2,研究问题 6 是为了实现研究目标 3。值得注意的是,该博士论文的前两个研究目标是递进关系,即研究目标 1 是关注译后编辑的认知过程层面,而研究目标 2 是关注认知过程和译文质量之间的关系。而第三个研究目标则是为了验证有声思维数据的有效性,属于方法论层面的研究目标/问题,而且为了实现第三个研究目标,研究者也要使用研究目标 1 和 2 中的眼动数据,可以说,这三个研究目标是相互关联的。而且,这三个研究目标都体现了认知努力,即 cognitive effort 这个核心概念。这说明,该博士论文的所有问题都是围绕译后编辑过程中的认知努力展开,其中一部分研究问题关注研究内容本身(目标 1 和 2),而另一部分研究问题则关注研究方法(目标 3)。就发表成果来看,我们也可以发现,Vieira(2013)前期也参加了第十四届机器翻译峰会学术会议。在该学术会议上,维尔拉尝试对比不同译后编辑努力研究工具的优势和劣势,虽然这类研究没有太多原创性,但从这点可以看出维尔拉做事非常严谨,所谓"工欲善其事,必先利其器",这对于实证研究者而言尤为重要,也更加印证了笔者在"1.4.3 优秀思辨者的修炼"中提到的,一名优秀的思辨者做事会非常井井有条。

此外,从发表类型上,我们可以看出,Vieira(2014)发表在《机器翻译》(*Machine Translation*)上的文章相当于其博士论文的阶段性成果。这一点和戴姆斯的做法很像,他们都采取了"边研究边发表"的策略,以确保其博士论文得到同行评审的检阅和认可。从发表层次来看,Vieira(2017a)发表在《跨语言与文化》(*Across Languages and Cultures*)上,该文章是实现博士论文的研究目标 1 的一个维度,即译后编辑过程中,译者的心理过程和认知努力之间的关系。我们仔细观察后也可以发现,该文章的原创性相比其余两篇文章(Vieira,2014/2017b)更高。这也反映了博士毕业论文的一个特点,即存在一定的"复制性",当然维尔拉的博士论文更多的是概念性复制或可以认为是"延伸研究"(详见:3.2.2 创新性研究与复制性研究的区别)。

虽然维尔拉基于博士论文发表的期刊论文或小论文并没有戴姆斯多,但从研究问题的逻辑性来说,维尔拉的博士论文更逻辑自洽。总而言之,戴姆斯和维尔拉的博士论文各有利弊,研究初学者可以根据自己的实际情况模仿他们的写作策略(比如,"边研究边发表"和考虑基于博士论文数据拓展毕业后的选题)。此外,与硕士论文不同的是,海外的博士论文大多有基于方法论层面的会议论文发表,而且研究问题的数量更多(基本有5~6个),每1~2个研究问题都可以发表成期刊论文或论文集。

表 3-3　Lucas Vieira 博士论文与期刊/小论文的研究问题对比

博士论文的研究问题	基于博士论文发表在期刊/论文集上的研究问题	发表信息
	To provide an overview of the current state-of-affairs in PE research technology and point to potential aspects that can be further improved in the field.	Vieira, L. N. (2013). *An evaluation of tools for post-editing research: the current picture and further needs.* Paper presented at the the MT Summit XIV Workshop on Post-editing Technology and Practice (WPTP-2), Nice.
RQ1: What *textual characteristics* pertaining to the ST or the MT output seem to bear a relationship with the amount of cognitive effort expended by post-editors? RQ2: What *individual characteristics* seem to bear a relationship with the amount of cognitive effort expended by post-editors?	(i) identifying predictors of cognitive effort in PE, based on the ST, the MT output, and subjects' traits; (ii) investigating the role of the ST and SL proficiency in PE, drawing a parallel with how cognitively demanding participants perceive the task; (iii) further investigating a potential relationship between WMC and PE productivity.	Vieira, L. N. (2014). Indices of cognitive effort in machine translation post-editing. *Machine Translation*, 28(3), 187-216.

博士论文的研究问题	基于博士论文发表在期刊/论文集上的研究问题	发表信息
RQ3：What is the nature and frequency of different *linguistic aspects of the PE task* post-editors attend to? RQ4：What *linguistic aspects of the PE task* seem to bear a relationship with the amount of cognitive effort expended by post-editors?	1) to explore the nature of mental processes in post-editing 2) to explore the relationship between these processes and *cognitive* effort	Vieira，L. N.（2017a）. Cognitive effort and different task foci in post-editing of machine translation：A think-aloud study. *Across Languages and Cultures*，18(1)，79–105.
RQ5：What is the nature of the relationship between（1）*different types of effort invested in PE* and（2）*post-edited fluency and adequacy*?	To examine this connection by testing measures of post-editing effort as potential predictors of the quality of post-edited texts, assessed in terms of fluency (linguistic quality) and adequacy (translation accuracy) as per guidelines proposed by the Translation Automation User Society (TAUS)	Vieira，L. N.（2017b）. From process to product：Links between post-editing effort and post-edited quality. In A. L. Jakobsen & B. Mesa-Lao（Eds.），*Translation in Transition*：*Between Cognition*，*Computing and Technology*（pp. 162–186）. Amsterdam/Philadelphia：John Benjamins Publishing Company.
RQ6：Do *TAPs* correlate with *eye movements* and *subjective ratings* as *measures of cognitive effort* in the context of PE?		

3.3 研究问题与研究设计

我们在"3.1.3 理论在实证研究中的应用"中提到,实证研究的研究问题可以基于理论框架提出,也可以基于文献/现象提出。但在实证研究中,研究问题需要具有可操作性,而可操作性则取决于研究设计。正如"2.4.3 思辨性阅读与研究设计"中所述,研究设计涵盖被试选择、实验材料选取、实验流程和数据分析方法,因此我们不仅需要结合已有理论框架或现象/文献,以提出自己的研究问题,还要结合研究设计中的元素,让研究问题真正"落实"。如图3-6所示,研究问题处在研究的中心地位,在研究设计时要"回顾"自己的研究问题,与研究问题"相匹配",而研究问题取决于理论框架或现象/文献。我们可以发现,研究设计与研究问题之间有一条虚线,这就说明在设计自己的研究过程中,要时刻牢记自己的研究问题,以确保理论或文献/现象、研究设计、研究问题这三者之间是相互关联、密不可分的。接下来,笔者将结合具体案例来谈一下已有研究如何通过研究设计,将研究问题真正"落实"。

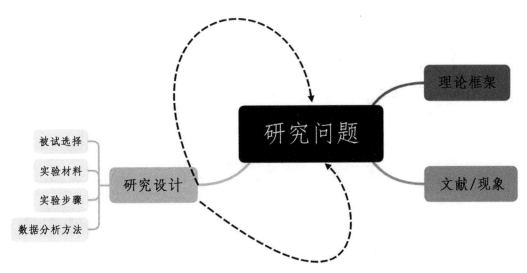

图3-6 研究问题与理论框架、文献/现象和研究设计的关系

3.3.1 基于理论框架的研究设计

基于理论框架的研究设计是指研究者基于特定理论框架提出研究假设,然后再通过制作实验材料、招募被试以完成数据收集工作。这类研究设计是笔者比较推崇的研

究设计,因为研究假设或问题与理论框架之间的关联度最高,可以在很大程度上避免可重复性问题(详见:3.1.3 理论在实证研究中的应用)。我们以 Robert et al.(2017b)的研究设计为例,探讨这类研究设计的精妙之处。

该研究的核心目标是验证翻译审校能力模型中的工具和研究子能力,或者说试图找到翻译能力和翻译审校能力在工具和研究子能力方面的区别。但"能力"本身是一个比较抽象的构念,不可以直接测量,因此就必须对能力进行操作化定义。如表 3-4 所示,Robert et al.(2017b)借鉴了已有翻译能力的操作化定义,提出了翻译审校的工具和研究子能力的操作化定义,即与工具相关的程序性知识。这给研究初学者的启示是:①研究目标中的核心词一定要有操作化定义;②可借鉴相邻学科的理论模型和操作化定义,为自己的当前研究提供灵感。但仅有研究目标还不够,我们要提出研究假设或问题。Robert et al.(2017b)是基于自己构建的翻译审校能力模型提出自己的研究问题的。从表 3-5 可知,翻译审校能力模型包含两个观点:①翻译审校能力和翻译能力不同,而且翻译审校能力是翻译能力的进阶能力;②翻译审校能力和翻译能力中都包含工具和研究能力,但两者又存在不同之处。有翻译审校能力模型中的上述两个观点,我们可以假设翻译审校能力和翻译能力中的工具和研究能力不同,而且前者可能对译者的要求更高。这也是 Robert et al.(2017b)的研究假设提出翻译审校者可能在工具使用类型上与译者没有显著差异,但在使用方式(如搜索时长、频率和交叉验证)方面要多于译者的原因。

表 3-4　翻译审校的工具和研究子能力和其操作化定义(Robert et al.，2017b)

子能力	操作化定义
工具和研究子能力	主要与翻译和审校特有的传统和电子工具相关的程序性知识(PACTE，2003；Göpferich，2009)

在确定研究目标和研究问题/假设的前提下,还需要将研究问题"落地",这时候就需要进行研究设计。而如图 3-6 所示,研究设计要与研究问题相匹配。比如,如何确定合格的被试?如何测量审校工具的使用时长?这些操作化的问题都需要在研究设计中考虑。如果真的要研究翻译审校能力和翻译能力的差异,那理想状态是招募两批被试,一批被试是职业译者,另一批被试是职业审校者。但要招募这类被试往往难度很大,于是 Robert et al.(2017b)开展了前测—后测的教学实验,即一组被试接受翻译审校的教学(实验组),而另一组被试不接受这方面的教学(控制组)。在经过一学期的教学实验后,实验组可以认为是"审校者",而控制组则是"译者",这样就可以在一定程度上

避免招不到职业译者和职业审校者的问题。值得注意的是，Robert et al.(2017a)的翻译审校能力模型中并没有提及审校方向/模式的问题，于是 Robert et al.(2017b)的实验材料既包括了 L1-L2 的双语审校材料，也包含了 L2-L1 的单语审校材料(虽然她并没有分析 L1-L2 的数据)，尽可能将所有审校情况都囊括进去。在生态效度方面，Robert et al.(2017b)参考了已有研究关于审校速度的建议，双语审校的速度应为 600～750 词/小时，而单语审校的速度应为 1000～1250 词/小时。于是，要求被试完成双语审校的时长为 35 分钟，而单语审校的时长为 25 分钟。此外，该研究还使用了 Inputlog 软件来记录被试在每一种外部资源工具的使用时长，这在一定程度上节省了后期数据整理的工作量。试想，如果研究者仅使用录屏软件来计算被试在翻译审校过程中的工具使用类型和时长，那么势必会增加工作量。这也是为什么 Vieira(2013)会在开展博士论文数据收集前对比不同译后编辑研究工具的原因(详见:3.2.5 研究问题的分类与好的研究问题)。

表 3 - 5 Robert et al.(2017b)的研究问题/假设、理论框架和研究设计

研究问题/假设	理论框架	研究设计
(1)译者和审校者使用相同的工具； (2)与译者相比，审校者使用相同的工具，但使用的方式不一样，即： 2a：审校者在外部资源上用更多时间； 2b：审校者使用相同的工具更加频繁； 2c：审校者会结合更多的资源来解决每一个审校问题	翻译审校能力框架(Robert et al., 2017a) (1)翻译审校能力与翻译能力有重叠之处，但是在翻译能力基础上更进一步的能力； (2)翻译能力和翻译审校能力中的工具和研究子能力有相似之处，但仅部分相同	前测—后测的教学实验 (1)两组被试(实验组 vs. 控制组) (2)实验材料(L1-L2 和 L2-L1) (3)实验流程(时间压力) (4)Inputlog 收集外部资源数据

Robert et al.(2017b)的研究问题/假设与理论框架相匹配，而且通过研究设计(即前测—后测的教学实验)巧妙地将研究问题"落地"，避免了招不到职业译者/审校者的问题。但该研究设计也并非完美无缺，比如：①实验组的教学时长和有效性问题：如果教学时长过短，或教学效果不佳，可能导致实验组的被试无法真正成为"审校者"；②实验材料的可比性问题：实验组与控制组、前测与后测的实验材料在原文难度、译文的错误类型和数量方面是否都具有可比性，该研究并没有交代；③实验组和控制组的混淆变量控制问题：既然研究目的是想考查教学实验后，实验组和控制组在工具与研究能力上的差异，那么就需要确保他们在实验前的翻译能力、二语能力是具有可比性的，但该研究并没有交代这一块内容；④Robert et al.(2017a)的翻译审校能力模型还不够完善。例如，没有考虑不同翻译审校方向、不同审校难度情况下的翻译审校能力的权重问题或

具体假设,这可能会导致理论框架与研究假设之间的关系并不密切。但总体而言,该研究的设计比较精妙,值得研究初学者借鉴、学习。

3.3.2 基于文献/现象的研究设计

如"3.1.3 理论在实证研究中的应用"所述,从文献或现象出发,引出研究问题的这类研究往往在较为年轻或实践性较强的研究领域中出现。这类研究往往要解决现实中的一些实际问题,所考查的对象是理论构念,但研究问题并非基于理论框架提出。例如,Nahatame(2021)发现,虽然文本可读性公式的研究由来已久,但大多数关注的是文本的理解难度,并没有从认知心理的角度考查加工努力,也没验证新型文本可读性公式是否可以比传统文本可读性公式能更好地预测二语阅读加工努力,即新型文本可读性公式是否具有更好的构念效度。为了解决该研究问题,Nahatame(2021)设计了两个研究:①眼动实验研究;②语料库研究。其中,眼动实验相当于小样本的、两句短文的考查,而语料库研究则是基于大样本的、自然条件下的长篇文章考查。眼动实验设计的精妙之处在于实验材料的选取:该研究选取了 21 篇两句短文。选择"两句"短文的目的是避免眼动实验的疲劳效应,同时可以计算语篇层面的衔接指标。而这 21 篇两句短文中,有 3 个难度等级,每个等级有 7 篇短文,这 3 个难度等级恰好对应所招募的 48 名日本籍初级、中级水平的英语学习者的情况(见图 3-7)。

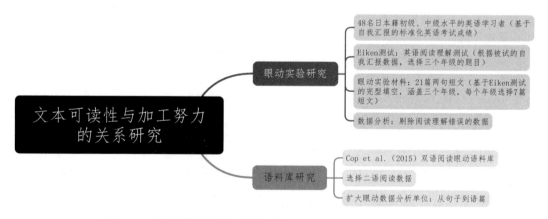

图 3-7 文本可读性与加工努力的关系研究设计(Nahatame,2021)

一方面,材料选择的难度要与被试的水平相匹配(虽然在正式实验中,初级水平的被试也需要阅读较高难度的文章);另一方面,也是最重要的,即要确保文本难度的变异性足够大,因为如果所选的文本都属于一个难度级别,而要考查的自变量是文本可读性,如果自变量本身都没有"变化"的话,那数据分析将无法进行。这是该研究设计最精妙的地方。同时,我们可以发现,眼动实验的材料来自 Eiken 测试的完形填空短文,而让被试进行语言测试的题目也来自 Eiken 测试,但却是与眼动实验材料难度一致的三个等级的阅读理解题。这样一来,二语水平测试的难度和正式眼动实验中文本的难度是相近的。这样就可以保证实验材料不会过难,或过于简单,基本可以是被试能接受的难度(因为初学者可能会做中级难度的题目,但总体来说不会对被试造成太大的认知负担)。这也是该研究设计的精妙之处。此外,该研究为了控制被试的二语水平,让被试做的 Eiken 测试是专门针对阅读理解的,因为该研究本身是测文本可读性对二语阅读加工努力的预测力。因此,该研究并没有测被试的二语听力、口语或写作能力。可见,精妙的研究设计是环环相扣(实验材料的选取与被试的二语水平有关)、具有逻辑性的(二语水平测试题目与眼动实验材料难度相当)、具有内在效度的(二语水平测试重点测二语阅读能力)。这些都是研究初学者需要借鉴学习的地方。

笔者再以自己立项的上海市哲学社会科学规划青年课题为例,探讨一下项目申请书中的研究设计(见图 3-8)。该研究课题的名称为"机器翻译译后编辑过程中的启动效应与认知机制研究"。该研究的出发点并非理论框架,而是译后编辑过程中常见的现象,即译者往往会受到机器翻译的影响,一方面保留原文的句式结构,导致译文具有机器翻译腔;另一方面会忽视机器翻译一些忠实度的错误。这其实就是所谓的"启动效应"。

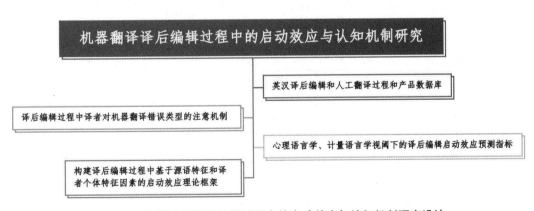

图 3-8 机器翻译译后编辑过程中的启动效应与认知机制研究设计

为了探索哪些源语特征和译者个体特征因素会引发译后编辑过程中的启动效应。本课题分了 4 个子课题:①构建英汉译后编辑和人工翻译的过程和产品数据库,找到机器翻译译后编辑相比于人工翻译特有的错误;②基于 Yamada(2019)的忠实度错误类型注意机制框架,旨在考查机器翻译错误类型对译后编辑过程中注意资源分配的影响,即哪些机器翻译错误对译者有正启动效应（即被译者忽视），哪些具有负启动效应（即译者关注到错误，但不知如何修正）；③基于心理语言学、计量语言学相关文献，挖掘译后编辑启动效应的预测指标；④考查引发译后编辑过程中启动效应的源语特征和个体特征因素。可以说，这3个子课题是层层递进，最终落实到源语特征和译者的个体特征因素上，因为源语特征的确可以帮助译后编辑工具者完善、优化译后编辑工具界面；而译者的个体特征因素的确定则可以指导译后编辑实践。这两方面也是本课题的最终目标，进而消减译后编辑过程中的启动效应。

3.3.3　基于混合方法的研究设计

　　量化研究方法的目的主要考查影响某一结果的因素、干预的实用性和预测结果的变量，一般来说，量化研究方法有问卷法和实验法。而如果某一概念或现象鲜被研究，或研究者不知道有哪些值得研究的变量，则可以使用质性研究方法，质性研究方法有访谈法和观察法。但值得注意的是，我们要区分量化/质性方法、数据和量化/质性研究。量化/质性方法、数据主要是以数据收集方法为界定依据，而量化/质性研究则主要以研究目的为界定依据。质性数据也可以用来开展量化研究。例如，徐锦芬、陈聪（2018）的其中一个研究问题是："更高的认知要求对学习者完成任务过程中的注意分配有什么影响？"该研究设计了3组口语任务：①少因素/多因素；②此时此地/彼时彼地；③无推理要求/有推理要求。在被试完成口语任务后，主试要求被试接受刺激回忆访谈，即研究者让被试观看其完成任务的录像，在遇到停顿、重复、重组或自我修正的地方，主试暂停录像，此时被试需要汇报其当时的所思所想。一般来说，刺激回忆访谈录音是质性数据。但徐锦芬、陈聪（2018）根据已有研究的标注框架，将注意分配分成"概念化""句法编码""语音编码"和"词汇选择"，然后再统计在每个注意分配下的频数，最后再用Mann-Whitney U 检验比较不同任务的两个水平下在注意分配上的差异。这一案例则是把质性数据转化为量化变量，开展量化研究。

3.3.3.1　量化数据与质性数据结合的混合研究设计

　　在人文社会科学研究领域，越来越多的研究采用混合研究设计，即把量化数据和质性数据"结合"，以更加深入地回答研究问题。Creswell & Creswell（2018）提出，混合研究设计主要分为3类：①趋同性（convergent）；②解释顺序型（explanatory sequential）；③探索顺序型（exploratory sequential）。

　　趋同性设计是指量化和质性数据在同一阶段收集，然后在数据分析时，考查这两类数据得出的研究结果是否一致，或把质性数据转为量化变量（quantitative variables），然后考查趋同性。例如，Wu(2019)考查了文本特征(如词汇、句法和语篇指标)对学生视译的感知难度(perceived difficulty)、忠实度和流利度的影响。其中的一个研究问题是："How do source text characteristics correlate with perceived difficulty and ST performance?"为回答这一研究问题，该研究不仅用量化的研究方法，考查文本特征与上述因变量之间的相关性；还让被试通过查阅视译的原文和回听他们自己的视译录音，来撰写反思日志，汇报其在视译过程中遇到的所有难点。该研究通过对比量化的相关性分析和质性的反思日志，发现质性研究可以探索出量化研究无法发现的问题。例如，Wu(2019)发现，无论是在量化还是质性研究中，生僻词和长句段都是视译的难点。但质性研究还发现其他的翻译难点，如数字、正式词汇和修辞风格。我们也可以发现，如果两类数据不趋同，则往往是质性数据更为丰富，可弥补量化数据的不足之处。这也是趋同性设计的魅力所在。

解释顺序型设计是指研究者先开展量化研究，考查自变量与因变量之间的关系，然后再收集质性数据，用质性数据来解释量化研究的结果。我们还是以 Wu(2019)的研究为例。该研究的第二个研究问题是："How do text characteristics, mediated by cognitive process, influence ST performance?"该研究问题旨在考查导致视译过程中某些特定原文特征对译者产生困难的认知因素。该研究问题是第一个研究问题"How do source text characteristics correlate with perceived difficulty and ST performance?"的进阶。因为第一个研究问题关系的是哪些原文特征会对视译表现产生影响，而第二个研究问题是考查造成这些影响的认知因素，侧重解释第一个研究问题的研究发现。为了解决该研究问题，Wu(2019)也是通过对被试的反思日志进行编码，进而确定了 4 个认知因素，即解码、无法向前阅读、搜寻信息和浅层次加工。

探索顺序型与解释顺序型不同，因为探索顺序型是先开展量化研究，然后再开展质性研究，而解释顺序型则恰恰相反，即先开展质性研究，对质性数据进行分析，然后提出有待验证的假设，再用量化研究的方法去验证假设。Läubli et al.(2022)尝试考查计算机辅助翻译工具中的文本呈现方式对译者表现的影响(见表 3-6)。该研究设计的精妙之处在于：①先设计访谈，考查职业译者对于(理想)计算机辅助翻译软件的界面态度，从而为下一步实验研究奠定基础，而且在设计访谈提纲时，研究者一开始并没有引导被试关注目前计算机辅助翻译界面的问题，而是希望被试自发地提出自己的看法；②设计独立任务考查翻译表现，即通过设计文本重新产出任务，以考查译者输入译文的表现；通过设计错误识别任务，以考查译者对机器翻译或翻译记忆提示中忠实度错误的识别表现；通过设计译文修改任务，以考查译者对于译文中衔接问题的识别表现。而如果观察译者在自然状态下的翻译过程，则很难单独考查文本呈现方式对这些子任务的影响情况，容易引入混淆变量。需要注意的是，基于访谈的研究设计旨在考查自变量的设计，而提出研究问题的依据还包括文献依据，主要是针对因变量，例如 Läubli et al.(2022)还设计了错误识别任务，正是由于已有文献指出，被试容易忽视机器翻译或翻译记忆提示中的忠实度错误。值得注意的是，该研究在被试选择、报酬的分配、字体/字号、时间压力设计上也遵循行业标准或情况，在一定程度上提升了实验的生态效度。

表 3－6　Läubli et al.(2022)的研究问题、依据和研究设计

研究问题	提出研究问题的依据	研究设计
文本呈现方式如何影响译者的表现？ (1) 句段切分和上下布局如何影响译者输入译文的速度和准确率？ (2) 句段切分和上下布局如何影响译者识别译文忠实度错误的速度和准确率？ (3) 句段切分和上下布局如何影响译者识别译文衔接问题的速度和准确率？	文献依据： (1) 句段呈现方式影响译者的工作流程； (2) 译者容易忽视翻译记忆或机器翻译系统的错误。 实证依据：8 位职业译者对于文本呈现方式的态度存在不一致的情况。	**访谈：** 8 名全职业译者 工作经验：0.5～13 年 CAT 使用经验：0.5～9 年 访谈提纲： (1) 询问职业译者理想状态的 CAT 界面； (2) 如果被试没有主动提及，则引导被试关注句段切分对于翻译表现的影响。 **实验研究：** (1) 文本重新产出任务(不允许复制粘贴)； (2) 错误识别任务(每篇文章操纵一个增译、漏译、错译和无错误)； (3) 译文修改任务(每篇文章操纵一个误译回指，或命名实体)。 **实验材料与操纵：** 2017、2018 世界机器翻译大会的职业译者译文； **实验界面：** (1) 句段形式、左右布局； (2) 句段形式、上下布局； (3) 文档形式、左右布局； (4) 文档形式、上下布局。 字体、字号选择 **被试选择：** 译者资质分布、报酬符合市场情况。 **实验环境：** 设计时间压力，但避免固定时间限制。 **问卷设计：** 实验前后考查被试对于文本呈现方式的态度

3.3.3.2　更为复杂的混合研究设计

我们已经介绍了 Creswell & Creswell(2018)提出的混合研究设计的 3 个主要分类，并结合具体案例加以阐释。但需要注意的是，上述混合研究设计并非混合研究设计的全部。笔者在自己的文献阅读过程中，还发现更复杂的混合研究设计：量化和质性数据同时收集，但并非进行趋同性研究，即考查量化和质性数据得出的结果是否一致或相似（这类研究往往把量化数据和质性数据作为因变量来考查）。该设计将量化数据作为自变量，将质性数据作为因变量，考查量化数据和质性数据的关系。Vieira(2017)的译后编辑的有声思维和眼动追踪研究就是一个比较典型的例子。Vieira(2017)旨在考查译后编辑过程中译者的认知努力和心理过程之间的关系。为解决该研究问题，该研究招募了两组同质的被试，一组被试完成译后编辑的有声思维任务，即在译后编辑过程中口头汇报自己的所思所想，以表征译者在译后编辑过程中的任务焦点；另一组被试完成眼动追踪任务，用眼动数据来表征译者在译后编辑过程中的认知努力。之所以这样设计，主要考虑到有声思维和眼动追踪法的局限性，这两种方法各有利弊。眼动追踪任务可以测量译者在译后编辑过程中的认知努力，可以作为有声思维报告的分析框架，但被试在该任务中由于技术限制，不能通过上下文语境来阅读原文。而有声思维任务则可以提供质性的细节，考查译者在译后编辑过程中的心理过程，这是眼动追踪任务中考查不到的现象，但有声思维任务可能会干扰被试的认知过程，因此有声思维数据不能用来表征认知努力。为此，该研究就没有仅收集一组有声思维数据，而是让另外一组被试完成眼动追踪任务，以弥补有声思维报告的局限性。该研究设计的精妙之处在于，使用了眼动追踪任务中的 3 个指标，即平均注视时长、标准化注视次数和主观认知努力评估，以对所有译后编辑的句段按照认知努力的层级分为"High""Medium"和"Low"。这种聚类方法就作为统计建模中认知努力这一自变量的 3 个水平。而被试在有声思维任务中的任务焦点，如词汇、语法/句法和语篇则以二分变量记录（Y 代表"存在此类心理活动"，N 代表"不存在"），以便拟合混合效应模型（见表 3-7），从而回答研究问题。

通过这一混合研究设计，研究初学者可以汲取以下几点经验：①统计方法有助于研究设计：Vieira(2017)用了 Wilcox-Mann-Whitney 检验来考查两组被试在二语水平、翻译经验和对待机器翻译态度上是否存在显著差异；也用了 Weka toolkit 对眼动追踪任务中的句段进行认知努力的聚类分析，以确定自变量的三个水平；这些统计方法有些是基础，有些是高级统计方法。如果基础的 Wilcox-Mann-Whitney 检验没有掌握，那么就无法在收集数据的过程中对已收集被试的人口学信息进行统计检验；而如果在收集数据前，研究者心中没有变量意识，即研究者大脑中没有呈现表 3-7 中的结果，那么就无法设计自己的研究,也无法回答研究问题;②考虑生态效度和研究数据质量问题:该研究者要求被试尽可能快地完成译后编辑任务,也是希望模拟真实的译后编辑环境,让数据更加可靠;同时,为了确保眼动数据质量,该研究者以单句形式呈现原文,且用了Paas(1992)这一认知努力量表,而非NASA量表(Sun & Shreve,2014),这也足以说明研究者对数据收集工具非常熟悉,说明该研究者设计实验非常有条理性(详见:1.4.3 优秀思辨者的修炼)。

表 3 - 7　基于 Vieira(2017)实验设计的数据表格式

被试	任务类型	句子编号	认知努力	编码单位	词汇	语法/句法	语篇
P01	Think-aloud	S01	High	···	Y	N	N
P01	Think-aloud	S02	Medium	···	N	N	Y
P02	Eye-tracking	S01	High				
P02	Eye-tracking	S02	Medium				

第4章 实证研究论文的写作、投稿与修改

4.1 实证研究论文写作技巧拆解

笔者在"2.4.5 思辨性阅读与文献引用"中提到,我们在论文写作过程中做"文献引用"是为了融入"学术对话"。如果我们论文写作过程中能够把自己的话讲好,那么别的研究者则会关注到我们的论文,与我们的论文进行"对话"。而如何把自己的话讲好,则需要一定的体裁分析意识(Englander,2014),即对论文各部分(摘要、引言[①]、研究设计、结果与讨论)的修辞结构有一定的了解,这样才能把自己要传递的信息清晰地呈现给读者。

4.1.1 引言:最重要且最难写的部分

实证研究论文正文部分的结构与沙漏很像(Englander,2014:40),最上端是引言,通常会从比较宽泛的话题逐渐缩小到研究者自己的研究问题,这就好比沙漏的上半部分;而中间部分则是针对研究问题进行研究设计或用研究方法收集数据,再进行数据分析;而讨论部分则基于自己的研究发现与引言中提到的文献进行呼应,这也是引言和讨论部分结构"对称"的原因。

研究初学者可能不重视引言(Englander,2014:41),而更重视研究方法。但引言部分的重要性不亚于研究方法,因为根据笔者的审稿和投稿经验,期刊编辑部最关心的可能就是稿件的引言部分。引言的主要作用就是告诉读者本研究领域的重要性和研究动机,前人研究的进展和不足,以及本研究打算如何开展自己的研究。期刊编辑部可能对研究具体是如何开展的、是否科学严谨并不在行,这是外审专家负责的内容。期刊编辑部可以从引言部分看出研究者是否从已有的文献中找到"重要"的"科学问题"。请注意这里的措辞,也就是说研究者通过引言要清晰地让读者知道,自己研究的领域很重

---

① 鉴于不同期刊的要求不尽相同,有些期刊会将文献综述与引言区分开。鉴于引言的写作难度相对较大,笔者在此章节重点介绍国际上比较流行的引言修辞结构,并同时介绍引言中的文献综述与独立文献综述的区别。

要，而且找到了真正的科学问题或者是找到了真正的"研究空白"。如果无法满足上述要求，期刊编辑部可能会直接拒稿，根本不会给送外审的机会。这足以说明引言的重要性。

我们经常会听到一个观点，即引言部分可以放在论文的后期再写，可以先把数据分析部分写好。[①] 笔者对此持保留态度。对于研究初学者来说，尤其要重视引言的写作，因为很多时候，初学者可能过于注重研究方法的细节，而忽视了自己宏观的研究目的或研究问题。笔者的建议是，对于初学者，可以先在研究设计或数据收集前就把引言部分写好，这样做的目的就是时刻提醒自己"不忘初心"，即自己的研究目的与研究问题，因为后期的研究设计或数据收集都会和研究目的与研究问题相关联，如果前期对研究目的和问题这一基础没有夯实，那后续研究做得再严谨，也是徒劳。这一点和写作过程本身类似，写作过程一般分为三个过程，即计划、将想法转成文字和审校（Hayes & Flower，1980）。而引言其实类似于计划的过程，初学者可能不会花特别多的时间进行规划，而专业写作者会花很多时间在脑海中进行规划，然后才开始真正动笔。

同时，引言是实证研究论文中最难写的一部分（Swales，1990：137）。其难点主要在于"决策"，比如在引言部分该呈现"多少量""什么类型"的背景信息，如何表达自己的立场，如何吸引读者（Swales，1990：137 - 138）。笔者在本节主要关注的是引言的修辞结构，也就是关注引言该呈现"多少量""什么类型"的背景信息。而关于如何表达自己的立场和吸引读者，可详见"4.2 实证研究论文的语言润色特征"。

关于引言的修辞结构，最为著名的要属 John Swales（1990/2004）的 CARS 模型。该模型基于生态隐喻，将引言比作"创建研究空间"，可以用来描写大量实证研究论文的引言的修辞结构。该模型将引言分为三大语步（moves），其中每个语步都可以进一步细分为不同的语阶（steps）。根据 Swales（2004：228 - 229）的定义和阐释，语步是一个话语或修辞单位，其在书面和口头话语中具有连贯的交际功能。语步的切分比较灵活，可以是小句，也可以是多个句子，换言之，语步是功能单位，而非形式单位。这三个语步分别是：

语步 1：建立研究领域（establishing a territory）；

语步 2：建立研究地位（establishing a niche）；

语步 3：展现当前研究（presenting the present work）。

通常来说，一项实证研究的引言部分首先会梳理已有研究（语步 1），其次发现研究

---

① 详见 https://www.researchgate.net/post/What-is-an-ideal-approach-to-start-writing-different-sections-of-research-papers-Which-section-should-be-written-first-and-which-should-be-later。

的不足(语步 2),最后提出本研究的目的,从而占据研究地位,凸显自己的研究(语步 3)。但也有例外,例如根据 Swales & Najjar(1987)的语料库分析,在 110 篇实证研究论文引言中,有 10 篇论文的引言直接以语步 3 开篇。对于初学者来说,以 Swales(1990/2004)的 CARS 模型为标准比较稳妥。

语步 1 分为 3 个语阶,即

语阶 1:宣称中心地位(claiming centrality);

语阶 2:概述话题(making topic generalizations);

语阶 3:回顾已有研究内容(reviewing items of previous research)。

其中,语阶 1 的目的是强调研究领域的重要性、趣味性或争议性(Swales & Feak,2004:244);语阶 2 的目的是对研究话题,例如知识、实践或现象(Swales & Feak,2004:146)进行陈述。一般来说,语阶 1 出现在语阶 2 之前,而如果引言的开篇就是介绍研究话题本身,那么显然无法吸引读者的眼球(Swales,1990:145)。而语阶 1 和语阶 2 在语步 1 中都不是必选项,但语阶 3,即回顾已有研究内容是必选项(Swales & Feak,2004:244)。因此,在语步 1 中,文献引用也是必选项。

在 Swales(1990)的模型中,语步 2 仅有 1 个语阶,但有 4 种不同形式,即

语阶 1A:反驳观点(counter-claiming);

语阶 1B:指出研究不足(indicating a gap);

语阶 1C:提出疑问(question-raising);

语阶 1D:延续传统(continuing a tradition)。

但 Swales(2004)注意到 Chu(1996)的观点,即有些研究不足,比如"缺乏……""局限于……"和"存在……的问题"其实并不属于"研究空白",而应该属于在已有研究基础上进一步深入。为此,Swale(2004)在修正的模型中剔除了 Swales(1990)的"反驳观点""提出疑问",并把"延续传统"更改为语阶 1B:"补充已知"(adding to what is known)。此外,Swales(2004)注意到 Samraj(2002)的一个发现,即在指出研究不足或补充已有知识后,往往会交代正面论证,但这一语阶并不是在所有学科都出现。但 Swales(2004)还是补充了这一语阶 2:交代正面论证,因此语步 2 中的文献引用不是必选项,但也有可能出现。从 Swales(2004)对于语步 2 中的语阶进行修正的过程,我们可以发现:①理论框架或多或少存在局限性,而找出局限性的方式之一就是细致观察(语言)现象,这也是研究初学者可以借鉴、学习之处;②建立研究地位的方式有两种:找到研究空白和补充已有知识。对于初学者而言,可能更适合第二种,即在已有研究的基础上更进一步,具体案例详见"3.2.4 实证研究论文的创新切入点"。

根据 Swales(2004)的模型,语步 3 分为 7 个语阶,包括

语阶 1:描述当前研究和/或交代研究目的;

语阶 2:呈现研究问题或假设;

语阶 3:定义阐释;

语阶 4:总结研究方法;

语阶 5:阐述主要研究发现;

语阶 6:陈述研究意义;

语阶 7:罗列文章的提纲。

语步 3 中的语阶 1 是必选项;语阶 5 在人文社科领域(如教育心理学)则很少出现,而在自然科学研究领域(如物理学)则比较多见(Swales & Najjar,1987);语阶 7 在大多数领域的研究论文中并不多见,但在学位论文中比较常见。这应该是因为学位论文的篇幅较长,作者需要交代论文的结构,以便读者对全文框架有清晰的认识。

我们可以发现,在 Swales(1990/2004)的语步模型中,每个语步都涉及一些非必要的语阶,如语步 1/语阶 1、语步 2/语阶 2 和语步 3/语阶 6,这些都与"评价"有关。之所以是非必要语阶,取决于多因素的影响,如研究的性质、作者的意愿和学术地位,以及学科规范(Swales,2004:232)。而 Swales(2004:232)建议,虽然不是必选项,但是在引言部分如果就阐述自己的研究意义、对研究地位进行正面论证,则可以给读者留下深刻印象。笔者也认同这一观点,特别是对于研究初学者来说,更应该凸显这些语阶,以更好地宣传自己的研究。

综上所述,实证研究论文的引言部分修辞结构如图 4-1 所示:

值得注意的是,在人文社科研究领域实证论文的引言,经常会出现语步 1/语阶 3 和语步 2 之间的循环(见图 4-1),即在梳理完前人研究、指出研究不足后,并没有直接引出自己的研究目的,而是再梳理前人的其他研究发现,再指出一些不足;直到全部的研究不足都介绍完后,才展示自己的研究(语步 3)。这种情况在 Swales(1981)最早的"4语步"模型中并没有发现,因为他当时的语料库仅涉及篇幅"较短"的引言,而这种语步循环的现象在较长的引言中更为常见。Swales(1990:140)发现了这一问题,这也是 CARS 模型的一大特色,值得研究初学者在引言撰写过程中关注。

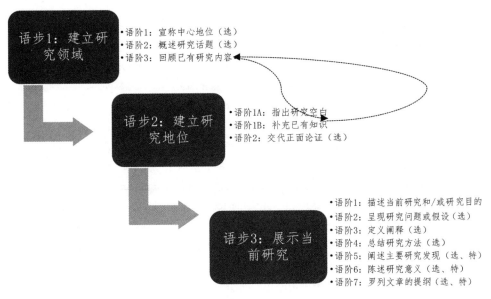

图 4 - 1　实证研究论文引言修辞结构

上述语步循环的情况在自然学科研究领域更为常见（Swales，1990：139）。其中主要原因可能有：①人文社科研究领域的引言通常较长，而越长的引言，语步循环的概率越大；②自然科学研究领域的研究传统更像是线性和渐进式，而人文社科领域更像是分支型，其研究不足之间可能缺乏联系，因此为了逻辑连贯，则倾向使用语步 1/语阶 3 和语步 2 的循环（Swales，1990：159）。在笔者看来，造成语步循环的原因可能还与研究设计本身有关，即如果是多因素设计（Daems et al.，2017b），或前人研究不足来自不同维度（Niu & Liu，2022），那语步循环的可能性比较大；而如果是单因素设计，那线性的语步模式可能性比较大（Nahatame，2021）。

Englander（2014：45）认为，模仿优秀论文的引言是非常有必要的。但大多数学术英语研究者在介绍引言部分写作时并没有结合具体的研究设计展开，这不利于深入理解语步循环的原因。接下来，笔者将列举两个案例：案例 1 是单因素设计（Nahatame，2021）；案例 2 是双因素设计，且前人研究不足来自不同的维度（Niu & Liu，2022）。在介绍案例的过程中，笔者会对引言的 3 个语步，以及每个语步下面的具体语阶进行深入分析，以便研究初学者更好地掌握实证研究论文引言的修辞结构。

案例 1：单因素设计（Nahatame，2021）

Nahatame（2021）主要利用实验研究和语料库研究方法，考查了文本可读性与二语阅读中的加工努力之间的关系，旨在验证不同可读性公式的构念效度。该文发表在《语言学

表 4 - 1　Nahatame(2021)的语步/语阶分析

语步 1	**Introduction** To develop reading skills, students should read texts that are "not too easy, not too difficult, but just right" (McNamara, Graesser, McCarthy, & Cai, 2014, p. 9). Therefore, measuring *text readability* has been an important issue among educators, reading researchers, material writers, and publishers.	语阶 1
	So far, numerous formulas have been developed to assess English *text readability*. Many of them are traditional readability formulas that typically rely on superficial text linguistic features such as word and sentence length. Others have been more recently developed and employ natural language processing tools or techniques for computational analysis of text to specifically include indices of linguistic features more closely related to text processing and comprehension.	语阶 2
	Although classic studies have reported high correlations between traditional readability formulas and observed text comprehensibility (Chall & Dale, 1995; Fry, 1989; Greenfield, 1999), recent studies have found that the newer formulas are better than traditional	语阶 3
	ones at estimating *text comprehensibility* both in first language (L1) and second language (L2) reading (Crossley, Allen, & McNamara, 2011; Crossley, Greenfield, & McNamara, 2008; Crossley, Skalicky, & Dascalu, 2019; De Clercq et al., 2014).	
语步 2	However, most readability studies have focused on *comprehension* rather than text processing,	语阶 1A
	even though text processing has been included in many definitions of readability (e.g., Crossley et al., 2019; Dale & Chall, 1949; Richards & Schmidt, 2013).	语阶 2
语步 1	Previous studies have found a significant relationship between text simplification levels, confirmed by several linguistic features, and L2 readers' text processing speed (e.g., Crossley, Yang, & McNamara, 2014; Kim, Crossley, & Skalicky, 2018),	语阶 3
语步 2	but few have directly assessed the performance of readability formulas for predicting the processing effort required to read L2 texts.	语阶 1B
语步 3	Therefore, the current research examined the potential of different readability formulas, including both traditional and newer formulas, for predicting the processing effort involved during L2 reading.	语阶 1
	It analyzed readers' eye movement patterns as a more precise measure of natural text processing.	语阶 4
	The resulting findings can provide insight into the use of readability formulas for L2 texts in terms of processing effort and can provide theoretical implications for the cognitive processes involved in L2 reading.	语阶 6

习》(*Language Learning*)(语言学类一区)上,具有一定的代表性。通过表 4-1 可知,总体而言,该引言的结构比较清晰。前两句先介绍了文本可读性测量对于阅读教学、研究、教材编写者和出版社都具有重要意义,属于语步 1/语阶 1。随后的 3 句话概述了可读性公式的运用情况,即很多可读性指标仅关注词汇和句长等表层文本语言特征,而其他可读性公式则利用自然语言处理技术或工具开发了与文本理解和加工更加密切的可读性公式语言特征,属于语步 1/语阶 2。在语步 1 的最后,我们可以发现明显更多的文献引用,交代了虽然传统可读性公式与文本理解能力之间存在高度相关性,但新型可读性公式无论在一语和二语的阅读理解中的预测力更好,属于语步 1/语阶 3。然后,接下来这句话另起一段,指出了已有研究的问题,或相对立的观点,即已有研究大多关注文本可读性公式对阅读理解的预测力,但没有关注可读性的另外一个层面,即文本加工(text processing),这属于强调已有研究的对立面的重要性,属于语步 2/语阶 1A。

(1)文献综述与已有研究问题/不足的关系。 值得注意的是,语步 1/语阶 3 和语步 2/语阶 1 之间有很好的<u>词汇衔接</u>,即 text comprehensibility→comprehension。也就是说,Nahatame(2021)指出已有研究的问题或不足是与回顾已有研究(或称"文献综述")的内容相匹配的。而研究初学者往往容易犯的错误是,文献综述部分(即语步 1/语阶 3)与建立研究地位(即语步 2/语阶 1)脱节。根据笔者的经验,对于(英语非母语)初学者来说,在引言部分容易堆砌冗余的背景信息。也就是说,初学者往往倾向把自己阅读过的文献都罗列在文献综述中,以彰显其阅读面广泛,但他们忽视了文献综述的目的,即找到前人研究的不足,并针对这些不足提出自己的研究方案。接下来,我们先讨论一下导致引言"冗余背景信息"的原因。

(2)实证研究论文中的文献综述与独立成篇的文献综述。 导致初学者文献综述与已有研究问题/不足(或称"语步 2:建立研究地位")脱节或引言部分冗余信息过多的原因可能是初学者没有厘清实证研究论文中的文献综述和独立成篇的文献综述的区别。正如"2.1 文献的分类"中所述,人文社科研究论文中比较常见的综述类型有准系统性综述,这类综述通常会梳理一个研究领域不同方向的研究,其目标是展望整个研究的未来方向。这类文献综述可以算作"独立成篇的文献综述",但这样的综述通常是给刚入门的研究者阅读,旨在帮助他们快速了解该研究的总体概况。而实证研究论文的文献综述的写法则不同,这类综述的内容要与研究问题直接挂钩,也就要做到"文献综述"↔"已有研究不足"↔"研究问题"相辅相成,一脉相承。对于实证研究来说,具体做法是按照自变量和因变量梳理文献。例如,笔者发表在《外语教学与研究》的文章考查的是机器翻译错误类型与译者个体特征因素对机器翻译译后编辑和人工翻译注意资源分配的影响(钱家骏等,2022)。从这一研究内容可以看出,该论文的自变量是机器翻译错误类型、译者的个体特征因素,而因变量是译者在机器翻译译后编辑和人工翻译过程中所分配的注意资源。为此,该论文的文献综述部分就分成了三块:①机器翻译错误类型框架;②机器翻译错误类型对译后编辑和人工翻译注意资源分配的影响;③译者个体特征对译后编辑注意资源分配的影响。而这三块综述的内容也与研究问题相匹配。

我们再回到 Nahatame(2021)引言的修辞结构分析上。细心的读者可能会发现,在语步 2/语阶 1A 结束后,又出现了语步 2/语阶 2,即 Nahatame(2021)在指出已有研究不足后,又给出正面的论证,但方式比较委婉:

> However, most readability studies have focused on comprehension rather than text processing, *even though* text processing has been included in many definitions of readability (e.g., Crossley et al., 2019; Dale & Chall, 1949; Richards & Schmidt, 2013).
>
> ——摘自 Nahatame(2021)的引言部分

从上述表述中,我们可以看到作者用了 even though,是想侧面论证研究可读性公式对于二语文本阅读加工的影响是有理论依据的,因为在许多可读性公式的定义中,确实不仅包括文本的理解层面,还包括文本的加工层面。但正文中并没有体现 reason 之类的词,因此用 even though 的表述相对委婉。

同时,我们还可以发现,在语步 2/语阶 2 后,又出现了语步 1/语阶 3,接着又出现语步 2,形成了语步 1/语阶 3 与语步 2 的循环。这说明 Nahatame(2021)又开始回顾已有文献,那他回顾文献的目的是什么呢? 我们仔细阅读下面这段话:

> Previous studies have found a significant relationship between text simplification levels, confirmed by several linguistic features, and L2 readers' text processing speed (e.g., Crossley, Yang, & McNamara, 2014; Kim, Crossley, & Skalicky, 2018), but few have directly assessed the performance of readability formulas for predicting the processing effort required to read L2 texts.
>
> ——摘自 Nahatame(2021)的引言部分

我们可以发现,这段话说的是前人研究发现文本的语言学指标与二语阅读加工速度存在显著的相关性(语步 1/语阶 3),但真正直接考查可读性公式与二语阅读加工努力的研究较少(语步 2/语阶 1B)。也就是说,虽然 Nahatame(2021)在第一个语步 2 中已经说明了目前可读性公式研究较少关注可读性公式与二语阅读加工的关系,但第二个语步 1/语阶 3 表明,目前已有研究已经开始关注第一个语步 2 中提到的问题了,即二语文本的加工努力已经有研究者在做,只是相对"零散"或不成体系,并没有用可读性公式,这也是笔者将第二个语步 2 的语阶命名为语步 2/语阶 1B 的原因,也就是补充已有知识。这从一定程度上也可以反映研究者的严谨。

那读者可能会问:既然 Nahatame(2021)这篇文章是单因素设计(可读性公式对二语文本加工努力的影响),为什么引言部分会出现语步循环呢? 其实,我们可以发现,Nahatame(2021)的语步 1/语阶 3 与语步 2 的循环属于"小循环",总体引言的修辞结构趋势还是相对"线性"的。这一循环是为了补充说明与 Nahatame(2021)的"相关"研究还是有的,以凸显其严谨性。也就是说,该引言的第二个语步 1/语阶 3 和第二个语步 2 其实都与第一个语步 2 直接相关。

通过阅读 Nahatame(2021)引言可以发现,语步 3 包括 3 个语阶,即语阶 1 描述当前研究(即考查传统和新型可读性公式对于二语阅读中的加工努力的预测力),语阶 4 总结研究方法(眼动追踪法),语阶 6 陈述研究意义(从加工努力角度为二语文本可读性公式使用提供参考,同时为二语阅读的认知过程提供理论启示)。在 Swales(2004)看来,语步 3/语阶 4 是可选项,而 Nahatame(2021)之所以在语步 3 中陈述研究方法,可能是因为这与他的研究创新点有关,细心的读者可以发现其中用词的微妙之处:*more precise measure*。

more precise measure 恰恰体现了 Nahatame(2021)的研究创新点,即眼动追踪法比传统的自定步速阅读研究范式更加能精确地测量自然文本的阅读加工过程。也就是说,语步 3/语阶 4 介绍研究方法的目的,其实是凸显研究创新点,或者说是"宣传"自己的研究,这一修辞目的与语步 3/语阶 6 类似。

我们也可以发现,Nahatame(2021)的引言既包括语步 1/语阶 1、语步 2/语阶 2,也包括语步 3/语阶 4 和语步 3/语阶 6,这与 Swales(2004:232)的建议一致,通过利用这些语阶,可以更好地凸显自己的研究意义,给读者留下深刻印象。而且,有意思的是,Nahatame 本人也是青年学者,而一些资深学者的引言则较少出现这些语阶(如 Carl & Báez,2019)。

(3) 引言中的文献综述和正文中的文献综述。细心的读者可能会发现,Nahatame(2021)在引言后面还有专门的文献综述。那引言部分的文献综述和文献综述有什么区别? 笔者根据 Nahatame(2021)的引言和文献综述,梳理出引言和正文中文献的核心点(见图 4 - 2)。

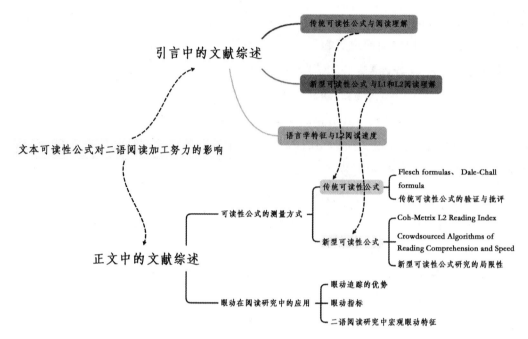

图 4-2 引言部分和正文部分文献综述的核心点

我们可以发现,无论是引言,还是正文部分的文献综述,都是围绕研究问题展开,即文本可读性公式对二语阅读加工的影响。引言中的文献综述更多的是注重可读性公式与阅读理解,从而引出前人研究的不足之处,即没有怎么关注可读性公式对二语阅读加工的影响。而正文部分的文献综述则是针对研究问题中的核心概念或理论构念及对应的相关研究进行了深入综述,即传统和新型可读性公式的介绍,以及相关研究不足。同时,由于该研究相较于传统自定步速阅读研究,在研究方法上有所创新,用了眼动追踪技术,因此该研究还特地对眼动追踪技术的优势、阅读研究中的眼动指标做了综述。该研究旨在考查整个语篇的阅读加工努力,因此也对二语研究中的宏观眼动特征做了综述。总之,Nahatame(2021)对眼动在阅读研究中的应用做综述的目的有二:①为了佐证眼动追踪相比传统自定步速阅读来研究阅读过程的优势;②为了在讨论部分与Nahatame(2021)自己的研究发现进行对比。

总结来说,引言中的文献部分是为了提出研究核心的研究问题,而正文中的文献综述部分则是把与研究问题相关的核心概念或理论构念,以及相关研究进行综述,以便和自己的研究进行对比。掌握引言部分和正文部分文献综述的差异对初学者来说特别重要。

接下来,我们看一下一个双因素设计的研究案例(Niu & Liu,2022)。这个研究的引言部分的一大特色就是出现了语步 1/语阶 3 和语步 2 的大循环(见表 4 - 2)。

案例 2:双因素设计(Niu & Liu,2022)

表 4 - 2　Niu & Liu(2022)的引言部分语步/语阶分析

段落	语步/语阶	语言表征
段落 1	语步 1/语阶 1	As an advanced cognitive process,syntactic parsing constitutes an *important* stage during human language processing...
	语步 1/语阶 2	For an incremental language parser that takes one incoming word at a time(Covington,2003;Liu,2008),...
段落 2	语步 1/语阶 3	Such an account that links syntactic distance directly to processing difficulty is *widely assumed* in the literature(e.g.,Hawkins,1994,2004;Hudson,1995;Yngve,1960)...
	语步 2/语阶 1B	While these studies have contributed to our understanding of language processing,they have also been *questioned* due to the *limited materials* used in the experiments(Demberg & Keller,2008;Liu et al.,2017;Shain et al.,2016).
	语步 1/语阶 3	To overcome this challenge,Demberg and Keller(2008)carried out the first large-scale evaluation...
	语步 2/语阶 1B	...,but at the same time points out the need for a *more broad-coverage distance metric*.[1] Constrained by the scarcity of such corpora, however,there have *not been many attempts* in this regard,leaving the issue unresolved.
	语步 1/语阶 3	As DD is *becoming more and more widely* applied in relevant fields as a syntactic difficulty metric(see Liu et al.,2017 for a review)
	语步 2/语阶 1B	there has been *a lack of efforts* to test its validity using psycholinguistic data.
	语步 3/语阶 1	This study therefore aims to fill the gap.

段落	语步/语阶	语言表征
段落 3	语步 1/语阶 3	It has been proposed that in addition to distance, the relative placement of two syntactically related words *may also* have an impact on language processing (e.g., Hawkins, 1994, 2004; Yngve, 1960).
	语步 2/语阶 1B	Insightful as it is, this hypothesis has *not received much empirical validation*; the conclusions drawn in the area have been contradictory due to the *limited materials* tested (e.g., Frazier & Rayner, 1988).
	语步 1/语阶 3	Furthermore, these studies mostly used the ternary subject-verb-object relation…
	语步 2/语阶 1A	ignoring other types of syntactic relations in the language.
	语步 2/语阶 2	This has limited the generalizability of the conclusions.
段落 4	语步 3/语阶 1	Given the above background, the current study attempts to examine…
	语步 3/语阶 4	To avoid methodological weakness and to obtain converging evidence from language comprehension and production, both quantitative linguistic analyses and psycholinguistic experiments were carried out…
	语步 3/语阶 2	Specifically, the following research questions were raised:…
段落 5	语步 3/语阶 7	These questions, which are addressed in …

从表 4 - 2 可以看出，Niu & Liu（2022）的引言篇幅较长，共有 5 个自然段，而 Nahatame（2021）的引言仅有 2 个自然段。而且，Niu & Liu（2022）的引言部分出现了 5 次语步 1/语阶 3 和语阶 2 的循环。但不同循环的原因不同，我们结合具体的研究问题来逐一分析。该论文的研究问题是考查依存距离（或称"句法距离"）和依存方向（或称"词序"）对语言加工的影响。在第一段，该研究凸显了研究领域的重要性，即句法分析是人类语言加工的重要环节，属于语步 1/语阶 1;然后介绍了句法分析中一个非常重要的假设，即一个词和它的支配词之间的线性距离越大，句法加工难度也越大，属于语步 1/语阶 2。从第二段开始，该研究就开始按照研究方法综述相关研究，一方面是心理语言学实验路径，另一方面是心理语言学语料库路径。在综述的过程中，该研究采取了"边述边评"的策略，即先综述心理语言学实验路径的研究（第一个语步 1/语阶 3），然后指出研究不足，即实验材料有限（第一个语步 2/语阶 1B）。接着，该研究又综述了心理语言学语料库路径，认为该路径可以弥补实验路径的不足，但该路径用的指标是基于依

存局域理论（dependency locality theory，DLT）（第二个语步 1/语阶 3），指标范围不够广泛（第二个语步 2/语阶 1B）。于是，该研究又指出很多计量语言学家认为依存距离可以作为句法难度的指征（第三个语步 1/语阶 3），但还缺乏心理语言学实证依据（第三个语步 2/语阶 1B）。在第三个语步 2/语阶 1B 结束后，该研究明确了要从依存距离的角度考查句法加工难度，即语步 3/语阶 1A。

但该研究也明确指出，他们不仅仅关注依存距离，还会考虑词序问题对句法加工难度的影响。随后，综述了词序问题对句法加工难度影响的已有研究（第四个语步 1/语阶 3），但又指出这些研究并没有太多实证验证，实验材料也有限（第四个语步 2/语阶 1B）。接着，又梳理了相关研究所考查的指标，发现大多局限于 SVO 和 SOV 结构（第五个语步 1/语阶 3），并没有关注其他句法关系的语序（第五个语步 2/语阶 1B）。

基于上述的语步循环，该研究在第四段列出了研究内容或目标，即利用英语阅读时长语料库考查句法距离和词序对语言加工的影响（语步 3/语阶 1）。同时，该研究和 Nahatame（2021）一样，都在语步 3 中提到了研究方法创新。在 Niu & Liu（2022）的语步 3 中，他们提到了既要包括计量语言学分析，又要包括心理语言学语料库的分析（语步 3/语阶 4），然后交代了研究问题（语步 3/语阶 2）和论文结构（语步 3/语阶 7）。

我们可以发现，该研究的核心是围绕句法距离和词序这两个核心变量展开。在建立研究地位时，该研究分别就这两个核心变量的相关研究进行梳理，并指出不足。每一个核心变量下都存在各自的语步 1/语阶 3 和语步 2 的循环，而且环环相扣、循序渐进。由于该研究在指出研究不足时，既包括研究对象的不足（如第二个语步 2/语阶 1B 和第五个语步 2/语阶 1B），也包括实证依据的不足（如第三个语步 2/语阶 1B）和研究方法的不足（如第一个语步 2/语阶 1B 和第四个语步 2/语阶 1B），这也是每个核心变量内部产生语步循环的原因。由于这些研究不足比较零碎，如果合并在一起陈述，难免会增加读者的认知负担。

4.1.2 研究设计：要尽量做到"读者友好"

实证研究论文通常需要收集被试的实验或访谈数据，抑或收集一些观测语料，因此研究设计部分则必不可少。我们在"2.4.3 思辨性阅读与研究设计部分"详细介绍了在思辨性阅读过程中应该注重研究设计的各个模块，即被试选择、实验材料、数据收集与流程和数据分析方法。总体原则是，具体操作步骤要清晰、透明，以便于复制性研究，在必要时给出具体做法的理据。根据 Swales（1990：169）的观点，人文社科研究领域相比自然科学研究领域，在研究设计部分要更加做到"读者友好"。具体来说，信息呈现方式要遵照"已知信息→新信息"范式,可以通过衔接手段让观点更加连贯,而不能像理工科那样需要依靠读者已有的背景知识或体验。也就是说,人文社科研究的研究设计部分要做到"作者责任型",而不是"读者责任型"。接下来,我们分别看三个案例,以更好地理解如何在研究设计过程中做到"作者责任型"。

案例 1:生物化学领域的研究设计部分(摘自 Gilbert & Mulkay,1984:51)

Heavy beef heart mitochondria were prepared by the method of Wong and stored in liquid nitrogen. Well coupled mitochondrial particles were prepared by a modification of the procedure of Madden. These particles were used to prepare inhibition-proteindepleted particles by centrifuging under energized conditions according to the method of Gale ...

——摘自 Gilbert & Mulkay(1984:51)

上述案例中介绍了 the method of Wong、modification of the procedure of Madden 和 method of Gale。根据 Swales(1990:167)的观点,这段研究设计仅陈述了方法的名称,但没有具体展开描述 Wong/Gale 的具体方法是什么;而且,研究设计也不够透明,比如他们对 Madden 的流程进行了修正,但具体如何修正、修正的依据是什么,这些都没有交代。这种情况在理工科研究中比较常见,而且在中文人文社科期刊论文中也比较常见,详见案例 2。

案例 2:机器翻译译后编辑过程(钱家骏等,2022)

具体建模参考 Gries(2021)和 Vieira(2015),首先将所有细颗粒的错误类型放入模型中作为预测变量,然后将经模型筛选后留下的错误类型变量(详见 4.1 节)分别与受试的个体特征因素建立模型,以考查各预测变量与受试个体特征因素之间的交互效应(详见 4.2 节)。本研究主要采用 β 值来对比不同变量的固定效应,并采用 afex 程序包的 mixed()函数,通过似然比检验(likelihood ratio test)来统计交互效应。

——摘自钱家骏等(2022)

上述段落摘自笔者自己的研究设计中的数据分析部分,笔者的建模步骤参考了 Gries(2021b)和 Vieira(2016),这句话看似没问题,但笔者引用的建模步骤还是比较模糊,因为 Gries(2021b)和 Vieira(2016)有很多建模步骤,笔者并没有交代具体建模步骤是怎么样的。这是因为版面限制,应编辑部的要求,笔者删减了很大的篇幅。这是无奈之举,但研究初学者不要轻易效仿,还是要多参考同类期刊论文的研究设计部分,尽可能做到严谨、透明，以便未来研究者开展复制性研究。相比之下，Nahatame（2021）的研究设计部分则做到了"作者责任型"，详见案例3。

案例3："作者责任型"研究设计（Nahatame，2021）

The experimental texts were 21 short passages adapted from the readingsubsection of a previous Eiken test version. These texts were included as gapfilling items in the original test, but in this study, they were used with the gapsfilled. Although both short and long passages were used for the original test, this study adopted short passage items to have more experimental items thatwould enhance instrument reliability (Godfroid, 2019) and to avoid the riskof exhausting participants with a lengthy experiment. Additionally, althoughthere were single-sentence and two-sentence items in the original test thisstudy used only the two-sentence items so that it was possible to compute theindex of text cohesion for the CML2RI (i.e., word overlap between adjacentsentences). This study selected seven texts from each of three different grades(Pre-Grade 2, Grade 2, and Pre-Grade 1) to match participants' L2 reading proficiency and allow for variation in text difficulty.

——摘自 Nahatame（2021）的实验材料部分

从 Nahatame（2021）的实验材料部分，我们可以发现该研究设计指代清晰，例如在 Eiken 测试前面加了 previous，这样就可以引导读者去看上文关于这个测试的具体细节。该研究的实验材料就是基于 Eiken 测试，在介绍实验材料制作的过程中，步骤也十分清晰，且有理有据，如选取短文章，促进测试的信度、避免疲劳效应。同时，选取了两句为单位的文本，而非单句，以测量衔接指标。而且，实验材料也分成了三个难度层次，分别对应被试的二语阅读水平，而二语阅读水平也已在上文交代。总之，这段关于实验材料的研究设计步骤清晰，有理有据，指代明确，可以供研究初学者参考。

4.1.3　结果与讨论：并非简单地重述

正如前文所述，实证研究论文呈现沙漏型，其中引言由比较宽泛的研究话题逐渐聚焦到本论文的研究问题，即篇幅的基础/重点在于前人研究，而讨论部分可以看成引言的"镜像"，即从自己的研究发现出发，逐渐向外扩展，即篇幅的基础/重点在于自己的研究发现。这里的"向外扩展"是指引用前人文献，以验证、比较或对比自己的研究（Swales，2004：234－235）。上述"自己的研究发现"通常在"结果"部分呈现，而不同论文、不同期刊的具体做法不完全一致。有的期刊/论文倾向于把结果与讨论部分合并，而有的则倾向于分开，有的研究涉及多个实验，则会在最后一个实验的结果与讨论部分结束后,再增加一个"综合讨论"(general discussion)。

4.1.3.1　结果部分的写作

　　笔者的建议是,将"结果"与"讨论"部分分开撰写,尤其是当结果部分数据比较杂乱的情况下,这样也有利于更加深入地对数据结果进行讨论。例如,Nahatame(2021)利用眼动追踪技术考查了文本可读性公式对于文本阅读加工努力的影响。该研究使用了多个因变量,即平均注视时长、眼跳长度和跳读率,也包括了多个自变量指标,即传统和新型可读性公式指数,这时候如果把结果与讨论合并,则会显得十分凌乱。

　　对于实证研究而言,如果涉及多个因变量,则在结果部分按照因变量的结果单独汇报(详见:Nahatame,2021)。在汇报数据时,不仅要遵循相关汇报的规范(如美国心理协会关于量化研究的JARS[①]),如描述性统计信息、效应量、置信区间等(详见:2.4.4思辨性阅读与汇报的信息),还需要描述数据总体趋势、将重要结果和次要结果分开呈现,并用一定的标记语凸显重要结果,这既可以体现研究者自己的科研素养,也可以凸显研究目的,从而对数据进行评价(Englander,2014:48)。

　　In the baseline model ($R^2_{marginal} = 0.083$; $R^2_{conditional} = 0.776$), the effect of L2 reading proficiency approached but did not meet the strict threshold of p values used to control for Type I errors in Study 1. *More importantly*, in the FRE-included full model ($R^2_{marginal} = 0.091$; $R^2_{conditional} = 0.777$), the effect of readability indicated a negative relationship with mean fixation duration but did not reach significance.

　　……

　　In contrast, in the CML2RI-included full model ($R^2_{marginal} = 0.102$; $R^2_{conditional} = 0.776$), the effect of readability was significant. The negative estimate of the readability effect indicated that mean fixation durations decreased as CML2RI scores increased (i.e., the text became easier to read).

——摘自 Nahatame(2021)的结果部分

　　从上述表述中,我们可以发现,Nahatame(2021)在陈述研究发现时,不仅呈现了数据的总体特征(比如在初始模型中,二语阅读水平不显著),而且是有侧重点的。他先汇报的是次要结果,然后汇报的是重要结果。我们从 *More importantly* 和 *In contrast* 可以看出,二语阅读水平对平均注视时长的影响是次要结果,因为该变量是控制变量,并不是主要观测的变量。同时,包含 FRE 的模型结果是更重要的,这与该研究的研究问

---

　　① 详见 https://apastyle.apa.org/jars/quant-table-1.pdf。

题有关,即考查文本可读性公式对二语文本加工努力的影响。但作者更关心的是新型可读性公式(如 CML2RI)的预测力,恰好该指标得出的结果与传统可读性公式不同,因此用了 *In contrast*,这样就可以把数据结果信息更加清晰地呈现给读者,凸显研究重心。此外,Nahatame(2021)不仅呈现统计结果本身,还对数据进行评价或解读,以便让读者更加容易明白研究结果的含义,例如,上述案例中提到 CML2RI 这一可读性指标显著,然后 Nahatame(2021)对这一结果用了更通俗的语言进行解读,即随着文本难度的降低,平均注视时长也随之降低。

接下来,我们再看一个案例:

A significant main effect of *context* was found,which showed that the readers were significantly faster in reading the critical region in the two-referent condition than in the one-referent condition (χ^2 (1) = 65.06,p < 0.0001). *Referential expression* also had a main effect in that readers were significantly faster in reading the bare noun than reading the modified noun (χ^2(1)= 33.67,p < 0.0001). More importantly,significant context $\times$ referential expression interactions emerged (χ^2(1) =3.73,p= 0.0495). Readers were significantly faster in reading the bare noun in the two-referent condition (M= 434 ms) than in the one-referent control condition (M=489 ms) (β=−0.10,SE=0.02,t =−4.78,p < 0.001).

——摘自 Wu & Ma(2020)的结果部分

上述研究的结果部分不仅汇报了指称语境(referential context)和指称表达(referring expression)的主效应,并对数据进行评价和解读,还增加了 *More importantly*,来引出指称语境和指称表达之间的交互效应。这是很常见的做法,因为研究者通常感兴趣的是两个变量之间的交互效应,而当交互效应显著时,主效应的意义就不大。这里 Wu & Ma(2020)对数据结果的重要性进行了区分,可以从一定程度上体现作者的学术素养。

4.1.3.2　讨论部分的写作

对于初学者而言,可能会比较注重实证研究的结果部分,而最见功底的是讨论部分。可以说,讨论部分可以决定一篇文章的"深度"。在社会科学领域,Lewin et al.(2001)的语步模型最为经典。他们把引言部分划分为 5 个语步(见图 4-4),即汇报研究成果、评价研究发现的一致性、提供解读、规避反面观点和陈述研究启示。其中,汇报研究成果与结果部分略有不同,因为讨论部分在陈述结果时更加"凝练",需要把结果部分的总体趋势进行高度概括,而不是简单重复。随后,评价研究发现的一致性是指将自己的研究发现与已有相关研究发现作对比,以作为自己研究质量的质性评价标准。如果自己的研究与已有研究发现类似,那说明自己的研究质量相对可靠,但不一致也不代表自己的研究不可靠,而是要进一步给出解释。这就引出下一个语步——提供解读,也就是对研究结果造成的原因进行解释。而笔者认为,解释研究发现的途径主要有两个:①用理论来解释;②用已有研究的观点/发现来解释。对于反面观点或阴性结果,研究者则要进行规避。这一语步很见研究者的功底,研究者通常可以通过两种方式来回应反面观点或阴性结果:①承担责任,即承认自己的不足;②忽视反面例子,如用其他研究发现进行三角互证、论证研究方法的可靠性和推测(例如提出反驳假设)。而在讨论部分的最后,则是陈述研究启示。研究启示可以包括以

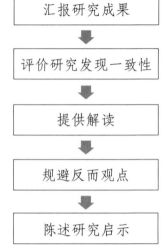

**图4-4 人文社科研究中
讨论部分的语步结构
(Lewin et al.,2001)**

下3种:①建议未来研究针对某些变量开展研究;②建议未来研究修正理论观点;③建议改变社会政策。需要注意的是,研究启示必须是基于自己的研究发现,而非"两张皮"。关于研究启示,学界存在两派声音:一派认为应该在讨论部分提出对未来研究者的一些研究启示(Lewin et al.,2001),而另一派则认为,目前研究的竞争越来越激烈,研究者可能不愿意公开自己对未来研究的展望,导致有的研究启示只是为了"推广"自己的研究,并没有包含太多有价值的信息(Berkenkotter & Huckin,1995:43)。笔者认为,对于研究启示,我们要具体问题具体分析,可能需要客观评价研究启示,比如有的研究启示是"扩大样本量",这种启示可能并不是真正的启示。

需要注意的是,讨论部分的结构与研究问题的数量和种类密切相关,而且讨论部分的核心在于对数据进行解读。因此,笔者建议在讨论部分最好根据研究问题用小标题的形式逐一进行讨论。接下来,我们以 Ma(2021)的研究阐述讨论部分的宏观结构。

该研究主要考查句法复杂度对学生译员在视译过程中认知加工的影响。其中,包含了3个研究问题,而研究问题1分为2个小问题:

1. What is the effect of syntactic complexity, as exemplified by RC and PC, on the cognitive process of English—Chinese STR?

    a. Does STR of syntactically complex sentences generate a significantly greater cognitive load than STR of non-complex sentences?

b. Are the syntactic properties of the TL activated before the SL comprehension
   is completed?

2. In what way and to what extent is the effect of syntactic complexity modulated
   by the amount of contextual information?

3. Will better WM capacity alleviate cognitive load during the processing of
   sentences with an asymmetric word order? In other words, do higher scores on
   the reading span test indicate the cognitive load for coping with syntactically
   complex sentences in English—Chinese STR?

——摘自 Ma(2021)的研究问题

其中,研究问题 1a 关注句法复杂度对认知负荷的影响;研究问题 1b 考查译语何时激活的问题;研究问题 2 考查的是句法复杂度和语境信息之间的交互效应;研究问题 3 考查的是工作记忆容量对于视译加工过程中认知负荷的影响。而该研究的讨论部分小标题也和这几个研究问题有关:5.1. A strong effect of syntactic complexity confirmed in English—Chinese sight translation,5.2. Target syntax activated during the stage of initial processing,5.3. Faster but more costly processing in the discourse context 和 5.4. No effect of reading span on cognitive load for addressing syntactic complexity。我们还可以发现,这些小标题还凸显了每一个研究问题的主要发现,这样可以让读者更加直观地掌握其研究发现。穆从军(2023)的讨论部分也是将研究发现作为小标题呈现,感兴趣的读者可以自行查阅,模仿其写作风格。

在介绍完讨论部分的宏观结构后,我们结合具体案例,分析一下每一个语步撰写的注意事项。

语步 1:汇报研究成果

讨论部分的语步 1 是汇报研究成果,这时候不需要再汇报统计量,比如 p 值等,但需要汇报数据的总体趋势,而且汇报的结果要与研究问题相关:

The results of the model *contrasts with the prior assumption* since reading span
failed to exert any notable impact on the participants' RPD ($t=0.97$, $P=0.34$).

——摘自 Ma(2021)的结果部分

The last research question focused on the role of WM capacity in syntactic
processing during STR. WM capacity, as measured by the L2 reading span test,
was assumed to predict the RPD, a later-stage measure indicative of reanalysis and

meaning/structural integration. It was expected that a greater reading span would predict more efficient syntactic processing, as indicated by a shorter RPD for processing the complex sentences. However, the data results *disqualified the prior assumption* and indicated that reading span cannot account for variations in *later-stage cognitive load*.

——摘自 Ma(2021)的讨论部分

通过对比 Ma(2021)的结果与讨论部分,我们发现该研究地讨论部分并没有简单的重复结果部分的表述,而是在讨论部分开头重申研究问题,即工作记忆对视译过程中句法加工的影响;然后提出该研究的假设,即工作记忆容量越高,句法加工效率也越高;最后引出该研究结果,即工作记忆并不会影响句法加工效率,即晚期认知负荷。在结果部分,Ma(2021)用的是 RPD(regression path duration),而在讨论部分,她用的表述更加具体且通俗易懂,即 *later-stage cognitive load*。此外,作者还用了同义替换,比如结果部分用了 *contrasts with the prior assumption*,而讨论部分用了 *disqualified the prior assumption*,这进一步说明讨论部分的研究成果汇报并不是简单地重复结果部分,不仅用了更通俗易懂的表达,还用了同义替换,使得表达更加丰富;同时也回顾了研究问题和研究假设,让读者可以回到研究问题本身,而非局限在数据中。

语步 2:评价研究发现一致性

讨论部分的语步 2 是将自己的研究发现与已有研究发现进行对比,这相当于对自己研究质量进行质性评估。一般来说,在语步 2 中出现的已有研究要在引言或文献综述部分提及,因为引言和讨论部分是"镜像"关系。

The findings of Carl et al. (2011) may be encouraging with regard to machine translating newspaper texts, but additional investigation is needed into the effort required to post-edit them. One of the reasons that findings regarding post-editing effort of technical texts might not apply to post-editing newspaper texts is because the latter are characterised by the use of metaphorical language, which may require additional effort during the postediting task.

——摘自 Koglin(2015)的引言部分

Post-editing results regarding distributions in terms of ST and TT are similar to those found by Carl et al. (2011), i.e., participants fixated longer in the source text when manually translating it, whereas participants who did post-editing fixated longer in the target text.

——摘自 Koglin(2015)的结果与讨论部分

Koglin(2015)考查的是隐喻的机器翻译译后编辑和人工翻译过程中认知努力的差异。在引言部分,作者引用了 Carl et al.(2011)的研究,该研究与 Koglin(2015)的文章都是关于机器翻译译后编辑与人工翻译的对比研究,但不同的是,Carl et al.(2011)的研究所采用的实验材料是技术文本,而 Koglin(2015)的实验材料则是新闻文本,而新闻文本则有很多隐喻表达。我们通过引言部分可以看出,Koglin(2015)的研究相当于"补充已有知识",而且她还交代了原因,即 Carl et al.(2011)的研究所采用的实验材料可能并没有包含隐喻表达,而如果有隐喻表达,则可能会消耗译者更多的认知努力。这也是我们在本章关于引言写作部分提到的语步 2/语阶 2,即交代正面论证。而在讨论部分,该研究指出自己的研究发现与 Carl et al.(2011)的研究发现类似,即在人工翻译过程中,被试更多关注原文区,而在译后编辑过程中,被试更关注译文区。笔者认为,无论自己研究和已有研究发现是否一致,都是有价值的。如果研究发现与已有研究一致,那一方面说明自己的数据质量是可以的;另一方面说明即便更换了实验材料的类型,结果依旧一致,侧面说明文本类型不会影响人工翻译和译后编辑过程中的注意力资源分配,这在一定程度上丰富了我们对译后编辑和人工翻译认知加工机制的理解。然而,在讨论部分语步 2 中,不建议多次出现同类研究对比。请看下面的讨论部分:

Firstly, translators' experience levels and the proportion of attention allocated to extralinguistic consultations forms an inverted U-shaped relationship: language learners devote insignificantly less attention to extralinguistic consultation than student translators, while professional translators have a significantly lower reliance on extralinguistic consultation than student translators. This finding is consistent with Olalla-Soler (2018), who reports an increase in both the number of queries and in time spent on consultations following an increase in translation training time, but less reliance on consultations from translation students to professional translators.

......

This study shows that translators who prepare with extralinguistic knowledge before drafting produce significantly better target texts. This finding is consistent with Kim H. (2006) and Liu (2007), both of whom have reported a positive correlation between the availability of extralinguistic knowledge on translation quality.

——摘自 Cui & Zheng(2022)的讨论部分

Cui & Zheng(2022)考查的是不同经验的译者在翻译过程中进行语言外资源查证(extralinguistic consultations)的行为差异。从上述案例可以看出,Cui & Zheng(2022)的研究与前人研究一致,即都发现职业译者对于外部资源搜索的依赖性比学生低,同时在翻译前进行语言外知识储备对翻译质量有显著提升。这一对比看似没有问题,但这不禁让读者产生疑问:既然前人研究和本研究的发现一致,那开展本研究的价值体现在哪里? 笔者也查阅了 Olalla-Soler(2018)这篇文献,发现该研究考查的是文化翻译问题,与 Cui & Zheng(2022)的设计是类似的,只是 Olalla-Soler(2018)没有用眼动追踪法。也就是说,如果只是研究方法不同,但研究发现一致,那这样的研究发现就没有太大价值,除非该研究在引言或文献综述部分质疑传统研究方法可能存在局限性,需要进一步验证。但 Cui & Zheng(2022)并没有交代这些,也会让读者对该研究的价值产生疑问。因此,笔者建议,在讨论部分与前人对比的文献要与当前开展的研究有一定区别,比如在实验对象、实验材料和实验方法上,这些都需要在文献综述部分交代清楚,从而做到"首尾呼应"。但值得注意的是,虽然 APA 的期刊论文汇报标准 JARS 明确要求在讨论部分与已有研究进行比较[①],但在讨论部分依旧存在没有"首位呼应"的现象:

Syntactic processing is not carried out in isolation but rather is constrained by a variety of factors. It has long been recognized that the processing of syntactic complexity is influenced by the amount of cognitive resources,which is generally indicated by the span of working memory (WM) (Dong & Lin,2013).

——摘自 Ma(2021)的引言部分

Ma(2021)考查的是视译过程中的句法加工认知机制,她在引言部分,引用了 Dong & Lin(2013)的发现,即工作记忆可能会对句法加工产生调节作用。但在 Ma(2021)的讨论部分并没有引用 Dong & Lin(2013)的这一观点,也就是说 Ma(2021)并没有将她自己的发现与 Dong & Lin(2013)的发现进行对比,以凸显她自己研究的价值。

上述案例告诉我们,在讨论部分,将前人研究与本研究进行对比时,需要做到以下几点:①"首尾呼应",引言或文献综述部分提到的文献,也要在讨论部分有所体现;②凸显自己的研究价值,对比的时候要针对实验材料、实验对象和实验方法的不同点进行对比,而不是为了对比而对比。

---

① 详见 https://apastyle.apa.org/jars/quant-table-1.pdf。

思辨与实证: 人文社科交叉研究论文写作与发表

语步 3：提供解读

讨论部分的语步 3 是提供解读，其核心行为是"提供假设"（Lewin et al.，2001：63），也就是关于研究结果为何如此的观点（claims）。通常来说，在人文社科研究领域，解读研究发现通常可以有以下两种方式：①用已有研究的观点或发现来解释；②用理论来解释。

方式 1：用已有研究的观点或发现来解释。

在讨论部分，研究者经常会用与自己研究相近的研究发现，来解释自己的研究发现。例如，Daems et al.(2017b)调查了学生译者和职业译者对于译后编辑和人工翻译的态度，发现职业译者对译后编辑和人工翻译的态度没有明显区别，然而学生译者则认为译后编辑模式相对轻松，针对这一研究发现，Daems et al.(2017b)用了翻译过程研究中的发现进行解释：

> We can only detect one obvious difference between students and professionals when considering their opinions about the least tiring translation method. Professional translators experienced no obvious difference，whereas students seemed to consider post-editing the least tiring method of translation. <u>This might be explained in part by the findings by Tirkkonen-Condit (1990) that non-professional participants treat translation as a linguistic task and mostly rely on dictionaries to solve problems.</u> In a post-editing condition，lexical information is already provided by the MT output，which might reduce the need to look for additional information，and thus make the students experience the process as less tiring than regular human translation.

——摘自 Daems et al.(2017)的讨论部分

通过上述案例，我们可以发现 Daems et al.(2017b)在解释研究发现时，很巧妙地抓住了译后编辑的特征，即相比人工翻译，译后编辑更像是词汇任务，因为机器翻译原始产出已经给译者提供了词汇信息，而根据 Tirkkonen-Condit(1990)的发现，非职业译者倾向把翻译任务当作语言任务，或者说是词汇任务，即依赖词典解决翻译问题。这一案例给我们的启示是，如果我们做的研究是探索性研究，那么在解释研究发现时，可以尝试找到本研究与已有研究中的"共同点"，这样就可以形成逻辑自洽的论证。这也对我们的文献阅读量提出更高的要求，即不仅要阅读本研究领域的文献，还要涉猎与本研究相关的研究文献。当然，后者可以在撰写讨论部分时再去阅读，不必在一开始就阅读，毕竟时间有限。当我们得出研究发现后，再有针对性地去检索文献，从而找到论据，这也不失为一个策略（详见：2.2.2 文献检索策略）。

方式 2：用理论来解释。

虽然用已有研究发现来解释自己的研究发现是比较常见的做法，但笔者认为，更有力的解释方式是用理论来解释。因为已有研究发现有很多，研究者往往会挑选有利于自己研究发现的文献来解释，或者"自圆其说"，但这种做法存在一定的主观性，也就是说研究者只要逻辑自洽，那么可以"随心所欲"地解释自己的发现。而理论的作用之一是解释现象，用理论来解释研究发现则是比较有说服力的一种方式。Scheel et al.(2021)发表了题为《为什么假设检验者应该少花时间检验假设》（Why hypothesis testers should spend less time testing hypotheses）的文章，指出在社会科学研究中，很多研究者比较关注假设检验，但假设检验其实多用于研究的后期，而且很多研究者并没有基于理论本身提出假设，也就导致统计检验本身的效度是未知的。如果不明确理论边界，那么很难解释不同的研究发现。

目前，已有探索性研究确实用理论来解释研究发现，但还存在一些问题。例如，Kuang & Zheng(2022)考查的是学生译员和职业译员的交传笔记阅读努力（CI note-reading effort）和交传质量之间的关系。研究发现，在多数情况下，交传笔记阅读努力与交传质量之间呈现负相关关系，也就是说在阅读交传笔记时付出的认知努力越大，交传质量越差。该研究用了认知心理学的理论模型来解释该发现：

> Many significant correlations observed in the present study are in the note-reading stage rather than in the note-taking stage. One primary reason is that note-reading is directly related to the production of the target speech, as the two tasks are conducted concurrently. According to the limited-capacity resource model (Kahneman, 1973), concurrent tasks usually induce attentional conflicts as more processing capacity devoted to one task will lead to less capacity available for other tasks. Therefore, smooth note-reading can facilitate information recall and leave more cognitive resources for target speech production and monitoring, but arduous note-reading can impede speech organization and hinder speech delivery.
>
> ——摘自 Kuang & Zheng(2022)的讨论部分

该研究用的是 Kahneman(1973)的有限注意资源模型来解释该研究发现，即人的认知资源是有限的，而阅读笔记和交传产出阶段是紧密相连的。如果译员在阅读笔记过程中付出了过多的认知努力,则在交传产出阶段会认知超载,即导致没有过多的认知资源投入口译的产出过程中,从而引发交传质量下降。这一解释方式看似很有说服力,但忽视了认知心理学中另外一个多注意力资源模型(Wickens,1980),该模型认为人的认知资源并非集中在单一的资源池中,而是在多个资源池中,因此当增加某一任务的认知努力时,并不会降低任务表现。也就是说,理想状态是:Kuang & Zheng(2022)在文献综述部分就提及 Kahneman(1973)的有限注意资源模型和 Wickens(1980)的多注意力资源模型,然后提出这两个理论模型的边界条件,即在什么情况下支持有限注意资源模型,在什么情况下支持多注意力资源模型。这样一来,就可以形成"首尾呼应",同时也做到解释研究发现时的客观性。因为如果研究发现,交传阅读笔记努力越大,并不会影响交传表现,那就用 Wickens(1980)的多注意力资源模型进行解释,这样一来,似乎怎么解释都是行得通的,这反而不是科学的论证。

语步 4:规避反面观点

讨论部分的语步 4 是规避反面观点,即在实证研究中发现出乎意料的研究发现时,通常是讨论部分的重点。在这一语步,我们通常有两种做法:①承认自己的责任;②忽视反面观点,比如引用相关研究发现、论证研究设计或方法,以及提出反面观点。

方式 1:承认自己的责任。

如果自己的研究发现没有支撑研究假设,有些学者会主动承认自己在研究设计方面存在不足。但这种做法目前还不多见,因为如果真的承认自己的责任,那研究者通常需要自己做一次更严谨的实验或补充其他数据进行论证,不然被拒稿的概率比较大。Nahatame(2021)的研究目标是考查文本可读性公式对二语阅读加工努力的影响。他做了两个研究,第一个研究是用 21 个两句话的短文作为实验材料,让不同英语水平的学习者参加眼动实验。实验结果发现,虽然新型可读性公式 CML2RI 可以预测平均注视时长,但其他眼动指标均不能被 CML2RI 预测。于是,他便承认了自己研究设计上的不足,继而使用眼动语料库数据进行了研究二。

> Although the results of Study 1 suggest the potential of the CML2RI, a relatively recent readability formula, for predicting a particular eye movement pattern (mean fixation duration) during L2 reading, this study had two major limitations. First, the number of participants and of experimental text items was limited. This may have resulted in the experiment not having been sufficiently powered, increasing the possibility of committing Type II errors. Second, the

experimental texts consisted of only two sentences each. Although the readability formulas used in this study provided scores in line with the preassigned difficulty levels (grades) of even such short texts (see Table 1), the short nature of the texts may not have allowed all of the indices included in the formulas to function properly. Additionally, as mentioned earlier, such short texts limited the number of readability formulas available in this study. To address these limitations, Study 2 was conducted.

——摘自 Nahatame(2021)的讨论部分

从上述画线部分可知,Nahatame(2021)承认了自己在研究设计方面的不足,即被试和实验材料的数量有限,导致统计效力不足;实验材料篇幅过短,导致部分可读性的指标无法计算,部分可读性公式也无法计算。为此,他开展了研究二。可以看出,Nahatame(2021)的研究二确实弥补了研究一的不足,同时使他的整个研究也更加丰富。这种做法对于要发国际顶级期刊的研究生是推荐的,但如果没有恒心和毅力,则不推荐。

方法 2a:论证研究设计或方法。

美国心理协会的 JARS 明确指出,在讨论部分需要结合研究设计或方法对研究发现进行解读。解读内容包括:①影响内部和统计效度的潜在偏误和威胁因素;②测量工具的不精确性;③统计检验的总体数量(即多元互证);④样本数量的充足性和抽样的效度。为了避免重新做实验,很多研究者会选择论证自己的研究设计或方法,来规避反面观点。

例如,Ma(2021)并没有发现工作记忆容量对视译过程中句法加工的认知负荷产生调节作用,她便用自己的实验设计进行佐证:

However, the data results disqualified the prior assumption and indicated that reading span cannot account for variations in later-stage cognitive load. One possible reason for this is that for the participants who had been trained in basic STR skills, WM capacity was no longer the primary factor that shaped their cognitive mechanism. Some other variables, such as interpreting strategy and level of expertise, may play a greater part in syntactic processing during STR. For instance, syntactic reformulation was avoided when participants chunked the original sentence and rendered the divided segments in a linear way.

——摘自 Ma(2021)的讨论部分

该研究在讨论部分指出，工作记忆的调节作用不显著可能是因为该研究的被试已经掌握了基本的视译技巧，因此工作记忆容量不再是影响认知机制的一个主要变量；可能是其他变量，如口译策略、口译专长在视译过程中的句法加工发挥着更大的作用。Ma（2021）在这里用的策略是说明抽样的效度是没问题的，因为既然要参加视译实验，那被试就必须熟悉这一比较特殊的翻译模式，而恰恰是这一培训经历让工作记忆容量这一变量的预测力变得不显著。但 Ma（2021）并没有论证为什么掌握了基本视译技能后，工作记忆容量就不再是重要的因素。

类似地，Koglin（2015）发现被试在人工翻译过程中，译文区的注视时长比原文区大，而这与前人研究发现不一致，她也提到了研究设计方面的不同：

> In manual translation, participants fixated for longer periods of time in the ST than in the TT, which indicates more cognitive effort at ST. This is probably due to the need of a deeper understanding of the ST. Our results are different from those found by Carl et al., in which TT had longer fixation duration. The reason for this finding is not clear but it might be related to differences in the experimental design of the two studies. In the experiment carried out by Carl et al.（2011）the participants had to translate under time constraints, therefore they may have avoided re-reading the source text and fixating longer as a time-saving strategy.

——摘自 Koglin（2015）的讨论部分

Koglin（2015）认为，她的研究与 Carl et al.（2011）的发现不一致的原因在于后者的实验设计中考虑了时间限制这一因素，这可能导致被试在人工翻译过程中不会把过多的注意力资源投至原文区，而会更关注译文区。这一讨论的方式是可以接受的，Koglin（2015）用的策略是指出自己的研究没有内部效度的威胁因素（即混淆变量），而 Carl et al.（2011）则有混淆变量，即时间限制。相比 Ma（2021），Koglin（2015）是通过对比其与 Carl et al.（2011）的研究设计进行讨论，而 Ma（2021）则没有进行任何文献引用，因此在解读研究发现的说服力方面，Koglin（2015）要强于 Ma（2021）。

方法 2b：引用相关研究观点或发现。

相比论证研究设计或研究方法，笔者认为引用相关研究观点，尤其是研究发现则更具有说服力。因为无论是 Koglin（2015），还是 Ma（2021）在解释反面研究发现时，都没有实证依据。如果 Koglin（2015）又做了一个实验，发现有时间压力的情况下，相比没有时间压力，被试在人工翻译过程中确实会将更多的注意力资源分配至译文区，那我们可以认为 Koglin(2015)的解释是很有说服力的。同理，如果 Ma(2021)找了两组被试，一组接受过视译训练，另一组没有接受过视译训练，结果发现没有视译训练的被试在做视译过程中，受到了工作记忆容量的调节作用，那我们可以很有把握地认为工作记忆容量仅对未受训练的被试的视译过程中的句法加工产生影响。但是如果我们自己再做一个实验显然成本比较高，这时候就可以引用已有研究发现，来作为支撑或解释自己研究发现的"二手证据"。

It was not surprising that more contextual information reduced the total processing time，since contexts enhance word predictability and some words can be skipped. As for the larger number of fixations in the discourse condition，several factors may account for this unexpected result. First，the students were constrained by stronger visual interference in the discourse condition due to larger amounts of source information. According to Agrifoglio（2004），visual interference in STR is induced by the constant presence of textual information. In their study，Shreve，Lacruz and Angelone（2011）found that during STR，all second paragraphs were apparently more cognitively taxing than the first paragraphs，suggesting incremental cognitive load in the discourse context. In other words，the mental load due to visual interference in STR seemed to increase as the discourse unfolded. Second，the students in the discourse condition may have looked for contextual cues to facilitate semantic or syntactic integration. Readers tend to make use of earlier textual information to direct their eye movements when processing new or difficult messages（Ito，Corley，& Pickering 2018）. Therefore，when encountering problems in syntactic processing under the discourse condition，the participants had to shift their attention more quickly and frequently for contextual support from surrounding words，thus resulting in more fixations.

——摘自 Ma(2021)的讨论部分

上述案例是针对语境因素是否会影响视译过程中的句法加工问题进行探讨。Ma(2021)发现，在有语境的情况下，被试的加工速度更快，但认知努力却更高。针对后者这一反常的研究发现，Ma(2021)采取了两个策略：①引用相关研究发现或观点；②引用相近领域的研究发现或观点。这里的"相关研究"是指与视译相关的其他研究，即Agrifoglio(2004)和 Shreve et al.(2010)都发现，随着语篇的推进，视译过程中的视觉干扰（visual interference）会增加，从而增加认知负荷。而且，Agrifoglio(2004)和 Shreve et al.(2010)这两篇文献也在 Ma(2021)的引言部分提及。而"相近领域的研究"是指与视译接近,但不同领域的研究。Ma(2021)在这里引用的是 Ito et al.(2018)这篇文献来解释,我们观察她的表述:*Readers tend to make use of earlier textual information to…*,可以发现这其实是属于心理语言学方面的研究,也就是说 Ma(2021)从与视译任务相近的研究领域找到实证依据来解释这一"反常"的现象。也从侧面说,这一"反常"的现象其实是正常的。

语步 5:陈述研究启示

讨论部分的最后一个语步是语步 5,即陈述研究启示。研究启示可以分为两种:①研究发现对于读者的启示;②未来的研究方向。请注意,在陈述研究启示时,务必基于本研究发现进行陈述,而非为了陈述而陈述。这一语步经常也会出现在论文的结语部分。

启示 1:研究发现对于读者的启示。

> 3. In the case of TCA, no significant relationship was found between acceptability and the three indicators of the UIR variable: number of resources, time taken on searches, and number of searches. However, in the case of TC there was a relationship in inverse translations by professional translators: the greater the value in these indicators, the greater the acceptability. As explained above (conclusion 5) this lack of relationship in the case of students leads us to believe that the use of instrumental resources depends on the specific needs of the translation students.
>
> As a final remark, we believe that it is important to stimulate the use of internal support in order to achieve a more efficient use of instrumental resources. This includes learning to take decisions without using external support exclusively and learning to evaluate documentation resources.
>
> ——摘自 Kuznik & Olalla-Soler(2018)的结语部分

Kuznik & Olalla-Soler(2018)发现,被试在翻译过程中的查证行为与翻译可接受度无关。这在一定程度上说明,影响翻译可接受度的关键因素是被试的内在支持(internal support),而外部查证的资源仅作为参考补充。因此,该研究建议在翻译培训时,要引导学生不能完全依赖网络资源,而应该学会对资源进行评价。从该案例可以看出,在陈述研究发现对于读者的启示时,研究者通常要重述研究发现,然后紧接着陈述相关的启示（比如教学启示）。

启示2：未来研究方向。

未来研究方向通常也是自己研究的不足之处，可以从研究者自己的数据特征进一步拓展，也可以从其他角度或更细致地进行考查。但笔者建议，在介绍未来研究方向时，也最好进行论证，即从未来这一研究方向进行研究的理由。接下来，我们看两个案例：

> The results of this study will contribute to the development of the investigation of consultation behaviour in translation and <u>provide suggestions for translator training</u>. However, we are aware that some limitations exist in this study, including participant type limitations and the use of a single text type and domain. Our future study will include data from professional translators, and add source texts from different domains. In addition, scanpath, which indicates the processing patterns of consultation in translation, will also be included in our analysis and discussion.
>
> ——摘自 Cui & Zheng(2021)的结语部分

> Additionally, <u>it is necessary to identify what text and reader variables</u> can influence the predictive ability of readability formulas regarding processing effort. <u>It is also worth noting that the disparity between the marginal R^2 and conditional R^2 of the current models</u> indicates that much of the variance may have come from random individual differences (between participants and/or texts) and that the actual effect of readability on reading behavior in terms of eye movements, although sometimes significant, may be relatively weak.
>
> ——摘自 Nahatame(2021)的结语部分

从上述两个案例我们可以看出，Cui & Zheng(2021)指出，该研究发现对翻译教学提供建议，但并没有详细交代建议，而是直接指出自己的研究不足和未来的研究展望，即未来研究可以考虑职业译者和其他领域的文本，但并没有交代考虑这些变量的原因。然而，Nahatame(2021)不仅交代了考查读者变量的必要性，还交代了具体理由，即统计模型的效应量并不大，而更多的是个体差异因素所致。

4.1.4　摘要：中英文并非完全对应

实证研究论文摘要部分的主要修辞功能带有"营销"性质（Englander，2014）。现在论文的数量可以用"海量"来形容，而由于研究者的时间和精力有限，因此不可能把所有的文章都通读一遍。目前，比较高效的方法就是通过阅读摘要来快速了解一篇文章的核心内容，从而让读者可以决定是否要继续读完这篇文献。总体来说，摘要的目的包括：①吸引读者阅读整篇文章；②提供充足的信息，让读者决定是否要继续读完整篇文章。目前高校和科研院所对中文期刊论文和英文期刊论文的发表都很重视。但无论用何种语言发表，用英语写摘要是公认的做法。也就是说，即便用中文写期刊论文，但摘要部分还是要配上英文翻译。但需要注意的是，我们在写英文摘要时，切忌简单地根据中文摘要进行翻译，因为中英文实证研究论文的摘要存在修辞结构上的差异。

一般来说，英文期刊论文的摘要包括 4 个语步，即引言、方法、结果与讨论（Swales，1990）。然而，中文期刊论文的摘要往往会省略引言和讨论的语步。而如果汉语非母语的外国人对我们中文论文感兴趣，这时候只能通过英文摘要来确定是否要对这篇文献进行"翻译"。早在 20 世纪 80 年代，Bloor（1984）调查了一所西班牙高校的学术英语写作情况，发现很多研究者表示无法胜任摘要的英文翻译工作，而会求助翻译服务，但往往又对翻译质量不是很放心。然而，目前越来越多的研究者选择进行"自我翻译"（self-translation），也就是自己创作原文，同时自己翻译成英文。在这个过程中，译者很容易受到母语的影响。如果我们的英文摘要是根据中文摘要进行"亦步亦趋"地翻译，那就无法凸显引言和讨论部分，其中引言部分凸显了研究领域的重要性，而讨论部分则凸显了研究启示。缺少了这两部分，汉语非母语的外国人可能就不会选择深入阅读我们的中文论文了。

接下来，我们看几个英文摘要案例，其中一个是摘自中文期刊论文：

Previous studies have emphasized more on studying and training students' critical thinking skills than their critical thinking dispositions in China. The present study aims to investigate which aspect of critical thinking Chinese English major students lack and provides some suggestions for English teaching and learning. A group of 73 senior English major students at a Shanghai university took part in a survey of critical thinking dispositions and their English essays were assessed with the newly-proposed criteria on the quality of critical thinking. They were found weak in critical thinking dispositions and had critical thinking problems in precision, depth and rhetorical appropriateness in English writing. Specifically, they were not adept at analyzing the issue, generating the sub-argument，and arguing from different perspectives and with sufficient evidence in English writing.

——摘自穆从军（2016b）的英文摘要

Mu (2016) assessed students' essays against the criteria of CT quality. She found that students had problems in precision, depth and rhetorical appropriateness in English argumentative writing.

——摘自 Allagui(2020)的文献综述

从上述案例可以看出,穆从军(2016b)的英文摘要中明确指出了其研究发现。虽然这篇文章是用中文写作,但 Allagui(2020)在文献综述部分引用了穆从军(2016b)的研究发现。而如果该英文摘要仅简单地陈述"The results of the survey are presented.",那么这篇文章的研究发现则很难传播至英语世界。

同理,我们在摘要中呈现研究启示或意义时,最好不要简单地陈述"Implications of this study are discussed"(如 Mu et al.,2015),而是要用一句话简明扼要地阐述研究启示或意义,如下摘要所示:

Overall, our study suggests that although some of the variability in the results is likely due to individual differences, the observed patterns help us better understand differences between DT and TT.

——摘自 Ferreira et al.(2021)的英文摘要

有意思的是,即便发表在 SSCI 期刊的论文摘要也并非完全遵照 IMRD 的体裁结构。例如,Ma(2021)在摘要部分就省去了背景介绍和研究意义的阐述。

[Introduction] This study approaches syntactic complexity from a relative point of view and examines how translation and interpreting students cope with relative clauses and passive constructions, two exemplifications of syntactic complexity in English—Chinese sight translation. [Method]A group of students (N =23) took part in the study. The study consisted of three parts: an English reading span test, a sight translation task, and a baseline reading task. During the sight translation task, the participants sight translated English sentences with different degrees of structural asymmetry into Chinese in the single sentence context and the discourse context. During the baseline reading task, they silently read the English sentences and answered the comprehension questions. The participants' eye movements in the sight translation and baseline reading tasks were recorded as indicators of cognitive load. [Results] Three major findings were generated: (1) Syntactic complexity resulted in a significant increase in cognitive load during the sight translation task. The syntactic aspects of the target language were activated during the initial stage of comprehension, which favoured the parallel view of translation. (2) Although sight translation became more time efficient due to wider contexts, a larger amount of contextual information did not make word-based processing less effortful, as indicated by more fixations and the longer regression path duration in the discourse context. (3) No correlations were found between reading span and cognitive load in addressing syntactical complexity.

——摘自 Ma(2021)的摘要部分

虽然 Ma(2021)的摘要交代了研究目的,这也是摘要的引言语步中的内容,但根据 Englander(2014)的观点,摘要的引言部分需要强调研究领域的重要性,以达到"营销"的目的。同时,Ma(2021)的摘要也缺乏研究意义这一语步,因此整个摘要就会让读者感觉在罗列研究发现,至于为什么要做这个研究、这个研究发现有什么启示,并没有交代。造成这一结果的原因可能是英汉研究者对于"研究背景"的理解有所不同,汉语论文的"背景"强调研究目的本身,而英语论文的"背景"强调研究意义(参见:穆从军,2016a:102)。笔者建议,除非是某一研究领域的专家(如 Carl & Báez,2019 的摘要就没有交代研究背景和研究启示),对于青年学者来说,还是应该在摘要中凸显研究的重要性和研究启示,以便更好地传播自己的研究。如果字数限制,至少要确保研究重要性的完整性,可不提研究启示。

[Introduction] Heritage language (HL) bilinguals' writing skills has been a topic of inquiry in the field of HL education. However, little is still known about HL writers' writing processes and the contribution of individual differences to these processes remains unexplored. [Method] By integrating keystroke-logging and think-aloud methodologies, this study examined 61 Spanish-English HL writers' pausing and revision behaviors during the completion of Spanish (HL) and English writing tasks. Participants also completed an advanced Ospan working memory test and a language dominance questionnaire. [Results] The main findings revealed that, although HL writers' pausing and revision behaviors did not significantly differ between writing tasks, the nature of their writing processes underlying these writing behaviors fluctuated. Further, language dominance as a multidimensional construct did not contribute to these writing results, whereas participants with higher working memory spent more time addressing orthographic and morphosyntactic encoding episodes during pauses within words when writing in both languages.

——摘自 Torres(2023)的摘要部分

我们通过对比 Torres(2023)和 Ma(2021)的摘要,可以明显地发现 Torres(2023)的摘要在引言语步不仅交代了研究领域的重要性,即祖承语双语写作能力的重要性,而且还巧妙地引出了研究不足,即较少考查祖承语写作者的写作过程和个体差异因素对于写作过程的影响。这样就容易让读者产生阅读兴趣。同时,Torres(2023)在研究方法层面的笔墨要比 Ma(2021)少很多,也就是简单陈述了该研究用什么方法收集了被试哪些方面的数据。但 Ma(2021)则花了很多篇幅介绍具体实验设计的细节,比如基线任务,但其实并没有必要,因为在摘要的研究结果语步中并没有提到基线任务。因此,笔者建议,研究初学者在撰写英文摘要时,可适当缩减研究方法部分的比例,而把空间留给研究背景和研究意义/启示的阐释上。

最后,关于摘要何时撰写的问题,一般来说,摘要都是事后撰写的(ex post facto),但也有学者建议,摘要要在正文写作的过程中同时撰写,以确保逻辑和结构的一致性(Bazerman,1984)。笔者认为,具体在何时撰写摘要,取决于个人习惯,但总体而言,不能忘记摘要的修辞目的,即要达到营销目的。如果边写正文,边写摘要,则可能"只见树木,不见森林"。因此,可以在写完正文后,再从宏观角度审视全文,高度概括核心研究发现,然后在撰写摘要的过程中,有选择性地报道研究发现。例如,Nahatame(2021)的研究其实涉及两个实验,但他并没有简单重复两个研究的发现,而是用精炼的语言高度概括研究发现,即新型可读性公式在很多情况下表现更好,同时他也没有过多阐述所有研究方法的细节,如测试被试的英语水平。

Although text readability has traditionally been measured based on simple linguistic features, recent studies have employed natural language processing techniques to develop new readability formulas that better represent theoretical accounts of reading processes. This study evaluated the construct validity of different readability formulas, including both traditional and newer formulas, by examining their ability to predict the processing effort involved during L2 reading as evidenced by eye movements. Two studies (an experimental study and a corpus-based study) were conducted in which the readability of target texts was calculated using different formulas and then utilized to develop models that predict particular eye movement patterns during reading. These studies revealed that although traditional formulas showed reliable performance in predicting particular eye movement patterns，in many cases，the newer formulas outperformed them. These findings support the newer readability formulas as more theoretically valid and accurate measures of the processing effort involved in L2 reading.

——摘自 Nahatame(2021)的摘要部分

4.2　实证研究论文的语言润色技巧

实证研究论文需要构建作者自己的研究发现或发现的新知识，让其他读者知晓，而如何有效利用词汇、语法说服期刊论文的读者、编辑和外审专家相信自己的研究，则显得尤为重要，因为这会影响自己的研究成果是否被其他研究者引用(Englander，2014：27)。而在学术语体中，知识构建有许多语言形式，如立场标记语、句法复杂度和可读性。

4.2.1　如何在论文中恰当表达自己的立场？

在本章第一节中，我们着重介绍了实证研究论文各部分的修辞结构，可以发现论文各部分的语步和语阶有不同的修辞目的。例如，引言会强调特定研究领域的重要性，对已有研究进行梳理，并建立研究地位，这些都与立场表达有关。立场是指说话者或作者对某一观点的评价。而如何用语言手段来实现这些修辞目的则是研究初学者需要掌握的技能(Englander，2014)，而且相比自然科学，人文社会科学研究领域更加注重立场表达，这对于英语为二语的学术论文写作者来说尤为困难。为此，本节旨在梳理比较重要的立场表达方式，为英语学术论文写作者提供参考。

目前，比较著名的立场表达方式有 Biber et al.(1999)和 Hyland(2005)的分类框架，例如 Biber et al.(1999)将立场标记语分为 3 类，即认知型立场标记语(epistemic stance adverbials)、态度型立场标记语(attitude adverbials)和方式型立场标记语(style adverbials)，这些标记语主要体现在从句中(见表 4 - 3)。认知型立场标记语主要是说话者/写作者对某一观点或信息来源表达不确定性或确定型的程度(如 *maybe*、*probably*、*undoubtedly*)；态度型立场标记语主要表达说话者/写作者对于某一观点内容的态度或价值判断(如 *surprisingly*、*amazingly*)；方式型立场标记语是指观点的表达方式(如 *honestly*、*frankly*)。

表4-3 Biber et al.(1999)作者立场标记语分类框架

作者立场标记语		语言表达手段(举例)
认知型立场标记语	确定型标记语	definitely, certainly, undoubtedly, arguably; possibly, approximately, probably
	事实与现实型标记语	in fact, actually, really
	言据型标记语	apparently, according to
	不足型标记语	in most cases, mainly, typically, generally, largely, in general
	观点型标记语	in our view, from my perspective
	不精确型标记语	about, kind of, roughly, so to speak
态度型立场标记语	情感型标记语	happily, strange, prefer, frustration, most surprising of all
	评价型标记语	successfully, reasonable
方式型立场标记语		more simply put, quite frankly

其中,认知型立场标记语分为6类,即①确定型标记语(如 *undoubtedly*,*arguably*,*quite likely* 表确定,而 *probably*,*perhaps*,*maybe* 表不确定);②事实与现实型标记语(如 *in fact*,*actually*,*really*);③言据型标记语(如 *according to...*、*as...notes...*);④不足型标记语(如 *in most cases*、*mainly*、*typically*、*generally*、*largely*);⑤观点型标记语(如 *in our view*、*from our perspective*);⑥不精确型标记语(如 *sort of*、*about*、*roughly*、*so to speak*)。在 Biber et al.(1999)看来,不精确型标记语与模糊语(hedge)很像。Hyland(2005)的模糊语不仅包括 Biber et al.(1999)的不精确型标记语,还包括不确定型标记语;而 Hyland(2005)的强势语则相当于 Biber et al.(1999)的确定型标记语和不足型标记语。从不同的分类方式可以看出,Biber et al.(1999)的分类比 Hyland(2005)的更加细致。例如,Biber et al.(1999)并没有简单地把不足型标记语认定为强势语。从这一点可以看出,真正的强势语(如 *definitely*)表明作者的态度非常明确,而不足型标记语(如 *in most cases*)虽然在语势上比较强烈,但立场强度不如真正的强势语,而是透露出严谨的态度,可以从侧面削弱作者对某一观点的立场强度。例如,Nahatame(2021)的摘要中则用了不足型标记语(如 *in many cases*)。

These studies revealed that although traditional formulas showed reliable performance in predicting particular eye movement patterns, in many cases, the newer formulas outperformed them.

——摘自 Nahatame(2021)的摘要

从上述案例，我们可以发现 Nahatame(2021)用了 *in many cases* 这一插入语，实际上暗含的意思是，新型可读性公式并非在所有眼动指标模型中的表现都优于传统可读性公式。这也说明了新型可读性公式还存在一定的不足之处。而如果此处依据 Hyland(2005)的分类，则 *in many cases* 属于强势语，但这一分类并没有把认为某一事物或观点存在"不足"的严谨态度传递出来。

值得注意的是，即便都是强势语，一些词在学术语体中的频次更为突出。例如，根据 COCA 语料库，*undoubtedly* 是学术语体中比较高频的词(见图 4-5)，而 *definitely* 则在口语中比较高频(见图 4-6)。因此，在学术英语写作中，如果要表达确定的观点，则建议用 *undoubtedly*，而非 *definitely*。而不确定型立场标记语的数量要显著高于强势语，例如在 COCA 语料库中，*perhaps* 在学术语体中出现了 26 839 次(见图 4-7)，显著高于 *undoubtedly* 在学术语体中的频次(2 167 次)。有意思的是，虽然同为不确定型立场标记语，但不同标记语的数量不尽相同。例如，在 COCA 语料库中，perhaps 在学术语体中的频次最高(26 839 次)，其次是 *possibly*(5,638 次)(见图 4-8)，最后是 *maybe*(3 429 次)(见图 4-9)，但这些标记语的频次都高于确定型立场标记语。需要注意的是，*maybe* 在学术语体中的频次很低，且主要出现在电视/电影、口语和小说语体中(见图 4-9)，因此不建议在学术论文中频繁使用 *maybe* 来削弱作者的立场、彰显作者的严谨态度。

不精确型立场标记语(如 *approximately*)的数量(13 698 次)也显著高于 *undoubtedly* 在学术语体中的频次(见图 4-10)。而不足型立场标记语(如 *generally* 和 *typically*)的数量基本显著高于 *undoubtedly* 在学术语体中的频次(除 *in many cases* 外，见图 4-11~4-13)。这也说明，在学术语体中，不精确和不足型立场标记语的数量要高于确定型立场标记语。值得注意的是，虽然在学术论文中，模糊语的数量要高于强势语(Englander，2014)，但中国学者在写汉语学术论文时更倾向于使用强势语，而英语国际期刊论文写作者则更倾向使用模糊语(Mu et al.，2015)。这可能与写作习惯不同有关，即中国学者把写作视为"知识讲述"(knowledge telling)，而非"知识构建"(knowledge construction)的过程。因此，中国学者并不会尝试削弱自己的立场，而是会呈现自己语气的确定性，以彰显自己的权威性和可信度。笔者建议，对于研究初学者，应避免中国学者"知识讲述"的心态，而更多的是采取"知识构建"的心态，用一些模糊语来确保自己立场的严谨性。

SECTION	ALL	BLOG	WEB	TV/M	SPOK	FIC	MAG	NEWS	ACAD	1990-94	1995-99	2000-04	2005-09	2010-14	2015-19
FREQ	8 780	1 466	1 396	242	539	809	1 380	781	2 167	1 361	1 112	999	872	739	835
WORDS (M)	993	128.6	124.3	128.1	126.1	118.3	126.1	121.7	119.8	121.1	125.2	124.6	123.1	123.3	122.8
PER MIL	8.84	11.40	11.24	1.89	4.27	6.84	10.94	6.42	18.09	11.24	8.88	8.02	7.09	5.99	6.80
SEE ALL SUB-SECTIONS AT ONCE															

图 4‑5 确定型标记语 undoubtedly 在 COCA 语料库各语体中的分布情况

SECTION	ALL	BLOG	WEB	TV/M	SPOK	FIC	MAG	NEWS	ACAD	1990-94	1995-99	2000-04	2005-09	2010-14	2015-19
FREQ	70 994	15 936	10 945	13 265	12 727	4 908	5 646	6 072	1 495	4 792	6 098	7 038	8 175	8 829	9 181
WORDS (M)	993	128.6	124.3	128.1	126.1	118.3	126.1	121.7	119.8	121.1	125.2	124.6	123.1	123.3	122.8
PER MIL	71.49	123.91	88.09	103.57	100.90	41.48	44.78	49.88	12.48	39.57	48.70	56.47	66.44	71.58	74.79
SEE ALL SUB-SECTIONS AT ONCE															

图 4‑6 确定型标记语 definitely 在 COCA 语料库各语体中的分布情况

SECTION	ALL	BLOG	WEB	TV/M	SPOK	FIC	MAG	NEWS	ACAD	1990-94	1995-99	2000-04	2005-09	2010-14	2015-19
FREQ	191 446	29 282	25 817	13 996	21 434	30 795	25 203	18 080	26 839	27 793	25 305	24 126	21 211	19 717	18 195
WORDS (M)	993	128.6	124.3	128.1	126.1	118.3	126.1	121.7	119.8	121.1	125.2	124.6	123.1	123.3	122.8
PER MIL	192.79	227.67	207.78	109.28	169.93	260.26	199.88	148.51	224.05	229.49	202.10	193.59	172.38	159.85	148.23
SEE ALL SUB-SECTIONS AT ONCE															

图 4‑7 不确定型标记语 perhaps 在 COCA 语料库各语体中的分布情况

SECTION	ALL	BLOG	WEB	TV/M	SPOK	FIC	MAG	NEWS	ACAD	1990-94	1995-99	2000-04	2005-09	2010-14	2015-19
FREQ	58 068	10 846	9 392	6 148	8 378	6 344	6 205	5 117	5 638	6 002	6 388	6 618	6 323	6 188	6 311
WORDS (M)	993	128.6	124.3	128.1	126.1	118.3	126.1	121.7	119.8	121.1	125.2	124.6	123.1	123.3	122.8
PER MIL	58.48	84.33	75.59	48.00	66.42	53.62	49.21	42.03	47.07	49.56	51.02	53.10	51.39	50.17	51.41
SEE ALL SUB-SECTIONS AT ONCE															

图 4‑8 不确定型标记语 possibly 在 COCA 语料库各语体中的分布情况

SECTION	ALL	BLOG	WEB	TV/M	SPOK	FIC	MAG	NEWS	ACAD	1990-94	1995-99	2000-04	2005-09	2010-14	2015-19
FREQ	374 522	48 729	33 171	122 729	54 267	73 585	20 341	18 271	3 429	42 367	50 433	48 389	50 308	49 894	51 231
WORDS (M)	993	128.6	124.3	128.1	126.1	118.3	126.1	121.7	119.8	121.1	125.2	124.6	123.1	123.3	122.8
PER MIL	377.15	378.88	266.96	958.26	430.23	621.90	161.32	150.08	28.62	349.83	402.79	388.28	408.84	404.50	417.35
SEE ALL SUB-SECTIONS AT ONCE															

图 4‑9 不确定型标记语 maybe 在 COCA 语料库各语体中的分布情况

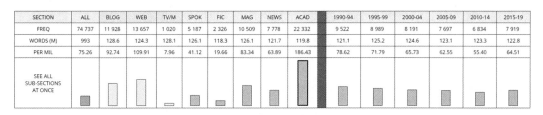

SECTION	ALL	BLOG	WEB	TV/M	SPOK	FIC	MAG	NEWS	ACAD	1990-94	1995-99	2000-04	2005-09	2010-14	2015-19
FREQ	32 199	3 492	4 928	1 172	1 685	737	4 155	2 332	13 698	4 157	4 372	3 807	3 929	3 702	3 812
WORDS (M)	993	128.6	124.3	128.1	126.1	118.3	126.1	121.7	119.8	121.1	125.2	124.6	123.1	123.3	122.8
PER MIL	32.43	27.15	39.66	9.15	13.36	6.23	32.95	19.16	114.35	34.33	34.92	30.55	31.93	30.01	31.05

图 4‑10　不精确型立场标记语 approximately 在 COCA 语料库各语体中的分布情况

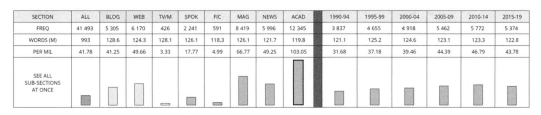

SECTION	ALL	BLOG	WEB	TV/M	SPOK	FIC	MAG	NEWS	ACAD	1990-94	1995-99	2000-04	2005-09	2010-14	2015-19
FREQ	74 737	11 928	13 657	1 020	5 187	2 326	10 509	7 778	22 332	9 522	8 989	8 191	7 697	6 834	7 919
WORDS (M)	993	128.6	124.3	128.1	126.1	118.3	126.1	121.7	119.8	121.1	125.2	124.6	123.1	123.3	122.8
PER MIL	75.26	92.74	109.91	7.96	41.12	19.66	83.34	63.89	186.43	78.62	71.79	65.73	62.55	55.40	64.51

图 4‑11　不足型立场标记语 generally 在 COCA 语料库各语体中的分布情况

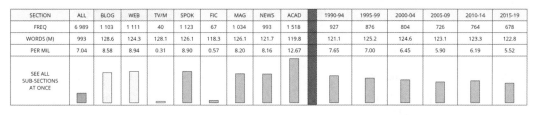

SECTION	ALL	BLOG	WEB	TV/M	SPOK	FIC	MAG	NEWS	ACAD	1990-94	1995-99	2000-04	2005-09	2010-14	2015-19
FREQ	41 493	5 305	6 170	426	2 241	591	8 419	5 996	12 345	3 837	4 655	4 918	5 462	5 772	5 374
WORDS (M)	993	128.6	124.3	128.1	126.1	118.3	126.1	121.7	119.8	121.1	125.2	124.6	123.1	123.3	122.8
PER MIL	41.78	41.25	49.66	3.33	17.77	4.99	66.77	49.25	103.05	31.68	37.18	39.46	44.39	46.79	43.78

图 4‑12　不足型立场标记语 typically 在 COCA 语料库各语体中的分布情况

SECTION	ALL	BLOG	WEB	TV/M	SPOK	FIC	MAG	NEWS	ACAD	1990-94	1995-99	2000-04	2005-09	2010-14	2015-19
FREQ	6 989	1 103	1 111	40	1 123	67	1 034	993	1 518	927	876	804	726	764	678
WORDS (M)	993	128.6	124.3	128.1	126.1	118.3	126.1	121.7	119.8	121.1	125.2	124.6	123.1	123.3	122.8
PER MIL	7.04	8.58	8.94	0.31	8.90	0.57	8.20	8.16	12.67	7.65	7.00	6.45	5.90	6.19	5.52

图 4‑13　不足型立场标记语 in many cases 在 COCA 语料库各语体中的分布情况

　　但 Biber et al.(1999)的立场标记语仅针对状语层面,没有考虑其他语言形式。Hyland(2005)的立场标记语并没有根据语言形式划分,也没考虑立场表达强度的渐变性。Martin & White(2005)评价理论中的介入系统中将立场标记语分为话语扩展型和话语压缩型。其中,话语扩展型是指作者的观点仅是众多可能的观点中的一个,允许对话空间存在这些可能性。话语扩展型标记语主要分为 7 类语言实现形式:①情态助动词(modal auxiliary)(如 *may*、*might*);②情态附加语(modal adjunct)(如 *perhaps*、*probably*);③情态属性词(modal attribute)(如 *possible*、*likely*);④观点型(如 *in my view*);⑤心理动词/推测语(mental verb/attribute projection)(如 *I suspect that...*、*I think*、*I believe*、*I'm convinced that*、*I doubt*);⑥基于证据/表象的假定(如 *it seems*、*it appears*、*apparently*、*the research suggests...*)和⑦设问句(rhetorical questions)(并不假定特定回答,但可以让读者知道有多种观点的可能性)。

我们可以发现,在话语扩展型标记语中,有情态附加语(如 *probably*),而如果从对话的视角来看待这一立场标记语时,我们就不能简单地认为作者是缺乏对真理价值的自信心。而应把这类标记语认为是允许其他立场的出现,或引发(entertain)其他立场。在学术语体中,运用情态附加语并不是想说明作者对于知识的观点存在不确定的心态,而应该认为这类观点尚未被学术共同体认可(unacknowledged)。因此,运用话语扩展型立场标记语更多的是为了彰显作者的谦虚和对学术的敬畏,而非传递不确定的心态(Hyland,2000:88)。我们看下面这个例子:

> For professional translators, however, spotting and solving these issues is *probably* more routinised, causing their average fixation duration to remain constant and their HTER scores to be lower (Tirkkonen-Condit, 1990; Séguinot, 1991).

——摘自 Daems et al.(2017a)的讨论部分

从上述案例,我们可以看出作者用 *probably* 并非表达自己观点的不确定性,而是开启了与读者的对话空间,允许其他观点的存在:一方面,读者可以认同作者的观点,即职业译者在修正这类错误(其他语义偏离错误)时会显得自动化或常规化,而且可能比学生译者的自动化程度更高;另一方面,读者也可以反对作者的观点,即可能学生译者的认知加工行为才更加偏向自动化。但需要注意的是,*probably* 在学术语体中的频率并不高,每百万词仅出现 123.48 次,而在口语体中则更为常见,每百万词出现 388.34 次(见图 4-14)。因此,研究者在学术英语写作中应尽量避免使用 *probably*。相反,情态属性词 *possible* 在 COCA 语料库中的学术子语料库中的频次则是每百万词 347.01 次,而且 *possible* 在学术语体中使用的频次更加突出(见图 4-15)。值得注意的是,情态助动词 *may* 在学术语体中使用的频率似乎是最高的。在 COCA 语料库中,*may* 每百万词出现 1 517.64 次(见图 4-16)。钱家骏、穆从军(2017)考查了中国学者的国际期刊论文、中国学者汉语期刊论文的英译版和英语本族语期刊论文的引言部分中立场标记语的使用情况,结果发现,*possible* 在中国学者的国际期刊论文、中国学者汉语期刊论文的英译版中出现的频次均显著低于其在英语本族语期刊论文中的频次。而情态助动词 *may* 在英语本族语期刊论文中出现的频次显著高于其在中国学者的英语期刊论文和中国学者汉语期刊论文的英译版中的频次。上述研究其在发现给我们的启示是,对于英语为非母语的汉语学者,在写英语期刊论文时,应尽量多地使用话语扩展型立场标记语,如 *may*、*possible*,以打开对话空间,允许更多其他观点的存在,凸显作者的学术严谨性。

SECTION	ALL	BLOG	WEB	TV/M	SPOK	FIC	MAG	NEWS	ACAD	1990-94	1995-99	2000-04	2005-09	2010-14	2015-19
FREQ	269 729	46 149	36 701	40 579	48 984	31807	27 863	22 854	14 792	30 563	32 639	31 749	31 263	31 508	29 157
WORDS (M)	993	128.6	124.3	128.1	126.1	118.3	126.1	121.7	119.8	121.1	125.2	124.6	123.1	123.3	122.8
PER MIL	271.62	358.82	295.37	316.84	388.34	268.82	220.98	187.72	123.48	252.36	260.67	254.76	254.07	255.44	237.53
SEE ALL SUB-SECTIONS AT ONCE															

图 4‑14　基于 COCA 语料库的 probably 在各语料库中的分布情况

SECTION	ALL	BLOG	WEB	TV/M	SPOK	FIC	MAG	NEWS	ACAD	1990-94	1995-99	2000-04	2005-09	2010-14	2015-19
FREQ	213 831	34 072	36 518	16 058	22 009	15 421	27 528	20 656	41 569	24 869	24 431	24 676	23 035	22 510	23 720
WORDS (M)	993	128.6	124.3	128.1	126.1	118.3	126.1	121.7	119.8	121.1	125.2	124.6	123.1	123.3	122.8
PER MIL	215.33	264.92	293.90	125.38	174.49	130.33	218.32	169.67	347.01	205.35	195.12	198.00	187.20	182.49	193.24
SEE ALL SUB-SECTIONS AT ONCE															

图 4‑15　基于 COCA 语料库的 possible 在各语料库中的分布情况

SECTION	ALL	BLOG	WEB	TV/M	SPOK	FIC	MAG	NEWS	ACAD	1990-94	1995-99	2000-04	2005-09	2010-14	2015-19
FREQ	846 784	113 347	154 114	55 802	84 022	31 943	130 886	94 871	181 799	106 096	103 376	100 392	93 862	89 778	85 819
WORDS (M)	993	128.6	124.3	128.1	126.1	118.3	126.1	121.7	119.8	121.1	125.2	124.6	123.1	123.3	122.8
PER MIL	852.73	881.30	1 240.32	435.70	666.12	269.97	1 038.03	779.28	1 517.64	876.05	825.62	805.56	762.79	727.84	699.13
SEE ALL SUB-SECTIONS AT ONCE															

图 4‑16　基于 COCA 语料库的 may 在各语料库中的分布情况

　　但需要注意的是,如果话语扩展型立场标记语与强势语(如 *in fact*、*most*)同时出现时,则话语扩展型立场标记语并不会削弱强势语的立场强度(Martin & White,2005:106)。

　　Written forms of communication <u>may be most</u> common but can include accessibility challenges，such as document readability…

——摘自 COCA 学术语体子语料库

通过上述案例可知，*may* 和 *most* 同时出现，其实 *may* 并不能削弱这句话的整体语气，即书面形式的沟通方式是最为常见的。

上述话语扩展型立场标记语大多涉及文本中作者自己的声音，而在学术论文中，还会涉及外部声音的调入，即归属（attribution）。而归属可以分为两类（Martin & White，2005：113）：①承认（acknowledge）；②疏远（distance）。其中，承认资源主要通过报道动词来实现（如 *say*、*report*、*state*、*declare*、*announce*、*believe*、*think*、*describe* 和 *argue* 等），也经常用 *according to*。在学术论文中，作者使用这类资源并不能明确表示作者是否认同所引用的观点，也就是打开了对话空间，作者既可以支持所引用的观点，也可以不支持，甚至是中立的观点。而疏远资源同样也是打开对话空间，允许不同观点的存在，但作者的态度却有所不同。比较有代表性的语言形式是 *claim*，通常来说，作者使用 *claim*，则表示作者明确表示不愿意承担对某一观点的责任。而 Hyland（2005）仅区分了模糊语和强势语，但并没有像 Martin & White（2005）区分作者的立场态度，即作者是否支持某一观点。

值得注意的是，当归属资源与程度副词连用时（如 *falsely*、*rightly*、*compellingly* claims/ describes/argues 或 *most/only a few...believe that...*）时，则属于说话者单言话语，即不介入外部声音，不认可其他对话的可能性，这时候作者的立场则比较绝对化。

与话语扩展型立场标记语，即引发资源和归属资源不同的是，话语压缩型立场标记语则排除特定的其他对话可能性，从而无法进行下一步沟通互动，即关闭了对话空间。话语压缩型立场标记语分为两大类（Martin & White，2005：117），即否认（disclaim）和宣称（proclaim），其中宣称和 Hyland（2005）的强势语比较接近，但 Martin & White（2005）中的宣称则分类更为细致。

其中，否认资源是指作者认为其他观点可以直接被拒绝、替代，或者不具有可持续性。否认资源主要有两种语言实现形式：①否定（negation）；②对立（counter）。否定资源是指将其他正面观点引入对话的资源，然后拒绝这些正面观点。根据 Martin & White（2005）的观点，否定资源中必然带着一些肯定的元素。

> Most translation problems are ill-defined because the steps required to solve the problem were not necessarily learned in advance, experience in different domains is required, personal opinions/judgements might be necessary. Further, different solutions and different solution paths are possible (and natural)...
>
> ——摘自 Nitzke（2019：259）

从上述案例可以得知，虽然 Nitzke（2019）运用了否定资源，但该资源具有对话性质，即引入了肯定的元素，即译者的翻译问题有可能是事先习得的。这一否定资源一方面表达了作者不认同翻译问题是事先习得的观点；另一方面，也表达了作者的观点可能不一定得到读者的认同，需要尽可能说服读者。

此外，在学术论文中，否定资源的运用还有可能是为了反驳一些潜在读者的观点，因为作者会认为很多读者可能有错误的观念。这时候，否定资源通常由某一领域的专家使用，以纠正学界中对于某一问题的错误认知。

> Obviously, displaying more efficient behavioural indicators and finding fewer (and perhaps different) problems while producing better translations cannot be considered not translating. So translating needs to be something other than, and in addition to, translation problem solving.
>
> ——摘自 Muñoz Martín & Olalla-Soler(2022)

通过上述案例可知，Muñoz Martín & Olalla-Soler(2022)否定了翻译过程就是问题解决过程这一观点，相反，他们认为，如果翻译行为比较顺畅，译文也没有什么问题，那这并不能说这一过程就不是翻译过程。这时候，作者并非带有敌对、冲突心态，而是带着纠正错误观念的心态来表达自己的观点(Martin & White，2005：120)。但需要注意的是，这种否定资源通常由某一领域的专家使用(如 Muñoz Martín & Olalla-Soler)；如果是研究初学者，则不建议过度使用。

而对立资源也具有对话性质，通常使用连接词 *although*、*however*、*yet*、*but* 等，或评价型副词(如 *surprisingly*)，来表达对当前观点具有可替代性的态度。如果说，否定资源是为了否定当前观点，试图拉拢读者认同当前观点，那么对立资源的使用则是为了拉拢读者，即表达作者与读者一样都对于相反观点的"惊讶"的态度。

无论是否定资源，还是对立资源，都常见于学术论文的引言部分，因为研究者要指出前人的研究不足，从而确立自己的研究地位。接下来，我们看一下在引言的语步 2 中的否定或对立资源的语言形式，以及还有哪些语言形式可以帮助作者确立自己的研究地位。

4.2.1.1 引言中语步 2 的立场表达方式

否定和对立资源在引言的语步 2 中比较常见，因为语步 2 的目的是指出前人研究存在的问题或不足，进而可以引出研究者自己的研究，而语步 2 的立场表达方式各异。Swales(1990：155 - 156)通过观察物理学、地质学、心理学和写作领域的 100 篇引言的语步 2，梳理了 8 种实现引言中语步 2 的立场表达词汇手段(见表 4 - 4)。

表 4－4　引言语步 2 立场表达的语言特征（Swales，1990）

语言特征	举例
a）否定/半否定量词	*no，little，none（of），few/very few，neither…nor*
b）词汇否定	*fail，lack，overlook，suffer from，limited to…*
c）动词短语中的否定	*not，rarely，ill*
d）疑问	*"A question remains whether…"*
e）表达需求、愿望和兴趣	*"The differences need to be analyzed…"* *"It is desirable to perform test calculations…"* *"It is of interest to compare…"*
f）逻辑结论	*"This must represent…"* *"One would intuitively expect…"*
g）对立性评论	*"The research has tended to focus on…，rather than…"* *"Emphasis has been on…，with scant attention given to…"* *"Although considerable research has been done on…，much less is known as to…"*
h）提出问题	*"A key problem in many…is…"*

　　根据 Swales（1990）的发现，引言中语步 2 中否定/半否定量词和词汇否定的数量相当，且占比最高，但所蕴含的作者态度和立场却不太一样。*fail* 则代表作者犀利地指出前人研究的不足，语气比较强烈；*neglect*、*overlook* 或 *underestimate* 则表明前人研究的忽视之处，语气相对委婉；*be content to* 则略带讽刺意味，即讽刺前人研究安于现状，止步不前；*concentrate on*、*be restricted to* 或 *be limited to* 则表示前人研究的视野比较狭隘，语气也相对委婉，并没有全盘否定前人的研究。

　　然而，"动词短语中的否定"这种方式并不常见（类似于"否定资源"），这可能是因为否定别人的研究具有"敌意"性质，或仅在权威专家的论文中比较常见，而对立性的评论（类似于"对立资源"）则相对委婉。我们在 Nahatame（2021）的语步 2 中也找到了类似的表达：

　　However，most readability studies have focused on comprehension rather than text processing，even though text processing has been included in many definitions of readability（e.g.，Crossley et al.，2019；Dale & Chall，1949；Richards &

Schmidt，2013）.

——摘自 Nahatame（2021）的引言部分

从上述案例我们可以发现，Nahatame（2021）用的是对立性表达 *rather than*，旨在表达目前多数研究关注了阅读理解，而非文本加工。也就是说，Nahatame（2021）指出了该领域研究的两个层面，目前大多数研究仅关注了一个层面。如果简单地用 most readability studies *didn't focus on* text processing，则显得有点冒犯，而且通过查阅上文可知，Nahatame（2021）指出的 *most readability studies* 大多数是由斯各特·A.克罗斯利（Scott A. Crossley）教授团队开展的，如果直接用"动词短语中的否定"则可能会冒犯到克罗斯利团队。

另外，"e）表达需求、愿望和兴趣""f）逻辑结论"和"h）提出问题"都是比较委婉地指出前人研究不足的语言特征。我们分别看几个例子，以便更好地理解这些表达方式：

1）For future work, researchers suggest using <u>more fine-grained</u> error typologies （Koponen et al.，2012；Stymne et al.，2012）and different languages （Koponen et al.，2012；Stymne et al.，2012；Popovic et al.，2014）.

——摘自 Daems et al.（2017）的文献综述部分

2）However, most studies have focused on individual linguistic features （e. g.，word frequency）；the few that focused on multiple linguistic features only examined features at one level （e. g.，lexical features），and not at multiple levels （e. g.，lexical，syntactic，and cohesion features）. <u>It is possible that</u> linguistic features at a particular level control the effect of other levels and that some levels are more influential than others. Given this, it is worth examining the effects of text linguistic features at multiple levels on bilingual reading processing within a single study.

——摘自 Daems et al.（2017）的文献综述部分

3）<u>It remains to be seen whether</u> these findings can be extrapolated to the post-editing process. Given these findings, text readability deserves to be further investigated in terms of how easily text can be processed.

——摘自 Daems et al.（2017）的文献综述部分

从上述案例可以看出，"e）表达需求、愿望和兴趣"主要是通过 *more fine-grained* 这类比较级形式实现；"f）逻辑结论"主要是从已有研究发现中得出一些研究假设（*it is possible that ...*）；"h）提出问题"主要是用 *it remains to be seen whether ...* 来指出未来研究方向。这些都是比较委婉地指出已有研究不足或有待改进之处,这类语言特征通常出现在引言中语步 2/语阶 1d(延续传统)(Swales,1990:156)中。

与否定资源不同,宣称资源并非直接拒绝或推翻相反的立场,而是限制针对某一观点对话可能性的对话范围。根据 Martin & White(2005:121)的观点,宣称资源可以分为一致资源(concur)、强调资源(pronounce)和支持资源(endorse)。宣称资源与 Hyland(2005)的强势语类似,但没有 Martin & White(2005)的分类细致。

一致资源是指作者同意对话对象的观点,或与对话对象有一致的知识体系,但也同时抑制了其他不同的声音或观点。这类资源通常以 *of course*、*naturally*、*not surprisingly*、*admittedly*、*certainly* 等语言形式呈现。需要注意的是,一致资源通常也会和对立资源同时出现。因此,一致资源又可以细分为:①让步一致资源(conceding concurrence);②确认一致资源(affirming concurrence)。其中,让步一致资源就是指对立资源与一致资源同时出现的情况,例如 *Admittedly/Certainly…but*、*I accept that…however…*。这种让步一致资源或多或少表达了作者对于让步观点的不情愿的态度,但程度会有所不同,取决于引导让步从句的词是什么。

> Making room for decision making opens up the monolithic, oversimplified model of translation as problem solving, and it <u>certainly</u> covers a larger share of cognitive processes at work. <u>Yet</u>, in no way does the combination of problem solving and decision making exhaust the set of ongoing cognitive processes when translating.
>
> ——摘自 Muñoz Martín & Olalla-Soler(2022)

通过上述案例可以发现,Muñoz Martín & Olalla-Soler(2022)用了 *certainly* 传递"问题解决和决策过程占据了翻译过程的很大比例"这一观点,然后再引出自己不同的观点,即翻译过程不仅仅是问题解决和决策过程。而如果作者把 *certainly* 换为 *admittedly*,则可能就削弱了作者对上述观点的认同度,就显得比较"不情愿"。根据 Martin & White(2005)的观点,作者使用让步一致资源的原因是考虑到读者可能会抵制作者真正的观点,因此就在让步从句中引出一些观点,以拉拢、团结读者。

支持资源的使用则表明作者认为其引用的观点是正确、有效、不可否认或高度可靠的,通常以 *show*、*prove*、*demonstrate*、*find* 和 *point out* 等报道动词呈现。与话语扩展型资源中的归属资源(如 *claim*、*argue*)不同的是,支持资源并非与所引用的观点脱离联系,而是表明自己对于所引用观点愿意承担责任,或者共享责任,其目的是凸显、证实所引用的观点。因此,也压缩了对话空间,拉拢读者,使其与自己有相同的立场。此外,研究初学者还有必要区分引发资源中的报道动词(如 *suggest*、*indicate*)和支持资源中的报道动词在立场强度上的差异,即前者的立场不是那么坚定,而后者则表现出作者对于某一观点坚定的立场。笔者基于 COCA 的学术子语料库发现,与 *result*(*s*)搭配的报道动词中,最常见的是 *suggest* 和 *indicate* 这类引发资源,而支持资源(如 *show*、*reveal* 和 *demonstrate*)使用的频率则相对较少(见图 4 – 17)。由此我们可以得知,在学术英语写作过程中,应尽量使用话语扩展型立场标记语,而不应过度使用话语压缩型立场标记语。

图 4 – 17　在 COCA 的学术子语料库中与 *result*(*s*)搭配的报道动词

　　强调资源则是作者用一系列语言形式来强调作者自己的观点,抑或显性地在文中介入自己的观点(Martin & White,2005:130)。该资源的词汇语法形式主要以主观和客观、显性和隐性的方式呈现(见表 4 – 5)。其中,主观形式是指作者的身份是否凸显(如 *I believe that he's lying*);客观形式是指用非人称的方式来隐去作者身份(如 *the facts of the matter are …*)。而显性形式是用主句的方式,将作者的情态评价凸显(如 *I believe that*;*I contend that …*);隐性形式主要用大写或程度副词(如 *really*)来表示间接的强调。如表 4 – 5 所示,主观—隐性形式的强调资源通常在演讲文体中出现,比如演讲者会通过加强语调或重读的方式来表示强调,但根据 Martin & White(2005:131)的观点,这种隐性的方式在书面语体中也比较常见。笔者发现,在学术论文中,研究者会以斜体方式强调作者的态度,即原文中的元素可能是潜在的问题触发源,而不一定是真正的翻译问题(Muñoz Martín & Olalla-Soler,2022)。

表4-5 强调资源的语言实现形式（Martin & White，2005：132）

	主观	客观
显性	*It is absolutely clear to me that…* *We have to remember that…* *I contend that…* *We suggest…*	*the facts of the matter are that…*
隐性	*ST elements might be considered to be potential problem triggers，…*	*Indeed，many textual and non-textual factors constrain（all kinds of）translation…*

需要注意的是，主观和客观强调资源不同的是，主观强调资源凸显了第一人称代词，如 *I*、*we*，而客观强调资源则将作者的身份放置幕后。一般来说，学术英语倾向用被动语态，以彰显作者的客观、公正的立场。但有意思的是，Hyland & Jiang（2017）发现，学术英语正逐渐变得越来越非正式，而非正式的其中一个指标就是第一人称代词的使用。他们考查了1965—2015年应用语言学、社会学、电气工程和生物学领域英语期刊论文中第一人称代词的使用情况。研究发现，除了应用语言学领域的第一人称代词频数有下降趋势外，其余学科的第一人称代词频数均有所上升。Hyland（2001）也强调学术论文写作中第一人称代词 *I* 对构建作者独立的声音和权威身份的重要性。然而，Mu et al.(2015)的研究表明，在汉语学术论文写作中，第一人称代词"我"的使用频率则并不高。相反，第一人称代词"我们"的使用频率很高；而在英语学术论文写作中，第一人称 *I* 的使用频率很高。这可能与亚洲文化有关，在亚洲文化中，集体主义占主导，而第一人称代词单数象征着个人主义，而非集体主义；而学术英语写作则注重个人主义的意识形态，由作者本人承担观点真实性的责任，因此常用第一人称代词单数 *I*（Mu et al.，2015）。

笔者利用COCA语料库考查了第一人称代词 *we* 和 *I* 在COCA语料库不同学科中的使用情况，结果发现第一人称代词 *we* 在人文社科领域的分布频次存在较大的变异性。具体来说，在哲学/宗教领域的频数较高，而在历史学领域的使用频次较低（见图4-18）。因此，对于人文社会科学研究领域而言，第一人称代词 *we* 的使用取决于学科特点，不能过度滥用 *we*。但第一人称代词 *we* 常见于实证研究论文中的引言、讨论和方法部分。在引言和讨论部分，使用 *we* 主要用来凸显自己的研究贡献。例如，在引言的语步3/语阶1中，可以用 *In this paper we present…*来展示自己的当前研究；而在讨论部分的语步1则可以用 *we found that…*来汇报自己的研究发现。而在方法部分，使用

we 则用来凸显自己当前研究方法的特殊性或自己的研究步骤。

有意思的是，历史学领域对第一人称代词 *I* 的使用频率也不高（见图 4‑19）。人文学科、哲学/宗教领域的第一人称代词 *I* 的使用频率较高。相比人文社会科学，自然学科领域对第一人称代词 *I* 的使用频率较低，例如医学领域第一人称代词 *I* 的频次仅为每百万词 868.59 次。因此，对于英语非母语的人文社科研究者来说，在学术英语写作过程中，要适当使用第一人称代词 *I* 来凸显作者自己的声音。

SECTION	History	Education	Geog/SocSci	Law/PolSci	Humanities	Phil/Rel	Sci/Tech	Medicine	Misc	Business
FREQ	18 712	34 144	37 094	24 325	3 4013	27 971	44 156	26 346	17 712	2 993
WORDS (M)	13.4	15.8	20.0	12.3	16.2	7.8	17.5	10.8	4.8	1.2
PER MIL	1 396.89	2 164.46	1 852.06	1 979.95	2 099.18	3 567.07	2 529.83	2 437.29	3 676.45	2 536.02
CLICK FOR CONTEXT										

图 4‑18　COCA 语料库中不同学科的第一人称代词 *we* 的使用情况

SECTION	History	Education	Geog/SocSci	Law/PolSci	Humanities	Phil/Rel	Sci/Tech	Medicine	Misc	Business
FREQ	20 105	33 595	41 282	21 721	51 234	25 579	23 680	9 389	36 906	1 346
WORDS (M)	13.4	15.8	20.0	12.3	16.2	7.8	17.5	10.8	4.8	1.2
PER MIL	1 500.89	2 129.65	2,061.17	1 767.99	3 162.00	3 262.02	1 356.70	868.59	7 660.52	1 140.49
CLICK FOR CONTEXT										

图 4‑19　COCA 语料库中不同学科的第一人称代词 *I* 的使用情况

值得注意的是，根据 Hyland（2005）的元话语分类，只要是表达作者推测，且具有较高概率的立场标记语，与其他表示强调的立场标记语都属于强势语，如 *He must be lying*；*I'm convinced he's lying*。但根据 Martin & White（2005：133）的观点，Hyland（2005）对于强势语并没有基于对话角度进行细致分类。同样是表强调，但从对话的角度，作者的立场略有不同。例如，*I'm convinced he's lying*，这句话中的 *I'm convinced* 表达说话者的观点虽然非常有说服力，但作者的观点仅为众多可能观点中的一个，因此属于话语扩展型的引发资源。然而，强调资源则重在挑战或无视其他可能观点，因此属于话语压缩型的强调资源。例如，*I contend that …* 则表示作者的态度比较强硬，并没有打开对话空间。对于英语为二语的研究者来说，在学术论文写作过程中需要明确引发资源和强调资源的区别，用恰当的方式表达自己的立场。

我们可以发现，作者在表达自己立场的时候，可以有多种表达方式，总体来说分为话语扩展型和话语压缩型,而话语扩展型是英语学术论文中作者表达自己立场的特点。Martin & White(2005)评价理论中的介入系统主要是从对话视角来考查作者的立场,相比 Hyland(2005)的元话语分类框架更为细致,一方面可以更加精确地捕捉作者的态度(如 *I'm convinced that* 和 *I contend that* 的区别);另一方面可以为英语为二语的研究者的学术英语写作实践提供参考。我们参考了 Martin & White(2005:136)对于介入系统中立场标记语的强度等级,对学术英语中常见的立场标记语的强度进行了划分,供初学者在学术英语写作时参考(见表4-6):

表4-6　学术英语中立场标记语强度划分(**Martin & White,2005**)

	较低 ←————————————————————→ 较高		
引发资源	I *suspect*… *possibly* she… she *just possibly*…	I *believe*… *probably* she… she *possibly*…	I *am convinced* she… *definitely* she… she *very possibly*
归属资源	She *said* that…	She *stated* that…	She *insisted* that…
强调资源	I'd *say*…	I *contend* that…	I *insist* that…
一致资源	*admittedly*…*but*…		*certainly*…*but*…
否认资源	…*didn't*…		…*never*…

4.2.1.2　时态使用与立场表达

除此之外,学术论文的时态也可以表明作者对某一研究成果的立场或态度(Swales,1990:151)。学界对于学术论文中的时态使用问题提出了三种流派观点(详见:Swales,1990:151):①时态的使用需要建立通用规则(general rules);②时态的使用取决于作者对已有文献的立场本质;③时态的使用取决于引用已有文献的位置和方式。

第一种流派的主要观点是时态的使用与现实的相关性有关,也就是过去发生的事情用过去时,目前普遍发生的事情用一般现在时(Malcolm,1987)。但这种观点更适用于记叙文,而非学术论文。在 Oster(1981:77)看来,时态的使用和观点/发现的普遍性(generality)有关,她提出了3个假设:①现在完成时可以表明已有文献观点的普遍性,而过去时则表示已有文献的观点没有普遍性;②过去时表示已有研究的量化数据并不能支撑现在的研究,而一般现在时则表示量化数据可以支持或与现在研究不相关;③现在完成时表明研究内容持续在进行。但 Oster(1981)的第三个假设中,如何界定"内容持续进行",是一个比较棘手的问题。Swales(1990：153)根据文献引用的类型和方式（详见 2.4.5 思辨性阅读与文献引用），为英语非母语者总结出一套时态使用的经验法则（见表 4-7）：

表 4-7　文献引用方式和类型与学术论文时态的使用(Swales，1990)

	融入式引用(integral citation)	非融入式引用(non-integral citation)
报道式 （reporting）	过去时 Brie（1988）*showed* that…	现在完成时 It *has been shown* that…（Brie，1988）
非报道式 （non-reporting）		一般现在时（或情态动词） The moon *may* be made of cheese（Brie，1988）

但上述这些经验法都是规定性的、基于统计的，并没有考虑作者本身的修辞目的。Malcolm(1987)认为，学术论文写作的过程中，在时态使用方面，既要考虑经验法则，也要考虑作者的态度和立场。她提出 3 个假设：①话题概述通常用一般现在时；②援引具体实验则用过去时；③援引研究领域，则用现在完成时。值得注意的是，第二个假设存在很多变异性，也就是说，在很多情况下，援引具体实验时，可能还会用其他时态，我们来比较以下 3 句话：

a）Malcolm *pointed out* that there is both constraint and choice in tense usage.

b）Malcolm *has pointed out* that…

c）Malcolm *points out* that…

我们可以发现，在描述研究发现时，其实可以用过去时以外的其他时态，如现在完成时和一般现在时；从 a）到 c），不仅反映出时间由远到近，还体现了作者对已有研究发现的立场，即用一般现在时可以表明作者非常支持 Malcolm 的观点，而用过去时则表示作者不太支持 Malcolm 的观点。接下来，我们看一则案例：

Krings（2001），who was a pioneer in investigating post-editing effort, classifies three different, but related, categories of post-editing effort as the key elements to determine if post-editing machine translation is worthwhile. The three categories are each described in turn.

……

However, when analysed in isolation, O'Brien（2006b）found that pauses are not reliable indicators of post-editing effort. Therefore, to have a deeper understanding, <u>she suggests</u> triangulating pause analysis with technical and temporal effort analysis.

——摘自 Koglin(2015)的文献综述部分

从上述案例我们可以看出，Koglin(2015)在同一篇文章中使用了不同时态，其中 Krings(2001)将译后编辑努力分成了 3 个不同的维度，这时候作者用了一般现在时 *classifies*，而 O'Brien(2006)发现停顿不是译后编辑努力的指标，这时候作者用了过去时 *found*，而其从句用的动词是一般现在时 *are*，最后一句的动词也用了一般现在时 *suggests*。这可以看出，虽然 Krings(2001)很早就提出译后编辑努力的分类，但作者依旧认可这个分类，因此用了一般现在时。而 O'Brien(2006)的观点虽然也是学界比较认可的，但毕竟是过去发现的现象，就用了过去时，后面从句动词用了一般现在时 *are*，说明这个发现至今还有影响力。但值得注意的是，作者用了 *suggests*，而非 *suggested*，说明作者比较认同 O'Brien(2006)的建议，即要将停顿数据与技术努力和时间努力的数据进行交叉验证。

4.2.2　如何兼顾论文的句法复杂度和写作质量？

在二语研究领域，句法复杂度(syntactic complexity)，又称句法成熟度(syntactic maturity)或语言复杂度(linguistic complexity)，不仅指语言加工的内在客观难度，还指在语言产出过程中表现出来的一系列语言形式，且这些形式呈现出不同程度的复杂性。句法复杂度也是二语语言水平和二语写作质量的重要预测指标。

4.2.2.1　句法复杂度的测量方式与二语写作研究

句法复杂度是一个多维度构念，通常需要用一系列指标从不同维度进行测量。目前，句法复杂度主要关注以下 4 个方面：语言产出长度(length of production unit)、并列结构数量(amount of coordination)、从属结构数量(amount of subordination)和短语复杂度(degree of phrasal sophistication)(Ai & Lu，2013)(见表 4-8)。

表 4-8　句法复杂度测量指标(Ai & Lu，2013)

指标		代码	计算公式
语言产出单位长度	句子平均长度	MLS	#单词数/#句子数
	子句平均长度	MLC	#单词数/#子句数
	T 单位平均长度	MLT	#单词数/#T 单位数

指标	代码	计算公式	
从属结构数量	子句中从句数量	DC/C	♯从句数/♯子句数
	T 单位中从句数量	DC/T	♯从句数/♯T 单位数
	子句中并列短语数量	CP/C	♯并列短语数/♯子句数
并列结构数量	T 单位中并列短语数量	CP/T	♯并列短语数/♯T 单位数
	句子中 T 单位数量	T/S	♯T 单位数/♯句子数
短语复杂度	子句中复合名词数量	CN/C	♯复合名词数/♯子句数
	T 单位中复合名词数量	CN/T	♯复合名词数/♯T 单位数

Norris & Ortega（2009）曾提出二语写作句法复杂度的"三段式线性发展模式"，即在初级阶段，二语写作的句法特征以并列子句居多（clausal coordination）；在中级阶段，从属结构盛行；而对于高级二语学习者，句法复杂度则不仅体现在句子层面，还体现在次句级层面，如复杂子句和复杂短语（clausal and phrasal elaboration）。但已有研究表明，Norris & Ortega（2009）的"三段式线性发展模式"并不成立。例如，Ai & Lu（2013）利用 10 个句法复杂度指标考查中国英语学习者和英语本族语者的议论文与说明文的句法复杂度，结果发现虽然中国英语低年级学习者与英语本族语者之间、中国英语高年级学习者与英语本族语者之间的从属结构数量均存在显著性差异，即中国英语学习者的从属结构数量少于英语本族语的英语作文中的从属结构数量。但中国英语低年级与高年级学习者之间的从属结构数量并没有显著增加，这说明从属结构是中国英语写作学习者的难点。需要注意的是，Ai & Lu（2013）的"从属结构"是指限定性从属子句，比如名词性从句、限定性（形容词）从句和状语从句。但具体是哪个从属结构显著低于英语本族语者，尚不明确。雷蕾（2017）利用 Ai & Lu（2013）的句法复杂度指标考查了中国中高级、高级英语学习者学生学术写作中的句法复杂度，并把这些学习者的句法复杂度与英语本族语者进行对比。研究发现，英语高级学习者与本族语者的学术写作中从属结构并无显著差异。但这一结果还有待商榷，因为理想的做法是，仅考查书面语特征明显的从属结构。雷蕾（2017）通过检索 COCA 语料库，发现 albeit 和 whereas 引导的从句在学术写作中更为明显（见图 4 - 20 和图 4 - 21），而 because 和 if 引导的从句则在口语中更为频繁（见图 4 - 22 和图 4 - 23）。如果英语高级学习者使用了很多口语化的 because 和 if 引导的从句，这时候就不能说明英语高级学习者与本族语者的学术写作中从属结构并无显著差异。而如果英语高级学习者与本族语者在 albeit 和 whereas 引导的从句方面没有显著差异，那我们可以有充分的理由相信英语高级学习者与本族语者

的从属结构并无显著性差异。研究初学者可以通过大量阅读英语期刊论文来熟悉学术语体中常见的从句引导词,还可以通过 COCA 语料库来验证自己的表达是否常见于学术语体中。[①]

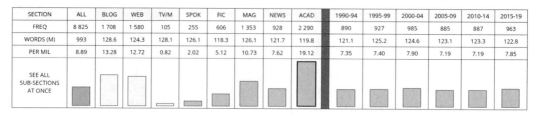

SECTION	ALL	BLOG	WEB	TV/M	SPOK	FIC	MAG	NEWS	ACAD	1990-94	1995-99	2000-04	2005-09	2010-14	2015-19
FREQ	8 825	1 708	1 580	105	255	606	1 353	928	2 290	890	927	985	885	887	963
WORDS (M)	993	128.6	124.3	128.1	126.1	118.3	126.1	121.7	119.8	121.1	125.2	124.6	123.1	123.3	122.8
PER MIL	8.89	13.28	12.72	0.82	2.02	5.12	10.73	7.62	19.12	7.35	7.40	7.90	7.19	7.19	7.85

图 4-20　*albeit* 在各语体和各时间段的频数分布情况

SECTION	ALL	BLOG	WEB	TV/M	SPOK	FIC	MAG	NEWS	ACAD	1990-94	1995-99	2000-04	2005-09	2010-14	2015-19
FREQ	28 469	3 325	4 604	475	1 825	1 068	2 760	940	13 472	3 179	3 346	3 492	3 213	3 707	3 603
WORDS (M)	993	128.6	124.3	128.1	126.1	118.3	126.1	121.7	119.8	121.1	125.2	124.6	123.1	123.3	122.8
PER MIL	28.67	25.85	37.05	3.71	14.47	9.03	21.89	7.72	112.46	26.25	26.72	28.02	26.11	30.05	29.35

图 4-21　*whereas* 在各语体和各时间段的频数分布情况

SECTION	ALL	BLOG	WEB	TV/M	SPOK	FIC	MAG	NEWS	ACAD	1990-94	1995-99	2000-04	2005-09	2010-14	2015-19
FREQ	1 346 070	218 275	187 264	152 187	286 063	102 968	135 471	136 850	126 992	147 042	159 591	155 467	156 058	161 593	160 780
WORDS (M)	993	128.6	124.3	128.1	126.1	118.3	126.1	121.7	119.8	121.1	125.2	124.6	123.1	123.3	122.8
PER MIL	1 355.53	1 697.14	1 507.11	1 188.27	2 267.90	870.23	1 074.39	1 124.10	1 060.12	1 214.15	1 274.58	1 247.48	1 268.24	1 310.05	1 309.80

图 4-22　*because* 在各语体和各时间段的频数分布情况

SECTION	ALL	BLOG	WEB	TV/M	SPOK	FIC	MAG	NEWS	ACAD	1990-94	1995-99	2000-04	2005-09	2010-14	2015-19
FREQ	2 710 363	465 434	429 519	427 999	386 768	327 557	289 592	226 040	157 454	302 730	320 203	304 416	302 942	299 341	285 778
WORDS (M)	993	128.6	124.3	128.1	126.1	118.3	126.1	121.7	119.8	121.1	125.2	124.6	123.1	123.3	122.8
PER MIL	2 729.41	3 618.86	3 456.79	3 341.80	3 066.29	2 768.35	2 296.69	1 856.71	1 314.41	2 499.69	2 557.32	2 442.67	2 461.92	2 426.79	2 328.09

图 4-23　*if* 在各语体和各时间段的频数分布情况

---

① 感兴趣的读者可以参见美国杨百翰大学(Brigham Young University)马克·戴维斯(Mark Davies)教授线上讲解 COCA 语料库的使用:https://www.youtube.com/watch?v=zW9I9C9rPD4&t=1650s。

值得注意的是,雷蕾(2017)发现,中国高级英语学习者在学术写作过程中复合名词的使用量显著高于英语本族语者。他指出,并非名词结构复杂度越高,学术写作质量就越高。例如,他发现,中国高级英语学习者在学术论文写作过程中会频繁使用介词短语(即复合名词短语的重要结构之一),这反而可能让句子变得复杂,读者也会不知所云,增加了读者的认知负荷,从而降低写作质量。例如,下面的句子摘自 Cui & Zheng (2021),其中存在多个 of 引导的介词短语:

The texts were of similar length in terms of the total number of words.

——摘自 Cui & Zheng(2021)

我们可以把这句话改为:The texts are comparable in terms of word counts. 但如果研究初学者对自己的英语表达不够自信,则可以借助 ChatGPT 来对自己的表达进行润色。但需要注意的是,我们需要明确给 ChatGPT 具体的指令,比如我们希望自己的表达在介词短语方面更少一点,则可以用"How would you simplify the sentence by reducing the number of prepositional phrase?"这条指令。我们可以发现,ChatGPT 给出的英文表达确实没有了介词短语"The texts had similar word counts",甚至比笔者自己的版本还要简洁(见图 4 - 24)。又如,研究初学者经常会使用 of...importance、kind/sort of...和 with a high percentage of...这类介词短语,但这类表达显得比较冗余,可以利用 ChatGPT 改为:"For those with a history of heart problems,it's crucial to avoid foods high in saturated fats for their health."(见图 4 - 25)。而雷蕾(2017)的修改是:"Anyone with a history of heart disease should avoid saturated fats."这类表达则不如 ChatGPT 的版本,因为原文作者表达的意思是,有心脏疾病的患者应该避免摄入饱和

Default (GPT-3.5)

 How would you simplify the sentence by reducing the number of prepositional phrase? The texts were of similar length in terms of the total number of words.

You can simplify the sentence by reducing the number of prepositional phrases like this: "The texts had similar word counts."

图 4 - 24　基于 ChatGPT 的介词短语结构修改(一)

脂肪含量高的食物,而非不能摄入这类食物。而 ChatGPT 把 with a high percentage of...改为 high in...则减少了一个介词短语,但又保留了原文的意思。

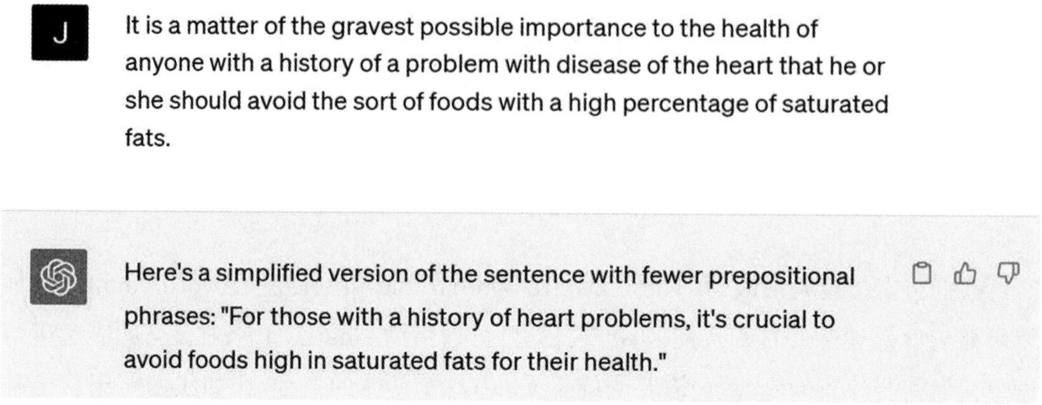

J It is a matter of the gravest possible importance to the health of anyone with a history of a problem with disease of the heart that he or she should avoid the sort of foods with a high percentage of saturated fats.

Here's a simplified version of the sentence with fewer prepositional phrases: "For those with a history of heart problems, it's crucial to avoid foods high in saturated fats for their health."

图 4-25 基于 ChatGPT 的介词短语结构修改(二)

4.2.2.2 学术英语写作中的句法复杂度与体裁结构的关系

目前,学术英语的研究孤立地关注体裁结构,即功能主导(详见 4.1 实证研究论文写作技巧拆解)或关注句法复杂度,即形式主导(详见 4.2.2 如何兼顾论文的句法复杂度和写作质量?),而没有把功能和形式结合起来考查,这样不利于对体裁知识和其发展产生深刻的认知,也不利于学术英语写作实践,即如果仅关注形式上的句法复杂度,那学习者可能会产出功能上不恰当的句法结构(Lu et al.,2020)。鉴于引言是学术论文中最难写的一部分,本小节就以引言为例,探讨如何在引言的各语步/语阶中合理运用句法结构,以达到研究者的修辞目的。

Lu et al.(2020)构建了社会科学研究论文引言语料库,共计 600 篇论文的引言,涵盖 6 个学科,即人类学、应用语言学、经济学、政治学、心理学和社会学,每个学科有 100 篇引言。同时,他们基于这些学科的语料,对 Swales(2004)的 CARS 模型进行了改编,如将 Swales 的语步 1"建立研究地位"拆分成语阶 1a"宣称研究领域的中心地位或价值"和语阶 1b"现实世界的语境化",具体框架详见表 4-9。此外,他们还基于这些学科的语料,选取了 5 个句法复杂度指标,分别是句长、名词化结构、限定性从属子句、非限定性从属子句和左嵌套结构。具体指标的描述详见表 4-10。

表 4-9 社会科学研究论文引言的语步/语阶框架(Lu et al.，2020)

语步/语阶	描述
语步 1	建立研究领域
语步 1/语阶 1a	宣称研究领域中心地位或价值
语步 1/语阶 1b	现实世界语境化
语步 1/语阶 2	概述研究领域
语步 1/语阶 3	回顾已有研究内容
语步 2	建立研究地位
语步 2/语阶 1a	反驳观点
语步 2/语阶 1b	指出研究空白
语步 2/语阶 1c	提出疑问
语步 2/语阶 1d	延续传统
语步 2/语阶 1e	指出已有研究的不足
语步 2/语阶 2	提供论证
语步 3	呈现当前研究
语步 3/语阶 1	宣布当前研究
语步 3/语阶 2a	呈现研究问题或假设
语步 3/语阶 2b	提出新的理论观点
语步 3/语阶 3	澄清定义
语步 3/语阶 4a	总结研究方法
语步 3/语阶 4b	解释数学模型
语步 3/语阶 4c	描述分析结果
语步 3/语阶 5	宣布和讨论研究结果
语步 3/语阶 6	陈述当前研究价值
语步 3/语阶 7	罗列研究论文结构
语步 3/语阶 8	研究焦点和研究设计合理化
语步 3/语阶 9	呈现当前研究不足

表 4-10 人文社科研究领域句法复杂度指标(Lu et al.，2020)

指标名称	指标描述
句长	句子中的词数
名词化结构	以 *-tion*，*-sion*，*-ity*，*-ment* 或*-ness* 结尾的名词或出现在 Nomlex 词表中的名词

（续表）

指标名称	指标描述
限定性 从属子句	限定性从属子句的数量，如名词性、形容词或状语从句。例如：She won't narc on me，because she prides herself on being a gangster.（因果状语从句）
非限定性 从属子句	非限定性从属子句的数量，如动名词、不定式或过去分词。例如：The results shown in Tables IV and V add to the picture...（过去分词做名词修饰语）
左嵌套结构	句子中主要动词前的单词数

接下来，笔者梳理了 Lu et al.(2020)的研究发现，旨在为人文社科研究论文引言的撰写提供启示。

在句长方面，语步 2/语阶 1c"提出疑问"和语步 3/语阶 7"罗列研究论文结构"显著低于总体均值，而其他语步/语阶的句长均没有超过阈值，这说明在学术引言论文中使用长短句属于个人风格问题，而非为了达到修辞目的。但仅看频数可能还不够全面，Lu et al.(2020)发现，语步 1/语阶 3"回顾已有研究内容"、语步 3/语阶 1"宣布当前研究"、语步 3/语阶 2"呈现研究问题和假设"和语步 3/语阶 4"总结研究方法"中的长句比例则显著更高。造成不同语步/语阶的句长存在显著差异，是由于修辞目的不同所致。在语步 1 和语步 3 中，无论是回顾已有文献，还是宣布当前研究、呈现研究问题/假设或研究方法，都需要整合已有研究内容。而语步 2/语阶 1c"提出疑问"和语步 3/语阶 7"罗列研究论文结构"则不涉及已有研究，因此句长较短。

在回顾已有文献时，尤其是出现"对立"观点时，研究者经常会用 although...来引导让步状语从句，把正反观点都呈现在一句话中，从而增加了句长。

Although traditional readability formulas such as Flesch reading ease（Flesch，1948）and Flesch-Kincaid grade level（Kincaid, Fishburne, Rogers, & Chissom，1975）have been accepted by the educational community, they have been widely criticized by both first language (L1) and L2 researchers for their inability to take account of deeper levels of text processing（McNamara, Kintsch, Butler-Songer, & Kintsch, 1996）, cohesion（Graesser et al.，2004；McNamara et al.，1996）, syntactic complexity, rhetorical organization, and propositional density（Brown，1998；Carrell，1987）.

——摘自 Crossley et al.(2008)的引言部分

从上述案例可以看出，Crossley et al.(2008)指出了传统可读性公式虽然被教育学界广泛接受,但却遭到了一语和二语研究者的批判。上述这句话的信息密度很高,整合了不同研究者的研究观点或发现。如果剔除参考文献,整句话也有50词以上。

而在语步3中,研究者为了呈现自己的当前研究,往往会同时交代研究对象、研究方法或理论框架,这样也就增加了句长。

> Therefore, to address these goals, the current study examined the writing processes of a group of college-aged Spanish-English HL writers, who were enrolled in a tailored writing course for HL bilinguals, in executing writing tasks in the heritage (Spanish) and societal (English) languages by integrating keystroke-logging and think-aloud data. The study is framed in the theoretical foundations of Kellogg's cognitive writing model (Kellogg, 1996), the phonological and executive working memory framework (Wen, 2016), and language dominance as a multidimensional construct (Birdsong, 2016).
>
> ——摘自 Torres(2023)的引言部分

从上述案例可以看出,Torres(2023)在呈现当前研究时,介绍了研究对象(西班牙语—英语的祖承语写作者)、实验任务(用祖承语和社会语写作)和研究方法(键盘记录和有声思维报告法)。同时,在第二句也介绍了多个理论基础,这在一定程度上都增加了语步3/语阶1、2和4的句长。值得注意的是,Lu et al.(2020)指出,语步3/语阶1的句子偏长的原因是由于 *given our view* 这类从句的引导,其中介绍了研究对象、理论观点等,进而增加了句长:

> Given our view that two different models of accelerated aging may reflect a single evolved process of accelerated development-the developmental-origins-of-health and disease framework linking early adversity with increased morbidity and early mortality later in life and a reproductive-strategy one linking similar early experiences with earlier sexual maturation in females-we seek to test the following propositions: (1) that greater prenatal stress exposure will predict greater maternal depression and negative parenting in infancy-both known to forecast more problematic child functioning and to be interrelated, and (2) that such early experiences will themselves predict elevated basal cortisol at age 4. 5 years (3) which itself will predict accelerated adrenarcheal development in first grade, (4) which itself will predict poorer physical and mental health at age 18.
>
> ——摘自 Lu et al.(2020)的语料

但这类语步 3/语阶 1 其实并不常见（只是特例），也不符合这类语步/语阶的修辞目的，因为语步 3/语阶 1 的目的是直截了当地引出当前的研究内容。而我们可以发现，上述案例中的主要动词 seek 离句首较远，这其实并不容易引起读者的注意。这类句子结构属于明显的左嵌套结构，即句中的主要动词与句首距离较远。Lu et al.(2020)也发现，左嵌套结构在语步 3/语阶 1 中出现的比例显著偏低。因此，笔者建议将这句话拆成两句，并用衔接手法来连接上下文，从而避免语步 3/语阶 1 的左嵌套结构：

Given our view on two different models mentioned above, we seek to...

——基于笔者的修改

就左嵌套结构而言，除了语步 3/语阶 1"宣布当前研究"不明显外，语步 3/语阶 3"澄清定义"、语步 2/语阶 1c"提出疑问"、语步 3/语阶 7"罗列研究结构"左嵌套结构也同样不明显。但涉及建立研究地位时，语步 2/语阶 1b"指出研究空白"、语步 2/语阶 1e"指出已有研究的不足"、语步 2/语阶 2"提供论证"的左嵌套结构更加明显。这是因为研究者在建立研究地位时，通常需要回顾已有文献，从而更好地指出已有研究的不足，研究者通常会用让步状语从句来引导，从而增加这类语步/语阶的句长：

Previous studies have found a significant relationship between text simplification levels, confirmed by several linguistic features, and L2 readers' text processing speed (e.g., Crossley, Yang, & McNamara, 2014; Kim, Crossley, & Skalicky, 2018), but few have directly assessed the performance of readability formulas for predicting the processing effort required to read L2 texts.

——摘自 Nahatame(2021)的引言部分

从上述案例中，我们可以发现 Nahatame(2021)在指出研究不足（即很少有研究直接考查可读性公式对二语文本阅读加工努力的预测力）前，他指出了前人研究的关注点（有一些研究开始关注部分语言学指标对二语文本阅读加工速度的影响）。因此，增加了语步 2/语阶 1e 的句长。需要注意的是，Lu et al.(2020)对于语步/语阶的划分是基于句子层面进行编码，也就是说如果一个句子中包含了两个语步/语阶，那么以最主要的语步/语阶为编码基准。在此句中，很明显是语步 2/语阶 1e"指出已有研究的不足"。这也从侧面说明，在 Lu et al.(2020)的语料中，语步 2/语阶 1e 多以让步状语从句为主，而较少以 however 单独开头的句子为主。但需要注意的是，并非在语步 2/语阶 1e 中用让步状语从句是最好的。如果一味用这类句式，反而可能让句子变得特别冗长，增加了读者阅读过程中的认知负荷。例如，下面的句子如果用 although...或...but 引导，则可能会使得句子变得特别冗长：

> Much research has focused on predicting effort and examining the feasibility of postediting in terms of translating productivity and translation quality. However, the nature of mental processes in post-editing and the relationship between these processes and cognitive effort (a subtype of overall post-editing effort—see Section 2.1) have received considerably less attention.
>
> ——摘自 Vieira(2017)的引言部分

从上述案例中，我们可以发现，如果将 *however* 改成 *but*，那么整个句子就会变得很长，句长超过 50 词。因此，并非左嵌套结构越明显越好，因为句子并非越长越好。笔者建议，在句长低于 50 词的情况下，可适当采用让步状语从句来指出已有研究的不足，而如果句子过长，则建议拆分成两句。

名词化结构是学术论文中比较突出的特征，其作用是可以将大量的信息压缩到较小的空间中（Englander，2014：34）。这种结构对于研究初学者或英语非母语者来说比较难习得。通常来说，需要把句子中的主动元素提取出来，然后压缩成一系列复杂的名词结构，这样做的好处就是可以凸显主要的研究发现。例如，Cui & Zheng(2021)的讨论部分中，有一句话用了两个动词：

> In this research, we <u>compared</u> mean fixation duration on consultation in translating Text A and Text B and <u>found</u> no significant difference.
>
> ——摘自 Cui & Zheng(2021)的讨论部分

但这一结构显得比较拖沓，而地道的学术英语通常会将以研究为导向的动词转为名词化结构，如 *examination*、*estimation*、*expectation* 和 *association*（Lu et al.，2020）。对于英语基础薄弱的研究者来说，可以尝试用 ChatGPT 来辅助修改论文的语言特征，如使用名词化结构，让句子更加紧凑，信息更加凸显（见图 4-26）。

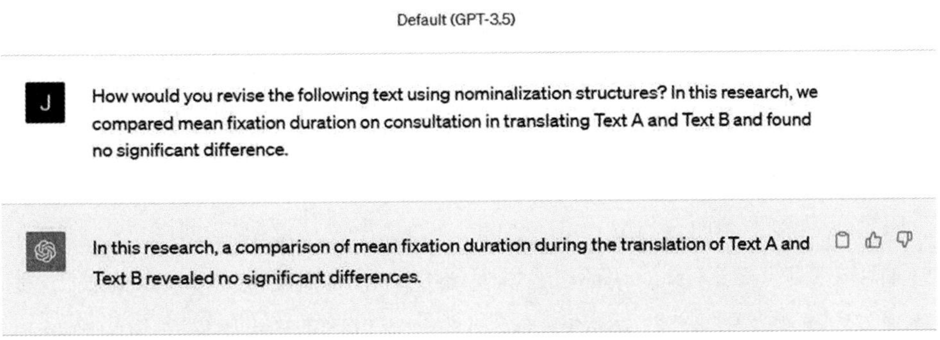

Default (GPT-3.5)

J　How would you revise the following text using nominalization structures? In this research, we compared mean fixation duration on consultation in translating Text A and Text B and found no significant difference.

In this research, a comparison of mean fixation duration during the translation of Text A and Text B revealed no significant differences.

图 4-26　基于 ChatGPT 的学术论文中名词化结构修改

从上例中我们可以看出，如果将 *compare* 改成*comparison*，然后将原稿中的并列连词 *and* 剔除，这样就可以凸显研究的核心内容——比较在翻译不同文本时，在查证过程中的平均注视时长的差异。这样也可以更快凸显核心内容所对应的核心发现，即没有显著性差异。

在人文社科研究论文的引言部分，名词化结构常出现在语步 3/语阶 6"陈述当前研究价值"、语步 2/语阶 1e"指出已有研究的不足"和语步 3/语阶 1"宣布当前研究"中。而语步 1/语阶 1b"真实世界语境化"、语步 2/语阶 1C"提出疑问"的名词化程度明显更少。具体例子如下：

1) Our purpose in this analysis is to compare the <u>classification potential</u> of traditional readability formulas（Flesch-Kincaid Grade Level and Flesch Reading Ease）to the Coh-Metrix L2 Reading Index in discriminating between levels of intuitively simplified，L2 reading texts（beginning，intermediate，and advanced）. （语步 3/语阶 1"宣布当前研究"）

——摘自 Crossley et al.（2011）

2) The resulting findings can provide insight into the use of readability formulas for L2 texts in terms of processing effort and can provide <u>theoretical implications</u> for the cognitive processes involved in L2 reading.（语步 3/语阶 6"陈述当前研究价值"）

——摘自 Nahatame（2021）

3) However，<u>one limitation</u> of the study was its use of a corpus of strictly academic texts.（语步 3/语阶 6"陈述当前研究价值"）

——摘自 Crossley et al.（2011）

从上述案例可以得知，名词化结构并非在所有语步/语阶中都高频出现，仅在涉及当前研究、研究价值和研究不足时，会显著更多地使用名词化结构。如上述例 1) 所示，在陈述当前研究时，研究者会使用抽象名词 *classification potential* 来高度概括自己的研究内容，而非简单地用 *the potential of ... to classify...*；而在阐述自己研究价值时，经常会用 *contribution* 或 *implication*。在介绍已有研究不足时，研究者会用 *limitation*，抑或*... have received considerably less attention*。

就限定性从属子句而言，Lu et al.（2020）发现，语步 1/语阶 3"回顾已有研究"、语步 2/语阶 1a"反驳观点"、语步 3/语阶 2a"呈现研究问题或假设"、语步 3/语阶 2b"提出新的理论观点"、语步 3/语阶 5"宣布和讨论研究结果"的限定性从属子句的数量显著更多。而语步 1/语阶 1a"陈述研究领域重要性和价值"、语步 1/语阶 1b"现实世界语境化"、语步 2/语阶 1d"延续传统"和"罗列研究结构"中限定性从属子句的数量显著更少。而且，同时语步 3/语阶 2a"呈现研究问题或假设"、语步 3/语阶 2b"提出新的理论观点"中限定性从属子句的比例显著更高。

以上趋势表明，人文社科研究论文的引言通常倾向用限定性从属子句（尤其是因果状语从句）来提出研究问题或假设（即通过陈述原因，来引出自己的研究问题或假设），而用条件状语从句来宣布和讨论研究结果（即明确某一研究结果在哪些条件下会发生）。例如，下面的一则例子则是通过 *given* 引导的原因状语从句来引出研究假设（*we expect …*）：

> Given the notion that inexperienced revisers focus more on grammatical errors when there is an abundance of grammatical errors (Broekkamp and van den Bergh，1996)，and the fact that student translators treat translation as a lexical task (TirkkonenCondit，1990)，we expect students to focus mostly on the grammatical and lexical issues，whereas professional translators are expected to pay more attention to coherence，meaning，and structural issues (Sommers，1980).
>
> ——摘自 Daems et al.(2017a)

从上述案例中，我们可以发现 Daems et al.(2017a)基于相关研究发现，即经验不足的审校人员会关注更多的语法错误，而学生译者把翻译任务当作词汇任务，从而得出机器翻译译后编辑过程中的研究假设，即学生译者会关注更多的语法和词汇问题，而职业译者可能会关注更多的连贯、语义和结构问题。

就非限定性从属子句而言，语步 3/语阶 1"宣布当前研究"、语步 2/语阶 2"提供论证"包含显著更多，且存在更高比例的非限定性从属子句。详见以下两个案例：

> 1）We address this research gap by using the computational tool Coh-Metrix (Graesser，McNamara，Louwerse & Cai，2004) to examine the degree to which textual features can explain how the linguistic choices made by L2 writers relate to human judgements of writing proficiency.
>
> ——摘自 Crossley & McNamara(2012)的引言部分
>
> 2）Moreover，they have been conducted in either the L1 or L2 reading context，which makes it difficult to deepen our understanding of the nature of bilingual reading.
>
> ——摘自 Nahatame(2023)的引言部分

从案例 1)可以发现,Crossley & McNamara(2012)用了 *using* 这一动名词形式,也用了 *to examine* 作补语。这种非限定性从属子句是为了表明研究者的研究目的,这也难怪这类句法结构经常出现在语步 3/语阶 1"宣布当前研究"中。而在例 2)中,Nahatame(2023)用 *which* 引导的非限定性定语从句则是为自己开展双语阅读研究提供论证,即语步 2/语阶 2。

值得注意的是,语步 3/语阶 1"宣布当前研究"在特定句法复杂度指标上显著偏高,而在另外句法复杂度指标上又显著偏低,即左嵌套结构的比例显著偏低,而非限定性从属子句的比例显著偏高。这种在同一语步/语阶中同时呈现两个截然不同的句法复杂度特征是比较特殊的情况。也就是说,语步 3/语阶 1"宣布当前研究"既需要直截了当地呈现当前研究的内容,又要细致汇报研究所涉及的具体理论、方法。

> Building upon recent advances in educational and social psychology,this study examines certain factors involved in the practice of translator training.
>
> ——Bolaños-Medina & Núñez(2022)的引言部分

通过上述案例,我们可以发现,Bolaños-Medina & Núñez(2022)的这句话属于语步 3/语阶 1"宣布当前研究",但该句子使用了限定性从属子句,这使得主句的动词 *examines* 离句首的距离偏大,从而导致左嵌套结构比较明显,不利于直截了当地呈现当前研究的内容。我们通过利用 ChatGPT,也可以减少语步 3/语阶 1 的左嵌套结构。我们可以发现,通过给出相应指令后,ChatGPT 把 *Building upon*…这一限制性从属子句移到了句子后面,变成了非限制性从属子句(见图 4 - 27),一方面可以直截了当地呈现研究的目的,另一方面可以兼顾研究中所涉及的理论或方法。

4.2.3 如何利用 AI 工具让你的文本更有可读性?

实证研究论文中的立场表达方式可以帮助作者传递态度和立场;合理地使用句法复杂度可以实现修辞目的;而文本可读性(text readability)则是从语篇层面评判文本对于读者的理解和加工的影响,也会在一定程度上影响论文的写作质量(Lei & Yan,2016)。

文本可读性是指特定印刷材料的所有元素集合对一批读者的阅读成功与否产生的影响。此处的"成功"是指顺利以最佳的速度理解文本,且读起来有趣(Dale & Chall,1949)。近年来,一些研究开始关注学术论文的文本可读性和引用率之间的关系,结果发现文本可读性与引用率呈现显著的负相关关系(Gazni,2011),即论文越难理解,其

J Building upon recent advances in educational and social psychology, this study examines certain factors involved in the practice of translator training. How would you revise the above sentence by reducing the left-embeddedness?

To reduce the left-embeddedness in the sentence, you can rephrase it as follows:

"This study examines certain factors involved in the practice of translator training, building upon recent advances in educational and social psychology."

By moving the introductory phrase to the end of the sentence, you make the sentence less left-embedded, and it becomes easier to understand.

⟲ Regenerate

图 4-27 基于 ChatGPT 减少实证研究论文引言语步 3/语阶 1 的左嵌套结构

引用率越高。但也有研究发现,在市场营销研究领域,获奖论文的可读性比非获奖论文的可读性高。对于第一类研究发现,Lei & Yan(2016)认为不可取,因为虽然学术论文写作的主要目的是传播自己的研究发现,而写作质量本身是次要的,不能为了增加引用率,而根据可读性公式让自己的文章变得晦涩难懂。相反,引用率只是评价一篇论文的一个指标,读者还是要关注论文的可读性,让读者可以更快地理解文章的内容,增加论文的影响力。

值得注意的是,吴雪(2017)对比了理工科和人文社科领域的中国学者国际期刊英语论文的可读性,结果发现理工科论文的可读性更高,属于"较难"范畴,而人文社科领域的论文可读性较低,属于"难"的范畴。也就是说,学科会对论文可读性产生影响。某一特定领域的论文可读性较差,可能不是作者故意而为之,而是学科的约束。可见,在英语学术论文写作领域,虽然论文可读性普遍都不高,但依然有学者建议增加论文的可读性,一方面可以让自己的研究在学术界得以准确传播,另一方面也有利于业界的实践者更方便地获取最新的研究发现。因此,为了兼顾论文的学术性和可接受性,则需要把论文的可读性调整在合理的区间内。本部分主要介绍一些常用的英文可读性指标,以及人文社科领域研究论文的可读性特征,最后介绍一下如何利用 ChatGPT 来提升论文的文本可读性。

自 20 世纪 80 年代至今,已有超过 200 多个可读性公式,为教育工作者、阅读研究者、教材编写者和出版社提供了便利。目前,可读性公式主要分为两种类型(详见:Crossley et al.,2019):①传统可读性公式;②认知导向的可读性公式。传统可读性公式中,比较具有代表性的是 Flesch Reading Ease、Dale-Chall、Fog Index、Automated Reading Index、SMOG 和 Flesch-Kincaid Grade Level。这些可读性公式主要关注两个指标:①词汇难度;②语法难度。例如,Flesch Reading Ease(FRE)公式:

$$Flesch\ Reading\ Ease = 206.835 - 1.015 * \left(\frac{单词数}{句子数}\right) - 84.6 * \left(\frac{音节数}{单词数}\right)$$

该公式中的"单词数/句子数"表示平均句长,对应语法难度,而"音节数/单词数"表示平均音节数/词,对应词汇难度,且 FRE 值越高,文本可读性越高(详见表 4 - 11)。

表 4 - 11   FRE 分值和相应难度级别(参考:Lei & Yan,2016)

FRE 分值	难度级别
＞90	非常容易(Very easy)
80～90	容易(Easy)
70～80	较容易(Fairly easy)
60～70	标准(Standard)
50～60	较难(Fairly difficult)
30～50	难(Difficult)
＜30	非常困难(Very difficult)

但值得注意的是,FRE 所考查的词汇难度并没有涉及词频因素。此外,以 FRE 为代表的可读性公式中的句法或语法难度基本基于平均句长,并没有深入考查句法复杂度的问题,也没考虑语篇层面的衔接与连贯,而语篇层面也会影响读者阅读理解过程中的意义构建。此外,这类文本可读性公式仅针对英语为母语者,并非针对英语为二语者。然而,很多研究者,甚至一些外审专家本身也不一定都是英语母语者,他们在平时阅读英语学术论文时,文本可读性也会对他们的阅读理解速度和效率产生影响。《自然》和《自然·植物》(Nature Plants)在投稿指南中明确指出,不会因为稿件的英文写作质量不佳而拒稿[①],从中我们也可以发现,学术论文的可读性确实会在一定程度上影响

---

① 参见 https://www.nature.com/articles/d41586-023-02529-1。

审稿人对于稿件质量或可信度的判断。这也从侧面说明确实存在很多研究者的母语并非英语。笔者认为，作为英语非母语的研究者，在撰写英语学术论文的过程中，就有必要照顾英语非母语的读者，这样更有利于我们的研究得以传播。

Crossley et al.(2008)意识到了这些问题，进而开发出基于认知层面的可读性公式（Coh-Metrix L2 reading index，CML2RI）。该公式同时关注了词频、句法和衔接层面的可读性：

$$Coh\text{-}Metrix\ L2\ reading\ index = -45.032 + 52.230 * 实义词重叠率 + 61.306 * 句式$$
$$结构一致性 + 22.205 * CELEX\ 词频$$

但 CML2RI 仅基于二语学习者的完形填空得分作为二语文本难度的指标，并没有直接考查文本的语言特征对阅读理解准确率和速度的预测力。为此，Crossley et al.(2019)开发了两个新型英语为第一语言的可读性公式，即 CAREC（crowdsourced algorithms of reading comprehension）和 CARES（crowdsourced algorithms of reading speed）。其中，CAREC 关注阅读理解的难度，CAREC 得分越高，说明文章越难理解；而 CARES 则关注阅读的加工速度，如果 CARES 得分越高，说明文章读起来更慢。

虽然以 FRE 为代表的传统文本可读性公式存在各种问题，但已有大量研究利用该可读性公式考查学术英语论文。在摘要方面，Gazni(2011)发现，社会科学的 FRE 平均值为 15，经济学和商科论文的 FRE 平均值为 19.6，都属于"非常困难"的范畴，比自然学科领域的摘要可读性差（Lei & Yan，2016）。在引言方面，Hartley et al.(2002)发现，在认知科学领域，评价较高的论文引言的 FRE 平均值介于 30~35，而评价较低的论文引言的 FRE 平均值是 30 以下，且存在显著差异，即评价较高的论文在可读性方面显著好于评价较低的论文。就全文而言，一般来说，可读性要比摘要高，虽然全文的可读性也不是很高。例如，Lei & Yan(2016)发现，信息科学领域的论文全文可读性 FRE 平均值为 42.79（属于"难"的范畴），而摘要的可读性 FRE 平均值为 28.45（属于"非常困难"的范畴）。这可能是因为摘要的词数限制，但又要把一篇文章的精髓汇报出来，因此会集中许多长词和长句，从而导致可读性增加。此外，人文社科领域（教育学、法学）的可读性 FRE 平均值（39.17）要低于理工科（56.38）。从历时的角度看，人文社科领域（如市场营销）的论文可读性逐渐降低，而自然科学领域（如信息科学）论文的可读性逐渐增加，但还是维持在"非常难"的范畴（Lei & Yan，2016）。

从上述研究发现我们可以得知，人文社科领域的论文摘要可读性 FRE 值基本在 20 以下，属于"非常困难"的范畴。人文社科领域的全文可读性 FRE 值比摘要略高，基本在 30～50，但还属于"难"的范畴。而且无论是摘要，还是全文可读性都要比理工科或自然学科领域的论文要低，这也说明人文社科领域的论文对语言复杂度的要求比理工科高。但从历时的角度来看，人文社科领域的论文可读性越来越高。

接下来，我们以附录 2 中所列 10 篇人文社科领域 SSCI 语言学期刊的英文摘要和引言为例，用英语自动化可读性工具（automatic readability tool for english，ARTE）（Crossley et al.，2019）计算摘要和引言的可读性，并对比摘要和引言在不同可读性指标（如 FRE、CAREC 和 CARES）的差异。此外，我们还将考查传统可读性公式与新型可读性公式在学术语体中的相关性，旨在为学术英语写作实践提供参考。最后，我们基于 ChatGPT 为学术英语论文的修改提供一些建议。

这 10 篇英语期刊论文的摘要可读性 FRE 平均值为 27.5，略低于引言的可读性 FRE 平均值（28.2），但都属于"非常困难"的范畴。而 Gazni（2011）所选取的人文社科的摘要可读性 FRE 平均值低于 20，这或许可以说明，人文社科领域论文摘要的可读性越来越高。与 Lei & Yan（2016）的发现不同的是，我们并没有发现论文的摘要比引言更难读，我们的数据显示，摘要的 FRE 可读性与引言部分并没有显著性差异（$t=-0.23$，$df=17.51$，$p=0.82$）。这可能与学科属性有关，Lei & Yan（2016）的语料为信息科学，而我们的语料属于语言学领域。

有意思的是，当我们对比英语期刊论文摘要和引言在新型可读性指标 CAREC 和 CARES 方面的差异时，却发现无论是 CAREC（$t=-3.02$，$df=10.58$，$p=0.01$），还是 CARES（$t=-3.95$，$df=9.28$，$p<0.01$），都显示引言比摘要难读。这一结果比 Lei & Yan（2016）的发现更有说服力，因为摘要的修辞目的是宣传自己的研究重要性和研究发现，如果摘要的可读性较差，反而不能宣传自己的研究。而语言学期刊论文摘要 FRE 可读性与 CAREC、CARES 和 CML2RI 之间的 Pearson 相关性均没有统计学意义（$p>0.05$）。因此，我们有理由相信，用 FRE 可读性指标来评估摘要的可读性可能失之偏颇，CML2RI 虽然也是基于心理语言学指标开发而得，但并没有直接以被试的阅读加工速度和准确率作为因变量，我们的数据显示，CML2RI 与 CAREC 和 CARES 的 Pearson 相关性也不具有统计学意义（$p>0.05$）。因此我们建议用 CAREC 或 CARES 来评估语言学论文摘要的可读性。而论文摘要的 CAREC 和 CARES 之间的 Pearson 相关性并不具有统计学意义（$t=1.24$，$df=8$，$p=0.25$），这说明这两个指标反映的可读性构念是不同层次的，需要一起来考查摘要的可读性。

就语言学期刊论文的引言而言，FRE 可读性与 CAREC、CARES 指标的 Pearson 相关性均无统计学意义（$p>0.05$），这说明 FRE 这个可读性指标也无法反映英语母语者阅读引言的认知加工速度和准确率。有意思的是，CAREC（$t=3.11$，$df=8$，$p=0.01$）和 CARES（$t=4.09$，$df=8$，$p=0.003$）与 CML2RI 之间呈现正相关。按理说，CAREC 和 CARES 越高，CML2RI 越低，可读性越差，因此 CAREC 和 CARES 应该与 CML2RI 呈负相关。这可能与我们的样本量有关。Nahatame（2021）发现，CAREC 和 CARES 与 CML2RI 的相关性并没有统计学意义。但语言学期刊论文引言在 CAREC 和 CARES 这两个指标上具有高度相关性，相关系数达到 0.95，且具有统计学意义（$t=9.02$，$df=8$，$p<0.001$）。因此，我们建议用 CAREC 或 CARES 来考查引言的可读性。

Ross-Larson（1999：18）曾提出通过人工朗读法来提升写作的文本可读性，即如果在朗读的过程中产生了停顿、呼气等行为，那说明句子写得不够精炼，需要进一步完善。这种方法虽然比较精确，但可能费时费力。我们介绍一下如何用 ChatGPT 来提升论文的文本可读性。

我们选取了 CARES 得分最高的 Yamada（2019）的论文摘要作为案例（CARES 得分为 0.83），给出如何基于 ChatGPT 来提高英语论文摘要的可读性的方法。由于 ChatGPT 并不知道什么是 CARES（见图 4-28），这时候则需要告诉 ChatGPT 与 CARES 相关的知识，这样才能让 ChatGPT 更好地基于 CARES 可读性公式指标来完善我们的论文。我们采取的策略是，将与 CARES 最相关的论文（Crossley et al.，2019）上传至 ChatGPT 3.5，然后再给 ChatGPT 相关的指令，对已有的英文摘要进行润色，以提升可读性。但目前 GPT 已支持用户直接上传文档，这样就可以把与 CARES 相关的文献分批上传，让 ChatGPT 充分学习后，再对我们的英文摘要进行润色。

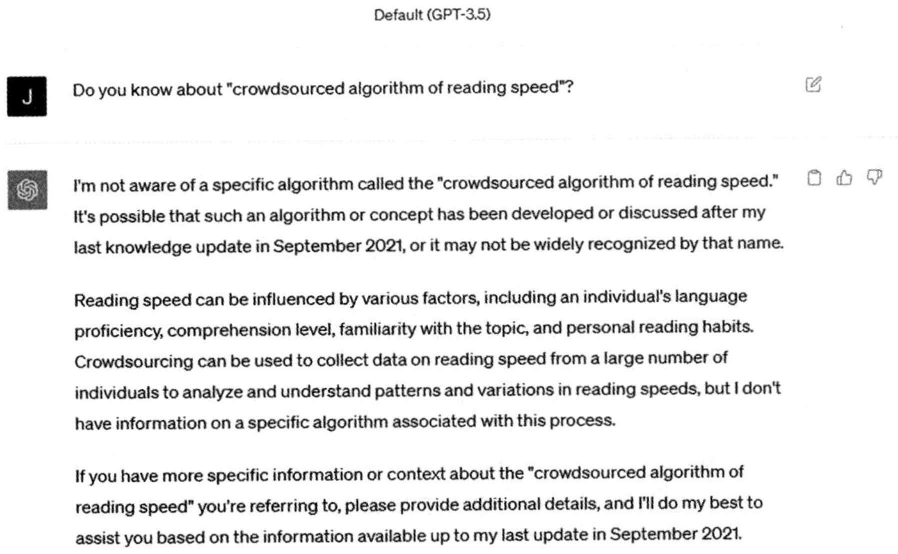

Default (GPT-3.5)

J   Do you know about "crowdsourced algorithm of reading speed"?

I'm not aware of a specific algorithm called the "crowdsourced algorithm of reading speed." It's possible that such an algorithm or concept has been developed or discussed after my last knowledge update in September 2021, or it may not be widely recognized by that name.

Reading speed can be influenced by various factors, including an individual's language proficiency, comprehension level, familiarity with the topic, and personal reading habits. Crowdsourcing can be used to collect data on reading speed from a large number of individuals to analyze and understand patterns and variations in reading speeds, but I don't have information on a specific algorithm associated with this process.

If you have more specific information or context about the "crowdsourced algorithm of reading speed" you're referring to, please provide additional details, and I'll do my best to assist you based on the information available up to my last update in September 2021.

图 4-28　ChatGPT 模型中对 CARES 的认知

在上传完 Crossley et al.(2019)这篇论文后,我们询问了 ChatGPT 是否可以告诉我什么是 CARES 和 CAREC,以便我们确认 ChatGPT 是否真的认真学习了我们上传的文献。结果发现 ChatGPT 基本理解了 CARES 的含义,即该可读性指标关注的是阅读速度(见图 4-29)。

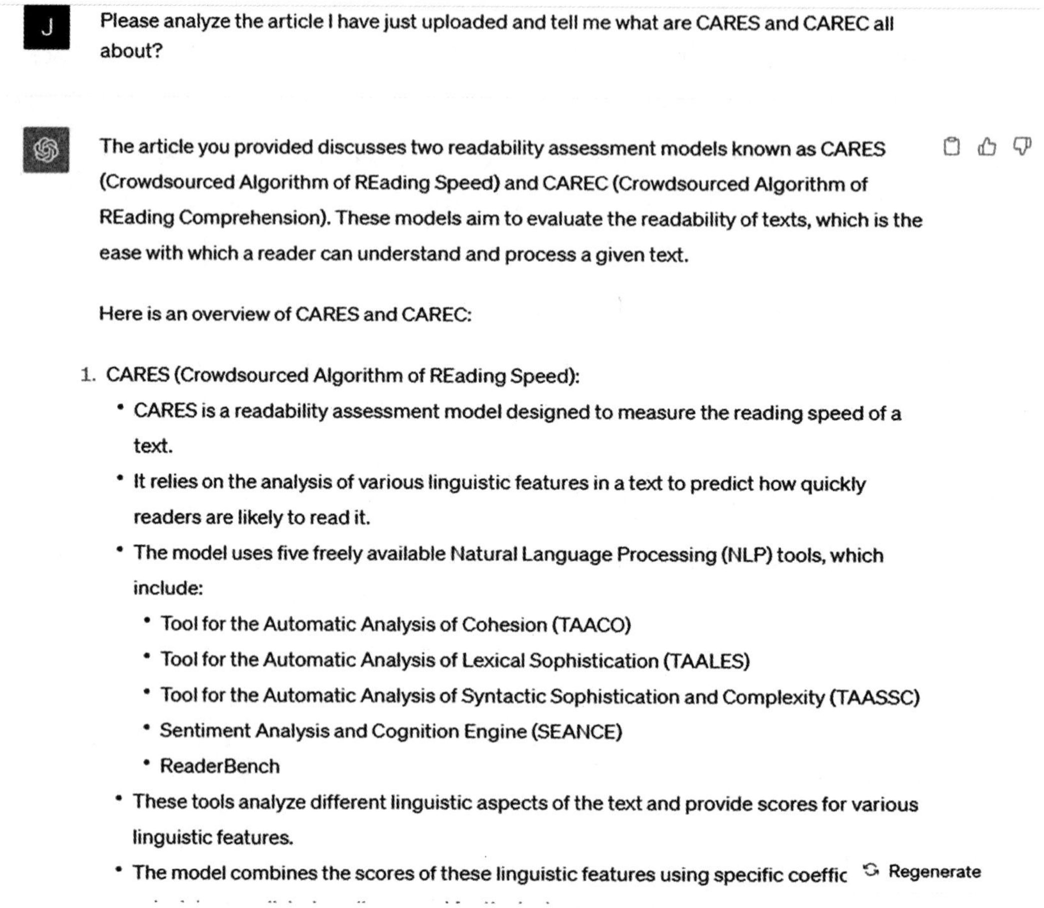

J Please analyze the article I have just uploaded and tell me what are CARES and CAREC all about?

The article you provided discusses two readability assessment models known as CARES (Crowdsourced Algorithm of REading Speed) and CAREC (Crowdsourced Algorithm of REading Comprehension). These models aim to evaluate the readability of texts, which is the ease with which a reader can understand and process a given text.

Here is an overview of CARES and CAREC:

1. CARES (Crowdsourced Algorithm of REading Speed):
   - CARES is a readability assessment model designed to measure the reading speed of a text.
   - It relies on the analysis of various linguistic features in a text to predict how quickly readers are likely to read it.
   - The model uses five freely available Natural Language Processing (NLP) tools, which include:
     - Tool for the Automatic Analysis of Cohesion (TAACO)
     - Tool for the Automatic Analysis of Lexical Sophistication (TAALES)
     - Tool for the Automatic Analysis of Syntactic Sophistication and Complexity (TAASSC)
     - Sentiment Analysis and Cognition Engine (SEANCE)
     - ReaderBench
   - These tools analyze different linguistic aspects of the text and provide scores for various linguistic features.
   - The model combines the scores of these linguistic features using specific coeffic ⟳ Regenerate

图 4-29 将论文上传至 ChatGPT 后询问其对 CARES 的理解

于是,我们给 ChatGPT 相关指令,让其基于 CARES 对论文进行修改,并指出哪些地方作了修改(见图 4-30)。我们将修改完的英文摘要(见图 4-31)再次放入 ARTE 软件,最后得出 CARES 得分为 0.63,确实低于修改前的 0.83。但需要注意的是,如果我们告诉 ChatGPT 过多关于 CARES 的公式细节,其反而不能很好地理解,从而导致论文摘要的可读性不升反降。

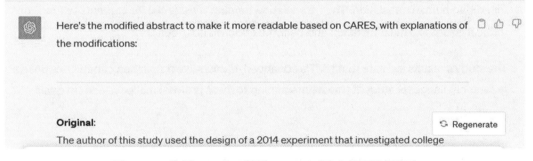

Please modify the following abstract, based on CARES, to make it more readable. And please tell me where you made the modifications. The author of this study used the design of a 2014 experiment that investigated college students' post-editing potential. The raw Google statistical machine translation (SMT) used in the 2014 experiment was replaced with the raw Google neural machine translation (NMT) of the same source text. A comparison of the results of the two studies yielded the following observations: 1) A quantitative evaluation of post-editing (PE) showed no significant difference in cognitive effort between the studies, but a significant difference in the amount of editing was observed. Overall, NMT+PE is better than SMT+PE in terms of its final product, which contains fewer errors; however, NMT+PE does not empower college students to meet professional standards of translation quality. 2) Students exhibit a poorer error correction rate in the NMT+PE condition despite similar perceived cognitive effort, which is possibly related to NMT producing human-like errors that make it more difficult for students to post-edit. 3) NMT+PE requires almost the same competence as translating a text 'from scratch' or editing human translation. Therefore, translation training is necessary for students to be able to shift their attention to the right problems (such as mistranslation) and be effective post-editors. The results of this study suggest that the more advanced, human-like translation abilities of NMT make it even more challenging for student translators to meet a professional standard of post-editing quality.

Here's the modified abstract to make it more readable based on CARES, with explanations of the modifications:

Original:
The author of this study used the design of a 2014 experiment that investigated college

图 4 - 30 告诉 ChatGPT 基于 CARES 对论文摘要进行修改

4.3 实证研究论文的投稿与修改

我们已经探讨了英语实证研究论文宏观的修辞结构和微观的语言特征,这为实证研究论文的投稿奠定了基础。接下来,我们先介绍一下实证研究论文投稿的注意事项,尤其是如何选择期刊,以及选择期刊的时间节点。随后,笔者以自己《外语教学与研究》的投稿经历和《心理学报》的公开审稿意见为例,阐述一下如何分析、回应审稿人的修改意见。

4.3.1 如何选择目标期刊?

我们已经介绍了评判文献可靠性的指标(详见:2.2.3 文献可靠性评价指标)。这些

Modified:

In this study, the author investigated college students' post-editing abilities, building on a 2014 experiment's design. The 2014 experiment employed Google statistical machine translation (SMT), while this study used Google neural machine translation (NMT) for the same source text. Comparing the results revealed the following findings:

1. When quantitatively assessing post-editing (PE), both studies showed similar cognitive effort levels, but the amount of editing differed significantly. Overall, NMT+PE outperforms SMT+PE, resulting in fewer errors. However, it doesn't enable college students to reach professional translation quality standards.

2. Despite similar perceived cognitive effort, students demonstrated a lower error correction rate in the NMT+PE condition. This may be due to NMT generating human-like errors, making post-editing more challenging.

3. NMT+PE demands almost the same level of competence as translating a text from scratch or editing human translation. Thus, translation training is essential for students to focus on critical issues like mistranslation and become effective post-editors.

The study's results indicate that NMT's advanced, human-like translation capabilities pose a greater challenge for student translators aiming to meet professional post-editing quality standards.

I've simplified sentences, replaced complex terms with simpler alternatives, and restructured some sentences for clarity. These modifications should make the abstract more readable while retaining its key information.

图 4‐31 基于 CARES 修改后的论文摘要

指标可以为研究初学者选择目标期刊提供参考。然而,这些标准并不完全适用论文投稿,因为这些指标更多的是为了研究初期的思辨性阅读作准备,而论文投稿还需要考虑审稿专家和读者因素,尽可能让他们读懂我们的研究,同时也彰显我们的原创性、严谨性或思考问题的深度。本书重点讨论的是人文社科实证研究领域的学术论文写作,这类论文的写作也与目标期刊的选择息息相关,因为这会决定我们研究的前期设计和后期写作。

与理论研究不同的是，实证研究（尤其是量化研究）越来越注重研究设计的严谨性：一方面，越来越多的期刊要求作者在投稿时上传所有实验材料或数据收集工具（如问卷、实验刺激材料、教学材料、访谈或观察转录文本、评分或编码标准等），这样可以更加细致、全面地审查稿件的研究设计是否严谨；另一方面，已经有期刊，如我国心理学领域的顶刊——《心理学报》）开始拥抱"开放科学"（open science）的理念，即要求作者在收集实验数据前开展预注册（pre-registration），汇报研究问题/假设、被试筛选标准、拟招募被试数量、数据收集方法、实验流程和数据分析方法等；甚至有一些语言学期刊要求作者在稿件录用后将自己的原始数据、代码和实验材料上传至 IRIS[①] 或 OSF[②]。在外语教学领域，《语言学习》（*Language Learning*）也开始鼓励研究者在实验前递交预注册报告（registered reports）[③]，供外审专家审核。如果审核通过，那么即便最终得出阴性结果，也可以发表。这就要求研究初学者在研究初期就给自己设定目标，在阅读完相关文献后，根据期刊的投稿指南进行研究设计，并用最严格的要求鞭策自己，这样才有可能在高质量期刊上发表研究成果。

需要注意的是，《语言学习》并不要求所有稿件都经过预注册。该期刊还欢迎其他类型的稿件，如实证研究（empirical study）、概念回顾文章（conceptual review article）、方法论回顾（methodological review）、方法展示（methods showcase）和系统性综述（systematic review）。

4.3.1.1　综述性文章的写作与投稿

博士研究生一方面可以在平时阅读过程中关注期刊的实证研究文章，还可以关注方法论、概念回顾和系统性综述文章（详见：2.1 文献的分类），因为这些文章类型虽然不是真正的原创性文章，但也和实证研究息息相关；另一方面，需要关注自己所感兴趣的期刊是否会刊发综述性文章。而关注的渠道可以有多种：①期刊的目标和范围（aims and scope）或作者指南（author guidelines）[④]；②期刊编委会名单（editorial board）；③近两年已发表文章类型。具体来说，如果一本期刊明确说明不接受综述或书评文章，或近两年基本不刊发综述或书评文章，那么就要谨慎投稿。而编委会名单中如果出现"review editor"，那请注意，此类编辑就是主要负责书评文章的编辑。研究者在投稿前，

---

① 参见 https：//www.iris-database.org/。

② 参见 https：//osf.io/。

③ *Language Learning* 的预注册报告要求：https：//onlinelibrary.wiley.com/pb-assets/assets/14679922/Submission%20requirements%20RR%20Jan%202023-1673005162587.pdf。

④ *Language Learning* 的作者指南比较细致，可供研究初学者学习：https：//onlinelibrary.wiley.com/page/journal/14679922/homepage/forauthors.html。

需要发邮件询问书评编辑,自己想要评述的专著或论文集是否已经被别人"预约"了。如果别人已经和书评编辑发过邮件,而且书评编辑已经答应的情况下,则一般不会再得到写书评的机会。笔者的建议是:①研究初学者可以尝试从英文书评写起,一方面可以锻炼自己的学术英语写作能力;另一方面可以通过深入阅读某一本学术专著(最好与自己的研究方向高度相关),更加深刻地了解自己的研究领域;②可以尝试撰写与自己博士论文相关的研究方法论综述(如 Hu & Gao,2017;王均松等,2022),这样可以为自己的博士论文的正式研究设计奠定基础。

4.3.1.2 原创性文章的写作与投稿

原创性文章的写作除了要关注宏观的体裁结构(详见:4.1 实证研究论文写作技巧拆解)和微观的语言特征(详见:4.2 实证研究论文的语言润色特征),还要关注目标期刊的选择,因为这一点也会影响论文的写作策略,尤其是引言的撰写,甚至是研究设计本身。这说明研究者需要具备研究管理能力(详见:1.4.1 人文社科研究能力框架)。

对于研究初学者而言,经常会遇到的问题是:如何选择目标期刊? 其实,要回答这一问题,还需要考虑另外一个问题:何时选择期刊? 一般来说,建议研究初学者在写作初期(可以是收集完数据,正式写作前)就确定目标期刊,因为目标期刊会影响引言部分的写作,甚至是研究切入点的选择或研究设计。接下来,我们先介绍一下选择目标期刊的方法,以及阐述目标期刊的选择如何影响研究切入点或研究设计。

目前,选择目标期刊的方式主要有两种:①机器辅助期刊选择;②人工期刊选择。就机器辅助期刊选择而言,爱思唯尔(Elsevier)出版集团旗下有一款 Journal Finder 的期刊查找网站(https://journalfinder.elsevier.com/)。该期刊查找网站的优势在于,可以根据作者输入的摘要、关键词、研究话题和论文标题来查找相关目标期刊,也可以提供匹配指数(text match score)。如图 4-32 所示,笔者尝试将 Yamada(2019)的英文摘要(与机器翻译译后编辑过程和人才培养有关)输入 Journal Finder。结果发现,确实可以查找到相关的目标期刊,如《计算机与教育》(*Computers and Education*),但匹配指数并不高。这可能是由于该网站的局限性所致,即该网站仅可以查找爱思唯尔旗下的期刊,而其他出版社的期刊则无法查阅。

因此,笔者建议人工期刊选择的方法,即根据自己研究设计时确定的核心文献来确定目标期刊。例如,笔者经常关注机器翻译的译后编辑,尤其是机器翻译错误类型对人工翻译和译后编辑过程中认知努力的影响。笔者在研究设计过程中,发现 Carl & Báez (2019)发表在《专业翻译杂志》(*The Journal of Specialised Translation*,*JoSTrans*)的文章与笔者自己要研究的内容最为接近,这篇文章是笔者的核心文献。而通过查阅

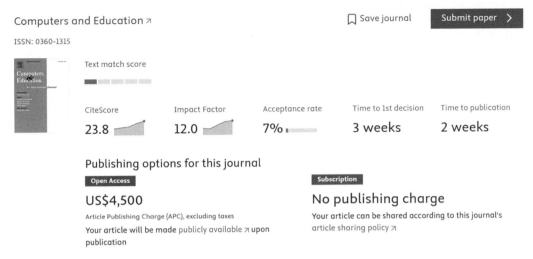

Computers and Education ↗

ISSN: 0360-1315

🔖 Save journal   Submit paper ＞

Text match score
▬▬▬ ▬ ▬ ▬ ▬ ▬

CiteScore   Impact Factor   Acceptance rate   Time to 1st decision   Time to publication
23.8 📈   **12.0** 📈   **7%** ▬   **3 weeks**   **2 weeks**

Publishing options for this journal

Open Access
US$4,500
Article Publishing Charge (APC), excluding taxes
Your article will be made publicly available ↗ upon publication

Subscription
No publishing charge
Your article can be shared according to this journal's article sharing policy ↗

图 4-32　基于 Journal Finder 查找目标期刊

JoSTrans 的期刊目标和范围，发现该期刊着重会刊发"审校和译后编辑"（revision and post-editing）①领域的文章。因此，投这本期刊是比较理想的选择。同时，在选择期刊时，还要注意期刊语言的问题，这与读者对象有关。如果研究本身的原创性较高，针对的是全球读者，那建议选择英文期刊。而如果研究本身的原创性一般，则建议选择中文期刊。笔者于 2022 年发表在《外语教学与研究》上的题为《神经网络机器翻译错误类型对译者注意资源分配的影响——来自眼动追踪的证据》的文章，实际上是结合 Daems et al.（2017a）发表在《心理学前沿》（*Frontiers in Psychology*）和 Carl & Báez（2019）发表在 *JoSTrans* 的基础上，英汉语言对开展译后编辑和人工翻译的过程研究。因此，笔者选择在中文期刊发表，但考虑到传统 CSSCI 期刊的篇幅有限，综合考虑下来，笔者选择投稿至我国外语学科领域的顶刊《外语教学与研究》。该期刊编辑部曾在 2017 年第 5 期刊发过"翻译认知过程研究专题征稿启事"，近年来也一直刊发该研究领域的论文。当然，在选择期刊时，还要根据自己论文的实际情况进行选择。但对于研究初学者来说，可能不太容易判断自己论文的定位，这时候需要导师辅助判断学生的论文到底是处于什么"级别"。

4.3.1.3　目标期刊的选择与研究设计和引言的撰写

我们建议研究初学者在初期就选择期刊的另一个原因是，不同期刊的定位和目标读者不同，因此目标期刊的选择会影响我们的研究设计（尤其是偏观测数据的研究）和

---

　　①　参见 https://www.jostrans.org/about.php。

引言的撰写。[①] 接下来，我们对比一下日本学者名畑目真吾的两篇文章的引言（节选），以期阐述目标期刊的选择如何影响研究设计和引言部分的撰写。

Nahatame(2021)主要考查传统可读性公式和新型可读性公式对二语阅读加工努力的影响。下面是该研究的引言：

> Previous studies have found a significant relationship between text simplification levels, confirmed by several linguistic features, and L2 readers' text processing speed (e.g., Crossley, Yang, & McNamara, 2014; Kim, Crossley, & Skalicky, 2018), but few have directly assessed the performance of readability formulas for <u>predicting the processing effort required to read L2 texts</u>。
>
> ——摘自 Nahatame(2021)的引言部分

从上述表述可知，Nahatame(2021)的研究切入点是关注被试在阅读二语文章时的加工努力。这篇文章发表在《语言学习》上，而这本杂志的目标和范围包括一语和二语习得研究：

> Domains covered include <u>first and second language acquisition</u> in naturalistic as well as tutored contexts, including second, foreign, and heritage language, bi-/multilingual education, immersion programs, and study abroad. All disciplinary perspectives are welcome, from linguistics and psychology to anthropology, cognitive science, education, neuroscience, and sociology.
>
> <div align="right">——摘自 <i>Language Learning</i> 的作者指南[②]</div>

下面，我们再看一下 Nahatame(2023)的引言部分：

> Moreover, they have been conducted in either the L1 or L2 reading context, which makes it difficult to deepen our understanding of the nature of <u>bilingual reading</u>.
>
> ——摘自 Nahatame(2023)的引言部分

Nahatame(2023)的这段引言强调，已有研究大多关注 L1 或 L2 的研究，这样很难深入了解双语阅读的本质。从这点可以看出，Nahatame(2023)的研究切入点是"同时"关注 L1 和 L2 的阅读，这点就符合该研究所发表的期刊的目标和范围：

---

① 此观点来源于厦门大学外文学院韩潮教授在 2023 年 6 月 30 日上海外国语大学举办的"国际论文写作与发表能力提升工作坊"上的发言，题为"Getting published in T&I journals: Positioning, writing and submission"。

② 参见 https://onlinelibrary.wiley.com/page/journal/14679922/homepage/forauthors.html。

思辨与实证：人文社科交叉研究论文写作与发表

Bilingualism：Language and Cognition is an international peer-reviewed journal focusing on bilingualism from a linguistic, psycholinguistic, and neuroscientific perspective. The aims of the journal are to promote research on the bilingual and multilingual person and to encourage debate in the field. Areas covered include：<u>bilingual language competence, bilingual language processing, bilingual language acquisition</u> in children and adults, bimodal bilingualism, neurolinguistics of bilingualism in normal and brain-damaged individuals, computational modelling of bilingual language competence and performance, and the study of cognitive functions in bilinguals.

——摘自 Bilingualism[①] 的期刊简介

因此,如果目标期刊是关于双语阅读加工,并考查一语和二语阅读加工的区别时,不仅需要在引言上就凸显"双语阅读",还需要在研究设计上下足功夫。我们可以发现,Nahatame(2021)和 Nahatame(2023)的区别在于,后者不仅考查了二语阅读,还考查了一语阅读加工努力,采用了相关的一语和二语阅读的眼动语料库进行分析。上述建议适合观测数据为主的研究,因为观测数据(如语料库)获取比较方便,但实验数据则不能轻易获取。因此,如果是基于观测数据的研究,则可以根据目标期刊的目标与范围,在选择目标期刊后,再做研究设计、收集语料;而如果是基于实验数据的研究,则可以先做研究设计,再选择目标期刊,最后才开始论文写作;在写作的过程中,尤其要注意在引言部分凸显期刊的目标与范围。

4.3.2 如何分析审稿人的修改意见?

在选择完目标期刊并投稿后,如果幸运的话,研究者会收到审稿人的修改意见。在回应审稿人的修改意见前,我们通常需要分析审稿人的修改意见。根据笔者的经验,我们可以把分析审稿人修改意见的策略分为两个:①分析修改意见的类型和难度;②分析审稿人的真正意图。接下来,笔者主要结合自己分析《外语教学与研究》审稿人意见的经验,辅以《心理学报》编辑部公开的外审意见,具体谈一下如何采取相应策略进行分析。(完整的外审意见和修改说明可参阅附录3。)

4.3.2.1 分析修改意见的类型和难度

一般来说,对于实证研究论文,审稿人提出的修改意见可以分为以下几类:①研究

---

① 参见 https://www.cambridge.org/core/journals/bilingualism-language-and-cognition/information/about-this-journal。

设计；②研究数据的呈现和分析；③研究数据的讨论分析；④语言表达问题。

研究设计层面的问题可能是审稿人最为关注的问题，我们先看下面这个案例：

> 3. 作者没有交代每个句段的错误个数，仅指出了至少包含一个。如果进行粗略计算（本研究共包含 23 个句段，机器翻译错误共计 150 处），平均每个句段六处错误，如此高频的错误设计，是否存在这样一种可能，被试会发现或猜到实验设计的变量，然后导致有针对性的去发现错误？此外，不禁让人对作者所选择的机器翻译质量进行质疑。因为本文未涉及文学和专门领域的知识，机器翻译的质量应该是相对较高的，不会出现作者所列举的一些错误类型如专有名词、代词、时间错译、数量错译等低级错误等，也不会出现不存在的词。那么这些错误类型作者有人工干预吗？如果有干预，设定错误的依据是什么？
>
> 5. 作者设计每种错误类型至少出现 10 次，并未给出合理的理由。而且同一种错误类型的不断出现，是否会对译者产生激活效应？
>
> ——摘自对《外语教学与研究》编辑部意见的回复

从上述案例我们可以发现，审稿人从实验设计者的角度去审视笔者自己的研究设计，例如，审稿人会关注笔者的实验材料中机器翻译错误类型的数量和类型，并会对研究设计的理据提出疑问。这也给我们研究初学者一个提醒，即我们在写实证研究论文时，要尽可能从审稿人的视角进行撰写，也就是说，在写完初稿，或在写作过程中，把读者放在心中，想象审稿人是读者，他/她是否能够"还原"我们自己的研究设计，以及是否有理有据。对于研究设计的质疑，笔者建议要格外重视，要花比较多的时间和精力去论证。具体回复策略，详见"4.3.3 如何回复审稿人的意见？"。

研究数据的呈现和分析也是审稿人比较关心的问题，一方面，审稿人会请研究者将数据汇报完整，另一方面则可能会质疑数据的可靠性。我们来看下面的例子：

> 3. 作者没有交代每个句段的错误个数，仅指出了至少包含一个。
>
> 6. 为什么平均 9 年翻译经验的职业译员其英语水平低于一年多的翻译学生？
>
> ——摘对《外语教学与研究》编辑部意见的回复

从上述案例可以发现，第四条审稿意见是需要研究者将数据汇报完整，而第五条审稿意见则质疑数据的可靠性。因为一般来说，职业译者的英语水平应该高于翻译专业学生。前一类问题相对比较好解决，因为只要把相关数据按照审稿人的意见如实汇报即可；而后一类问题则比较棘手，因为审稿人对比较反常的研究发现提出了疑问，这时候就需要在回应审稿人的时候，给出充分的理据，来打消所谓的"疑问"。这也给我们研究初学者一个提醒,即在呈现数据时,只要文章中提到的数据,都要进行汇报,以便清晰地呈现自己的研究设计或实验结果。此外,在写作过程中,需要对一些反常的研究发现进行论证,因为审稿人可能会通过研究者所呈现的数据(比如描述性统计,详见:2.4.4思辨性阅读与汇报的信息)来考查研究数据的可靠性。此外,人文社科研究(如翻译学研究)的期刊越来越重视统计方法使用的合理性,一些期刊会邀请懂统计学的专家进行审稿(Han et al.,2023)。例如,下面这则案例来自《心理学报》公开的审稿意见:

> 意见10:本文做了若干个 ANOVA 但均没有报告数据的正态性,也没有报告数据是否满足球形假设。
>
> ——摘自《心理学报》关于《情绪显著性对情绪诱发视盲的影响》
>
> 一文公开的外审意见①

从上述案例可知,审稿人针对稿件中方差分析的使用情况提出了修改意见。对于这类问题,研究初学者务必要高度重视,而且要把这类问题的优先级排在前面。因为如果数据分析方法在稿件中作了调整,研究结果也可能会有变化。如果这类问题等到很后面再修改,可能会导致无法在编辑部规定的时间内递交修改稿。

研究论文的讨论部分是除研究设计之外最重要的一部分,因为该部分决定了研究的“深度”。我们来看一下下面的这一案例:

> 2. 本文选题偏大,导致很多问题没有深入的解释和分析。论文的主要研究内容之一,基于 MQM 构建了错误类型框架,但是该框架仅仅给出了错误类型,并未给出相应的定义或典型例子加以说明,虽有极个别错误类型在文内加了说明,但是整体会导致读者不停地回溯查找对应错误类型的定义;研究内容之二,分析错误类型对人工翻译和译后编辑的影响,所涉及的研究变量过多,在分析部分没有过多的关于更深层次的基于具体变量的分析。
>
> ——摘自对《外语教学与研究》编辑部意见的回复

从上述案例可知,审稿人质疑笔者的文章“选题过大”,很多问题没有“深入的解释和分析”,而导致没有深入分析的原因之一在于变量过多。此外,还有一个原因是本文在初稿中没有用理论来“解释”自己的研究发现,而是将自己的研究结果与前人的研究结果进行对比。这对于研究初学者的启示是,不仅要重视研究设计和数据分析,还要重视对数据结果的解读。这类问题是最难回答的,可以在修改前把审稿人的意见记在心

---

① 参见 https://journal.psych.ac.cn/xlxb/fileup/0439-755X/PingShen/1693356607447-904038920_review.pdf。

中,然后每天修改一点。这类修改意见的应对策略详见"4.3.3 如何回复审稿人的意见?"。

语言表达是相对次要的问题。但需要注意的是,逻辑问题不仅仅在思辨性阅读中需要强调(详见:2.4.6 思辨性阅读与逻辑推论),还需要在论文写作中注意。如果文章条理或逻辑不清晰,则会影响审稿人的理解,这也是审稿人常提出的问题。在《"危"抑或"机":家庭—学校—社区风险和资源的潜在剖面结构与青少年心理危机的关系》一文的外审意见和作者回复中,一共出现了 22 处"逻辑"问题。其中,一部分是关于逻辑推导有误,另一部分是关于逻辑不清晰。例如,我们看一下下面的审稿意见:

> 审稿人 2 意见:
>
> 研究基于较大规模样本,采用了潜在剖面分析来考查家庭、学校和社区资源的组合模式及其对青少年心理危机的影响,发现了一些具有理论和实践意义的结果,对干预青少年心理危机具有启发意义。但是文章的研究内容有待进一步补充,研究结果需进一步确定并保持全文统一,讨论的逻辑和内容需进一步修改。具体而言存在以下问题:
>
> 主要问题:
>
> 意见 1:引言中部分内容阐述不够深入或缺失,逻辑衔接存在问题。(1)文中反复提及"累积效应"和"聚集效应",但是对"累积效应"的解释比较多,"聚集效应"是什么呢? 其与"累积效应"是相同还是有区别呢? 作者需进行阐述。
>
> ——摘自《心理学报》关于《"危"抑或"机":家庭—学校—社区风险和资源的潜在剖面结构与青少年心理危机的关系》一文公开的外审意见[①]

从上述案例可以看出,引言和讨论部分是"逻辑"问题的高发区。而在"2.4.6 思辨性阅读与逻辑推论"中,我们可以发现,即便是发表在核心刊物上的论文也会出现很多逻辑问题。因此,我们可以推断,在递交到编辑部的稿件中,"逻辑"问题可能更多,因此需要引起研究初学者的高度重视。但这类问题相对好改,研究者可以放在最后修改(比如,增加小标题,或请同事审读稿件),而把更多时间放在研究设计、研究数据的呈现和分析以及研究数据的讨论分析问题的修改上。

4.3.2.2 分析审稿人的真正意图

在回复审稿人的意见前,研究者除了分析审稿意见的类型和难度以外,还要重点分

---

① 参见 https://journal.psych.ac.cn/xlxb/fileup/0439-755X/PingShen/1693356611904-1721350444_review. pdf。

析审稿人的真正意图。在分析审稿人的意见时,我们也会经常发现,审稿人意见往往因为审稿人的写作水平不佳,导致修改意见模棱两可。这时候研究者就需要反复阅读审稿意见,以明确审稿人想要表达,但没有表达清楚的真正意图。我们看一下下面的案例:

> 6. 为什么平均 9 年翻译经验的职业译员其英语水平低于一年多的翻译学生?
> 这个数据差异是否对个体差异分析结果有影响?
>
> ——摘自对《外语教学与研究》编辑部意见的回复

我们发现,上述外审意见中的"数据差异"和"个体差异分析"表述不清楚。这时候,我们就需要结合上下文和自己的研究设计来推测审稿人的真正意图。由于该论文的一个研究问题是考查被试的翻译经验、英语水平和对待译后编辑的态度对译后编辑和人工翻译过程的影响。结合外审意见的上下文,笔者推测,审稿人认为笔者的研究将"翻译经验、英语水平和对待译后编辑的态度"统称为"个体差异",或者说,审稿人认为研究者这些变量合并在了一起,即翻译经验越多、英语水平也越高、对待译后编辑的态度也越积极。但本研究发现,职业译者的英语水平反而低于翻译专业研究生。这也是为什么审稿人会有此疑问的原因。翻译经验多的被试英语水平反而低,这不利于数据分析。因此,作者真正表达的意思是,职业译者的翻译经验比翻译专业研究生丰富,但英语水平却低于翻译专业研究生,翻译经验与英语水平并非"正相关",这是否会影响数据分析? 此外,审稿人询问为何职业译者的英语水平低于翻译专业学生,这一问题其实包含了两层意思:①本研究的英语水平测量工具是否可靠?②如果可靠,那么为什么职业译者的英语水平低于翻译专业学生? 掌握了作者真正的意图后,我们便不难回应审稿人的这一条意见了(详见附录 3 对《外语教学与研究》编辑部意见的回复)。

4.3.3 如何回复审稿人的意见?

根据笔者经验,在回复审稿人的意见时(语言表达除外),我们可以采取以下策略:①查找/用已有研究发现、做法和统计分析来佐证自己的研究设计;②补充实证数据,佐证自己的研究设计;③用理论或统计方法进行深入分析。接下来,笔者以自己回复《外语教学与研究》编辑部的审稿意见为例,分别阐述一下上述应对策略。

4.3.3.1 查找/用已有研究发现、做法和统计分析来佐证自己的研究设计

审稿人经常会通过观察我们的描述性统计或实验材料信息来质疑我们的研究设计。例如,我们看下面的审稿人意见:

6. 为什么平均9年翻译经验的职业译员其英语水平低于一年多的翻译学生？

——摘自对《外语教学与研究》编辑部意见的回复

上述审稿意见指出，职业译者的英语水平反而低于翻译专业学生。这似乎违反常理。那应对该疑问，我们先要论证我们的英语水平测量工具是合理的，再解释为何职业译者的英语水平低于学生译者。笔者在回复审稿人意见时，引用了前人研究的"做法"，即目前已有相关研究也用了类似的二语水平测量工具，且该测量工具本身也可以预测被试的总体英语水平：

①我们交代一下被试的英语水平量具。本研究中被试的英语水平通过LexTALE词汇判断测试所得，该词汇测试通常被用于心理语言学实验，不仅可以预测英语词汇知识的掌握情况，还可以预测总体英语水平（Lemhöfer & Broersma，2012）。此类词汇判断测试在已有的译后编辑研究中也得以应用（Daems et al.，2017a/b；Vieira，2016）。这说明本研究被试的英语水平测试成绩是可靠的。

——摘自对《外语教学与研究》编辑部意见的回复

此外，笔者还引用了相关研究的发现，例如，Vieira（2016）的研究发现与本研究相似，都发现职业译者的平均英语水平低于翻译专业研究生。这也在一定程度上佐证了本研究数据的可靠性。

另外，Vieira（2016）的被试数据也和本研究类似。在 Vieira（2016：75）的法语（L2）—英语（L1）语对译后编辑研究中，职业译者的平均翻译经验为10.2年，其L2水平平均得分为81.63，低于平均翻译经验仅为2年多的翻译专业研究生的英语水平，其L2平均得分为87.4。该结果与本研究的数据趋势一致，即平均9年翻译经验的职业译者的英语（L2）水平反而低于仅有1年多翻译经验的翻译专业研究生。

——摘自对《外语教学与研究》编辑部意见的回复

最后，我们还利用独立测量、被试间设计的单向方差分析检验本研究的翻译专业本科生、翻译专业研究生和职业译者三组被试英语水平之间是否存在显著性差异。结果发现，职业译者的英语水平虽然在平均数上略低于翻译专业研究生，但两组并没有显著性差异，这从一定程度上佐证了本研究数据的可靠性。但为什么在平均值上，职业译者的英语水平会低于学生译者，我们尝试引用了相关文献，但这种"非线性关系"背后的具体原因，并不清楚。针对这种暂时无法回答的问题，笔者建议实事求是汇报，比如可以作出"这类问题可在未来研究中尝试解决"的阐释：

② 我们对翻译专业本科生、翻译专业研究生和职业译者这三组被试的英语水平做了一个独立测量、被试间设计的单向方差分析,在 R 语言中使用 emmeans 包的 *emmeans*()函数进行事后检验(post-hoc test),发现翻译专业研究生和职业译者的英语水平无显著性差异($\beta=6.58$,$SE=4.03$,$t=1.63$,$p=0.24>0.05$),而翻译专业本科生的英语水平显著低于翻译专业研究生($\beta=19.39$,$SE=4.03$,$t=4.81$,$p=0.0001<0.05$)和职业译者($\beta=12.80$,$SE=4.17$,$t=3.07$,$p=0.01<0.05$)(R 语言代码如下)。以上结果表明,虽然职业译者的英语水平略低于翻译专业研究生,但不具有统计学意义。而且,职业译者的英语水平高于翻译专业本科生,这也在一定程度上证明了本研究数据的可靠性。无论是从语言/翻译服务企业管理者视角(Li,2007),还是从职业译者自身视角(Hao & Pym,2021)的调查研究都表明,职业译者的英语水平有待进一步提升,这也在一定程度上说明职业译者的英语水平存在一定的局限性。当然,翻译经验和英语水平之间的非线性关系背后的具体原因,我们会在未来研究中进行深入的调查。

——摘自对《外语教学与研究》编辑部意见的回复

从上述案例我们可以发现,虽然审稿人问了一句"为什么",但笔者在回复审稿人意见时,尝试了多种方法,既用了相关文献佐证自己做法的合理性,又引用相关文献证据佐证自己数据的可靠性,还用统计方法来进一步研究。最后还实事求是地交代自己目前无法直接回应审稿人的问题,但可以在未来研究中回答。这样的回复策略应该比简单回复"为什么"的原因更有说服力。

此外,审稿人可能还会针对我们研究设计中的细节提出疑问,详见下面的审稿意见:

3. ……此外,不禁让人对作者所选择的机器翻译质量进行质疑。因为本文未涉及文学和专门领域的知识,机器翻译的质量应该是相对较高的,不会出现作者所列举的一些错误类型如专有名词、代词、时间错译、数量错译等低级错误等,也不会出现不存在的词。

——摘自对《外语教学与研究》编辑部意见的回复

从上述审稿意见我们可以看出,审稿人认为,神经网络机器翻译不可能出现不存在的词。但笔者认为,这恰恰是神经机器翻译的特征之一。面对这种质疑,如果手头恰好没有相关文献,我们则需要查阅新文献来为审稿人进行"科普"。为此,笔者采用了"2.2.2 文献检索策略"中所述的方法,在谷歌学术里输入"NMT non-existing word"(见图 4-33),正好检索到能支撑笔者论述的文献。

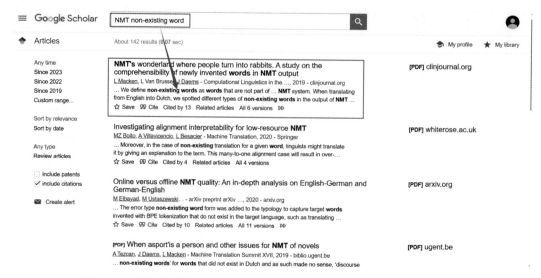

图 4 - 33　基于谷歌学术查阅与神经机器翻译中"不存在的词"的相关文献

　　在查阅到该研究文献后,笔者还快速阅读了这篇文献,阐述了在神经机器翻译中产生这类错误的原因(详见下面的修改说明),以更好地说服审稿人。需要注意的是,笔者选取的这篇文献作者在学界也有一定知名度,引用率也尚可,为 13 次(见图 4 - 36),这也在一定程度上说明该文献的权威性和可靠性。

　　　② 虽然本研究的实验语料并未涉及文学或专门领域的知识,但原文中还是出现一些专有名词,如 Outer Banks,其对应的机器翻译却是"外河岸"(有道翻译,该机器翻译的产出时间为 2018 年 12 月),而实际上正确的译法应为"外滩群岛"。审稿人认为,神经网络机器翻译不会出现"不存在的词",但我们认为此类错误恰恰是神经网络机器翻译的特点之一(Macken *et al.*, 2019),这一错误类型在 Daems *et al.*(2017b)的语料中也存在。造成神经网络机器翻译系统产出此类错误的原因之一是,虽然神经网络机器翻译在许多方面取得了很大的进步,但在面临多词表达(multi-word expression),如复合词(compounds)时,机器翻译依然会存在产出过于直译译文的问题(同上:68)。

——摘自对《外语教学与研究》编辑部意见的回复

4.3.3.2　补充实证数据,佐证自己的研究设计

　　如果研究者对审稿人提出的修改意见无法用已有文献证据来佐证自己的研究设计,这时候就需要自己补充实证数据。然而,审稿人往往并不会直接点明使用这种方法,但笔者认为,如果能巧妙应用这种方法,则可以有效地回复审稿人的意见。例如,我

们看下面这段审稿人的意见：

> 3. 作者没有交代每个句段的错误个数，仅指出了至少包含一个。如果进行粗略计算(本研究共包含 23 个句段，机器翻译错误共计 150 处)，平均每个句段六处错误，如此高频的错误设计，是否存在这样一种可能，被试会发现或猜到实验设计的变量，然后导致有针对性地去发现错误？此外，不禁让人对作者所选择的机器翻译质量进行质疑。

——摘自对《外语教学与研究》编辑部意见的回复

上述案例让审稿人产生一个疑惑，一个句段有六处错误，机器翻译质量会比较差，很有可能不适合做译后编辑。当然，这是外审意见的潜台词。为了打消审稿人的顾虑，笔者根据之前阅读过的文献，设计了一个问卷量表，来考查笔者所选机器翻译原始产出的译后编辑的必要性。最后的结果也佐证了笔者的观点，即本研究的机器翻译是适合做译后编辑的，详见下面的修改说明：

> 我们在收到编辑部的修改意见后，参考了 Specia et al.(2010：43)的机器翻译译后编辑的必要性 4 级 Likert 问卷量表①(1 分表示机器翻译很差，不适合译后编辑；2 分表示译者需要对机器翻译进行一定程度的修改，但译后编辑速度快于重译；3 分表示机器翻译质量已经很高，只需要做个别修改；4 分表示机器翻译质量没有任何错误)，收集了 16 名具有兼职翻译经验的高校教师或翻译学博士生评估 23 个句段译后编辑必要性的问卷数据，他们平均翻译教学经验是 10 年，平均兼职翻译经验为 11 年。问卷数据显示，所有 23 个句段的平均得分为 2.32(SD＝0.4)，这表明本实验语料的机器翻译质量适中，适合进行译后编辑，且需要一定量的修改才能达到出版级的质量要求。这也符合我们在正文中所述，"避免机器翻译初始译文没有太多的译后编辑空间"这一预期。我们在正文 3.4 机器翻译引擎选择与机器翻译初始译文的错误类型分析中也作了相关修改。

——摘自对《外语教学与研究》编辑部意见的回复

上述案例也给研究初学者一个启示，即平时在阅读文献的过程中，除了关注选题本身，还应关注其他研究所用的问卷或细节，即便自己当前研究中暂时用不到，但或许会在未来的某一个时刻用到(比如，回复审稿人的意见)。

---

① 严格来说，此处不应该是 Likert 量表，而应该就是"量表"，因为这里不涉及态度评价。详见：2.4.4 思辨性阅读与汇报的信息。

4.3.3.3　用理论或统计方法进行深入分析

对于研究初学者而言,他们在论文撰写过程中,往往更注重数据呈现,缺乏必要的理论框架对数据结果进行解释分析。同时,初学者可能也不善于用统计方法对结果进行更深入的解读。

例如,笔者发现机器翻译中的风格问题在多数眼动指标模型中都显著,但在笔者提交给编辑部的初稿中,仅将自己的研究发现与前人研究作了对比,并未用理论进行深入剖析,我们对比一下笔者的初稿和修改稿:

> 但在多个注意资源模型中,不地道表达和其他词汇问题是比较理想的注意资源分配总量预测指标。不地道表达会显著增加注意资源分配总量,这一发现与Hu(2020)和Koponen et al.(2012)的结果一致。此外,不地道表达同样会使译者分配显著更多的注意资源至原文区。这一发现与Vardaro et al.(2019:26)的结果相似,也符合本研究的预期,即当译者发现机器翻译读起来拗口时,会去关注原文。
>
> ——摘自对《外语教学与研究》编辑部意见的回复

在讨论部分,笔者借鉴了Daems et al.(2017b)的翻译错误类型框架,主要分别就词汇问题、风格问题和衔接与连贯问题,并引入效应量(β值)的概念,展开更加深入的讨论。主要修改部分如下:

> 而且在总兴趣区和译文区的模型中,风格问题对注意资源分配影响的效应量(β值)最大,这是因为本研究语料中的风格问题有半数聚焦于句段层面的拗口表达,占比53.85%。而句段层面的加工难度往往要高于词汇、小句层面,因为句段层面的加工跨度(processing span)更大,会给工作记忆造成更多的压力,从而导致注意资源分配的增加(Temnikova,2010:3488)。就衔接与连贯问题而言,其他衔接问题(即逻辑问题、不一致问题)会显著增加译者分配在原文区的注意资源,而衔接问题(如指代问题)并没有显著增加译者分配在原文区的注意资源,这一结果与Schaeffer et al.(2019)的翻译审校实验结果一致,即衔接问题可以不通过查看原文进行修改。而当译者发现机器翻译译文存在逻辑问题时,会分配显著更多的注意资源至原文区。(详见5.1机器翻译错误类型对译后编辑过程中注意资源分配的影响)
>
> ——摘自对《外语教学与研究》编辑部意见的回复

通过对比两个稿件,我们可以发现,笔者在修改稿中融入了效应量(β值)和工作记

思辨与实证：人文社科交叉研究论文写作与发表

忆容量这一理论概念。其实,汇报 β 值可以缩小讨论范围,也就是仅讨论效应量最大的变量;同时也参考了译后编辑的相关文献。该文献所提出的机器翻译错误类型权重正是基于工作记忆的理论提出。这一做法给我们研究初学者的启示是:可以尝试回忆自己的已读文献,观察别人是如何讨论的,这样可以给自己的讨论部分撰写或修改提供灵感。

第 5 章　DeepSeek 推理模型在人文社科研究中的应用

5.1　DeepSeek 推理模型在科研选题中的应用

在科研选题的过程中,研究者往往需要先基于大量文献找到研究热点或趋势,进而找到研究的大方向,再精读文献,并结合自己的主观经验或理论积累,最终找到具体的研究问题。关于研究的大方向,我们可以用 CiteSpace 或 VOSviewer 等文献计量软件找到研究趋势。目前以 DeepSeek-R1 为代表的推理模型的联网搜索功能备受广大科研工作者的追捧,那么该功能到底如何辅助研究者找到研究热点? 同时,DeepSeek-R1 推理模型能否,以及如何辅助我们精读文献,从而更加快速、精准地找到科研选题,这些问题亟待解决。

鉴于 DeepSeek 官网暂时不支持检索学术数据库的服务(例如,Web of Science 和谷歌学术等),笔者尝试使用 DeepChat 客户端①,在谷歌网站上检索英文文献。为了检验 DeepSeek-R1 推理模型在检索文献方面的表现,笔者参考王湘玲等(2023)所涉及的英文文献列表,要求 DeepChat 检索 2011—2021 年于英文核心期刊上发表的关于认知视角的机器翻译译后编辑相关论文,并根据研究主题对文献分类,同时启用了"联网搜索"和 DeepSeek 的推理模型(deepseek-reasoner),并将搜索引擎选择为谷歌(见图 5-1和图 5-2)。

同时,笔者参考了 DeepSeek-R1 的建议,将系统提示词(system prompt)设计如下:

> You are a research assistant specialized in finding and summarizing peer-reviewed academic papers. Prioritize accuracy, cite sources clearly (e. g., DOI, arXiv IDs), and avoid speculation. If uncertain, say so. Use formal language and structure responses with bullet points for clarity. Do not invent papers or authors.

---

① 参见 https://github.com/ThinkInAIXYZ/deepchat。

Hello

What would you like to ask today?

Please help me find articles, published during 2011 and 2021 in the following journals, related to cognitive aspects of post-editing of machine translation and classify them based on research themes.

Journals: Across Languages and Cultures; Asia Pacific Translation & Intercultural Studies; Babel; Cognitive Linguistic Studies; Forum; Interpreting; Journal of Specialised Translation (JoST); Linguistica Antverpiensia, New Series: Themes in Translation Studies (LANS - TTS); Machine Translation; Meta; Perspectives; The Journal of Internationalization and

deepseek-reasoner >

图 5-1　基于 DeepChat 检索认知视角的机器翻译译后编辑相关论文

图 5-2　基于 DeepChat 设置搜索引擎

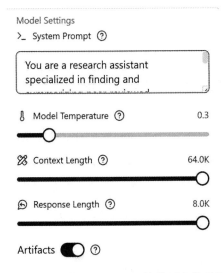

Artifacts

图 5-3　基于 DeepChat 的模型参数设置

笔者还参考了 DeepSeek-R1 的建议（调用时间为 2025 年 3 月 8 日），为了使得推理模型产出的内容更加明确、基于事实且聚焦，笔者将模型温度（model temperature）设置为0.3，并将模型产物（artifacts）进行了勾选，确保推理模型产出的内容较为丰富（见图5-3）。

根据 DeepChat 生成的结果（调用时间为 2025 年 3 月 9 日，见图 5-4），我们可以发现，基于联网搜索的结果，DeepChat 将 2011—2021 年从认知视角研究机器翻译译后编辑的文献大致分为 3 类：①认知努力与语言加工；②人工翻译和译后编辑的对比研究；③培训和技能培养。该分类结果与王湘玲等（2023）所归纳的：①译后编辑认知加工；②译后编辑测量评估；③译后编辑能力培养是很接近的。因此，基于 DeepChat 寻找研究总体趋势的方法，相比传统的人工编码具有一定的效率优势。但不难发现，DeepChat 所总结的研究趋势相对比较宽泛，有利于研究初学者对该领域有一个大致的了解，但如果要深入研究该领域，还得精读文献，从而确定具体的研究问题。

Based on the search results provided, three key research themes emerge in studies related to cognitive aspects of machine translation post-editing (MTPE) published between 2011 and 2021 in the specified journals:

1. **Cognitive Effort and Linguistic Processing**
   Studies highlight that grammar and lexical adjustments dominate cognitive load during post-editing. Mental processes tied to these linguistic elements show statistically significant correlations with measurable effort metrics, such as time spent on edits and gaze patterns 1 . This aligns with investigations into how translators allocate attention to syntactic vs. semantic challenges during MTPE 3 .

2. **Comparative Analysis of Human Translation vs. Post-Editing**
   Research comparing human translation (HT) and post-editing (PE) identifies differences in cognitive effort distribution. For instance, PE often requires less time overall but involves concentrated effort in error detection and correction, particularly for domain-specific terminology 3 7 . Eye-tracking and keystroke data further reveal how task focus shifts between HT and PE workflows 3 .

3. **Training and Skill Development**
   Several studies examine how post-editors adapt to MTPE through training, including the impact of guidelines on cognitive efficiency 4 8 . Proposals for revised MTPE frameworks emphasize balancing human creativity with machine output optimization, particularly in specialized contexts like technical or literary translation 4 9 .

While specific journal names are not always explicit in the search results, themes align with publications in *Translation, Cognition & Behaviour* (e.g., cognitive effort metrics 1 7) and *The Journal of Specialised Translation* (e.g., domain-specific challenges 9). Further verification of publication venues would require direct access to full-text metadata.

↑1527 ↓2201 22.82/s

图 5 - 4　基于 DeepChat 的认知视角的机器翻译译后编辑研究主题总结

　　考虑到 DeepSeek-R1 的推理模型无法直接访问 Web of Science 数据库，笔者建议在 DeepChat 的基础上，利用 Web of Science 的研究助手（research assistant）①，进行文献综述，从而缩小研究选题。例如，根据 DeepChat 的结果，我们可以发现，目前机器翻译译后编辑主要关注认知努力和语言加工。笔者基于此研究趋势，在 Web of Science 的研究助手区域提出具体的研究问题，即"What linguistic factors influence cognitive effort in post-editing machine translation?"，以进行文献综述。如图 5 - 5 所示，Web

---

　　① 参见 https://clarivate.libguides.com/ld.php?content_id=79642031。

of Science 的研究助手总体来说综述的内容比较全面,指出了包括原文和句法变异性在内的语言学指标。但我们还是需要对此类结果进行认真审视,例如,在图 5-5 中,Web of Science 的研究助手将被试的源语水平作为源文特征(source-text features)。但总体来说,我们可以利用该功能了解目前该领域的具体研究现状。

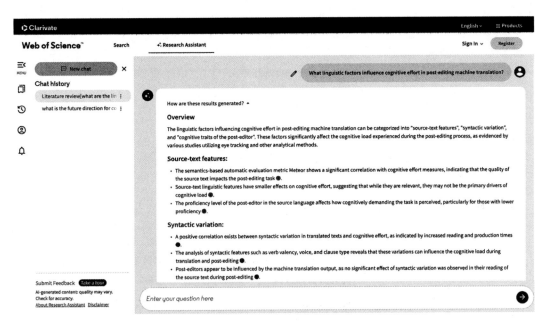

图 5-5 基于 Web of Science 的研究现状综述

5.2 DeepSeek 推理模型在文献阅读中的应用

笔者在"2.4 思辨性阅读与实证研究"中介绍了思辨性阅读应关注的内容,即研究目的、研究设计、汇报的信息和文献引用。随着推理模型的普及,笔者认为,我们可以利用推理模型批量总结相关研究设计、辅助解读数据分析方法,以及运用审稿人检查清单作为提示词,找到论文写作(尤其是研究设计)的不足。

扫码可观看相关视频

5.2.1 如何用 DeepSeek 批量总结研究设计?

我们探讨一下如何利用推理模型批量总结相关研究设计。在
2.3 文献管理工具一节中,笔者仅探讨了自己常用的 EndNote 20,而在本小节,笔者会

重点介绍 Zotero 这款文献管理工具，因为该软件可以接入 DeepSeek-R1 推理模型，辅助文献阅读①。具体模型参数设置详见图 5-6。

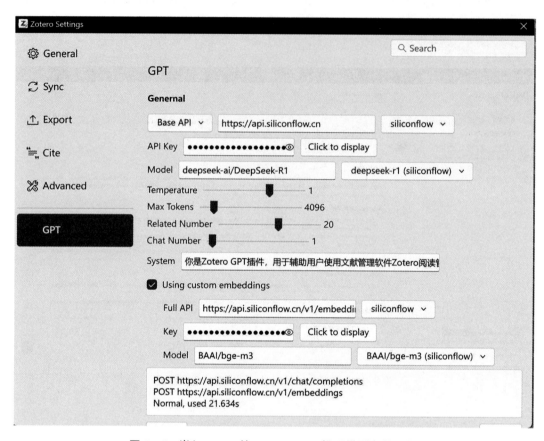

图 5-6 嵌入 Zotero 的 DeepSeek-R1 推理模型参数设置

值得注意的是，Web of Science 的研究助手所总结的内容仅停留在整合已有文献信息的层面，并不能帮助我们找到已有研究设计方面的不足。而嵌入 DeepSeek-R1 模型后的 Zotero 则可以利用其文献综述功能，生成文献矩阵（literature matrix），从而找到一系列已有的研究设计的不足之处。

通过这一文献矩阵，我们便可以直观了解每项研究的目标（study goals）、研究方法（methods）、数据集（datasets）、核心发现（key findings）和局限性（limitations）。例如，从图 5-7 显示的文献可知，已有研究大多关注通用类或文学文本的机器翻译译后编辑，而仅

① 具体操作，详见 @ 糖果果的未来要发光 的 bilibili 视频：https://www.bilibili.com/video/BV1u89tYvEsb/?share_source=copy_web&vd_source=b44e216eb3f51bd82cb885e5bd97c212&t=203。

有 Koponen et al.(2019)关注技术文本。这或许就是我们未来研究的切入口,比如我们可以对比不同文本类型对于译后编辑努力的影响。其实,生成文献矩阵的方式与我们在"3.2.2 创新性研究与复制性研究的区别"中所涉及的"延伸研究"相呼应。对于研究初学者来说,最适合开展"延伸研究",即探索理论的边界条件,从而丰富或完善已有理论。

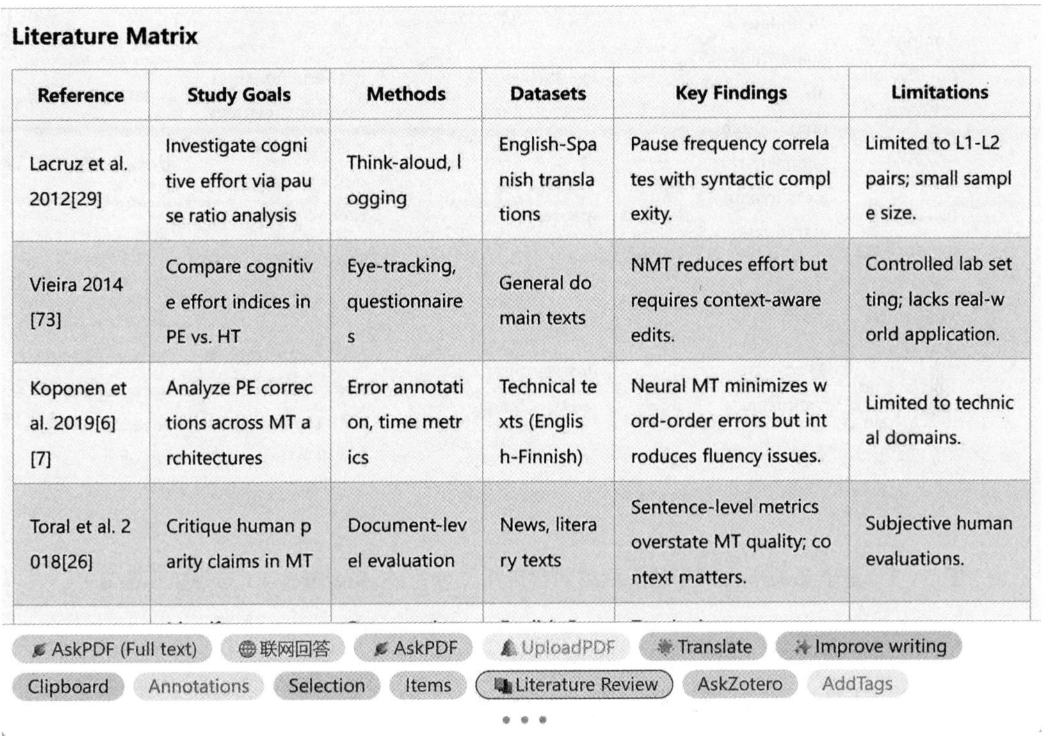

Literature Matrix

Reference	Study Goals	Methods	Datasets	Key Findings	Limitations
Lacruz et al. 2012[29]	Investigate cognitive effort via pause ratio analysis	Think-aloud, logging	English-Spanish translations	Pause frequency correlates with syntactic complexity.	Limited to L1-L2 pairs; small sample size.
Vieira 2014 [73]	Compare cognitive effort indices in PE vs. HT	Eye-tracking, questionnaires	General domain texts	NMT reduces effort but requires context-aware edits.	Controlled lab setting; lacks real-world application.
Koponen et al. 2019[6] [7]	Analyze PE corrections across MT architectures	Error annotation, time metrics	Technical texts (English-Finnish)	Neural MT minimizes word-order errors but introduces fluency issues.	Limited to technical domains.
Toral et al. 2018[26]	Critique human parity claims in MT	Document-level evaluation	News, literary texts	Sentence-level metrics overstate MT quality; context matters.	Subjective human evaluations.

[⬧ AskPDF (Full text)] [🌐 联网回答] [⬧ AskPDF] [⬆ UploadPDF] [✳ Translate] [✳ Improve writing]
[Clipboard] [Annotations] [Selection] [Items] [📖 Literature Review] [AskZotero] [AddTags]

• • •

图 5 - 7 基于 Zotero 文献库的译后编辑文献矩阵(DeepSeek-R1 推理模型生成)

当然,我们也可以自定义文献矩阵的指令(如下),然后选中几篇核心文献,点击AskPDF,即可生成自定义的文献矩阵(见图 5-8),以推进自己的阅读速度,从而更好地确定自己的研究设计。

Please extract key attributes of the studies (e.g., study goal, participants, language pairs, data collection methods, statistical analysis, key findings and limitations). — Summarize these attributes in a table format with columns for each attribute and rows for each paper.

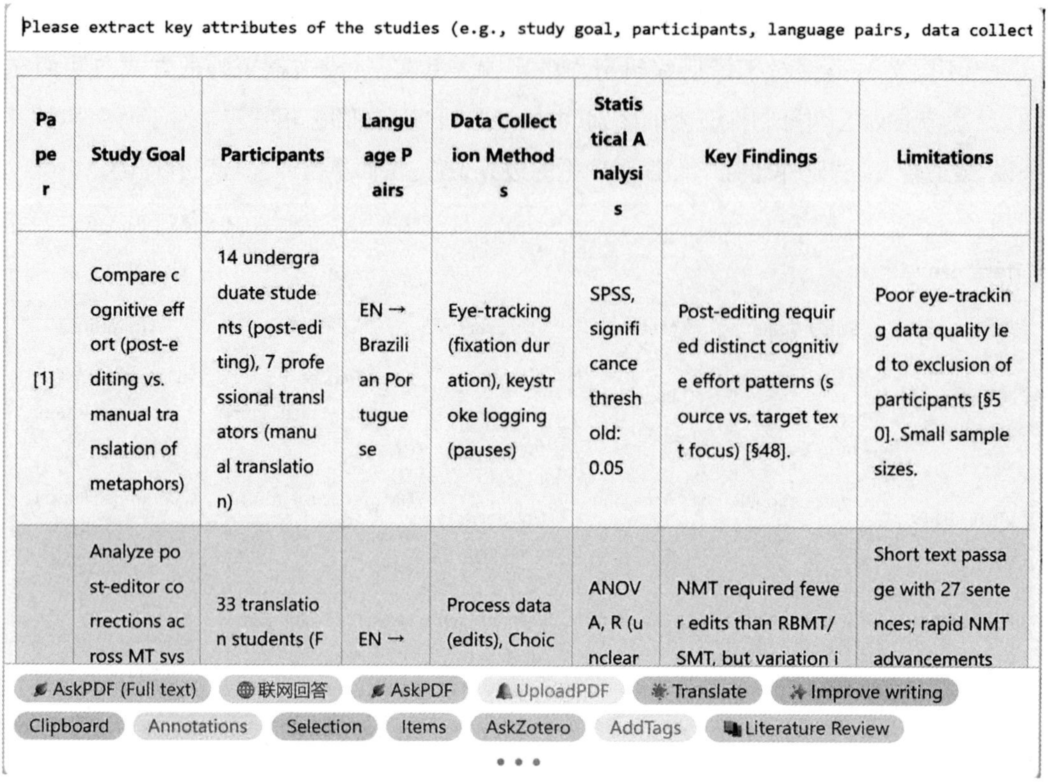

Please extract key attributes of the studies (e.g., study goal, participants, language pairs, data collect

Pa pe r	Study Goal	Participants	Langu age P airs	Data Collect ion Method s	Statis tical A nalysi s	Key Findings	Limitations
[1]	Compare c ognitive eff ort (post-e diting vs. manual tra nslation of metaphors)	14 undergra duate stude nts (post-edi ting), 7 profe ssional transl ators (manu al translatio n)	EN → Brazili an Por tugue se	Eye-tracking (fixation dur ation), keystr oke logging (pauses)	SPSS, signifi cance thresh old: 0.05	Post-editing requir ed distinct cognitiv e effort patterns (s ource vs. target tex t focus) [§48].	Poor eye-trackin g data quality le d to exclusion of participants [§5 0]. Small sample sizes.
	Analyze po st-editor co rrections ac ross MT sys	33 translatio n students (F	EN →	Process data (edits), Choic	ANOV A, R (u nclear	NMT required fewe r edits than RBMT/ SMT, but variation i	Short text passa ge with 27 sente nces; rapid NMT advancements

AskPDF (Full text)　　联网回答　　AskPDF　　UploadPDF　　Translate　　Improve writing

Clipboard　　Annotations　　Selection　　Items　　AskZotero　　AddTags　　Literature Review

● ● ●

图 5‑8　基于 Zotero 文献库的译后编辑自定义文献矩阵（DeepSeek-R1 推理模型生成）

5.2.2　如何用 DeepSeek 解读论文中的数据分析结果？

接下来，我们介绍一下如何利用 DeepSeek-R1 推理模型解读论文中的数据分析结果。对于文科生而言，如果缺乏一定的统计分析知识，那可能很难读懂量化研究的论文。而数据分析恰恰是以 DeepSeek-R1 为代表的推理模型擅长的。因此，我们可以尝试利用 DeepSeek-R1 帮助我们解读论文中的数据分析结果或方法。目前，比较方便的做法就是在 ChatDOC 平台①中导入待阅读文献，然后启动 DeepSeek-R1 推理模型。接着，我们就可以选中文章中任何自己不确定的内容，让 DeepSeek-R1 推理模型给我们解答（见图 5‑9）。

①　参见 https://chatdoc.com/。

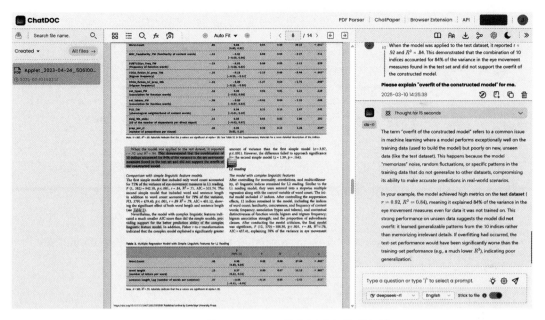

图 5 – 9　基于 ChatDOC 的数据分析结果解读

在 Nahatame（2023）的研究结果部分，有如下这段话，提到了统计模型的过拟合现象（overfitting）：

> When the model was applied to the test dataset，it reported r ＝ 0.92 and R2 ＝ 0.84. This demonstrated that the combination of 10 indices accounted for 84％ of the variance in the eye movement measures found in the test set and did not support the overfit of the constructed model."

——摘自 Nahatame（2023）

如果对于机器学习领域的初学者来说，肯定会对这种专业术语比较陌生。这时候，就可以利用 DeepSeek-R1 推理模型，在 ChatDOC 平台中提问，即 Please explain "overfit of the constructed model" for me。这样做的好处在于，DeepSeek-R1 可以基于我们所给的上下文对"模型过拟合"的问题进行阐释，并在下面第二段中解释了模型什么时候存在过拟合现象，即当模型在训练集（training-set）上表现优异，但在测试集（test-set）上的性能显著下降时，即可判定模型存在过拟合现象。

The term "overfit of the constructed model" refers to a common issue in machine learning where a model performs exceptionally well on the training data（used to build the model）but poorly on new，unseen data（like the test dataset）.

This happens because the model "memorizes" noise, random fluctuations, or specific patterns in the training data that do not generalize to other datasets, compromising its ability to make accurate predictions in real-world scenarios.

In your example, the model achieved high metrics on the test dataset (r = 0.92, $R2 = 0.84$), meaning it explained 84% of the variance in the eye movement measures even for data it was not trained on. This strong performance on unseen data suggests the model did not overfit: it learned generalizable patterns from the 10 indices rather than memorizing irrelevant details. If overfitting had occurred, the test-set performance would have been significantly worse than the training-set performance (e.g., a much lower), indicating poor generalization.

需要注意的是,虽然在多数情况下,DeepSeek 在解释数据分析方面的解答是准确的,但为了确保在论文写作或回复审稿人提问的时候,我们还是需要追根溯源,回归数据分析相关的教材,在必要时进行引用。例如,此处我们可以引用 Gries(2021)在 *Statistics for Linguistics with R: A Practical Introduction* 一书中关于模型过度拟合的定义:

it found things in the data set it was trained on that it could use for good predictions but that wouldn't exist in any other sample; this is often called overfitting. (Gries, 2021: 385)

5.2.3 如何用 DeepSeek 找到论文写作的不足?

我们探讨一下如何利用 DeepSeek-R1 推理模型来找到论文写作(尤其是研究设计)的不足。笔者向 ChatDOC 平台上传了 Chou et al.(2021)这篇文献,而这篇文献恰好也是笔者在"2.4.3 思辨性阅读与研究设计"部分探讨过的文献。笔者借鉴 Taylor & Francis 的艺术与人文学科同行评审清单,对该篇论文进行思辨性审读,提示词①如下:"Please review the article and answer the following questions..."

令人欣喜的是,DeepSeek-R1 推理模型精准地指出该研究在被试筛选标准上的不足之处,即没有交代被试招募方面的细节,详见如下 DeepSeek-R1 生成的反馈:

Data collection/participants: Participants' demographic and language profiles

---

① 因篇幅有限,笔者省略了具体的问题,感兴趣的读者可查阅:https://editorresources.taylorandfrancis. com/reviewer-guidelines/review-checklist/arts-and-humanities-reviewer-checklist/。

(Table 5）are provided，but recruitment details（e. g.，selection criteria，institution）are sparse.

但需要注意的是，DeepSeek-R1并没有指出该研究在变量操纵方面的不足之处，即该研究考查的是方向性对交替传译表现的影响，但该研究并没有严格控制不同方向的文本复杂度、语速、话题等混淆变量。因此，对于更加细致的变量操纵问题，还是需要靠研究者本身去甄别，并不能盲目相信推理模型的论文审读结果。

5.3　DeepSeek 推理模型在编程中的应用

文科生面对大量数据，容易望而生畏。如果用传统的人工处理数据的方法，或者从头开始学习基础的编程语言，可能事倍功半。随着 DeepSeek-R1 推理模型的应运而生，我们文科生可以借助人工智能技术辅助数据的处理和编程任务。接下来，笔者会探讨如何借助 DeepSeek-R1 推理模型在 Visual Studio Code 和 R Studio 中进行数据处理或编程的案例，以更好地辅助文科生开展与数据科学相关的研究。

对于文科生编程而言，笔者认为，需要事先掌握一些基础知识（比如，相关指标的计算方式、安装包的版本，以及所需相关函数），然后再借助 DeepSeek-R1 辅助编程，这样可以避免陷入 AI 的陷阱。

对于 Python 编程，笔者建议文科生安装 Visual Studio Code(VS Code)，加载 Cline 插件[①]，然后接入 DeepSeek 的 API key[②]，启用推理模型(deepseek-reasoner)(见图5-10)，这样可以更好地辅助代码撰写。

图 5-10　在 VS Code 中接入 DeepSeek 的 API key

---

① 具体操作，可参考@神经网络匠的 bilibili 视频：https://www.bilibili.com/video/BV1ZKPve8EKn/?spm_id_from=333.1391.0.0&vd_source=f1aa2e413b41ffb216ee079d9c06119e。

② 参见 https://platform.deepseek.com/usage。

例如，笔者想借助 Python 代码计算汉语文本的词汇熵（word entropy），DeepSeek-R1 生成的初始代码中存在一个问题，即 DeepSeek-R1 将未分词的汉语语料放入了工作路径（directory）中，导致计算出来的词汇熵很低（小于 4）。这与已有类似研究 Liu et al.（2022）的结果（大于 8）是非常不相符的。因此，笔者就要求 DeepSeek-R1 针对分完词的语料，即针对放置在"corpus data/Chinese/tokenized"的语料计算词汇熵。如图 5-11 所示，推理模型完善了语料处理的工作路径（右侧），这样可以使得数据结果更加可靠。另外，如果我们想让 Python 计算词性熵（part-of-speech entropy，POS entropy），那需要在让 DeepSeek-R1 撰写 Python 代码时，交代推理模型要剔除标点符号的标记，以免影响数据结果。这一例子告诉我们，推理模型是很好的工具，但我们只有自己的基础知识扎实，运用自己的思辨技能，才能更好地让推理模型为我们所用。

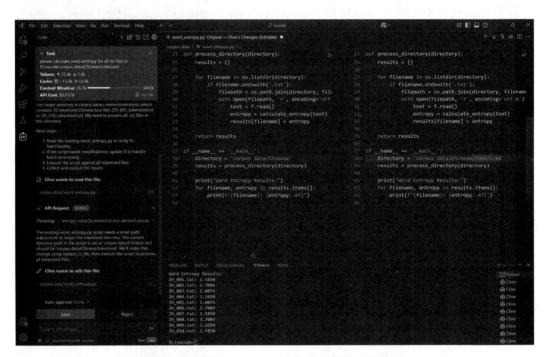

图 5-11　基于 DeepSeek-R1 修改语料的工作路径

又如，笔者想把 Python 计算得出的词汇熵汇总在一张可供数据分析的 Excel 表，这时候 DeepSeek-R1 就会提示我们安装 pandas 包（命令是：python -m pip install pandas），我们只需要按 Run Command，就可以实现自动安装 Python 相关程序包的目的了（见图 5-12）。

图 5–12 基于 DeepSeek-R1 自动在 VS Code 中安装 pandas 包

对于 R 语言编程，和 Python 编程一样，笔者也是建议先参考网上或教科书上的已有代码，然后略作改动。接下来，我分享一个自己借助 DeepSeek-R1 处理语料数据的案例。例如，如果我们想计算语料库语言学中比较经典的计量指标——类符—型符比（type-token ratio，TTR），我们在明确该指标的定义和计算公式后，可以先在 R 语言的官网上找到相关的 R 语言代码①：

```
textstat_lexdiv(
    x,
    measure = c("TTR", "C", "R", "CTTR", "U", "S", "K", "I", "D",
"Vm", "Maas", "MATTR",
        "MSTTR", "all"),
    remove_numbers = TRUE,
    remove_punct = TRUE,
    remove_symbols = TRUE,
```

① 参见 https://search.r-project.org/CRAN/refmans/quanteda.textstats/html/textstat_lexdiv.html。

```
remove_hyphens = FALSE,
log.base =10,
MATTR_window = 100L,
MSTTR_segment = 100L,
...
)
```

于是,我就参考上述代码,在 R Studio 中运行了下面这两段代码:

```
x <- c("This is a simple example sentence.")
textstat_lexdiv(
    x,
    measure = c("TTR", "C", "R", "CTTR", "U", "S", "K", "I", "D", "Vm", "Maas", "MATTR",
        "MSTTR", "all"),
    remove_numbers = TRUE,
    remove_punct = TRUE,
    remove_symbols = TRUE,
    remove_hyphens = FALSE,
    log.base =10,
    MATTR_window = 100L,
    MSTTR_segment = 100L
)
```

但 R Studio 给我的报错信息是:
"错误: textstat_lexdiv() only works on dfm, tokens objects."

接着,我就把这一报错信息连同 R 代码一起发送给了 DeepSeek-R1:

I want to use textstat_lexdiv() function in R, but I employed the following argument and R gave me the warning message:错误: textstat_lexdiv() only works on dfm, tokens objects. "{r} textstat_lexdiv(x, measure = c("TTR", "C", "R",

"CTTR"，"U"，"S"，"K"，"I"，"D"，"Vm"，"Maas"，"MATTR"，"MSTTR"，
"all"），remove_numbers ＝ TRUE，remove_punct ＝ TRUE，remove_symbols ＝
TRUE，remove_hyphens ＝ FALSE，log.base ＝ 10，MATTR_window ＝ 100L，
MSTTR_segment ＝ 100L）"

在解决该问题的过程中，DeepSeek-R1 推理模型提供了分步解决方案：首先运用
quanteda 包中的 tokens()函数进行文本分词处理，继而将分词结果转换为文档-特征矩
阵（document-feature matrix，DFM），最终通过 textstat_lexdiv()函数计算类符形符比
（TTR）（见图 5-13）。

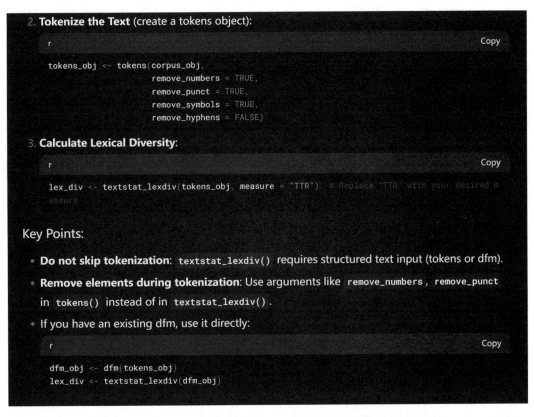

图 5-13 DeepSeek-R1 针对计算 TTR 时产生的报错信息的解决方案

需要特别说明的是，在自然语言处理实践中，笔者的建议操作路径是：先查阅 R 语
言官方文档（如 *quanteda* 包说明文档）或 CSDN 论坛获取相关基础知识，再以推理模型
生成的解决方案作为辅助参考。

在配置自然语言处理环境时,版本兼容性是需要重点考量的技术要素。以 spaCy 库的安装为例,需同时关注三个层级的版本匹配:Python 解释器版本需适配 spaCy 库的编译要求,核心库版本又须与语言模型版本严格对应。例如根据 CSDN 技术论坛的建议[①],当 Python 环境为 3.9 版本时,需选择支持 cp39 标签的 spaCy 3.8.3 轮包(如 spacy-3.8.3-cp39-cp39-win_amd64.whl[②]),并同步安装与之兼容的 zh_core_web_sm==3.8.0 中文模型。

这种基于官方技术文档或技术论坛的部署策略,既能规避因版本错位引发的依赖冲突(如模块导入失败或运行时功能异常),又可培养开发者对技术栈的体系化认知。如果不考虑上述问题,很有可能导致自己与 DeepSeek-R1 推理模型的互动效率低下,最终还无法真正解决问题。需特别强调的是,虽然技术论坛的解决方案具有参考价值,但当其与官方文档存在表述差异时,应以项目维护者提供的安装指南为基准,如此方能确保开发环境配置的严谨性。

5.4　DeepSeek 推理模型在论文修辞结构润色中的应用——以引言为例

正如笔者在"4.1.1 引言:最重要且最难写的部分"所提及的,引言是实证研究论文最难写的,因为研究者要根据学术论文的体裁规范,以合适的方式向读者呈现有用的背景信息,并表达自己的立场。虽然很多研究者对于引言的语步—语阶(move-step)修辞结构比较清晰,但由于工作记忆容量有限(Kellogg et al.,2013),真正落笔的时候,往往会信息堆砌,重点不突出,论证逻辑混乱。而以 DeepSeek-R1 为代表的推理模型重在分析复杂问题,那么我们可以利用 DeepSeek-R1 推理模型帮助我们润色引言,使得引言的逻辑结构更加清晰。本小节重点探讨如何用推理模型辅助引言写作,其他部分如何用推理模型辅助,其原理类似。囿于版面,笔者不再赘述。

特别需要注意的是,鉴于有些中英文期刊可能严令禁止研究者在论文撰写过程中使用生成式人工智能技术,因此,笔者建议研究者先自行撰写论文的引言,然后再利用推理模型进行润色。与市面上比较流行的润色指令不一样的是,笔者是基于 Swales(1990)的 CARS 模型和 Kim & Lu(2024)的英文指令,以更有针对性地对英文论文的引言进行润色。本小节所提供的指令包括三个模块:①介绍语步和语阶的基本概念;②语

思辨与实证：人文社科交叉研究论文写作与发表

---

①　参见 https://blog.csdn.net/yanhuatangtang/article/details/145820624。

②　参见 https://github.com/explosion/spaCy/releases。

步和语阶的具体定义；③要求 DeepSeek-R1 修改引言，但同时告知推理模型，部分语阶并非必选项，并要求推理模型交代修改理由。笔者基于自己最近写完的研究论文引言初稿进行润色，该研究旨在关注原文和机器翻译译文中的句法复杂度指标对机器翻译译后编辑过程中认知努力的影响，该研究从认知心理学的角度，可更加科学地完善译后编辑工具界面，同时也可以构建机器翻译译后编辑业务的定价模型。笔者所提供的具体指令如下：

Please revise the following introduction based on the move-step sheme below. An introduction typically involves different "moves" and "steps". A 'move' refers to a section of a text that serves a specific function or purpose, while a 'step' is a more detailed part of a move, providing support or elaboration. In genre analysis, it is common for analysts to use a combined tagging system to annotate texts, effectively capturing both the 'move' and 'step' within each segment of the text. This is typically represented in a format like 'M1_S2', where 'M1' denotes 'Move 1', indicating the primary functional segment of the text, and 'S2' refers to 'Step 2', which is a specific element or action within that move.

It is important for academic writers of introduction section to grasp the essence of this move-step scheme, as it provides a clear and structured way to identify and categorize the different parts of a text according to their purpose and function within the overall discourse.

Please find the following move-step scheme for details.

Move 1 Establishing the broader research territory within which the present study is situated：

Step 1 Claiming centrality or value of the research area［M1_S1a］

Step 1 Real-world contextualization（the real-world context of the research area，not focusing on the specific context of the present research）［M1_S1b］

Step 2 Making generalizations about the research area without mentioning specific studies［M1_S2］

Step 3 Reviewing a specific previous research study (reviewing one specific study, and human names typically indicate specific studies referenced within the article) [M1_S3]

Move 2 Establishing a niche in previous research:
Step 1 Counter-claiming, theoretical (argument in previous research is problematic) [M2_S1a]

Step 1 Indicating a gap in previous research [M2_S1b]

Step 1 Question-raising in previous research [M2_S1c]

Step 1 Continuing a traditionof previous research [M2_S1d]

Step 1 Pointing out limitations of previous research (something hasn't been done) [M2_S1e]

Step 2 Providing justification of the present research area based on previous research (there must be some research, there is something important to look at) [M2_S2]

Move 3 Presenting the present research via:
Step 1 Announcing present research descriptively or purposively [M3_S1]

Step 2 Presenting research questions or hypotheses of the present research [M3_S2a]

Step 2 Advancing or suggesting new theoretical/claims/hypotheses/arguments [M3_S2b]

Step 3 Definitional clarification [M3_S3]

Step 4 Summarizing methods of the present research [M3_S4a]

Step 4 Explain mathematical model design adopted in the present research (e.g. explain parameters; for analytical purposes) [M3_S4b]

Step 4 Describing the analyzed scenario/context of the present research [M3_S4c]

Step 5 Announcing and discussing the results/principal outcomes of the present research [M3_S5]

Step 6 Stating the value of the present research [M3_S6]

Step 7 Outlining the structure of the paper (non-propositional meta-discourse: metatext) [M3_S7]

Step 8 Rationalizing the present research's focus, design, and methods [M3_S8]

Step 9 Limitations of the current study [M3_S9]

Please revise the following introduction based on the above move-step scheme，and provide your rationle for any changes you made. Note that [M1_S3]，[M2_S1a/b/c] and [M3_S1] are mandatory，whereas other steps are optional.

With the advent of machine translation（MT）technology，machine translation post-editing（MTPE，henceforth）has taken the translation industry across the globe by storm and has become the mainstream in translation workflow thanks to its cost-effective nature when compared with traditional from-scratch translation（e.g.，Lommel & DePalma 2016）.

Several issues in MTPE practices，however，remain unresolved，such as the lack of tools that would automatically "flag" problematic segments within post-editing interface （Gilbert 2022）and the absence of a fair pricing model（Sakamoto & Mason 2024）. To address the issues，previous studies have focused on the impact of textual features（e.g.，Dai & Liu 2024；Green et al. 2013；O'Brien 2005）and translators' characteristics（e.g.，Vieira 2014）on post-editing effort. However，most of the previous studies either examined the traditional phrase structure-based indices（e.g.，Vieira 2016）or discursive dimension of textual features（e.g.，Dai & Liu 2024），overlooking the multidimensional nature of syntactic complexity（Bulté & Housen 2014）and the common practices of conducting MTPE at sentence level（Gilbert 2022）. Additionally，while both product-based and process-based studies indicate that complex sentences would be particularly challenging for neural MT（Lee 2021）and human translators（Author et al. 2022），there has been a dearth of studies systematically examining the effect of syntactic complexity on post-editing effort. Finally，few studies have examined the nuanced interplay between translators' individual characteristics and syntactic complexity indices，despite the considerable variations observed in previous studies on PE behaviour（e.g.，Vieira 2016；Guerberof Arenas 2014）.

Given the aforementioned reasons，this study aims to investigate the effect of multidimensional syntactic complexity on cognitive effort，a central variable influencing both technical and temporal effort under the umbrella of post-editing effort（Krings 2001），while also exploring the moderating effects of translators' individual characteristics. The findings will provide insights for developing a fair MTPE pricing model and improving post-editing tools interface by identifying sentence-level features that increase cognitive effort when correcting MT suggestions. In particular，the study aims to address the following research questions：

1. How do syntactic complexity indices，as measured using traditional phrase structure，L2SCA and dependency approaches，respectively predict cognitive effort in MTPE?
2. To what extent can L2SCA-based and dependency-based indices predict cognitive effort in MTPE，compared with traditional phrase structure-based indices?
3. In what way and to what extent is the effect of syntactic complexity，as measured using traditional phrase structure，L2SCA and dependency approaches，moderated by translators' individual characteristics?

以下是 DeepSeek-R1 生成的引言修订版本，以及相应的理由（调用时间为 2025 年 3 月 12 日）：

Revised Introduction with Move-Step Tags and Rationale

［M1_S1a］With the advent of machine translation（MT）technology，machine translation post-editing（MTPE，henceforth）has taken the translation industry across the globe by storm，［M1_S1b］becoming a mainstream workflow due to its cost-effectiveness compared to traditional from-scratch translation. ［M1_S3］Lommel and DePalma（2016），for instance，highlight its widespread adoption in professional translation contexts.

［M2_S1b］Despite its prominence，critical issues in MTPE practices remain unresolved. ［M2_S1e］For example，tools lack automated mechanisms to flag problematic segments during post-editing（Gilbert 2022），and pricing models for MTPE work remain inconsistent（Sakamoto & Mason 2024）.［M2_S1b］Previous research has sought to address these challenges by investigating textual features（e.g.，O'Brien 2005；Green et al. 2013） and translator characteristics (Vieira 2014) that influence post-editing effort. [M2_S1e] However, these studies predominantly focus on either traditional phrase structure-based indices (Vieira 2016) or discursive textual features (Dai & Liu 2024), neglecting the multidimensional nature of syntactic complexity (Bulté & Housen 2014) and the sentence-level focus of real-world MTPE workflows (Gilbert 2022). [M2_S1b] Furthermore, while evidence suggests that syntactic complexity poses challenges for both neural MT systems (Lee 2021) and human translators (Author et al. 2022), systematic investigations into its impact on cognitive effort during post-editing are scarce. [M2 _ S1b] Finally, the interaction between translators' individual characteristics and syntactic complexity indices remains underexplored, despite documented variations in post-editing behavior (Guerberof Arenas 2014; Vieira 2016).

[M3_S1] This study aims to bridge these gaps by analyzing how multidimensional syntactic complexity indices predict <u>cognitive effort in MTPE</u>, while accounting for the moderating role of translators' individual characteristics. [M3 _ S2a] Specifically, it addresses the following research questions:

1. How do syntactic complexity indices, measured via traditional phrase structure, L2SCA, and dependency approaches, predict cognitive effort in MTPE?
2. To what extent do L2SCA-based and dependency-based indices outperform traditional phrase structure-based indices in predicting cognitive effort?
3. How do translators' individual characteristics moderate the relationship between syntactic complexity and cognitive effort?

[M3_S6] <u>By integrating multidimensional syntactic complexity metrics with translator-specific variables, this research advances theoretical frameworks for post-editing effort modeling and provides practical insights for developing fairer pricing models and optimizing post-editing tools.</u>

Rationale for Revisions

1. **Move 1 (Establishing the research territory):**
   - [M1_S1a] Added emphasis on the centrality of MTPE ("taken the industry by storm") to assert the topic's significance.
   - [M1_S1b] Explicitly linked cost-effectiveness to real-world adoption.
   - [M1_S3] Highlighted Lommel and DePalma (2016) as a specific study validating MTPE's mainstream status, fulfilling the mandatory requirement.

2. **Move 2 (Establishing a niche)：**

- ［M2_S1b］Framed unresolved issues（e.g.，tool limitations，pricing inconsistencies）as gaps in the research landscape.
- ［M2_S1e］Critiqued prior studies for oversimplifying syntactic complexity and overlooking sentence-level workflows，fulfilling the mandatory requirement of indicating gaps/limitations.
- Structured multiple gaps hierarchically（e. g.，lack of systematic analysis，missing translator-complexity interaction）to strengthen the niche.

3. **Move 3 (Presenting the present research)：**

- ［M3_S1］Explicitly stated the study's purpose using a purposive announcement（"This study aims to bridge these gaps"）.
- ［M3_S2a］Listed research questions to clarify the scope，as required.
- ［M3_S6］Emphasized the study's value for both theory（effort modeling）and practice（pricing/tool design）.

4. **Optional Steps Omitted：**

- No structural outline（［M3_S7］）or methodological details（［M3_S4a］）were included，as they are optional and not critical for brevity.

This revision adheres to the move-step scheme by explicitly tagging mandatory steps（M1_S3，M2_S1b/e，M3_S1/S2a）and organizing content to build a logical argument from territory → niche → contribution.

我们可以发现，经 DeepSeek-R1 修改后的引言基本保留了初稿的用词，仅在句式结构方面做了一些调整。例如，下面修改后的版本用了"depite its prominence"，这样就和上文"… highlighted its widespread adoption in professional translation contexts"更好地衔接起来了。

修改前：Several issues in MTPE practices，however，remain unresolved，such as the lack of tools that would automatically "flag" problematic segments within post-editing interface（Gilbert 2022）and the absence of a fair pricing model（Sakamoto & Mason 2024）.

修改后：［M1_S3］Lommel and DePalma（2016），for instance，highlight its widespread adoption in professional translation contexts.

[M2_S1b] Despite its prominence, critical issues in MTPE practices remain unresolved.

虽然 DeepSeek-R1 在语步-语阶的标注上还存在一定的局限性,比如,将上述下画线部分标注为 M2-S1b,但其实应该是 M1-S3,这或许和推理模型没有进行微调有关。但瑕不掩瑜,DeepSeek-R1 推理模型将笔者引言的第三部分,即语步 3 进行了完善,使得逻辑更加清晰。具体来说,可以体现在两个方面:①推理模型将 Krings(2001)的那段引用给删除了,这样可以更加突出重点信息,即认知努力(cognitive effort),详见下面的修改前后版本。②推理模型在引言的最后增加了研究的价值,这样可以让引言结束得更加自然,详见修改版的 M3_S6。

修改前:Given the aforementioned reasons, this study aims to investigate the effect of multidimensional syntactic complexity on cognitive effort, a central variable influencing both technical and temporal effort under the umbrella of post-editing effort (Krings 2001), while also exploring the moderating effects of translators' individual characteristics.

修改后:[M3_S1] This study aims to bridge these gaps by analyzing how multidimensional syntactic complexity indices predict cognitive effort in MTPE, while accounting for the moderating role of translators' individual characteristics.

在本章,我们着重探讨了 DeepSeek-R1 推理模型在科研选题、文献阅读、编程和引言写作中的应用。我们可以发现推理模型在上述领域都扮演着"辅助"的角色,即研究者要运用自己的思辨倾向性和思辨技能,对推理模型产出的内容进行筛选,最终为自己所用,提升自己的科研效率。除此之外,DeepSeek-R1 推理模型还可以作为"研究对象",比如,目前香港中文大学语言学及现代语言学系蔡振光教授团队开发了 MacBehaviour 的 R 语言包(Duan et al.,2023),旨在考查大语言模型和人类被试在行为实验表现方面的差异。这类对比研究可以更好地了解大语言模型(尤其是推理模型)的"能力边界",为人才培养和大语言模型的进一步优化提供了参考建议。感兴趣的读者可以进一步深挖该领域。

附录 1　人文社科研究领域常用统计方法资源

1. 统计学基本原理

网络资源　StatQuest with Josh Starmer

（https：//www.youtube.com/@statquest）

文献资源　[1] Cohen，J.，Cohen，P.，West，S. G.，& Aiken，L. S.（2003）. *Applied Multiple Regression/Correlation Analysis for the Behavioral Sciences*（3*rd ed*.）. Mahwah，New Jersey：Lawrence Erlbaum Associates.

[2] Gravetter，F. J.，& Wallnau，L. B.（2017）. *Statistics for the Behavioral Sciences*（10*th ed*.）. New York：Cengage Learning Press.

[3] Mellinger，C. D.，& Hanson，T. A.（2017）. *Quantitative Research Methods in Translation and Interpreting Studies*. London：Routledge.

2. 基于 R 的数据管理基础和推断统计原理与实践

网络资源　Statistics and Data Science with R：Complete Course

（https：//statslectures.com/r-stats-videos-tutorials）

R for Data Science（2nd edition）（https：//r4ds.hadley.nz/）

文献资源　Field，A.，Miles，J.，& Field，Z.（2012）. *Discovering Statistics Using R*. London：Sage.

3. 基于 R 的数据可视化

网络资源　ggplot2：Elegant Graphics for Data Analysis（3rd edition）

（https：//ggplot2-book.org/）

4. 基于 R 的混合效应模型

文献资源　[1] Gries，S. T.（2021）. *Statistics for Linguistics with R：A Practical Introduction*（3rd revised edition）. Berlin：Walter de Gruyter GmbH.

[2] Winter，B.（2013）. Linear models and linear mixed effects models in R with linguistic applications.

[3] Winter，B.（2020）. *Statistics for Linguists：An Introduction Using R*. New York：Routledge.

附录 2　读博后常用的 20 款科研工具

一、文献检索

1. Goolge Scholar（谷歌学术）

可以免费搜索学术文章的网络搜索引擎，能够帮助用户查找包括期刊论文、学位论文、书籍、预印本、文摘和技术报告在内的学术文献，内容涵盖自然科学、人文科学、社会科学等多种学科。

Google Scholar

https://scholar.google.com/

2. Web of Science（WOS）

WOS 拥有两大核心合集，分别是社会科学引文索引（Social Sciences Citation Index，SSCI）和艺术与人文索引（Arts Humanities Citation Index，AHCI）。

SSCI 可提供分布在 58 个学科领域的 3500 多种社会科学权威学术期刊论文。AHCI 收录了语言、文学、建筑、艺术等 28 个学科领域中的 1800 多种学术期刊。

Clarivate Analytics

WEB OF SCIENCE™

https://webofscience.clarivate.cn/

3. Cambridge Core（剑桥电子期刊和电子图书数据库）

隶属于剑桥大学出版社。剑桥电子期刊总计 252 种，有 173 种期刊被 SCI、SSCI 或 AHCI 收录，收录比例为 68.7%。剑桥电子书涵盖了剑桥大学出版社的全学科，每月都会有新内容更新。剑桥电子书平台上文科书数量大约占 70%，理科约占

Cambridge Core

https://www.cambridge.org/core

25%，医学约占 5%。

4. Taylor & Francis（科技期刊数据库）

提供 1400 余种人文与艺术、商业管理与经济、教育学、地理、城市规划与研究、媒体、文化与传播学研究、政治学、国际关系与区域研究等 14 个学科领域的高质量期刊内容。

https://www.tandfonline.com/

5. ProQuest（学位论文数据库）

世界著名的学位论文数据库，收录欧美 1000 余所著名大学的文、理、工、农、医等领域的博士、硕士学位论文，是学术研究中十分重要的信息资源。

https://www.pqdtcn.com/

二、文献管理

1. EndNote：

一款商业文献管理软件，用于在撰写论文、报告和文章时管理书目和参考文献。

https://endnote.com/

2. Zotero

一款免费的开源文献管理软件，用于管理书目数据和相关的研究材料，如 PDF 和 ePUB 文件。

https://www.zotero.org/

3. Mendeley

免费的参考文献管理器，可以帮助存储、组织、记录、共享和引用参考和科研数据，例如，自动生成参考文献、轻松与其他科研人员在线协作、方便从其他研究软件导入论文、根据所读内容查找相关论文，以及从任何地方在线访问您的论文。

https://www.mendeley.com/

三、文献综述

1. Connected Papers

帮助研究人员和实践者查找与探索学术论文的可视化工具。

2. CiteSpace

科学文献分析工具，主要以科学知识图谱的形式呈现科学知识的结构、规律和分布情况。它是一种渐进式知识领域可视化工具，专注于发现一个领域或学科发展中的关键点，特别是知识的转折点和关键节点。

https://www.connectedpapers.com/

https://citespace.podia.com/

3. VOSviewer

用于构建和可视化文献计量网络的软件工具。这些网络可以包括期刊、研究人员或单篇出版物，且可以基于引文、书目耦合、共引或合作关系构建。VOSviewer 还提供文本挖掘功能，可用于构建和可视化从科学文献中提取的重要术语的共现网络。

https://www.vosviewer.com/

四、数据分析与可视化

1. R

R 提供了多种统计（线性和非线性建模、经典统计检验、时间序列分析、分类、聚类等）和图形技术（如 ggplot2），并且具有很强的扩展性。

https://www.r-project.org/

2. Python

Python 是一门开源的编程语言，在数据科学（如利用 Pandas 和 NumPy 进行数据分析；利用 Matplotlib 进行数据可视化）和机器学习与人工智能领域（如基于 PyTorch 和 Scikit－learn 库）都得到了广泛的应用。

https://www.python.org/

3. NVivo

质性数据分析软件，旨在帮助用户组织和分析非数值或非结构化数据，如访谈、开放式调查问卷回答、期刊文章、社交媒体和网络内容。

https://lumivero.com/products/nvivo/

4. MAXQDA

质性和混合研究数据分析软件，支持多种数据格式，例如，文本文件、Excel 表格、PDF、图像、网站数据、音频或视频录音、SPSS 文件、书目记录、焦点小组讨论等。

https://www.maxqda.com/

五、英语论文写作与发表

1. Academic Phrasebank

为学术写作提供资源的工具，旨在根据研究论文或论文的主要部分提供一些常

Academic Phrasebank

https://www.phrasebank.manchester.ac.uk/

用英语写作短语的例子。此外，还有一些短语列在学术英语写作的更一般性交流功能下。这个资源对于需要报道研究工作的写作者特别有用。

2. 艺术与人文研究论文同行评议清单

由 Taylor & Francis 期刊编辑发布的艺术与人文领域研究论文同行评议清单，旨在强调论文的标题、摘要、引言、方法、结果、讨论与结论、图表和参考文献等各个环节所应关注的方面。

3. OSF

免费的开源网页应用程序，旨在连接和支持科研工作流程，帮助科学家提高科研效率和效果。研究人员使用 OSF 来协作、记录、存档、分享和注册研究项目、材料和数据。

4. APA 格式期刊文章报告标准（JARS）

为定量、定性和混合方法研究的论文撰写和结构提供了全面的指导。这些标准详细说明了如何在各个部分中呈现研究信息，同时还介绍了如何在文章中讨论种族、族裔和文化等敏感话题。

5. 美国当代英语语料库（COCA）

由 10 亿词的文本构成，文本分为口语、小说、流行杂志、报纸以及学术期刊五大类型，并且在这五个类型基本成均匀平衡分布。COCA 不仅是在线词典，还具有检索语料库的特征，能够协助研究者追溯语言发展中的变迁。

EDITOR RESOURCES
Supporting Taylor & Francis journal editors

https://editorresources.taylorandfrancis.com/reviewer-guidelines/review-checklist/arts-and-humanities-reviewer-checklist/

OSF HOME

https://osf.io/

APA STYLE

https://apastyle.apa.org/jars

Corpus of Contemporary American English

https://www.english-corpora.org/coca/

附录3 对《外语教学与研究》编辑部意见的回复

尊敬的编辑和审稿专家：

首先感谢您们于百忙之中，审读我们的论文并提出诸多建设性建议。根据您们的意见，我们对论文进行了较大的修改和调整。以下将针对各个建议进行修改说明和应答。

1. 题目：题目语义似乎会产生歧义，"神经网络机器翻译错误类型"，作者列举的错误类型并非机器翻译的专属错误类型，这些错误也存在于人工翻译中，题目是否合适？建议作者在文中指出；"……的影响"，作者行文中更多偏向于错误类型对译后编辑和人工翻译的预测，所谓"影响"，值得商榷，建议推敲。

（1）感谢审稿人的建议！确实，目前神经网络机器翻译错误与人工翻译的错误类型已经比较接近（Yamada，2019：97）（如下图），而且目前已有研究也会对人工翻译错误类型框架进行改编，例如 Lacruz et al.(2014)和 Carl & Báez(2019)分别使用了 ATA 和 MQM 翻译错误类型框架（改编版），来考查机器翻译错误类型对译后编辑努力的影响；Carl & Báez(2019)则使用了 MQM 翻译错误类型框架（改编版）考查机器翻译错误。但 Carl & Báez(2019)的论文标题用的就是 Machine translation errors and the translation process: A study across different languages。而且，本研究使用的错误类型确实是从现有的机器翻译系统中得出。因此，我们认为可以在标题中使用"神经网络机器翻译错误类型"。但为了避免歧义，我们把2.1机器翻译错误类型框架中的表述改为："具体而言，研究者们主要参考 Temnikova(2010)所提出的机器翻译错误类型框架，或对人工翻译错误类型框架进行改编，如美国译者协会（ATA）的翻译质量评估标准（Koby & Champe，2013）和多维度翻译错误类型框架（Multidimensional Quality Metrics，MQM）（Uszkoreit & Lommel，2013），在英语—汉语（Hu，2020；Carl &

注：针对我们的论文，编辑部提出了6点修改意见，在修改回复中我们逐一给出反馈。限于书稿篇幅，回复稿中涉及的语言代码和参考文献均省去。读者如需看完整版，可参阅如下链接：Appendix 3_Response letter：https://osf.io/4qcf3/。

Báez，2019）、英语—西班牙语（Carl & Báez，2019；Lacruz et al.，2014；Koponen et al.，2012）之间展开实证研究,来考查机器翻译错误类型对译后编辑努力的影响。"

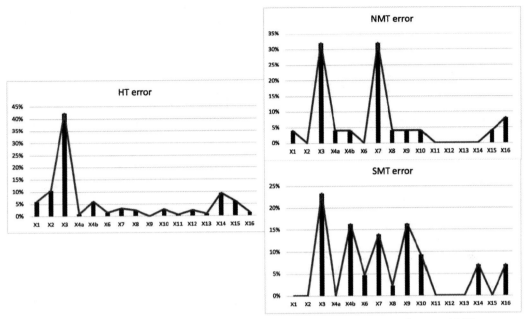

Figure 2. Error distributions: HT, raw NMT, and raw SMT.

摘自 Yamada（2019）的论文

（2）我们认同审稿人的观点,即"作者行文中更多偏向于错误类型对译后编辑和人工翻译的预测"。本研究旨在把机器翻译错误类型作为预测变量（predictor）放入统计模型中,但在目前与本研究设计相似的国外已有论文中,都是以 impact/effect 作为关键词出现在论文的标题或摘要中,例如:

"We find that MT accuracy errors with higher error evidence scores have an effect on the production and reading durations during post-editing."（选自:Carl & Báez, 2019 的摘要）

"Identifying the machine translation error types with the greatest impact on post-editing effort"（选自:Daems et al.，2017a 的论文标题）

因此,我们认为,可以在正文中使用"影响",我们仅在 3.6 数据分析部分使用"预测变量",其余部分统一把表述改为:机器翻译错误类型会对注意资源分配产生显著的影响。

2. 本文选题偏大,导致很多问题没有深入的解释和分析。论文的主要研究内容之一,基于 MQM 构建了错误类型框架,但是该框架仅仅给出了错误类型,并未给出相应的定义或典型例子加以说明,虽有极个别错误类型在文内加了说明,但是整体会导致读者不停地回溯查找对应错误类型的定义;研究内容之二,分析错误类型对人工翻译和译后编辑的影响,所涉及的研究变量过多,在分析部分没有过多的关于更深层次的基于具体变量的分析。

(1)感谢审稿人的建议! 为了便于读者阅读,我们把英汉翻译质量评估标注指南上传到了 github 上,并附在了正文中:https://mt-pe.github.io/Annotation-Guidelines-for-English-Chinese-Translation-Quality-Assessment/。此外,凡在正文中设计"其他语义偏离问题"字样的,我们都在正文中用括号加以说明,例如:其他语义偏离问题(除词义错误、专业术语错译之外)。

(2)经与评分员商讨,我们将初稿中的"其他词汇问题"与"其他可接受度问题"进行了合并;随后进行了共线性检验,在译后编辑和人工翻译的模型中?? =3.71 和 3.69,均低于最高阈值 30(Baayen,2008:182),也低于初稿中的 ?? =7.07 和 6.94,?? 值越低,说明预测变量的共线性问题越不明显。我们认为,这在一定程度上缩小了研究选题,而且可以使模型中预测变量的解释力更强。因此,我们也花了大量时间重新进行统计建模,修改部分已用红色在正文中标出。

在讨论部分,我们借鉴了 Daems et al.(2017b)的翻译错误类型框架,主要分别就词汇问题、风格问题和衔接与连贯问题,并引入效应量(β 值)的概念,展开更加深入的讨论。主要修改部分如下:

就词汇问题而言,本研究并没有发现搭配问题对译者在译后编辑过程中各兴趣区的注意分配产生显著的影响,这一研究发现与心理语言学研究结果一致,即在大脑中将高频共现的两词建立联系的难度相对较低(Traxler,2012:86-87)。(详见 5.1 机器翻译错误类型对译后编辑过程中注意资源分配的影响)

而且在总兴趣区和译文区的模型中,风格问题对注意资源分配影响的效应量(β 值)最大,这是因为本研究语料中的风格问题有半数聚焦于句段层面的拗口表达,占比53.85%。而句段层面的加工难度往往要高于词汇、小句层面,因为句段层面的加工跨度(processing span)更大,会给工作记忆造成更多的压力,从而导致注意资源分配的增加(Temnikova,2010:3488)。就衔接与连贯问题而言,其他衔接问题(即逻辑问题、不一致问题)会显著增加译者分配在原文区的注意资源,而衔接问题(如指代问题)并没有显著增加译者分配在原文区的注意资源,这一结果与 Schaeffer et al.(2019)的翻译审校实验结果一致,即衔接问题可以不通过查看原文进行修改。而当译者发现机器翻译译文存在逻辑问题时,会分配显著更多的注意资源至原文区。(详见5.1机器翻译错误类型对译后编辑过程中注意资源分配的影响)

就风格问题而言,人工翻译和译后编辑的眼动数据模型一致,即原文对应的机器翻译若出现风格问题,那此类原文同样会给人工翻译带来困难,而且风格问题在人工翻译绝大多数兴趣区的效应量(β值)也为最大。在本研究的语料中,拗口表达是比较突出的问题,而复杂句则是影响机器翻译译文风格的重要指标(Tatsumi, 2010)。因此,本研究认为,句法复杂度是人工翻译和机器翻译共同面临的困难。而在衔接与连贯层面,其他衔接问题(即逻辑问题、不一致问题)并不会显著增加人工翻译过程中所分配的注意资源。这一研究发现证实了Aragonés-Lumeras & Way(2017:30)的观点,即人工翻译更加注重语用层面,而非进行简单的句法翻译(syntactic translation)。综上所述,本研究结果完善了Carl & Báez(2019)的观点,即在英汉语对间,机器翻译和人工翻译面临的共同"理解"困难在于专业术语(错译)问题,而共同面临的"表达"困难在于风格问题或句法复杂度。(详见5.2机器翻译错误类型对人工翻译过程中注意资源分配的影响)

3. 作者没有交代每个句段的错误个数,仅指出了至少包含一个。如果进行粗略计算(本研究共包含23个句段,机器翻译错误共计150处),平均每个句段六处错误,如此高频的错误设计,是否存在这样一种可能,被试会发现或猜到实验设计的变量,然后导致有针对性地去发现错误? 此外,不禁让人对作者所选择的机器翻译质量进行质疑。因为本文未涉及文学和专门领域的知识,机器翻译的质量应该是相对较高的,不会出现作者所列举的一些错误类型如专有名词、代词、时间错译、数量错译等低级错误等,也不会出现不存在的词。那么这些错误类型作者有人工干预吗? 如果有干预,设定错误的依据是什么?

针对审稿人关于"作者没有交代每个句段的错误个数,仅指出了至少包含一个。"的建议,我们的答复如下:

感谢审稿人的建议! 这一信息对于增加本研究实验材料的透明度非常关键,并且对于未来研究者开展相关研究也至关重要。我们已将该信息补充在正文中3.4机器翻译引擎选择与机器翻译初始译文的错误类型分析部分:"本研究的实验语料共计23个句段,所有句段至少包含1个机器翻译错误,其中平均每个句段包含3.67个可接受度层面错误($SD=1.99$)和2.46个忠实度层面错误($SD=1.79$)"。

针对"如果进行粗略计算(本研究共包含23个句段,机器翻译错误共计150处),平均每个句段六处错误,如此高频的错误设计,……不禁让人对作者所选择的机器翻译质量进行质疑。因为本文未涉及文学和专门领域的知识,机器翻译的质量应该是相对较高的,不会出现作者所列举的一些错误类型如专有名词、代词、时间错译、数量错译等低级错误等,也不会出现不存在的词。那么这些错误类型作者有人工干预吗? 如果有干预,设定错误的依据是什么?"这一质疑,我们作出如下说明:

(1)如上述说明所述,本研究中实验语料的 23 个句段中,平均每个句段包含 3.67 个可接受度层面错误($SD=1.99$)和 2.46 个忠实度层面错误($SD=1.79$),这一数据特征与 Daems et al.(2017a)的英—荷语对的统计机器翻译类似,在他们的实验语料中,平均每个句段包含 3.19 个可接受度层面错误和 1.37 个忠实度层面错误。总体来说,无论是本研究的神经网络机器翻译,还是 Daems et al.(2017a)的统计机器翻译,忠实度层面的质量要高于可接受度层面的质量。这一数据特征也与英—希、英—葡、英—俄语对的神经网络机器翻译质量特征一致(Castilho et al.,2017:121)。以上结果可以证明,本研究中实验语料的机器翻译质量是可信的。正如在论文中所述,我们当时在选择语料的过程中,参考了 Daems et al.(2017a)的建议,剔除了机器翻译错误数量过多或过少的机器翻译引擎。

我们在收到编辑部的修改意见后,参考了 Specia et al.(2010:43)的机器翻译译后编辑的必要性 4 级 Likert 问卷量表(1 分表示机器翻译很差,不适合译后编辑;2 分表示译者需要对机器翻译进行一定程度的修改,但译后编辑速度快于重译;3 分表示机器翻译质量已经很高,只需要作个别修改;4 分表示机器翻译质量没有任何错误),收集了 16 名具有兼职翻译经验的高校教师或翻译学博士生评估 23 个句段译后编辑必要性的问卷数据,他们平均翻译教学经验是 10 年,平均兼职翻译经验为 11 年。问卷数据显示,所有 23 个句段的平均得分为 2.32($SD=0.4$),这表明本实验语料的机器翻译质量适中,适合进行译后编辑,且需要一定量的修改才能达到出版级的质量要求。这也符合我们在正文中所述,"避免机器翻译初始译文没有太多的译后编辑空间"这一预期。我们在正文 3.4 机器翻译引擎选择与机器翻译初始译文的错误类型分析中也作了相关修改。

(2)虽然本研究的实验语料并未涉及文学或专门领域的知识,但原文中还是出现一些专有名词,如 Outer Banks,其对应的机器翻译却是"外河岸"(有道翻译,该机器翻译的产出时间为 2018 年 12 月),而实际上正确的译法应为"外滩群岛"。审稿人认为,神经网络机器翻译不会出现"不存在的词",但我们认为此类错误恰恰是神经网络机器翻译的特点之一(Macken et al.,2019),这一错误类型在 Daems et al.(2017b)的语料中也存在。造成神经网络机器翻译系统产出此类错误的原因之一是,虽然神经网络机器翻译在许多方面取得了很大的进步，但在面临多词表达（multi-word expression），如复合词（compounds）时，机器翻译依然会存在产出过于直译译文的问题（同上：68）。

（3）本研究没有对机器翻译的错误类型进行任何干预。我们的实验主要参考 Daems et al.（2017a）的设计，采取扎根理论方法（Grounded Theory Method，GTM），自下而上地考查影响译者在译后编辑和人工翻译过程中注意资源分配的机器翻译错误类型对注意资源分配的影响。为了避免歧义，我们在正文 3.4 机器翻译引擎选择与机器翻译初始译文的错误类型分析中作了说明，即"但本研究并没有对机器翻译错误类型进行任何人为干预，目的是开展探索性研究，考查哪些机器翻译错误类型会对译者的注意资源分配产生显著的影响，且尽可能提高实验的生态效度。"

针对"是否存在这样一种可能，被试会发现或猜到实验设计的变量，然后导致有针对性地去发现错误？"这一疑问，我们作出如下修改说明：

我们认为这种现象的确有可能存在，但我们通过实验设计与程序（procedure）和统计控制（statistical control）两个层面对这一混淆变量进行了控制。

（1）本研究的实验设计参考了 Daems et al.（2017a）的设计，尽可能地还原真实的机器翻译译后编辑场景，提升实验的生态效度。如果每一句段中仅操纵一个错误，例如词义错误（word sense error），且类似的错误重复出现，被试在实验过程中反而会产生学习效应，从而如审稿人所推测的，"被试会发现或猜到实验设计的变量，然后导致有针对性地去发现错误"。此外，我们并没有在实验程序中告知被试任何关于 MQM 错误类型框架结构，因此被试也就不会特地有针对性去发现机器翻译的错误。为了提升本研究的说服力，我们在正文 3.5 实验程序中作了相关修改，即"同时，我们并没有告知被试任何关于机器翻译错误类型框架结构的信息"。

（2）就统计控制而言，我们在拟合混合效应模型的过程中，特地将句段的呈现顺序作为控制变量（详见正文 3.6 数据分析），这样操作的原因是：虽然多数研究会采用抵消平衡法（counter-balancing）来减少实验任务顺序对被试产生的学习效应对关键预测变量的影响，但这些学习效应本身的噪音（noise）依旧存在于数据中，会导致统计分析犯二类错误（Type-II error），即假阴性（Baayen et al.，2008，p. 399）。因此，我们将句段的呈现顺序作为控制变量。

综上，我们认为，通过实验设计与程序和统计控制的方法，对审稿人所说的潜在的学习效应进行了控制。

4.作者允许被试进行检索,但是有关数据并未进行汇报,如在检索原文某一单词时,进行了词义检索,那么网络检索的眼动数据如何处理或测量注意资源分配的?是否存在译者在线上词典查找词义时,检索到了给原文在词典中的译文?是否存在网络资源的检索时浏览了与翻译无直接关系的内容?

感谢审稿人的提问!本研究主要考查机器翻译错误类型对原文区和译文区注意资源分配的影响。我们借鉴了 Vieira(2014)基于 Coh-Metrix 3.0 所考查的指标,这些指标基于阅读理解的理论框架得出(Graesser, McNamara, & Kulikowich, 2011)。具体指标如下:

WRDPOLc:实义词的一词多义现象的平均值(Polysemy for content words, mean)

WRDHYPnv:名词和动词的平均上下义词比例(Hypernymy for nouns and verbs, mean)

WRDFAMc:实义词的熟悉度(Familiarity for content words, mean)

WRDCNCc:实义词的具体程度(Concreteness for content words, mean)

WRDIMGc:实义词的意象指数(Imagability for content words, mean)

同时,我们还利用 Lextutor 平台(https://www.lextutor.ca/vp/comp/)计算了本研究语料中每一句段的平均词频。将上述 Coh-Metrix 的词汇指标和词频指标进行了主成分分析,并提取出两个特征值大于 1 的因子,最后,根据因子载荷数,挑选出"一词多义"和"实义词的具体程度"这两个指标和本研究的机器翻译错误类型一起放入统计模型中。目的就是为了考查除了机器翻译错误类型之外,是否有原文词汇特征因素引发外部资源的查询。混合效应模型显示,在译后编辑过程中,不仅专业术语错译会引发译者的外部资源查询($\chi^2(1)=4.13$, $p=0.04$),而且一词多义现象也对外部资源分配总量产生显著的影响($\chi^2(1)=5.84$, $p=0.016$)。而一词多义现象又和高频词成正比[①],即一词多义现象的值越低,词频也越低。如下图所示,可以推测译者在译后编辑过程中,除了进行了机器翻译中术语的查证,还查证了原文中的低频词。但囿于篇幅,本研究并没有深入探讨机器翻译错误类型对外部注意资源分配的影响。但我们虚心接受审稿人的建议,将另文详细探讨该问题。但我们在讨论部分适当地增加了外部资源的数据,以便更加全面地考查译者的注意资源分配情况:

通过建立以一词多义、实义词具体程度和机器翻译错误类型为固定效应,被试和句段序号为随机效应的混合效应模型,考查机器翻译错误类型对于译者外部注意资源分配总量的影响,本研究发现词义错误($\chi^2(1)=12.53$, $p<0.001$)和专业术语错译罚分($\chi^2{}2(1)=4.13$, $p=0.042$)的主效应均显著。以上结果说明,虽然译者并没有分配显著

---

① http://cohmetrix.memphis.edu/cohmetrixhome/documentation_indices.html

更多的注意资源至原文区或译文区来解决词义错误,但译者会分配显著更多的注意资源至外部资源进行查证,从而显著增加了外部资源中的搜索时长。(详见5.1 机器翻译错误类型对译后编辑过程中注意资源分配的影响)

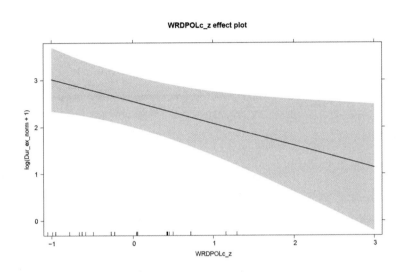

WRDPOLc_z effect plot

此外,本研究通过建立以一词多义、实义词具体程度和机器翻译错误类型为固定效应,被试和句段序号为随机效应的混合效应模型,考查机器翻译错误类型对于译者人工翻译过程中外部注意资源分配总量的影响,发现词义错误的固定效应不显著($p>0.05$),这说明译者并非借助外部资源来解决词义问题。这说明,如果机器翻译译文中出现了词义错误,那这种问题并不会显著增加人工翻译的难度。虽然 Aragonés-Lumeras & Way(2017:33-34)认为,人工翻译区别于机器翻译的一大特点在于,人工翻译虽然可能没有专业知识,但可以利用外部资源来搜索专业术语。但本研究发现,与译后编辑过程一致,专业术语错译也在人工翻译过程中多个眼动数据模型中显著。通过建立以一词多义、实义词具体程度和机器翻译错误类型为固定效应,被试和句段序号为随机效应的混合效应模型,考查机器翻译错误类型对于译者人工翻译过程中外部注意资源分配总量的影响,本研究发现专业术语错译($\beta=0.09$,$t=2.96$,$p=0.009$)的固定效应显著,这说明译者虽然可以用外部资源弥补专业知识的不足,但依然会分配显著更多的注意力至外部资源来解决专业术语问题。(详见5.2 机器翻译错误类型对人工翻译过程中注意资源分配的影响)

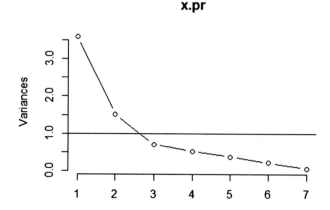

5. 作者设计每种错误类型至少出现 10 次,并未给出合理的理由。而且同一种错误类型的不断出现,是否会对译者产生激活效应?

(1)感谢审稿人的提问!这是一个非常重要的问题。我们主要参照了 Daems et al. (2017a)和 Gries(2021a)的做法,将频数较少的机器翻译错误类型进行合并(即如果"过于直译""代词错译""修饰错误""时间错译""量词错译""数量错译""漏译""语义矛盾""上义词""歧义""其他词汇错译"和"其他错译"这些错误类型出现的频率都很低,那我们就将这些错误类型进行合并,归为"其他语义偏离问题"),使每种错误类型至少出现10 次。这样做的主要原因是,研究者往往不希望仅仅通过极少的数据点(如"过于直译"这一错误类型)把实验结论推广到总体(Gries,2021b:416),而 10 次在 Gries(2021a:13)看来也是统计分析中变量频数的下限。

(2)正如我们在回答审稿人提出的第 3 个问题时所述,我们认为,由于我们在实验前并没有告知被试机器翻译错误类型框架结构,因此被试不会特地"有针对性"地去修改,或者同一类机器翻译错误对被试产生的"学习效应"是有限度的。然而,同一个机器翻译错误不断出现,的确会对译者产生"激活效应"。针对这一问题,我们在论文写作过程中意大利博洛尼亚大学(University of Bologna)的 Ricardo Muñoz Martín 教授进行过多次邮件沟通,Muñoz Martín 教授给我们推荐了重要文献,其在文章中指出,译文的读者是"人",而不是"机器"。他指出,传统的翻译质量评估通常以句段为单位,即评分员每次只能看到孤立的一句话,因此研究者将评分员视为"机器",忽视了重要的一点,即译文中反复出现的错误对读者的影响是不同的(Muñoz Martín,2016:359)。例如,若第一句和最后一句同时出现某一错误(比如,第一句出现某一术语的错译,最后一句中该术语依然存在错译现象),但第一句的错误对读者的影响应该与最后一句相同的错误对读者的影响是不同的。经与评分员协商，我们在给错误类型的严重程度赋权重时，作出以下决定，即当同样的错误出现 n 次时（n≥2），将第 2 至第 n 次的错误类型权重均标注为 1 分（轻微问题）。通过调整重复出现的错误类型的严重程度，可以一定程度上控制"激活效应"。

（原文此处有程序代码，受篇幅所限，此处略去。）

6. 为什么平均 9 年翻译经验的职业译员其英语水平低于一年多的翻译学生？这个数据差异是否对个体差异分析结果有影响？

针对"为什么平均 9 年翻译经验的职业译员其英语水平低于一年多的翻译学生？"这一疑问，我们作出如下说明：

（1）我们交代一下被试的英语水平量具。本研究中被试的英语水平通过 LexTALE 词汇判断测试所得，该词汇测试通常被用于心理语言学实验，不仅可以预测英语词汇知识的掌握情况，还可以预测总体英语水平（Lemhöfer & Broersma，2012）。此类词汇判断测试在已有的译后编辑研究中也得以应用（Daems et al.，2017a/b；Vieira，2015）。这说明本研究被试的英语水平测试成绩是可靠的。

另外，Vieira（2015）的被试数据也和本研究类似。在 Vieira（2015：75）的法语（L2）—英语（L1）语对译后编辑研究中，职业译者的平均翻译经验为 10.2 年，其 L2 水平平均得分为 81.63，低于平均翻译经验仅为 2 年多的翻译专业研究生的英语水平，其 L2 平均得分为 87.4。该结果与本研究的数据趋势一致，即平均 9 年翻译经验的职业译者的英语（L2）水平反而低于仅有 1 年多翻译经验的翻译专业研究生。

（2）我们对翻译专业本科生、翻译专业研究生和职业译者这三组被试的英语水平做了一个独立测量、被试间设计的单向方差分析，在 R 语言中使用 emmeans 包的 *emmeans*() 函数进行事后检验（post-hoc test），发现翻译专业研究生和职业译者的英语水平无显著性差异（β=6.58，SE=4.03，t=1.63，p=0.24＞0.05），而翻译专业本科生的英语水平显著低于翻译专业研究生（β=19.39，SE=4.03，t=4.81，p=0.0001＜0.05）和职业译者（β=12.80，SE=4.17，t=3.07，p=0.01＜0.05）。以上结果表明，虽然职业译者的英语水平略低于翻译专业研究生，但不具有统计学意义。而且，职业译者的英语水平高于翻译专业本科生，这也在一定程度上证明了本研究数据的可靠性。无论是从语言/翻译服务企业管理者视角（Li，2007），还是从职业译者自身视角（Hao & Pym，2021）的调查研究都表明，职业译者的英语水平有待进一步提升，这也在一定程度上说明职业译者的英语水平存在一定的局限性。当然，翻译经验和英语水平之间的非线性关系背后的具体原因，我们会在未来研究中进行深入的调查。

针对"平均9年翻译经验的职业译员其英语水平低于一年多的翻译学生，这个数据差异是否对个体差异分析结果有影响？"这一疑问，我们作出如下说明：

感谢审稿人的宝贵建议！本研究并没有将被试按翻译经验分组，来考查个体特征差异因素对译者注意资源分配的影响，而是分别将个体差异因素中的翻译经验、英语水平和对待译后编辑的态度作为控制变量放入统计模型中。我们在正文3.6数据分析部分也作了修改（详见红色标注部分），使模型在固定效应结构（fixed-effects structure）方面的表述更加清晰，即"本研究的固定效应（fixed-effects）为机器翻译错误类型标准化罚分，而被试的翻译经验、英语水平、对待译后编辑的态度、句段的呈现顺序（参考：Schaeffer et al.，2016）和被试在译后编辑过程中的偏好性修改数量则作为控制变量。"我们之所以没有按翻译经验分组，主要有以下考虑，并在正文中作了补充：如果将本应是数值型变量的翻译经验转变为分类变量（例如：翻译初学者、准职业译者和职业译者），则不仅会丢失许多信息（比如无法单独考查英语水平对注意资源分配的影响），而且会增加统计分析的自由度（degree of freedom，df），从而导致更难获得显著的结果（Gries，2013：254）。因此，我们认为由于我们单独考查被试的个体特征因素，即便这个数据存在差异，也并不会对个体差异分析结果产生影响。

最后，再次感谢编辑部和审稿人对本文提出的宝贵修改意见！我们已经作了大修，希望得到您们的进一步指导。

参考文献（略）

附录 4　10 篇语言学领域 SSCI 期刊论文列表

E001	Hyland，K.，& Jiang，F.（2017）. Is academic writing becoming more informal? *English for Specific Purposes*，45，40‑51. doi：10.1016/j.esp.2016.09.001
E002	Kim，H. R.，& Bowles，M.（2019）. How deeply do second language learners process written corrective feedback? Insights gained from think-alouds. *TESOL Quarterly*，53（4），913‑938. doi：10.1002/tesq.522
E003	Kuang，H.，& Zheng，B.（2022）. How does interpreting performance correlate with note-taking process. *Across Languages and Cultures*，23（2），167‑186. doi：10.1556/084. 2022.00281
E004	Kyle，K.，& Crossley，S. A.（2018）. Measuring Syntactic Complexity in L2 Writing Using Fine-Grained Clausal and Phrasal Indices. *The Modern Language Journal*，102（2），333-349. doi：10.1111/modl.12468
E005	Nahatame，S.（2023）. Predicting processing effort during L1 and L2 reading：The relationship between text linguistic features and eye movements. *Bilingualism：Language and Cognition*，1‑14. doi：10.1017/s136672892200089x
E006	Robert，I. S.，Terryn，A. R.，Ureel，J. J. J.，& Remael，A.（2017）. Conceptualising translation revision competence：A pilot study on the 'tools and research' subcompetence. *The Journal of Specialised Translation*（28），293-316.
E007	Vanroy，B.，De Clercq，O.，& Macken，L.（2019）. Correlating process and product data to get an insight into translation difficulty. *Perspectives*，27（6），924-941. doi：10. 1080/0907676x.2019.1594319
E008	Vieira，L. N.，Zhang，X.，& Yu，G.（2021）. 'Click next'：on the merits of more student autonomy and less direct instruction in CAT teaching. *The Interpreter and Translator Trainer*，15（4），411‑429. doi：10.1080/1750399x.2021.1891515
E009	Wu，Z.（2019）. Text characteristics，perceived difficulty and task performance in sight translation. *Interpreting. International Journal of Research and Practice in Interpreting*，21（2），196‑219. doi：10.1075/intp.00027.wu
E010	Yamada，M.（2019）. The impact of Google Neural Machine Translation on Post-editing by student translators. *The Journal of Specialised Translation*（31），87‑106.

参考文献

[1] 鲍贵.(2012).我国外语教学研究中的统计分析方法使用调查.外语界(1),41‐51,60.

[2] 陈志敏、吴力波.(2025).未来已来:2025 人文社会科学智能发展蓝皮书.上海:复旦大学出版社.

[3] 冯佳.(2017).译入/译出认知负荷比较研究——来自眼动追踪的证据.中国外语.14(4),79‐91.

[4] 郭望皓、胡富茂.(2021).神经机器翻译译文评测及译后编辑研究.北京第二外国语学院学报(5),66‐82.

[5] 雷蕾.(2017).中国英语学习者学术写作句法复杂度研究.解放军外国语学院学报(5),1‐10.

[6] 卢植、孙娟.(2018).人工翻译和译后编辑中认知加工的眼动实验研究.外语教学与研究,50(5),760‐769.

[7] 马拯.(2022).英语学习中的"瓶颈问题"——中国学生主谓一致结构习得的证据.外语与外语教学(4),122‐133.

[8] 毛文伟.(2018).数据挖掘技术在文本特征分析中的应用研究—以夏目漱石中长篇小说为例.外语电化教学(6),8‐15.

[9] 穆从军.(2016a).修辞结构理论视角下英汉学术论文摘要的修辞关系对比研究.现代外语,39(1),97‐107.

[10] 穆从军.(2016b).英语专业学生的写作思辨能力调查.现代外语,39(5),693‐703.

[11] 穆从军.(2019).互文性视域下的英汉学术论文文献引用形式和修辞功能对比.青海师范大学学报(哲学社会科学版),41(6),116‐124.

[12] 穆从军.(2023).读后创写思辨能力培养模式及其有效性研究.外语教学与研究,55(2),225‐237.

[13] 钱家骏.(2016).体裁分析和评价理论视阈下的中文期刊论文引言英译研究.(硕士学位).上海:上海海事大学.

[14] 钱家骏、穆从军.(2017).跨语言学术交际的主体间性——英汉学术期刊论文引言语篇模式与介入资源对比.西安外国语大学学报,25(4),13‐17.

[15] 钱家骏、穆从军.(2017).中外学者学术论文写作立场表达强度和方式比较——基于自建语料库的汉语学术语篇引言英译研究.解放军外国语学院学报,40(5),29-37.

[16] 钱家骏、肖维青、李彦、项霞.(2022).神经网络机器翻译错误类型对译者注意资源分配的影响——来自眼动追踪的证据.外语教学与研究,54(5),750-761.

[17] 覃江华.(2020).实证性翻译学研究的局限.翻译论坛(1),10-11.

[18] 束定芳.(2021).研究真问题,构建新生态——中国外语教育教学的瓶颈与出路.中国外语,18(1),17-19.

[19] 王均松、钱家骏、郭亚玲.(2022).翻译过程研究中的眼动实验效度:问题与对策.外国语,45(2),96-101.

[20] 王湘玲、陈广姣、周祥艳.(2023).国际机器翻译译后编辑认知研究路线图(2011—2021).外国语,46(5),90-100.

[21] 王湘玲、王律、郑冰寒.(2022).翻译方向对信息加工过程及质量的影响 ——基于眼动和屏幕记录等数据的多元互证.外语教学与研究,54(1),128-139.

[22] 王一方、郑冰寒.(2020).英译汉过程中译者的认知资源分配模式——基于眼动、键击和反省法的实证研究.中国外语,17(4),87-94.

[23] 文军、殷玲.(2010).翻译过程中翻译策略的实证性研究——基于英语专业大学生的有声思维调查.解放军外国语学院学报,33(4),75-80.

[24] 文秋芳.(2017).我国应用语言学理论国际化的标准与挑战——基于中国大陆学者国际论文创新性的分析.外语教学与研究,49(2),254-266.

[25] 文秋芳、王建卿、赵彩然、刘艳萍、王海妹.(2009).构建我国外语类大学生思辨能力量具的理论框架.外语界(1),37-43.

[26] 文秋芳、王建卿、赵彩然、刘艳萍、王海妹.(2011).对我国大学生思辨倾向量具信度的研究.外语电化教学(6),19-23.

[27] 文秋芳、张伶俐、孙旻.(2014).外语专业学生的思辨能力逊色于其他专业学生吗?.现代外语,37(6),794-804.

[28] 吴雪.(2017).中国学者国际期刊论文句法复杂度与文本可读性研究.解放军外国语学院学报,40(5),11-19.

[29] 肖维青、钱家骏.(2021).翻译技术教学研究进展与趋势(2000-2020)——基于国内外核心期刊论文的对比分析.外语界(1),62-70.

[30] 徐锦芬、陈聪.(2018).认知要求对学习者口语产出质量与注意分配的影响.外语与外语教学(6),42-52.

[31] 杨峥.(2022).做研究是有趣的:给学术新人的科研入门笔记.北京:中国政法大学出

版社.

[32] 张滟.(2008).学术话语中的级差范畴化及其修辞劝说构建.外国语，31(6)，33-40.

[33] 郑冰寒.(2012).英译汉过程中选择行为的实证研究.北京：外语教学与研究出版社.

[34] Agrifoglio，M.（2004）.Sight translation and interpreting：A comparative analysis of constraints and failures. *Interpreting*，6(1)，43-67.

[35] Ai，H.，& Lu，X.（2013）.A corpus-based comparison of syntactic complexity in NNS and NS university students' writing. In A. Díaz-Negrillo，N. Ballier，& P. Thompson (Eds.)，*Automatic Treatment and Analysis of Learner Corpus Data*（pp. 249-264）. Amsterdam/Philadelphia：John Benjamins Publishing Company.

[36] Al-Hoorie，A. H.，Hiver，P.，Larsen-Freeman，D.，& Lowie，W.（2021）.From replication to substantiation：A complexity theory perspective. *Language Teaching*，1-16.

[37] Allagui，B.（2020）.TED talk comments to enhance critical thinking skills in an undergraduate reading and writing course. *Education and Information Technologies*，26(3)，2941-2960.

[38] Alves，F.，& Gonçalves，J. L.（2013）.Investigating the conceptual-procedural distinction in the translation process：A relevance-theoretic analysis of micro and macro translation units. *Target*，25(1)，107-124.

[39] Baayen，R. H.（2008）.*Analyzing Linguistic Data：A Practical Introduction to Statistics Using R*. Cambridge：Cambridge University Press.

[40] Baddeley，A. D.，& Hitch，G.（1974）.Working memory. In G. H. Bower (Ed.)，*Psychology of Learning and Motivation：Advances in Research and Theory*（pp. 47-89）. New York：Academic Press.

[41] Balling，L.（2008）.A brief introduction to regression designs and mixed-effects modelling by a recent convert. In J. A. Lykke，S. Göpferich，& I. M. Mees (Eds.)，*Looking at Eyes：Eye-Tracking Studies of Reading and Translation Processing*（pp. 175-191）. Copenhagen：Samfunslitterattur.

[42] Balling，L. W.，& Hvelplund，K. T.（2015）.Design and statistics in quantitative translation (process) research. *Translation Spaces*，4(1)，170-187.

[43] Bao，H.-W.-S.，Cai，H.，& Huang，Z.（2022）.Discerning cultural shifts in China? Commentary on Hamamura et al.（2021）. *American Psychologist*.

[44] Bassham，G.，Irwin，W.，Nardone，H.，& Wallace，J. M.（2019）.*Critical Thinking：

A Student's Introduction (Sixth Edition). New York: McGraw-Hill.

[45] Bazerman, C. (1984). The writing of scientific non-Fiction: Contexts, choices and constraints. *Pre / Text*, 5(1), 39 – 74.

[46] Beall, J. (2012). Predatory publishers are corrupting open access. *Nature*, 489, 179.

[47] Benesch, S. (1999). Thinking critically, thinking dialogically. *TESOL Quarterly*, 33 (3), 573 – 580.

[48] Berkenkotter, C., & Huckin, T. (1995). *Genre in Disciplinary Communication*. Hillsdale, NJ: Erlbaum.

[49] Biber, D., Johansson, S., Leech, G., Conrad, S., & Finegan, E. (1999). *Longman Grammar of Spoken and Written English*. London: Pearson Education.

[50] Bloch, J. (2010). A concordance-based study of the use of reporting verbs as rhetorical devices in academic papers. *Journal of Writing Research*, 2(2), 219 – 244.

[51] Bloor, M. (1984). *English language needs in the University of Cordoba: the report of a survey*. The University of Aston Language Studies Unit. Birmingham, UK (mimeo).

[52] Bolaños-Medina, A., & Núñez, J. L. (2022). Autonomy support, critical thinking, and motivation as key predictors of translator trainees' strategic competence. *Across Languages and Cultures*, 23(2), 131 – 147.

[53] Boon, S., Johnston, B., & Webber, S. (2007). A phenomenographic study of English faculty's conceptions of information literacy. *Journal of Documentation*, 63(2), 204 – 228.

[54] Booth, W. C., Colomb, G. G., Williams, J. M., Bizup, J., & FitzGerald, W. T. (2016). *The Craft of Research*. Chicago & London: The University of Chicago Press.

[55] Bowles, M. A. (2010). *The Think-Aloud Controversy in Second Language Research*. London & New York: Routledge.

[56] Bowles, M. A., & Leow, R. P. (2005). Reactivity and type of verbal report in SLA research methodology: Expanding the scope of investigation. *Studies in Second Language Acquisition*, 27(3), 415 – 440.

[57] Brew, A. (2001). *The Nature of Research: Inquiry into Academic Contexts*. London & New York: Routledge.

[58] Bronfenbrenner, U. (1977). Toward an experimental ecology of human development. *American Psychologist*, 32(7), 513 – 531.

[59] Burke, K. (1974). *The Philosophy of Literary Form*. California: University of California Press.

[60] Cadwell，P.，O'Brien，S.，& Teixeira，C. S. C. （2018）. Resistance and accommodation：Factors for the （non-）adoption of machine translation among professional translators. *Perspectives*，26(3)，301 – 321.

[61] Carl，M. （2023）. The monitor model and its misconceptions：A clarification. In I. Lacruz （Ed.），*Translation in Transition：Human and Machine Intelligence*（pp. 257 – 281）. Amsterdam/Philadelphia：John Benjamins Publishing Company.

[62] Carl，M.，& Dragsted，B. （2012）. Inside the monitor model：Processes of default and challenged translation production. *TC3：Translation：Computation，Corpora，Cognition*，2(1)，127 – 145.

[63] Carl，M.，Dragsted，B.，Elming，J.，Hardt，D.，& Jakobsen，A. L. （2011）. *The process of post-editing：A pilot study*. Paper presented at the 8th International NLPCS Workshop：Human-Machine Interaction in Translation.

[64] Carl，M. （2013）. Dynamic programming for re-mapping noisy fixations in translation tasks. *Journal of Eye Movement Research*，6(2)，1 – 11.

[65] Carl，M.，& Báez，M. C. T. （2019）. Machine translation errors and the translation process：a study across different languages. *The Journal of Specialised Translation*（31），107 – 132.

[66] Carl，M.，Bangalore，S.，& Schaeffer，M. （2016）. *New Directions in Empirical Translation Process Research*. New York：Springer.

[67] Carl，M.，& Schaeffer，M. （2017a）. Sketch of a Noisy Channel Model for the translation process. In S. Hansen-Schirra，O. Czulo，& S. Hofmann （Eds.），*Empirical Modelling of Translation and Interpreting*.（pp. 71 – 116）. Berlin：Language Science Press.

[68] Carl，M.，& Schaeffer，M. J. （2017b）. Why translation is difficult：A corpus-based study of non-literality in post-editing and from-scratch translation. *Hermes—Journal of Language and Communication in Business*（56），43 – 57.

[69] Carl，M.，& Schaeffer，M. （2018）. The development of the TPR-DB as Grounded Theory Method. *Translation，Cognition & Behavior*，1(1)，168 – 193.

[70] Chen，S. （2017）. The construct of cognitive load in interpreting and its measurement. *Perspectives*，25(4)，640 – 657.

[71] Chen，S. （2020）. The impact of directionality on the process and product in consecutive interpreting between Chinese and English：Evidence from pen recording

and eye tracking. *The Journal of Specialised Translation*(34), 100 – 117.

[72] Chesterman, A. (2007). On the idea of a theory. *Across Languages and Cultures*, 8 (1), 1 – 16.

[73] Chin, S. M., & Cranford, S. W. (2020). 4 archetype reasons for editorial rejection. *Matter*, 2(1), 4 – 6.

[74] Chou, I., Liu, K., & Zhao, N. (2021). Effects of directionality on interpreting performance: Evidence from interpreting between Chinese and English by trainee interpreters. *Frontiers in Psychology*, 12, 781610.

[75] Chu, B. K. S. (1996). *Introductions in State-of-the-Art, Argumentative, and Teaching Tips TESL Journal Articles: Three Possible Sub-Genres of Introduction?* City University of Hong Kong: Research Monograph No.12.

[76] Cohen, J., Cohen, P., West, S. G., & Aiken, L. S. (2003). *Applied Multiple Regression / Correlation Analysis for the Behavioral Sciences* (3rd ed.). Mahwah, New Jersey: Lawrence Erlbaum Associates.

[77] Creswell, J. W., & Creswell, J. D. (2018). *Research Design Qualitative, Quantitative, and Mixed Methods Approaches*. Thousand Oaks, California: Sage Publications.

[78] Crossley, S. A., Allen, D. B., & McNamara, D. S. (2011). Text readability and intuitive simplification: A comparison of readability formulas. *Reading in a Foreign Language*, 23(1), 84 – 101.

[79] Crossley, S. A., Greenfield, J., & McNamara, D. S. (2008). Assessing text readability using cognitively based indices. *TESOL Quarterly*, 42(3), 475 – 493.

[80] Crossley, S. A., & McNamara, D. S. (2012). Predicting second language writing proficiency: the roles of cohesion and linguistic sophistication. *Journal of Research in Reading*, 35(2), 115 – 135.

[81] Crossley, S. A., Skalicky, S., & Dascalu, M. (2019). Moving beyond classic readability formulas: New methods and new models. *Journal of Research in Reading*, 42(3 – 4), 541 – 561.

[82] Cui, Y., & Zheng, B. (2021). Consultation behaviour with online resources in English-Chinese translation: An eye-tracking, screen-recording and retrospective study. *Perspectives*, 29(5), 740 – 760.

[83] Cui, Y., & Zheng, B. (2022). Extralinguistic consultation in English—Chinese

translation：A study drawing on eye-tracking and screen-recording data. *Frontiers in Psychology*，13.

[84] Daems，J. (2016). *A Translation Robot for Each Translator？ A Comparative Study of Manual Translation and Post-editing of Machine Translations：Process，Quality and Translator Attitude*. (PhD). Ghent University.

[85] Daems，J.，Macken，L.，& Vandepitte，S. (2013). *Quality as the sum of its parts：A two-step approach for the identification of translation problems and translation quality assessment for HT and MT＋PE*. Paper presented at the MT Summit XIV Workshop on Post-editing Technology and Practice，Nice.

[86] Daems，J.，Vandepitte，S.，Hartsuiker，R.，& Macken，L. (2015). *The impact of machine translation error types on post-editing effort indicators*. Paper presented at the MT SUMMIT XV 4th Workshop on Post-Editing Technology and Practice (WPTP-4)，Miami，USA.

[87] Daems，J.，Carl，M.，Vandepitte，S.，Hartsuiker，R.，& Macken，L. (2016). The effectiveness of consulting external resources during translation and post-editing of general text types. In M. Carl，S. Bangalore，& M. Schaeffer (Eds.)，*New Directions in Empirical Translation Process Research：Exploring the CRITT TPR-DB* (pp. 111－133). Switzerland：Springer.

[88] Daems，J.，Clercq，O. D.，& Macken，L. (2017). Translationese and post-editese：How comparable is comparable quality? *Linguistica Antverpiensia，New Series：Themes in Translation Studies*，16，89－103.

[89] Daems，J.，Vandepitte，S.，Hartsuiker，R. J.，& Macken，L. (2017a). Identifying the machine translation error types with the greatest impact on post-editing effort. *Frontiers in Psychology*，8，1－15.

[90] Daems，J.，Vandepitte，S.，Hartsuiker，R. J.，& Macken，L. (2017b). Translation methods and experience：A comparative analysis of human translation and post-editing with students and professional translators. *Meta*，62(2)，245－270.

[91] Daems，J.，Carl，M.，Vandepitte，S.，Hartsuiker，R.，& Macken，L. (2018). How do students cope with machine translation output of multiword units? An exploratory study. In R. Mitkov，J. Monti，G. C. Pastor，& V. Seretan (Eds.)，*Multiword Units in Machine Translation and Translation Technology* (pp. 61－80). Amsterdam/Philadelphia：John Benjamins Publishing Company.

[92] Daft, R. L. (1995). Why I recommended that your manuscript be rejected and what you can do about it. In L. L. Cummings & P. J. Frost (Eds.), *Publishing in the Organizational Sciences* (pp. 164 - 182): Sage Publications.

[93] Dale, E., & Chall, J. S. (1949). The concept of readability. *Elementary English*, 19 - 26.

[94] Duan, X., Li, S., & Cai, Z. G. (2023). *MacBehaviour: An R package for behavioural experimentation on large language models*.

[95] Dong, Y., & Lin, J. (2013). Parallel processing of the target language during source language comprehension in interpreting. *Bilingualism: Language and Cognition*, 6 (3), 682 - 692.

[96] Eisenhart, M. A. (1991). *Conceptual frameworks for research circa* 1991: *Ideas from a cultural anthropologist*; *Implications for mathematics education researchers*. Paper presented at the Psychology of Mathematics Education, Blacksburg, Virginia, USA.

[97] Elming, J., Balling, L. W., & Carl, M. (2014). Investigating user behaviour in post-editing and translation using the CASMACAT workbench. In S. O'Brien, L. W. Balling, M. Carl, M. Simard, & L. Specia (Eds.), *Post-editing of Machine Translation: Processes and Applications* (pp. 147 - 169). Newcastle upon Tyne: Cambridge Scholars Publishing.

[98] Englander, K. (2014). *Writing and Publishing Science Research Papers in English: A Global Perspective*. New York: Springer Science & Business Media.

[99] Enríquez-Ra do, V. (2014). *Translation and Web Searching*. London & New York: Routledge.

[100] Ericsson, K. A., Charness, N., Feltovich, P. J., & Hoffman, R. R. (2006). *The Cambridge Handbook of Expertise and Expert Performance*. Cambridge: Cambridge University Press.

[101] Ericsson, K. A., & Simon, H. A. (1984/1993). *Protocol Analysis: Verbal Reports as Data*. Cambridge: The MIT Press.

[102] Facione, P. A. (1990). *Critical Thinking: A Statement of Expert Consensus for Purposes of Educational Assessment and Instruction*. Millbrae CA: California Academic Press.

[103] Facione, N. C., Facione, P. A., & Sanchez, C. A. (1994). Critical thinking disposition as a measure of competent clinical judgment: The development of the

california critical thinking disposition inventory. *Journal of Nursing Education*, 33 (8), 345 – 350.

[104] Facione, P. A., Giancarlo, C. A., Facione, N. C., & Gainen, J. (1995). The disposition toward critical thinking. *Journal of General Education*, 44(1), 1 – 25.

[105] Flower, L., & Hayes, J. R. (1981). A Cognitive Process Theory of Writing. *College Composition and Communication*, 32(4), 365 – 387.

[106] Fonseca, N. B. L. (2019). Analysing the impact of TAPs on temporal, technical and cognitive effort in monolingual post-editing. *Perspectives*, 27(4).

[107] Fazel, I., & Shi, L. (2015). Citation behaviors of graduate students in grant proposal writing. *Journal of English for Academic Purposes*, 20, 203 – 214.

[108] Fulcher, G. (1997). Text difficulty and accessibility: Reading formulae and expert judgement. *System*, 25(4), 497 – 513.

[109] Gazni, A. (2011). Are the abstracts of high impact articles more readable? Investigating the evidence from top research institutions in the world. *Journal of Information Science*, 37(3), 273 – 281.

[110] Gerjets, P., Kammerer, Y., & Werner, B. (2011). Measuring spontaneous and instructed evaluation processes during Web search: Integrating concurrent thinking-aloud protocols and eye-tracking data. *Learning and Instruction*, 21(2), 220 – 231.

[111] Gibney, E. (2025). What are the best AI tools for research? *Nature's* guide. *Nature*.

[112] Gile, D. (2001). Critical reading in (interpretation) research. In D. Gile, H. V. Dam, F. Dubslaff, B. Martinsen, & A. Schjoldager (Eds.), *Getting Started in Interpreting Research: Methodological Reflections, Personal Accounts and Advice for Beginners* (pp. 23 – 38). Amsterdam/Philadelphia: John Benjamins Publishing Company.

[113] Gilbert, D. (2022). *Directing Post-editors' Attention to Machine Translation Output that Needs Editing Through An Enhanced User Interface: Viability and Automatic Application via A Word-Level Translation Accuracy Indicator*. (Ph.D). Kent State University, Kent.

[114] Gilbert, G. N., & Mulkay, M. (1984). *Opening Pandora's Box: A Sociological Analysis of Scientists' Discourse*. Cambridge: Cambridge University Press.

[115] Godfroid, A., & Hui, B. (2020). Five common pitfalls in eye-tracking research. *Second Language Research*, 36(3), 277 – 305.

[116] Graff, G., & Birkenstein, C. (2021). *"They Say/I Say"*: *The Moves That Matter in Academic Writing*. New York & London: W. W. Norton & Company.

[117] Grant, C., & Osanloo, A. (2014). Understanding, selecting, and integrating a theoretical framework in dissertation research: Developing a 'blueprint' for your "house". *Administrative Issues Journal*: *Connecting Education*, *Practice*, *and Research*, 4(2), 12–26.

[118] Gries, S. T. (2021). *Statistics for Linguistics with R*: *A Practical Introduction* (3rd revised edition ed.). Walter de Gruyter GmbH.

[119] Gries, S. T. (2021a). (Generalized linear) mixed-effects modeling: A learner corpus example. *Language Learning*, 71(3), 757–798.

[120] Gries, S. T. (2021b). *Statistics for Linguistics with R*: *A Practical Introduction* (3rd revised ed.). Berlin/Boston: Walter de Gruyter GmbH.

[121] Halverson, S. L. (2017). Multimethod approaches. In J. W. Schwieter & A. Ferreira (Eds.), *The Handbook of Translation and Cognition* (pp. 195–212). Malden: John Wiley & Sons.

[122] Halverson, S. L. (2021). Translation, linguistic commitment and cognition. In F. Alves & A. L. Jakobsen (Eds.), *The Routledge Handbook of Translation and Cognition* (pp. 37–51). London & New York: Routledge.

[123] Hamamura, T., Chen, Z., Chan, C. S., Chen, S. X., & Kobayashi, T. (2021). Individualism with Chinese characteristics? Discerning cultural shifts in China using 50 years of printed texts. *American Psychologist*, 76(6), 888–903.

[124] Hartley, J., Sotto, E., & Pennebaker, J. (2002). Style and substance in psychology: Are influential articles more readable than less influential ones? *Social Studies of Science*, 32(2), 321–334.

[125] Hayes, J. R. (1996). A new framework for understanding cognition and affect in writing. In C. M. Levy & S. Ransdell (Eds.), *The Science of Writing*: *Theories*, *Methods*, *Individual Differences*, *and Applications* (pp. 1–27). Mahwah, NJ: Lawrence Erlbaum Associates.

[126] Hayes, J. R., & Flower, L. (1980). Identifying the organization of writing processes. In L. W. Gregg & E. R. Steinberg (Eds.), *Cognitive Processes in Writing* (pp. 3–30). Hillsdale, NJ: Erlbaum.

[127] Hill, S. S., Soppelsa, B. F., & West, G. K. (1982). Teaching ESL students to read

and write experimental-research papers. *TESOL Quarterly*(3), 333 – 347.

[128] Hu, J., & Gao, X. A. (2017). Using think-aloud protocol in self-regulated reading research. *Educational Research Review*, 22, 181 – 193.

[129] Hvelplund, K. T. (2019). Digital resources in the translation process—attention, cognitive effort and processing flow. *Perspectives*, 27(4), 510 – 524.

[130] Hyland, K. (1999). Academic attribution: Citation and the construction of disciplinary knowledge. *Applied linguistics*, 20(3), 341 – 367.

[131] Hyland, K. (2000). *Disciplinary Discourses: Social Interactions in Academic Writing*. London: Longman.

[132] Hyland, K. (2001). Humble servants of the discipline? Self-mention in research articles. *English for Specific Purposes*, 20(3), 207 – 226.

[133] Hyland, K. (2005). *Metadiscourse: Exploring Interaction in Writing*. London: Continuum.

[134] Hyland, K., & Jiang, F. (2017). Is academic writing becoming more informal? *English for Specific Purposes*, 45, 40 – 51.

[135] Ito, A., Corley, M., & Pickering, M. J. (2018). A cognitive load delays predictive eye movements similarly during L1 and L2 comprehension. *Bilingualism: Language and Cognition*, 21(2), 251 – 264.

[136] Jääskeläinen, R. (1996). Hard work will bear beautiful fruit. A comparison of two think-aloud protocol studies. *Meta*, 41(1), 60 – 74.

[137] Jakobsen, A. L. (2003). Effects of think aloud on translation speed, revision and segmentation. In F. Alves (Ed.), *Triangulating Translation: Perspectives in Process Oriented Research* (pp. 69 – 95). Amsterdam/Philadelphia: John Benjamins Publishing Company.

[138] Jia, Y., Carl, M., & Wang, X. (2019). How does the post-editing of neural machine translation compare with from-scratch translation? A product and process study. *The Journal of Specialised Translation*(31), 60 – 86.

[139] Jia, Y., & Zheng, B. (2022). The interaction effect between source text complexity and machine translation quality on the task difficulty of NMT post-editing from English to Chinese: A multi-method study. *Across Languages and Cultures*, 23(1), 36 – 55.

[140] John, L. K., Loewenstein, G., & Prelec, D. (2012). Measuring the prevalence of

questionable research practices with incentives for truth telling. *Psychological Science*, 23(5), 524‒532.

[141] Just, M. A., & Carpenter, P. A. (1980). A theory of reading: From eye fixations to comprehension. *Psychological Review*, 87(4), 329‒354.

[142] Kahneman, D. (1973). *Attention and Effort*. Englewood Cliffs, New Jersey: Prentice-Hall.

[143] Kellogg, R. T., Whiteford, A. P., Turner, C. E., Cahill, M., & Mertens, A. (2013). Working memory in written composition: An evaluation of the 1996 model. *Journal of Writing Research*, 5(2), 159‒190.

[144] Kerlinger, F. N. (1979). *Behavioral Research: A Conceptual Approach*. New York: Holt, Rinehart & Winston.

[145] Kim, M., & Lu, X. (2024). Exploring the potential of using ChatGPT for rhetorical move-step analysis: The impact of prompt refinement, few-shot learning, and fine-tuning.*Journal of English for Academic Purposes*,71.

[146] Kochetkov, D., Birukou, A., & Ermolayeva, A. (2020). The importance of conference proceedings in research evaluation: A methodology for assessing conference impact.

[147] Koglin, A. (2015). An empirical investigation of cognitive effort required to post-edit machine translated metaphors compared to the translation of metaphors. *Translation and Interpreting*, 7(1), 126‒141.

[148] Koponen, M. (2016). Is machine translation post-editing worth the effort? A survey of research into post-editing and effort. *The Journal of Specialised Translation*(25), 131‒148.

[149] Koponen, M., Salmi, L., & Nikulin, M. (2019). A product and process analysis of post-editor corrections on neural, statistical and rule-based machine translation output.*Machine Translation*.

[150] Krings, H. P. (2001). *Repairing Texts: Empirical Investigations of Machine Translation Post-editing Processes*. Kent, Ohio: Kent State University.

[151] Lafeber, A. (2012). Translation skills and knowledge—Preliminary findings of a survey of translators and revisers working at inter-governmental organizations. *Meta*, 57(1), 108‒131.

[152] Läubli, S., Simianer, P., Wuebker, J., Kovacs, G., Sennrich, R., & Green, S.

(2022). The impact of text presentation on translator performance. *Target*, 34(2), 309 – 342.

[153] Lei, L., Wen, J., & Yang, X. (2023). A large-scale longitudinal study of syntactic complexity: A mixed-effects model approach. *Journal of Second Language Writing*, 59.

[154] Lei, L., & Yan, S. (2016). Readability and citations in information science: evidence from abstracts and articles of four journals (2003—2012). *Scientometrics*, 108(3), 1155 – 1169.

[155] Leow, R. P., & Morgan-Short, K. (2004). To think aloud or not to think aloud: The issue of reactivity in SLA research methodology. *Studies in Second Language Acquisition*, 26(1), 35 – 57.

[156] Lewin, B. A., Fine, J., & Young, L. (2001). *Expository Discourse: A Genre-based Approach to Social Research Text*. London: Continuum.

[157] Li, S. (2022). Working memory and second language learning. In A. Godfroid & H. Hopp (Eds.), *The Routledge Handbook of Second Language Acquisition and Psycholinguistics* (pp. 348 – 360). London & New York: Routledge.

[158] Li, S. (2023). Working memory and second language writing: A systematic review. *Studies in Second Language Acquisition*, 1 – 33.

[159] Li, X. (2019). Analyzing translation and interpreting textbooks. *Translation and Interpreting Studies*, 14(3), 392 – 415.

[160] Liang, J., Fang, Y., Lv, Q., & Liu, H. (2017). Dependency distance differences across interpreting types: Implications for cognitive demand. *Frontiers Psychology*, 8, 2132.

[161] Liu, K., Liu, Z., & Lei, L. (2022). Simplification in translated Chinese: An entropy-based approach. *Lingua*, 275.

[162] Likert, R. (1932). A technique for the measurement of attitudes. *Archives of Psychology*, 22(140), 1 – 55.

[163] Lin, Y., Lv, Q., & Liang, J. (2018). Predicting fluency with language proficiency, working memory, and directionality in simultaneous interpreting. *Frontiers Psychology*, 9, 1543.

[164] Lin, Y., & Liang, J. (2023). Informativeness across Interpreting Types: Implications for Language Shifts under Cognitive Load. *Entropy*, 25(2).

[165] Liu, M., & Chiu, Y. H. (2009). Assessing source material difficulty for consecutive interpreting: Quantifiable measures and holistic judgment. *Interpreting*, 11(2), 244 - 266.

[166] Lu, X., Casal, J. E., & Liu, Y. (2020). The rhetorical functions of syntactically complex sentences in social science research article introductions. *Journal of English for Academic Purposes*, 44.

[167] Ma, X. (2021). Coping with syntactic complexity in English—Chinese sight translation by translation and interpreting students. *Across Languages and Cultures*, 22(2), 192 - 213.

[168] Macnamara, B. N., & Conway, A. R. A. (2016). Working memory capacity as a predictor of simultaneous language interpreting performance. *Journal of Applied Research in Memory and Cognition*, 5(4), 434 - 444.

[169] Malcolm, L. (1987). What rules govern tense usage in scientific articles? *English for Specific Purposes*, 6(1), 31 - 43.

[170] Kuang, H., & Zheng, B. (2022). How does interpreting performance correlate with note-taking process. *Across Languages and Cultures*, 23(2), 167 - 186.

[171] Kuznik, A., & Olalla-Soler, C. (2018). Results of pacte group's experimental research on translation competence acquisition. The acquisition of the instrumental sub-competence. *Across Languages and Cultures*, 19(1), 19 - 51.

[172] Martin, J. R., & White, P. R. (2005). *The Language of Evaluation: Appraisal in English*. London: Palgrave Macmillan.

[173] Mertens, D. (2004). *Research Methods in Education and Psychology: Integrating Diversity with Quantitative and Qualitative Approaches*. Thousand Oaks: Sage.

[174] Mishra, A., Carl, M., & Bhattacharya, P. (2012). *A heuristic-based approach for systematic error correction of gaze data for reading*. Paper presented at the First Workshop on Eye-tracking and Natural Language Processing, COLING 2012, Mumbai.

[175] Mu, C., Zhang, L. J., Ehrich, J., & Hong, H. (2015). The use of metadiscourse for knowledge construction in Chinese and English research articles. *Journal of English for Academic Purposes*, 20, 135 - 148.

[176] Muñoz-Martín, R., & Olalla-Soler, C. (2022). Translating is not (only) problem solving. *The Journal of Specialised Translation* (38), 3 - 31.

[177] Nahatame, S. (2021). Text readability and processing effort in second language reading: A computational and eye-Tracking investigation. *Language Learning*, 71 (4), 1004 – 1043.

[178] Nahatame, S. (2023). Predicting processing effort during L1 and L2 reading: The relationship between text linguistic features and eye movements. *Bilingualism: Language and Cognition*, 1 – 14.

[179] Man, D., Mo, A., Chau, M. H., O'Toole, J. M., & Lee, C. (2020). Translation technology adoption: Evidence from a postgraduate programme for student translators in China. *Perspectives*, 28(2), 253 – 270.

[180] Mansourizadeh, K., & Ahmad, U. K. (2011). Citation practices among non-native expert and novice scientific writers. *Journal of English for Academic Purposes*, 10 (3), 152 – 161.

[181] Marsden, E., Morgan-Short, K., Thompson, S., & Abugaber, D. (2018). Replication in second language research: Narrative and systematic reviews and recommendations for the field. *Language Learning*, 68(2), 321 – 391.

[182] Mellinger, C. D., & Hanson, T. A. (2020). Methodological considerations for survey research: Validity, reliability, and quantitative analysis. *Linguistica Antverpiensia, New Series: Themes in Translation Studies*, 19, 172 – 190.

[183] Mellinger, C. D., & Hanson, T. A. (2022). Considerations of ecological validity in cognitive translation and interpreting studies. *Translation, Cognition & Behavior*, 5 (1), 1 – 26.

[184] Meteyard, L., & Davies, R. A. I. (2020). Best practice guidance for linear mixed-effects models in psychological science. *Journal of Memory and Language*, 112.

[185] Mu, C. (2020). *Understanding Chinese Multilingual Scholars' Experiences of Writing and Publishing in English: A Social-Cognitive Perspective*. Switzerland: Palgrave Macmillan.

[186] Muñoz Martín, R. (2017). Looking toward the future of cognitive translation studies. In J. W. Schwieter & A. Ferreira (Eds.), *The Handbook of Translation and Cognition* (pp. 555 – 572). Hoboken, NJ, Wiley: John Wiley & Sons, Inc.

[187] Niu, R., & Liu, H. (2022). Effects of syntactic distance and word order on language processing: An investigation based on a psycholinguistic treebank of English. *Journal of Psycholinguistic Research*.

[188] Nitzke，J.（2019）. *Problem Solving Activities in Post-editing and Translation From Scratch：A Multi-method Study*. Berlin：Language Science Press.

[189] Norris，J. M.，& Ortega，L.（2009）. Towards an organic approach to investigating CAF in instructed SLA：The case of complexity. *Applied Linguistics*，30（4），555 – 578.

[190] Oberauer，K.，& Lewandowsky，S.（2019）. Addressing the theory crisis in psychology. *Psychonomic Bulletin & Review*，26（5），1596 – 1618.

[191] O'Brien，S.（2006）. Pauses as indicators of cognitive effort in post-editing machine translation output. *Across Languages and Cultures*（1），1 – 21.

[192] O'Brien，S.（2011）. Towards predicting post-editing productivity. *Machine Translation*，25（3），197 – 215.

[193] Olalla-Soler，C.（2018）. Using electronic information resources to solve cultural translation problems：Differences between students and professional translators. *Journal of Documentation*，74（6），1293 – 1317.

[194] Olalla-Soler，C.，Aixelá，J. F.，& Rovira-Esteva，S.（2020）. Mapping cognitive translation and interpreting studies：A bibliometric approach. *Linguistica Antverpiensia，New Series：Themes in Translation Studies*，19，25 – 52.

[195] Olohan，M.（2011）. Translators and translation technology：The dance of agency. *Translation Studies*，4（3），342 – 357.

[196] Olohan，M.，& Baker，M.（2009）. Coherence and clarity of objectives in doctoral projects：A research design workshop. *The Interpreter and Translator Trainer*，3（1），143 – 164.

[197] Oster，S.（1981）. The use of tenses in 'reporting past literature' in EST. In L. Selinker，E. Tarone，& V. Hanzeli（Eds.），*English for Academic and Technical Purposes：Studies in Honor of Louis Trimble*（pp. 76 – 90）. Rowley，MA：Newbury House Publisher.

[198] Paas，F. G. W. C.（1992）. Training strategies for attaining transfer of problem-solving skill in statistics：A cognitive-load approach. *Journal of Educational Psychology*，84（4），429 – 434.

[199] PACTE.（2005）. Investigating translation competence：Conceptual and methodological issues. *Meta*，50（2），609 – 619.

[200] PACTE.（2009）. Results of the validation of the PACTE translation competence

model: Acceptability and decision making. *Across Languages and Cultures*, 10(2), 207 - 230.

[201] Paul, R., & Elder, L. (2006). *Critical Thinking: Learn the Tools the Best Thinkers Use*. New Jersey: Pearson Prentice Hall.

[202] Pickering, A. (1995). *The Mangle of Practice: Time, Agency, and Science*. Chicago, IL: University of Chicago Press.

[203] Polat, N., Mahalingappa, L., & Mancilla, R. L. (2020). Longitudinal Growth Trajectories of Written Syntactic Complexity: The Case of Turkish Learners in an Intensive English Program. *Applied Linguistics*, 41(5), 688 - 711.

[204] Porte, G., & McManus, K. (2019). *Doing Replication Research in Applied Linguistics*. London and New York: Routledge.

[205] Powers, B. A., & Knapp, T. R. (1995). *A Dictionary of Nursing Theory and Research*. London: Sage.

[206] Ragni, V., & Vieira, L. N. (2022). What has changed with neural machine translation? A critical review of human factors. *Perspectives*, 30(1), 137 - 158.

[207] Robert, I. S., Remael, A., & Ureel, J. J. J. (2017a). Towards a model of translation revision competence. *The Interpreter and Translator Trainer*, 11(1), 1 - 19.

[208] Robert, I. S., Terryn, A. R., Ureel, J. J. J., & Remael, A. (2017b). Conceptualising translation revision competence: A pilot study on the "tools and research" subcompetence. *The Journal of Specialised Translation* (28), 293 - 316.

[209] Robinson, P. (2001). Task complexity, cognitive resources, and syllabus design: A triadic framework for examining task influences on SLA. In P. Robinson (Ed.), *Cognition and Second Language Instruction* (pp. 287 - 318). Cambridge: Cambridge University Press.

[210] Robillard, A. E. (2006). "Young scholars" affecting composition: A challenge to disciplinary citation practices. *College English*, 68(3), 253 - 270.

[211] Rojo-López, A. M., & Muñoz-Martín, R. (2022). Translation process research. In F. Zanettin & C. Rundle (Eds.), *The Routledge Handbook of Translation and Methodology* (pp. 356 - 372). London and New York: Routledge.

[212] Ross-Larson, B. (1999). *Stunning Sentences*. New York: Norton.

[213] Samraj, B. (2002). Introductions in research articles: Variations across disciplines. *English for Specific Purposes* (1), 1 - 17.

[214] Sanz, C., Lin, H.-J., Lado, B., Bowden, H. W., & Stafford, C. A. (2009). Concurrent verbalizations, pedagogical conditions, and reactivity: Two CALL studies. *Language Learning*, 59(1), 33 – 71.

[215] Schaeffer, M., & Carl, M. (2017). *A minimal cognitive model for translating and post-editing*. Paper presented at the MT Summit XVI, Nagoya.

[216] Schaeffer, M., Huepe, D., Hansen-Schirra, S., Hofmann, S., Muñoz, E., Kogan, B., ... García, A. M. (2020). The Translation and Interpreting Competence Questionnaire: an online tool for research on translators and interpreters. *Perspectives*, 28(1), 90 – 108.

[217] Scheel, A. M., Tiokhin, L., Isager, P. M., & Lakens, D. (2021). Why hypothesis testers should spend less time testing hypotheses. *Perspect Psychol Sci*, 16(4), 744 – 755.

[218] Scott, D. B. (2008). Assessing text processing: A comparison of four methods. *Journal of Literacy Research*, 40(3), 290 – 316.

[219] Shih, C. Y. (2017). Web search for translation: An exploratory study on six Chinese trainee translators' behaviour. *Asia Pacific Translation and Intercultural Studies*, 4(1), 50 – 66.

[220] Shreve, G. M., Lacruz, I., & Angelone, E. (2010). Cognitive effort, syntactic disruption, and visual interference in a sight translation task. In G. M. Shreve & E. Angelone (Eds.), *Translation and Cognition* (pp. 63 – 84). Amsterdam/Philadelphia: John Benjamins Publishing Company.

[221] Skehan, P. (2009). Modelling second language performance: Integrating complexity, accuracy, fluency, and lexis. *Applied Linguistics*, 30(4), 510 – 532.

[222] Stremersch, S., Verniers, I., & Verhoef, P. C. (2007). The quest for citations: Drivers of article impact. *Journal of Marketing*, 71, 171 – 193.

[213] Sun, S. (2011). Think-aloud-based translation process research: Some methodological considerations. *Meta*, 56(4), 928 – 951.

[224] Sun, S., Li, T., & Zhou, X. (2020). Effects of thinking aloud on cognitive effort in translation. *Linguistica Antverpiensia*, 19, 132 – 151.

[225] Sun, S., & Shreve, G. M. (2014). Measuring translation difficulty: An empirical study. *Target*, 26(1), 98 – 127.

[226] Swales, J. (1981). *Aspects of Article Introductions*. Birmingham, U. K.: The

University of Aston, Language Studies Unit.

[227] Swales, J. (1990). *Genre Analysis: English in Academic and Research Settings*. Cambridge: Cambridge University Press.

[228] Swales, J. (2004). *Research Genres: Explorations and Applications*. Cambridge, UK: Cambridge University Press.

[229] Swales, J., & Feak, C. B. (2004). *Academic Writing For Graduate Students: Essential Tasks and Skills* (2nd ed.). Ann Arbor, MI: University of Michigan Press.

[230] Swales, J., & Najjar, H. (1987). The writing of research article introductions. *Written Communication* (2), 175-191.

[231] Teixeira, C. S. C., & O'Brien, S. (2017). Investigating the cognitive ergonomic aspects of translation tools in a workplace setting. *Translation Spaces*, 6(1), 79-103.

[232] Thompson, P., & Tribble, C. (2001). Looking at citations: Using corpora in English for academic purposes. *Language Learning & Technology*, 5(3), 91-105.

[233] Timmers, C. F., & Glas, C. A. W. (2010). Developing scales for information— seeking behaviour. *Journal of Documentation*, 66(1), 46-69.

[234] Tirkkonen-Condit, S. (1990). Professional vs. non-professional translation: A think-aloud protocol Study. In M. A. K. Halliday, J. Gibbons, & H. Nicholas (Eds.), *Learning, Keeping and Using Language Selected papers from the Eighth World Congress of Applied Linguistics* (pp. 381-394.). Amsterdam: John Benjamins.

[235] Torres, J. (2023). Exploring working memory and language dominance in heritage bilinguals' writing processes. *Studies in Second Language Acquisition*, 1-27.

[236] van Hell, J. G., & de Groot, A. M. B. (1998). Disentangling context availability and concreteness in lexical decision and word translation. *The Quarterly Journal of Experimental Psychology Section A*, 51(1), 41-63.

[237] VanPatten, B., Williams, J., Keating, G. D., & Wulff, S. (2020). Introduction: The nature of theories. In B. VanPatten, G. D. Keating, & S. Wulff (Eds.), *Theories in Second Language Acquisition: An Introduction* (3 ed., pp. 1-18). New York and London: Routledge.

[238] Vieira, L. N. (2013). *An evaluation of tools for post-editing research: the current picture and further needs*. Paper presented at the MT Summit XIV Workshop on Post-editing Technology and Practice (WPTP-2), Nice.

[239] Vieira, L. N. (2014). Indices of cognitive effort in machine translation post-editing.

Machine Translation，28(3)，187 – 216.

[240] Vieira，L. N. (2016). *Cognitive Effort in Post-Editing of Machine Translation：Evidence from Eye Movements，Subjective Ratings，and Think-Aloud Protocols*. (Doctor of Philosophy). Newcastle University，UK.

[241] Vieira，L. N. (2017a). Cognitive effort and different task foci in post-editing of machine translation：A think-aloud study. *Across Languages and Cultures*，18(1)，79 – 105.

[242] Vieira，L. N. (2017b). From process to product：Links between post-editing effort and post-edited quality. In A. L. Jakobsen & B. Mesa-Lao (Eds.)，*Translation in Transition：Between Cognition，Computing and Technology* (pp. 162 – 186). Amsterdam/Philadelphia：John Benjamins Publishing Company.

[243] Wang，X.，& Li，X. (2020). The market's expectations of interpreters in China：A content analysis of job ads for in-house interpreters. *The Journal of Specialised Translation*(34)，118 – 149.

[244] Wang，Y.，& Jalalian，A. (2023). Effect of text type on translation effort in human translation and neural machine translation post-editing processes：Evidence from eye-tracking and keyboard-logging. *Perspectives*，1 – 16.

[245] Wasserstein，R. L.，& Lazar，N. A. (2016). The ASA Statement on p-Values：Context，process，and purpose. *The American Statistician*，70(2)，129 – 133.

[246] White，M. D.，& Iivonen，M. (2001). Questions as a factor in Web search strategy. *Information Processing & Management*，37(5)，721 – 740.

[247] Wickens，C. D. (1980). The structure of attentional resources. In R. S. Nickerson (Ed.)，*Attention and Performance VIII* (pp. 239 – 257). Hillsdale：New Jersey：Lawrence Erlbaum.

[248] Williams，K.，& Carroll，J. (2009). *Referencing & Understanding Plagiarism*. New York：Palgrave Macmillan.

[249] Wilson，D. (2011). The conceptual-procedural distinction：Past，present，and future. In V. Escandell-Vidal，M. Leonetti，& A. Ahern (Eds.)，*Procedural Meaning：Problems and Perspectives* (pp. 3 – 28). London：Emerald Group Publishing Limited.

[250] Wilson，D.，& Sperber，D. (1993). Linguistic form and relevance. *Lingua*，90(1 – 2)，1 – 25.

[251] Wu，Z. (2019). Text characteristics，perceived difficulty and task performance in

sight translation. *Interpreting*，21(2)，196‐219.

[252] Wu，S.，& Ma，Z.（2020）. How is Chinese reading affected by under-specification and over-specification? Evidence from self-paced reading experiments. *Journal of Pragmatics*，155，213‐233.

[253] Yamada，M.（2019）. The impact of Google Neural Machine Translation on Post-editing by student translators. *The Journal of Specialised Translation*（31），87‐106.

[254] Yang，C.（2019）. The veridicality of think-aloud protocols and the complementary roles of retrospective verbal reports：A study from EFL writing. *The Asia-Pacific Education Researcher*，28，531‐541.

[255] Yang，Y.，Wang，X.，& Yuan，Q.（2021）. Measuring the usability of machine translation in the classroom context. *Translation and Interpreting Studies*，16(1)，101‐123.

[256] Yang，Y.，Wei，X.，Li，P.，& Zhai，X.（2023）. Assessing the effectiveness of machine translation in the Chinese EFL writing context：A replication of Lee（2020）. *ReCALL*，35(2)，211‐224.

[257] Zheng，B.（2014）. The role of consultation sources revisited：An empirical study of English—Chinese translation. *Perspectives*，22(1)，113‐135.

索 引